中国煤炭市场系统建模与仿真研究

张 磊 著

国家自然科学基金面上项目(No：71373261)
江苏省哲学社会科学研究基地(江苏省能源经济管理研究基地)项目

科学出版社

北 京

内 容 简 介

本书介绍中国煤炭市场系统(China Coal Market System, CCMS)的构建理论和方法,主要包括七个模块:供给方程模块、进(出)口核算模块、工业用煤核算模块、电力输配优化模块、取暖用煤核算模块、运输优化模块、基于空间均衡模型的煤炭市场模块。采用自下而上的构建方法,全方位地刻画不同区域、不同煤种和不同产业的煤炭供给需求状况,并通过空间均衡将两者耦合起来,从而描述出全国煤炭市场运营的全貌。运用敏感度或情境分析的方法,模拟不同要素改变下的煤炭市场表现,从而成为煤炭产业政策设计的仿真实验室。

本书可作为高等院校能源专业教师和研究生的参考书,也可供大型煤炭企业经营决策时参考,特别是可以成为各级政府设计煤炭产业政策时的有效工具。本书具有广泛的理论和实践价值。

图书在版编目(CIP)数据

中国煤炭市场系统建模与仿真研究 /张磊著. —北京:科学出版社,2016.7
ISBN 978-7-03-041996-5

Ⅰ. ①中⋯ Ⅱ. ①张⋯ Ⅲ. ①煤炭工业－工业经济－系统建模－研究－中国②煤炭工业－工业经济－系统仿真－研究－中国 Ⅳ. ①F426.21

中国版本图书馆 CIP 数据核字(2014)第 223822 号

责任编辑:耿建业 陈构洪 / 责任校对:郭瑞芝
责任印制:张 伟 / 封面设计:耕者设计工作室

科学出版社 出版
北京东黄城根北街 16 号
邮政编码:100717
http://www.sciencep.com

北京教园印刷有限公司 印刷

科学出版社发行 各地新华书店经销

*

2016 年 7 月第 一 版 开本:720×1 000 B5
2016 年 7 月第一次印刷 印张:19 1/4
字数:363 000
定价:98.00 元
(如有印装质量问题,我社负责调换)

作 者 简 介

　　张磊，1975 年出生，江苏徐州人。2008 年毕业于哈尔滨工业大学，获管理学博士学位，现供职于中国矿业大学管理学院，副教授，博士生导师。2012～2013 年在美国科罗拉多矿业学院做访问学者。校首批"启航计划"培养对象、优秀青年骨干教师和青年学术带头人。研究方向为煤炭经济，在 *Energy Journal*、*Energy Policy*、《系统工程理论与实践》等国内外高水平学术期刊上发表论文 20 余篇，主持国家自然科学基金项目 2 项、省部级基金项目 10 余项，获省部级奖励 2 项。联系方式：mailing126@126.com。

前　　言

　　煤炭、石油等大宗能源产品是经济社会发展的重要支撑，与经济社会各部门之间的耦合关系也最为紧密，彼此之间相互影响和制约，这一特性称为能源系统。能源系统虽然为业界同仁所熟知和认同，但相较国外大量的能源系统研究而言，国内学者在这方面所做的工作却很少，至今没有构建起一个一般或特定能源的系统平台。自2008年工作于中国矿业大学以来，通过参与学校的"攀登计划"项目，我开始认识到构建一个煤炭市场系统模型对煤炭经济研究会起到重要的基础性平台作用，此后就一直被这个目标所激励着，并在2013年以其核心的"空间均衡"模块为主体成功申请了国家自然科学基金面上项目，更加坚定了我从事这项工作的决心。

　　构建这样一个庞大的煤炭市场系统所面临的难度是可想而知的，诚如基金项目的一名匿名评审专家所言，煤炭市场系统参与者众多且差异较大，难以归类和量化，各地用煤方式和技术水平也参差不齐，采取自下而上的方法难以确保准确性，数据收集也将面临较大的挑战。对诸如此类问题的担心也一度困扰着我们，然古人有云："天下事有难易乎？为之，则难者亦易矣；不为，则易者亦难矣。"这一认识使我坚信，对困难的畏惧只能使人裹足不前，一事无成；而怀抱信念和信心，勇敢地尝试和实践是对困难最好的回答。正是在这一理念的支撑下，我自五年前开始默默地潜入这一领域，经过努力，终于初步构建起今日的中国煤炭市场系统(China Coal Market System，CCMS)。

　　基于这一系统的庞大性和复杂性，我自开始时就确立了三步走的对策。第一步是构建CCMS的逻辑框架，在理论上保证它的科学合理性，并用统计数据进行初步验证；第二步，对各子模块进一步精雕细琢，使其更加与现实相吻合，同时，通过现场调研、取样等方式获取更为翔实的一手数据，使CCMS的逻辑性与实践性相吻合；第三步，对理论上完备的CCMS进行信息化开发，形成更具一般性使用价值的软件系统。本书的主要目标定位于第一步，在构建过程中细致地思索了模块结构、模块功能、构建方法、模块关联、数据流动等主题，力图在逻辑上高度抽象出中国煤炭市场运营的规律。虽然本书已将CCMS中的主要理论模型构建完毕，但由于数据获取的困难，有些问题需要在数据完备时进一步展开和深化，如工业产品与各地经济发展水平间的函数关系，有些问题则需要在数据完备时进行验证，如模型对各地间不同煤种的贸易量进行了仿真，但这种结果的适用性必须待实际值可得时才能予以验证。正是基于这个意义，本书在逻辑建模方面花了很大力气，力图通过仿真分析能够对不同政策方案给出趋势性的结果，提升CCMS实践价值。

　　本着"顶天立地"和"学以致用"的学术理念,我目前还致力于 CCMS 系统的软件化开发,使企业、政府、学者和学生等各个阶层的用户都能够方便、快速地理解 CCMS 系统,并用它解决各自领域的实践问题。在企业层面,能够为煤炭企业的投资决策、电网企业的建设决策等提供理论支撑,成为企业决策支持系统;在政府层面,能够为产业政策设计、环境政策设计等提供模拟结果供其参考,成为煤炭政策仿真实验室;在学者层面,能够满足学者考察各种影响因素变迁下的煤炭市场反应,成为学术研究工具;在学生层面,能够通过各种模拟分析来深刻地理解所学理论知识,成为教学辅助平台。因此,将 CCMS 软件化和信息化同样是一件值得投入精力和时间去做的有意义的事情,我将继续努力。

　　付梓之时,自知受学识水平和时间精力所限,书中难免存有疏漏和不足之处,原有的呈献精品之念仅余无畏的开荒者之识,但愿抛砖以引玉,引起更多同行对能源系统建模的兴趣,共同做好这件有意义的工作。在这一过程中,恳请各位专家学者指点斧正,对各位的评点和针砭,我将心存感激,并继续潜心修改和完善,以期建立一个更为科学的 CCMS,并服务于中国煤炭市场运营的实践。

著　者

2016 年 2 月

目　　录

图 目 录

表 目 录

表 4-15　2010 年和 2011 年全国各地陶瓷用能比较 ································· 72

表 4-16　煤头样本企业吨氨综合能耗水平(2009 年度) ·························· 74

表 4-17　2000～2011 年吨氨综合能耗及其结构 ································· 75

表 4-18　全国各地合成氨用能及节能效果的比较结果 ·························· 76

表 4-19　2000～2011 年电石耗能预测值 ·· 79

表 4-20　全国各地电石用能及节能效果的比较结果 ···························· 79

表 4-21　样本企业炼焦综合能耗水平 ··· 81

表 4-22　2010 年和 2011 年全国各地焦炭用能比较 ····························· 82

表 4-23　国有重点煤矿能耗指标(1990～2005 年) ······························ 83

表 4-24　全国各地原煤生产用能及节能效果的比较结果 ························ 85

表 4-25　2011 年各地分产业用煤情况 ·· 87

表 5-1　2011 年中国各省份电力平衡情况 ······································· 90

表 5-2　2011 年中国电力市场跨区跨省交易情况 ································ 91

表 5-3　2011 年中国各省区发电耗煤平衡情况 ·································· 93

表 5-4　2011 年中国各省份供电标准煤消费量 ································· 105

表 5-5　2011 年中国各省份电厂使用电煤价格 ································· 105

表 5-6　各省份供电标准煤耗值及其发电煤耗成本 ····························· 106

表 5-7　各省份火电标杆电价及电力转化成本 ································· 107

表 5-8　各省份之间输配电成本 ··· 109

表 5-9　2011 年各省火电装机、设备最大年利用小时及其限制下的火电
　　　　最大可供电量 ·· 110

表 5-10　1971～2010 年中国 CO_2 排放与煤炭发电量 ························· 111

表 5-11　CO_2 排放限制下各省份最大可供电量 ······························ 112

表 5-12　各省份火电可供电量 ·· 112

表 5-13　中国跨省区电力输送方向、输送通道及年最大输送量 ··············· 114

表 5-14　输电线路中各省份及其序号 ·· 116

表 5-15　各条线路间火电输电能力情况 ·· 116

表 5-16　各省份用电需求量、本省补给"绿电"量及火电需求量统计 ··········· 117

表 5-17　优化后的各供电方输送到需求方的电力数量 ························· 119

表 5-18　优化前后各省区的输煤输电格局 ······································ 122

表 5-19　不加电网约束的各供方输送到需求方的电力优化数量 ··············· 125

表 5-20　各省火电实际供给量与优化供给量的比较 ··························· 126

表 5-21　改变后的各省碳排放限值及其火电供给量 ··························· 129

表 5-22　降低各省份碳排放限值下的优化结果 ································· 130

表 5-23　改变碳排放限值下火电优化供给及其标煤需求 ······················ 132

表 5-24　增加线路输电容量下的优化结果 ······································ 133

第 1 章 绪 论

1.1 研究背景和意义

1.1.1 研究背景

煤炭是中国的主体能源，占一次能源消耗比例的 80%以上，对经济社会的可持续健康发展发挥着重要作用。但从近年煤炭产业的自身发展历程来看，煤炭市场受经济周期的影响而波动剧烈，例如，虽然自 2003 年以来，煤炭行业总体呈现良好发展状态，但自 2012 年 4 月以来，受国内外大宗商品价格暴跌的影响，国内煤炭价格呈现大幅下降的态势，这种"过山车"式的价格波动也在 2008 年出现过。煤炭市场的不稳定一方面给煤炭企业带来巨大的经营风险，另一方面也会威胁经济社会的平稳运行，因此，实践上要求加大对煤炭产业自身发展规律的研究，但应该看到，作为基础资源性产业，煤炭产业与国民经济的各部门间存在着复杂的耦合关系，成为一个统一的巨系统，这给研究煤炭产业运营规律带来了困难。

从供需来看，全国煤炭在煤种、产地及其不同应用领域的差异使该产业呈现出复杂系统的特征。从供给端看，中国煤种多样，产地分散，资源赋存条件迥异，开采环境也不相同，导致开采成本存在较大差异，同时，中国煤炭生产企业众多，供给市场接近完全竞争态势，各供应企业间的竞争博弈也加大了煤炭供给的复杂性；从需求端看，煤炭几乎与所有的经济部门都直接间接地发生着关联，不同需求部门对煤炭的需求弹性也不相同，并且这种需求还与经济发展状况存在着复杂的耦合关系，使得煤炭需求规律较为复杂，相关的科学预测和需求研究也一直是产业发展中的难题。

从供需平衡来看，全国煤炭在省际的贸易流通及其所形成的市场网络使该产业呈现出复杂系统的特征。中国的煤炭消费地与生产地存在着空间逆向分布，"西煤东调""北煤南运"构成了中国煤炭产业的基本形态，区域间贸易问题相随产生。由于煤炭市场的完全竞争性，众多供给企业和需求企业之间的贸易关系便形成了一个十分复杂的网络系统，并且通过这些主体之间交易的达成，整个网络涌现出宏观的产业表象，包括各地各煤种的价格、贸易数量、流向和运输路径等。因此，只有从对这个复杂系统的解剖入手，深入分析供需运三者之间的理论关系，才有可能对产业层面的经济现象给予科学解释。

近年来，资源环境问题对煤炭高效清洁利用的特定要求使该产业进一步呈现出复杂系统的特征。作为一种化石能源，煤炭的资源储量是一定的，但中国煤炭消耗的数量是快速增长的，2012 年达到了历史最高的 36 亿 t，这种需求模式不可持续，需要从资源节约入手来分析煤炭高效开采和节能使用问题，从而使得供给市场将发生显著的变化；此外，因化石能源污染物排放引发的环境污染问题日益严重，对煤炭使用规模进行限制或对其进行清洁使用的呼声也日益高涨，煤炭需求市场正在发生着巨大变化。这种供需形势的最新变化也使得产业发展更加复杂，系统性的研究更加必要。

基于以上认知，对煤炭产业的研究应基于系统观角度开展，摆脱以往"瞎子摸象"式的局部研究。只有这样，才能研究微观变化所导致的宏观涌现，才能科学地观测某一局部变量变动对产业全局的影响，而这却是当前研究最缺乏的。本书立足中国煤炭产业实际，致力于构建一个中国煤炭市场系统(China Coal Market System，CCMS)模型，并使其成为以后研究煤炭经济问题的平台工具，开展一系列的优化和仿真工作，为政策设计提供科学指导。正是基于这个意义，本书所做的工作具有重要的理论和实践价值。

1.1.2　研究意义

本书具有重要的理论意义和实践意义，具体体现在如下两个方面。

(1)完善煤炭市场基础理论，为 CCMS 搭建一个基础性的研究平台，摆脱以往"瞎子摸象"式局部研究。一旦这个理论平台构建完成，将对推进中国煤炭市场的科学研究水平起到极大的推进作用，具有很高的理论价值。

(2)基于该理论模型可以进行各类经济、管理、技术和政策等因素影响下的仿真分析，成为中国煤炭市场日常运营和政策设计的"仿真实验室"，从而更加科学有效地指导中国煤炭产业发展，具有重大的实践价值。

1.2　国内外文献综述

1.2.1　国内外研究现状

基于能源产业的复杂性系统特征，国外已经运用多种方法构建了多套能源系统模型，概括起来包括自顶向下模型、自底向上模型和混合能源模型。

(1)自顶向下模型。它以经济学数学为出发点，以能源价格、经济弹性为主要的经济指数，集中地表现它们与能源消费和能源生产之间的关系，主要适用于宏观经济分析和能源政策规划方面的研究，比较适合于对市场体系比较完善的宏观经济进行模拟。这类模型包括 CGE 模型、3Es 模型、MACRO 模型和 GEM-E3 模型，其开发单位、研究方法和优缺点如表 1-1 所示。

表 1-1   自顶向下的能源系统模型

	典型模型	开发单位	研究方法	优点	缺点
自顶向下	CGE	Norwa	计量经济学方法、一般均衡线性规划	采用经济学方法，便于提供经济分析；反映了被市场接受的可行技术；利用大量数据来预测；通过经济指标决定能源需求，但是强调能源供给的变化	不能详细地描述技术；低估了技术进步的潜能；不能控制技术进步对经济的影响
	3Es	NUT/Japan			
	MACRO	HASA			
	GEM-E3	NTUA/EU			

具体来说，CGE 模型最初主要模拟能源环境与经济之间的互动影响，该模型基于一般均衡理论，能够较有效地分析和模拟公共经济政策、能源政策及环境政策的实施结果[1]。随着该模型理论的发展，世界上许多国家都建立了自己的 CGE 模型并且在能源贸易、能源环境及税收政策分析方面都展现出了明显的优越性[2]。国内 CGE 模型的发展自 2000 年以后才开始，相关研究文献较少，中国"十一五"科技支撑项目开发了多区域动态仿真 CGE 模型[3]。

3Es 模型是于 21 世纪初期研究开发的经济-能源-环境模型[4]，主要通过模拟宏观经济、能源、环境三者之间的关系，来预测未来节能、碳税、促进能源效率等减排方案下，经济、能源、环境的发展趋势。

GEM-E3 模型于 20 世纪 90 年代开发，是动态、递归、模块化的能源经济模型[5]。该模型研究世界区域和欧盟国家的经济、能源和环境三者之间的内在联系，包括气候变化对能源、经济、环境的影响等多个政策分析工具。

MACRO 模型是 Manne 等开发的一个宏观经济模型[6]。它通过生产函数来描述能源消费、资金、劳动力和经济产出 GDP 的关系，模型的目标函数是寻求总的能源折现效用最大，模型的最大效用函数决定了一系列最优储备、投资、消费的结果。

(2) 自底向上模型。它以工程技术模型为出发点，以能源消费和能源生产过程中所使用的技术为基础进行详细的描述和仿真，并以能源消费、生产方式为主进行供需预测及环境影响分析。由于此类模型以能源相关技术为出发点，相关技术的成本数据及技术的发展是模型的关键。

这类模型分为两类，包括以能源供应和转换为切入点，用于高效分析能源技术的引入及其效果的 MARKAL 模型和 EFOM 模型，以及以能源需求与能源消费为切入点，对各部门由人类活动变化所引起的能源需求和消费方面的变化，进行详细分析计算的 MEDEE 和 LEAP 模型。其开发单位、研究方法和优缺点如表 1-2 所示。

表 1-2   自底向上的能源系统模型

	典型模型	开发单位	研究方法	优点	缺点
自底向上	MARKAL	ETSAP/IEA	线性规划理论，非线性规划理论；多目标规划理论，系统动力学方法；投入-产出方法	对技术有详细的描述；反映了技术的潜力；利用分散的数据详细地描述供给技术；可直接评价技术的选择成本	利用工程学方法,不擅长经济分析；高估了技术进步的潜能；更强调能源消费的变化；假设能源部门和其他部门的关系可以忽略
	EFOM	EU			
	LEAP	SEI/Sweden			
	MEDEE	IEPE/France			
	AIM	NIES/Japan			

　　具体来说，MARKAL(market allocation，能源市场分配)模型是一个综合能源系统优化的模型[7]，以技术为基础的能源市场分配的长期动态线性规划模型，在满足给定的能源需求量和污染物排放量限制的条件下，确定出使能源系统成本最小化的一次能源供应结构和用能技术结构。IEA 最初于 20 世纪 80 年代开始研究，主要用于研究国家级或地区级的能源规划和政策分析，经过 30 多年的完善和发展，MARKAL 模型已经被全球数十个国家和近百家机构所使用，由于它的实用性和可塑性比较突出，许多发展中国家也开始采用该模型。近年来西方国家也将该模型运用到交通运输及城市能源供应包括热化与天然气供应等问题，而不局限于国家的能源系统问题[8]。

　　EFOM 模型是欧盟于 1982 年研究开发的能源供应系统线性规划模型，20 世纪 80 年代被欧盟成员国广泛应用于能源系统规划方面的研究，包括污染物排放和减排技术。EFOM 拓展模型应用于许多国际合作研究和排放物减排的成本曲线研究[9]。该模型目前在欧盟国家得到了广泛应用，国内对该模型的研究尚属空白。

　　MEDEE 模型是法国于 20 世纪 80 年代开发的能源技术经济模型，建立在对一定时期内社会经济、人口、技术的一系列假设基础上，通过对能源需求变化的仿真来预测各部门的能源需求，在该模型中，把能源系统划分为工业、交通运输、居民消费、服务业和农业 5 个部门，目前该模型多被欧盟各成员国用于能源需求规划各方面的研究[10]。

　　LEAP 模型是瑞典斯德哥尔摩环境研究所(SEI)开发的静态能源经济环境模型[11]。国内外能源-环境研究者已广泛采用 LEAP 模型进行能源需求分析，它包括能源供应、能源加工转换、终端能源需求等环节。该模型主要可用于国家和城市中长期能源环境规划，可以用来预测不同驱动因素的影响下，全社会中长期的能源供应与需求，并计算能源在流通和消费过程中的大气污染物和温室气体排放量。

　　AIM 模型是日本国立环境研究所(NIES)于 1994 年研究开发的能源终端消费模型。该模型对人类活动引起的温室气体排放、大气中温室气体增加引起的气候变化，以及气候变化对自然环境、社会经济的影响进行综合分析[12]。AIM 模型也经常用来评价缓和气候变暖的各种对策的效果，其中的 AIM/impact 模块用来评价全球的气候变暖对国家环境和社会经济的影响。

　　(3)混合能源模型。它旨在对能源系统进行模拟，通过系统仿真来预测各部门的能源供应能力、能源价格、需求量及对宏观经济的影响，从而为国家制定能源战略和决策提供信息支持[13]。该模型既包括自顶向下的宏观经济模型，又包括自底向上的能源供应、需求模型，适合于中短期研究，研究范围多是全球的、区域的或国家的，结构上包括经济、供应、转化、需求、环境等模块的综合集成模型。这类模型包括 NEMS 模型、IIASA-WEC E3 模型、PRIMES 模型、POLES 和 MIDAS 模型，其开发单位、研究方法和优缺点如表 1-3 所示。

表 1-3　混合型的能源系统模型

	典型模型	开发单位	研究方法	优点	缺点
混合能源	NEMS	EIA/DOE of America	线性规划理论，非线性规划理论；混合整数规划方法；计量经济学方法	综合了上述两种模型的优点，既充分考虑技术选择的成本，又考虑价格弹性的作用，是对整个能源系统的模拟和分析；便于进行更详尽的能源经济分析；研究范围多是全球的、区域或国家的；功能比较齐全，结构比较复杂，是对现实能源系统进行模拟和仿真的复杂巨系统	数据获取比较困难
	IIASA-WEC E3	IIASA and WEC			
	PRIMES	JOULE/EU			
	POLES				
	MIDAS				

在混合能源模型中，最具代表性的模型是 NEMS（National Energy Modeling Systems，国家能源建模系统）模型，由美国 EIA/DOE 于 1993 年开发的能源经济区域模型。NEMS 模型综合考虑宏观经济、财政因素、世界能源市场、资源可获得性和成本、行为和技术选择标准、能源技术的成本和运行特性及人口统计资料，反映能源的生产、进口、转化、消费及价格的情况。EIA 把 NEMS 用来模拟不同美国能源政策和能源市场假设下的能源、经济、环境，以及安全之间的影响[14]。

就该模型的功能来说，首先，NEMS 通过制定能源产品的生产、转换、消费的经济决策，清晰地描述了美国国内的能源市场，同时 NEMS 还描述了能源技术。其次，NEMS 提供了一套细致描述美国能源系统复杂的相互作用的框架，并且对各种可替代的假设和政策及其积极性进行了回应。另外，NEMS 还可以分析与能源生产、使用有关的法律法规及评估能源生产、转换、消费技术的改进所带来的潜在影响。

就该模型的结构来说，NEMS 的整体数据结构对各模块之间的信息交流进行协调和沟通。整体数据结构包括能源市场价格、消费、宏观经济变量、能源产品、交通、转换信息和模型控制变量、参数、假设等，数据通过常用的界面传入整合模块。NEMS 的模块使用许多假设和数据来描述未来美国能源的生产、转换和消费，其中影响能源市场的主要因素有 2 个：经济增长和原油价格。AEO2009 使用 5 种不同的情景进行了分析：基准情景、高经济增长、低经济增长、高原油价格、低原油价格，除了这 5 种情景，AEO2009 还用其他 34 种假设观测 NEMS 个别模块的主要假设改变带来的影响，这些情境中大多是由新技术或者技术改造造成的。

1.2.2　国内外研究结论与不足

（1）囿于能源产业的基础性和复杂性，世界各国都依据本国国情开发了不同形式的能源系统模型，用以反映能源-经济-环境之间复杂的耦合关系。因此，从系统角度研究能源问题是当前国际上通行的做法，值得借鉴。

（2）已有的模型大多基于宏观层面研究能源、经济和环境间的关系，缺乏具体某个能源类型的产业层面的研究，而这种研究对于深入分析某个能源产业是十分必要的，如中国的煤炭产业。以产业层面为视角开展分析时，已有的研究方法并不能完全适用，需要开发新的研究方法。

(3) 已有的模型大多是由发达国家所设计的，它们的市场体系比较完善，构建的模型也能对其宏观经济进行较为准确的模拟。但中国目前正处于转轨经济的特定时期，这种情况下利用已有方法得到的模型运算结果可能和实际情况相差较大。因此，需要结合中国的特有情况，重新设计前提条件和相关假设，构建更具中国特色的CCMS。

1.3　CCMS 设计概况

1.3.1　研究假设

构建过程中，假设受中国能源结构特点和煤炭使用特征的约束，煤炭需求缺乏价格弹性，其需求数量受价格波动的影响不大，但受到：①经济社会发展水平的影响，如工业产品和用电量持续增长对其背后的煤炭产品的需求，快速城镇化后持续增加的集中供暖面积对煤炭产品的需求等；②用煤效率的影响，特别是清洁高效的煤炭技术的推广使用，将会在未来显著地影响着煤炭消费总量；③煤炭消费地的转移，如环境污染约束将导致一地的煤炭消费量受到抑制，其需求通过西电东送等其他途径予以弥补，从而使得在需求总量不变的情形下各煤炭消费地发生了此消彼长的变化。以上三个因素共同决定着一定时期内的某地煤炭需求数量，在优化期间，据此将消费量看作一个固定值，并通过不同的方法对其进行核算。

在供给层面，长期以来的现实情况是煤炭企业众多、市场竞争激烈、价格随行就市的现象突出，当市场行情上行时，煤炭企业提高产量并"待价而沽"，而当市场行情下行时，也尽力提高产量希望实现"以量补价"，造成了煤炭市场近似于完全竞争市场。据此，假设煤炭供给的价格弹性是显著的，并通过供给的价格方程来描述各地的供给能力。

另一个重要的假设是企业经营的市场化假设，特别是在电力市场和煤炭市场领域。当对电力市场进行优化时，假设电力供需双方的决策行为主要受到电力供给能力和价格的影响，而电网在其中只起到电力输配的功能，不会直接对电力供需产生影响；当利用空间均衡模型优化煤炭市场时，假设不存在政府定价或垄断定价，交易价格和数量最终只受到市场供需情势的影响，这种假设特别符合2013年以来国家取消电煤定价的市场情形。

基于以上假设，所构建的CCMS就是一个考察期间需求相对固定下的供给优化模型，优化对象包括交易对象、交易数量和交易价格等。在对供给方和需求方进行细致划分的基础上，上述优化结果就能够反映中国煤炭市场的基本面貌和未来走势，正是基于这个意义，将所构建的CCMS命名为中国煤炭市场系统。

1.3.2　CCMS 结构

本书基于中国煤炭市场现状,以主要煤炭产区和消费省份为单位,将中国煤炭市场系统作为研究对象,构建包括供给方程、进(出)口核算、工业用煤核算、电力输配优化、取暖用煤核算、煤炭运输优化和煤炭市场均衡模型等多个子模块在内的系统模型,各子模块既独立成章,揭示煤炭经济某一领域的特有规律,又相互关联,互相影响,并通过各子模块之间的耦合结果来呈现中国煤炭市场的宏观表现,从而可以通过自下向上的方法对中国煤炭市场进行系统诊断。图 1-1 描绘了 CCMS 的理论框架。

同时,考虑中国各地的经济社会发展水平差距较大,煤炭资源的赋存、供给品种和数量各异,对其分区域进行考察,使所构建的模型与中国煤炭市场的现状更加吻合,分析结果更具现实意义。例如,在供给方面,根据各地煤炭资源禀赋特点和地理相近性,将全国煤炭供给地聚类为 19 个区域,结合依据煤种和含硫量不同所划分的 12 类煤炭产品,可得到 51 条供给曲线并将其作为国内各种类煤炭产品的主要供给地;进(出)口方面,依据煤炭进(出)口的历史数据,明确中国煤炭进(出)口国的主要来源地有 6 个国家并进行考察;需求方面,由于各省份都有着数量不一的煤炭需求,且以省为单位进行需求模型构建和分析时可获取较完备的数据支撑,故将需求主体定位于各省份(不包括西藏和海南),共计 29 个需求主体[①]。由此,中国煤炭市场模型就是由 57 个供给方(含进口)、29 个需求方、12 个交易种类,以及数以万计的交易可行集所构成的复杂网络系统,在理论层面上反映了中国煤炭市场交易全貌。

各子模块的目标、考察对象和涉及的区域整理如表 1-4 所示。

表 1-4　各子模块的目标、考察对象和区域

子模块	目标	考察对象	波及区域
供给方程模块	揭示市场化下供给与价格间的数量关系	4 类煤种,3 种含硫量,组合为 12 类产品	全国 51 个不同产品的供给地
进(出)口核算模块	揭示进(出)口数量与经济发展水平之间的数量关系	4 类煤种	国外 6 个供给地
工业用煤核算模块	预测工业产品产量和能源效率共同影响下的用煤数量	4 类煤种,6 种工业类别	全国 29 个省份
电力输配优化模块	优化电力需求既定下的各地发电量及其电煤使用量	动力煤,电力工业	全国 29 个省份
取暖用煤核算模块	预测城镇化下的集中供热用煤数量	动力煤,供热业	全国 29 个省份
煤炭运输优化模块	优化各地储备规模,优化各地间输煤线路	10 个储备地,51×29 个供需间的运输衔接	全国 51 个供给地,29 个需求地
煤炭市场均衡模型模块	优化各地的交易对象、交易数量和交易价格	12 类产品,51×29 个运输线路	57 个供给地(含进口),29 个需求地

---

① 后期研究中,著者将把 CCMS 供需节点拓展到 294×328 的地级市层次,提高其在企业层面的应用价值

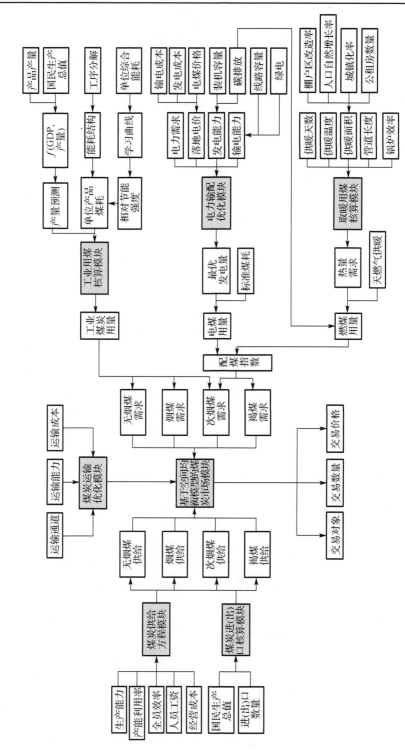

图 1-1　中国煤炭市场系统(CCMS)的理论框架

1.3.3　构建方法

CCMS 是一个集预测与优化于一体的动态仿真系统。具有预测功能的模块主要包括工业用煤核算模块、取暖用煤核算模块和煤炭进(出)口核算模块,优化模块包括煤炭运输优化模块、电力输配优化模块和基于空间均衡模型的煤炭市场模块。煤炭供给方程模块比较特殊,在除价格要素外的其他要素发生变化的情况下,供给曲线本身将发生移动,需要对这种移动的方向和程度进行预测;但如果其他要素不变而只是价格发生变化,这时供给曲线保持不变,而价格和供给量的取值依赖于煤炭市场优化结果。

预测方面,将预测区间设置为 2012～2025 年,在这一期间,除取暖用煤可借由所构建的模型予以直接预测,工业用煤、电力用煤和进(出)口数量都不同程度地取决于国民生产总值(GDP)的预测值,而 GDP 将作为一个外生变量进入系统,模型侧重于研究不同 GDP 与工业产品产量、电力需求量和进(出)口煤炭数量之间的函数关系,据此再借助各模块的理论模型来预测各地煤炭需求。所使用的预测方法如下:在工业用煤核算模块中,基于学习曲线模型预测未来的单位产品耗煤量,然后结合各年度工业品数量来核算用煤量;在煤炭进(出)口核算模块中,借助协整和误差修正模型对未来的进(出)口数量进行预测;在取暖用煤核算模块中,对城镇化下的人口迁移轨迹和趋势进行数量描述并据此预测未来的集中取暖面积,然后基于国家建筑物用能标准来预测耗煤数量。

优化年份的选择方面,虽然理论上可以对未来任一年度进行优化,但本书选择 2011 年进行优化,原因如下:①以某年份真实煤炭消费量的研究结果具有更强的现实启示意义;②本模型研究对象是一个复杂网络,对数据信息量要求较大,而 2011 年各变量数据信息相对较为完备;③该年度也可近似看作中国煤炭消费量分水岭,在此以前的消费总量直线快速上涨,而自 2012 年始,消费总量与 2011 年相当,且随着中国经济从要素驱动的粗放型向效率驱动的集约型的升级,能源消费总量将会相对平稳甚至略有下降。因此,以 2011 年为基的研究结果将对未来较长时期的全国煤炭市场格局有所启示。

具体的优化方法方面:在煤炭运输优化模块中,以供需间的最小单位运输成本为目标对煤炭供需网络进行优化,得到不同供需主体间的最优运输路径;在电力输配优化模块中,以全社会用电成本最小化为目标,以全国电力市场供需均衡、各省份电厂最大可供电能力约束、省际电网输电能力约束及考虑水电、风电、核电等可再生能源电力的影响等因素为约束条件,运用线性规划方法得到各地最优发电量,据此核算其背后的电煤使用量;在煤炭市场模块中,运用空间均衡模型,以社会净收益最大化为目标,约束条件包括各地供给总量小于其供给能力、各地实际消费量等于其需求量等,并通过贸易这一手段将供需双方整合到一个模型中予以考察,得到供需平衡下的各供给地的供给对象、供给数量、供给价格和运输通道,或从需求端看,可得到各需求地的供给来源、供给数量、供给价格和运输通道,两者殊途同归,从而描绘出中国煤炭市场的交易全景图。

1.3.4　变量和数据

1. 变量类型

本模型的变量类型主要包括内生变量和外生变量。其中，外生变量主要涉及社会经济发展水平、能源产业发展现状、政府产业政策和环境政策等，对应的数据来源或来自各类统计资料，或来自于情境假设；内生变量借由计量模型或优化模型给出，是希望得到的研究结果，具有理论或政策上的启示意义。由于各子模块间相互嵌套，所以当将某一模块内生变量的结果作为输入进入另一模块时，它又可作为外生变量，因此，两者在一定情形下是可以相互转化的。

2. 数据来源

就构建方法而言，CCMS 属于自下而上的混合能源模型，如 NEMS，因此面临一个突出的困难是大量数据的获取。为此，在研究过程中参考了各年度国家、省(市)数据年鉴和能源、煤炭类专业数据库，如《中国统计年鉴》《中国能源年鉴》《煤炭工业年鉴》《电力统计年鉴》《中国钢铁统计年鉴》《中国有色金属工业年鉴》、中国煤炭资源网、中国煤炭市场网等，另外，中国发展和改革委员会(简称发改委)等政府部门发布的各类统计或监管年报也提供了丰富的研究素材。具体的数据来源均在书中相应位置给予了详细说明。

1.4　创新和价值

CCMS 有理论上的创新，更在实践上对指导企业运营和政府政策设计具有重要的启示意义，因此具备较广泛和重要的研究价值。

(1)首次对中国能源市场进行了系统化的建模研究。虽然国内学术界在采用系统思想来研究能源问题上早已达成共识，但真正像国外那样构建起完备的能源系统模型的研究尚未发现，本书以煤炭为对象的系统研究就显得弥足珍贵。另外，本书虽然最初受国外能源系统模型的研究所启发而开始构思，但在模型结构、模块组成、研究思路和方法等方面迥异于国外的已有成果，是在对中国煤炭市场特征、现状和问题进行深入思考的基础上而开展的，带有显著的中国煤炭市场烙印。

(2)能够对企业运营给予具体实际的指导。由于采取自下而上的研究方法，在本模型的研究过程中充分调查和收集了大量的基础信息，这些变量信息或是与企业日常经营密切相关，或是在企业经营过程所一直关注的。在这些基础信息上构建的理论模型及其运行结果与企业运营就构建起天然的关联，并能够指导企业更好地进行管理决策。例如，煤炭市场模块所优化出的交易对象、交易数量和交易价格等结果就对指导企业经营实践具有重要的参考价值。

(3)是国家煤炭产业政策的重要仿真实验平台。作为国家的主体能源，政府一直希望通过科学的产业政策来引导煤炭产业更好的发展，特别是在当前的煤炭经济形势下，清洁高效的发展模式将成为煤炭产业转型升级的重要方向。由于本模型所涉及的领域几乎囊括煤炭产业链的全部环节，并且所遴选的外生或内生变量都是煤炭产业发展中的关键变量，是政府产业政策设计中的主要工具变量，如煤炭供给方程模块中的产能利用率、工业用煤核算模块中各产业的煤耗效率、电力输配优化模块中的碳排放限制、取暖用煤核算模块中的城镇化率等。改变这些关键政策变量的取值并利用本模型进行仿真实验，即可得到政府政策对煤炭市场流向、流量和价格的宏观影响，借此判断政策的有效性。

第 2 章　国内煤炭供给市场模型

2.1　设　计　思　路

本章的目标是构建并估算中国煤炭供给曲线方程,用以反映价格对煤炭供给市场的调节作用,是构建 CCMS 最重要的基础性工作。现实中,中国各地的煤炭资源赋存差异巨大,经济发展水平也各不相同,导致各省份煤炭供需状态各异。例如,2011 年,山西省煤炭产量 8.86 亿 t,消费量 2.98 亿 t,富余 5.88 亿 t,而同年浙江省煤炭产量为 0,消费量 1.39 亿 t,短缺 1.39 亿 t。各省份间的这种差异通过省际的煤炭调配得以弥补,2010 年达到了 15.31 亿 t 的规模,跨省交易构成了中国煤炭市场的基本形态,各省份可看作市场交易的主体。因此,考察不同区域的煤炭供给方程具有重要的现实意义,这与以全国总体为对象的前期研究显著不同。

除了区域维度,还在研究中将煤炭进行分类,得到不同类别的供给方程,这也突破了以往笼统地以原煤为研究对象的做法。不同煤炭产品在发热量、含硫量等指标上各有不同,这也决定了其具体用途和环境影响各异,如无烟煤主要作为工业原料和居民燃料使用,炼焦煤用于冶金和钢铁工业,动力煤用于发电和运输领域等,并且随着经济结构调整、技术水平改进和环保政策实施,对不同煤种的供给能力要求也会随之变化,因此不同用户更加关注于所需煤种的供给能力,而以产品维度为视角的本书试图满足这一现实需求。

遵循这一思路,本章对全国各区域不同煤种的供给能力进行梳理,构建出 19 个区域 51 个类别的供给模型,但在估算时需要各煤种的翔实历史数据,而这通常难以完全达到。就收集到的数据而言,1995 年以来不同区域的原煤及其相关变量的统计数据较为健全,而具体煤种的数据只涉及 2011 年以来各区域的价格和产量方面。但一个基本的事实是:同一区域内不同煤种在开采技术、劳动效率和工资水平等成本要素上是相似的,其价格差别主要由产品性质的差异所引发,由此可假设同一区域内不同煤种供给的影响因素及其弹性系数相同,其供给方程差异仅由产品性质不同所产生,并且反映在常数项中。基于这一假设,本章先使用传统计量方法来估算各区域原煤供给方程,再运用校准方法来计算调整基准年份中每一煤种的常数项值,就可以得到各区域具体煤种的供给方程。这种结合计量和校准技术来估算多参数值的方法也在 NEMS、MARKAL 和国际能源署的能源技术系统分析项目(Energy Technology Systems Analysis Program, ETSAP)等大型能源经济系统中得到了普遍应用。

2.2　煤炭类别及其供给区域

2.2.1　煤炭分类

中国煤炭的分类比较细致。根据国家标准《中国煤炭分类》(GB/T 5751—2009)，煤炭分为无烟煤、烟煤和褐煤 3 大类，其中，烟煤又从煤化程度和黏结性 2 个维度划分为贫煤、贫瘦煤、瘦煤、焦煤、肥煤、1/3 焦煤、气肥煤、气煤、1/2 中黏煤、弱黏煤、不黏煤和长焰煤等 12 个小类，从而形成 14 个类别的中国煤炭分类标准，并且广泛应用于工程技术和加工应用领域。但从煤炭经济研究的角度看，这种分类标准过于烦琐，特别是难以取得每一煤种的储藏、开发、加工和利用数据，给相关研究工作带来了极大困难。

为此，参照国际煤炭分类标准、中国每小类煤种的发热量和应用领域差异，将煤炭分为无烟煤(anthracite, A)、烟煤(bituminous, B)、次烟煤(sub-bituminous, S)和褐煤(lignite, L) 4 个大类，其中烟煤包括肥煤、焦煤、1/3 焦煤、气煤、气肥煤和瘦煤 6 个小类，主要用于冶金工业，是炼焦煤的主体；次烟煤包括贫煤、贫瘦煤、弱黏煤、中黏煤、不黏煤和长焰煤 6 个小类，主要用于生活用煤和发电领域，它与褐煤一起构成了动力煤的主体。考虑环境问题对煤炭品质的要求，进一步参照国家标准《煤炭质量分级　第 2 部分：硫分》(GB/T 15224.2—2010)中对硫的分类方法，将含硫量小于等于 1.0%的煤称为低硫煤(low-sulfur, L)，将含硫量为 1.0%～2.0%的煤称为中硫煤(medium-sulfur, M)，将含硫量大于 2.0%的煤称为高硫煤(high-sulfur, H)。将煤炭 4 种类别和 3 种含硫量相互组合，进一步细化为 AL、AM、AH、BL、BM、BH、SL、SM、SH、LL、LM 和 LH 12 个小类。

2.2.2　不同煤种的供给区域

基于上述煤种分类方法和中国煤炭资源储藏状况，绘制如图 2-1 所示的中国煤炭资源空间分布。可以看出，中国无烟煤资源主要集中于山西东部和南部、河南北部和贵州西北部，华南诸省有零星分布；烟煤资源集中于山西中部、西部和北部，山东南部和江苏、安徽北部，黑龙江东部和新疆西北部，内蒙古河套地区、宁夏、甘肃和青海有零星分布；次烟煤资源分布最广，集中于山西中南部和西北部、内蒙古和陕西北部、陕西南部和甘肃东部地区，新疆煤炭资源也以次烟煤为主，分布于各处，四川、重庆、湖北、湖南、江西东部和浙江一带也有零星分布；褐煤主要分布于内蒙古东部和北部、辽宁和吉林两省、山东东北部和云南贵州两省交界处。

进一步结合各区域煤炭资源翔实资料及 2011 年分煤种的实际产量情况，给出中国各煤种的供给区域如表 2-1 所示。其划分原则是根据煤种对相邻的地理县域进行聚类，同时又使这些供给地区保持在 1 个或 2 个省份的管辖下，不致太过于分散，从而既明晰了主要煤炭品种供给区域，又易于获取以行政省份为单位的各类统计数据。经整理，共得到 19 个区域的 51 种供给类别，它们构成了中国煤炭供给的主体。

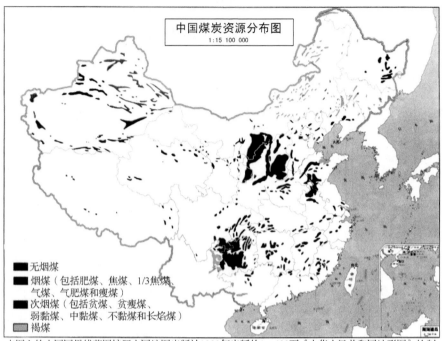

本图上的中国国界线范围按照中国地图出版社1989年出版的1：400万《中华人民共和国地形图》绘制

图 2-1　中国煤炭资源的空间分布

数据来源：中国煤炭资源网，各年度分煤种产量统计数据

表 2-1　主要煤炭产品的供给区域和 2011 年产量

编号	区域	产品	县域或煤田	2011 年产量/万 t
1	黑龙江	BL	鸡西、七台河	7756
2	//	SL	鹤岗、双鸭山	1763
3	辽吉	LL	吉林全省(长春)，辽宁阜新、朝阳	719
4	//	SL	辽宁本溪、锦州、丹东	6471
5	//	BL	辽宁鞍山、抚顺	2756
6	山西	AM	阳泉、襄恒、东山	3700
7	//	SM	清交、西山、襄汾、离石、酒曲、古县、沁源、潞安、平朔	8315
8	//	AL	保德、兴县、平定、沁水、翼城、寿阳、晋城	12058
9	//	SL	大同、张家口	16074
10	//	BH	东社、灵石、汾孝、汾西、霍西北部	7300
11	//	BL	霍州、克城、乡宁、柳林、蒲县、左权、古交	36304
12	//	BM	河东煤田、西山	5000
13	内蒙古	LL	大雁、陈旗、伊敏、扎赉诺尔、霍林河	17243
14	//	LM	胜利、平庄	13889
15	//	SL	东胜、包头、准噶尔	74036
16	//	BM	乌海	4076
17	河北	SM	邯郸	900

续表

编号	区域	产品	县域或煤田	2011 年产量/万 t
18	//	AL	邢台、井径	1267
19	//	BL	开滦	6038
20	//	SL	蔚县	1090
21	苏鲁	LL	烟台、黄口	615
22	//	BL	山东兖矿、济东，江苏徐州	14123
23	//	BH	平阴、肥城、淄博	2210
24	河南	BL	平顶山	6624
25	//	AL	焦作、济源、登封	8859
26	//	SL	安阳	2761
27	安徽	SL	皖南(安庆)	270
28	//	BL	淮南、淮北	13260
29	宁夏	SL	宁东、宁南、石嘴山、石炭井、汝箕沟	8111
30	青海	BM	江仓、聚乎更、大通、西宁	1960
31	陕西	SH	蒲白、韩城、澄合	5000
32	//	SM	西安、咸阳、府谷、焦坪、彬县、华亭、神府、榆林	25903
33	//	BM	铜川、黄陵	2054
34	新疆	BL	塔城、伊犁	1324
35	//	SL	吐哈、准东、南疆(哈密)	9273
36	甘肃	BL	炭山岭、山丹、红水、张掖	120
37	//	SL	靖远	4580
38	江西	BL	萍乡	1316
39	//	AM	赣西(萍乡)	1301
40	两湖	SH	湖北恩施、五家地区，湖南张家界，常德，怀化	2631
41	//	AM	湖南衡阳、郴州	6637
42	福建	AM	全境(南平)	2278
43	川渝	SM	四川成都、达州	3315
44	//	AH	四川宜宾、重庆巫山、云阳	3904
45	//	BM	四川攀枝花，重庆永川	4382
46	贵州	AH	安顺、金沙、遵义、毕节、织金、纳雍	6162
47	//	BM	六盘水、威宁、盘县	6959
48	//	SH	贵阳	2478
49	滇桂	LM	广西崇左、扶绥	2583
50	//	AM	云南昭通，广西河池、来宾、柳州	3076
51	//	BH	云南富源、昆明、宣威	3957

资料来源：中国煤炭资源网，2012 煤炭工业年鉴

注：2011 年神华、中煤和伊敏集团各煤种产量按产地分配到所在区域，具体如下：神华有 6323 万 t 分配到内蒙古 LM 类，2928 万 t 分配到内蒙古 BM 类、23774 万 t 分配到内蒙古 SL 类、7000 万吨分配到宁夏 SL 类；中煤有 1000 万 t 分配到苏鲁 BL 类、11282 万 t 分配到山西 BL 类、4074 万 t 分配到山西 SL 类；伊敏 2243 万 t 分配到内蒙古 LL 类。按硫分分配产量的依据来自"中国煤中硫的分布"[15]。另外，表中标下划线的城市是后面核算运输路线时的供给起点

2.3 模型、数据及估算方法

2.3.1 总体思路

如前所述，囿于数据获取，本章综合使用计量方法和校准方法来估算每个类别煤种的供给方程。传统的计量方法在假设随机项服从正态分布的基础上，通过一定技术手段得到一个(组)最优的参数值，从而使整个方程的估算结果最好地拟合了观测值，其不足之处是有最小的计算和数据要求，在观测数据较少或难以获取时便不再适用。同样作为获取参数的方法，校准法对观测数据量要求较低——只需要一组观测值，它假设在一个均衡系统模型中，除了已包括在模型中的因素，绝对没有其他因素来影响模型的内生变量值，而且将来也没有其他因素，故随机项的值为 0，参数则通过关于因变量和自变量的唯一基准均衡的观测值来估计[16,17]。

当前，计量方法和校准方法共同服务于模型参数的确定过程。其经典步骤如下：①根据要研究的经济问题建立一个局部均衡的经济模型，该模型中有大量待确定的参数值；②通过计量方法确定某些参数值(一般是弹性参数等)；③根据经济运行状况选择一个基准解并代入模型中，通过校准方法确定剩余的参数和变量值，在此过程中假定该模型可以无限次地复制这些基准值；④一旦模型被校准(给参数赋值)，这个模型就可以用来模拟政策对经济体的冲击效应[18]。上述步骤中，估计构成校准的基础，并且习惯上认为计量的参数估计是通过统计方法完成的，而校准是通过经济方法完成的[19]。

本章假设同一区域不同煤种的供给影响因素及其弹性系数相同，价格差异仅由产品特性所决定并反映在各自供给方程的常数项中。遵循上述步骤，先构建一个煤炭供给的局部均衡模型，并且运用计量方法来估算 19 个区域中原煤供给的影响因素和弹性系数，此时的常数项估算值表示原煤品质对价格的影响，然后将得到的参数值看作已知量，选择 2011 年为基准年份，把该年度各区域不同煤种的相关变量值看作基准解并代入方程中，求解得到校准后的常数值，进而整理出各区域不同煤种的供给曲线方程。

2.3.2 供给模型

供给模型用以阐述原煤价格与产能、产能利用率、劳动生产率、人员工资、燃料成本和其他运作成本之间的关系，多以单方程的形式呈现，而这并不适应于本章的研究。采取校准方法的前提是构建一个局部的原煤供需平衡方程，而中国各区域的原煤供需很不平衡，大规模地存在着省份间的原煤贸易，因此，综合考虑供给、需求和贸易关系，通过构建一组联立方程模型来反映区域内的局部均衡，它由需求函数、供给函数和贸易平衡方程构成。

(1)需求函数。通常采用 GDP 作为因变量来构建全国维度的需求方程，但如果具体到区域维度，不同区域对能源需求的影响因素并不相同[20]。考虑中国煤炭开发利用的现实情况，定义原煤需求量是价格、GDP、发电量和钢产量之间的函数，如式(2-1)所示：

$$Q_{i,t,d} = f(c_{i,d}, P_{i,t}, \mathrm{GDP}_{i,t}, \mathrm{ELEC}_{i,t}, \mathrm{STEEL}_{i,t}) + u_{i,t,d} \tag{2-1}$$

式中，$Q_{i,t,d}$ 为 i 区域 t 年份原煤消费量；$c_{i,d}$ 为常数项；$P_{i,t}$ 为原煤价格；$\mathrm{GDP}_{i,t}$ 为国民生产总值；$\mathrm{ELEC}_{i,t}$ 为发电量；$\mathrm{STEEL}_{i,t}$ 为粗钢产量；$u_{i,t,d}$ 为随机项。

(2) 供给函数。如上所述，它描述原煤价格与产能、产能利用率、全员效率、人员工资、燃料成本和其他运作成本之间的关系；除此之外，还假设煤矿企业采取成本加成的定价策略，即在单位生产成本基础上加上市场需求预期来确定价格，从而使这里的价格与需求方程中的交易价格相一致，如式(2-2)所示：

$$P_{i,t} = f(c_{i,s}, \mathrm{PCAP}_{i,t}, Q_{i,t,s}/\mathrm{PCAP}_{i,t}, \mathrm{WAGE}_{i,t}, \mathrm{LEFFI}_{i,t}, Q_{i,t-1,d}) + u_{i,t,s} \tag{2-2}$$

式中，$P_{i,t}$ 为 i 区域 t 年份原煤价格；$c_{i,s}$ 为常数项；$\mathrm{PCAP}_{i,t}$ 为原煤产能；$Q_{i,t,s}/\mathrm{PCAP}_{i,t}$ 表示产能利用率；$Q_{i,t,s}$ 为原煤生产量；$\mathrm{WAGE}_{i,t}$ 为平均工资；$\mathrm{LEFFI}_{i,t}$ 为全员效率；$u_{i,t,s}$ 为随机项；$Q_{i,t-1,d}$ 为 i 区域上一年度的原煤消费量，用以反映基于上期煤炭消费量的需求预期对价格的影响。

(3) 贸易平衡方程。定义原煤贸易平衡方程如式(2-3)所示：

$$Q_{i,t,s} = Q_{i,t,d} + \mathrm{TRAN}_{i,t} \tag{2-3}$$

式中，$\mathrm{TRAN}_{i,t}$ 为 i 区域 t 年份的原煤运输量，若其值为正表示向其他区域输出原煤(该区域供过于求)，若其值为负表示从其他区域输入原煤(该区域供不应求)。

联立式(2-1)、式(2-2)和式(2-3)即为本章所构建的原煤供给均衡模型，其中，$Q_{i,t,d}$、$Q_{i,t,s}$ 和 $P_{i,t}$ 为内生变量，$Q_{i,t-1,d}$ 为滞后内生解释变量，其余为外生变量。估算时，对所有变量进行对数化处理，模型随之成为对数线性方程组，所得到的参数值表示相应变量的弹性系数。

2.3.3　估算和校准方法

采用二阶段最小二乘法(two-stage least squares, 2SLS)对联立模型进行估算。这是因为式(2-2)中的解释变量 $Q_{i,t-1,d}$ 为随机变量，它与 $u_{s,i,t}$ 同期不相关但异期相关，运用最小二乘法(ordinary least squares, OLS)估算会导致有偏性问题；此外，式(2-2)中用 $\mathrm{PCAP}_{i,t}$、$\mathrm{WAGE}_{i,t}$ 和 $\mathrm{LEFFI}_{i,t}$ 来解释价格，但现实中价格也可能会反过来影响它们，例如，价格升高通常会导致投资增大，产能提升，工资增加，全员生产率提高，这种相关性违背了运用 OLS 的前提假设，使其不再适应于式(2-2)的估算。运用 2SLS 方法，将 $Q_{i,t-1,d}$、$\mathrm{WAGE}_{i,t}$、$\mathrm{PCAP}_{i,t}$ 和 $\mathrm{LEFFI}_{i,t}$ 等变量在第一阶段所得的估算值定义为工具变量后用于第二阶段的估算，从而有效地避免了上述问题。

在校准阶段，为降低基准年份数据缺陷所带来的负面影响[21]，选取基准年度每一煤种的 12 个月份的价格数据来估算各月常数项，然后对其平均后得到最终结果。

2.3.4　供给曲线方程

对回归方程进行校准后,可进一步将其转换成供给曲线方程,用以反映煤炭价格与供给量之间的关系。具体做法是将式(2-2)整理如式(2-4)所示:

$$\ln P_{i,j} = c_{i,j,s} + \beta_2 \times \ln Q_{i,j,s} \tag{2-4}$$

式中,

$$c_{i,j,s} = c_{i,j,s,t} + (\beta_1 - \beta_2) \times \ln \text{PCAP}_{i,t} + \beta_3 \times \ln \text{WAGE}_{i,t} + \beta_4 \times \ln \text{LEFFI}_{i,t} + \beta_5 \times \ln Q_{i,t-1,d}$$

其中,$c_{i,j,s}$为供给曲线常数项,它由供给回归方程中所有非供给量项的 t 年份实际值计算得到;$c_{i,j,s,t}$为校准后的常数值;β_1、β_2、β_3、β_4 和 β_5 分别表示产能、产能利用率、平均工资、全员效率和上年度煤炭需求量的系数值。

2.3.5　数据收集与处理

选取 1995～2011 年为样本区间,相关数据主要来自历年《中国统计年鉴》《中国统计摘要》和《中国煤炭工业年鉴》。其中,1995～2002 年的各区域原煤价格用煤炭工业总产值除以煤炭产量得到,2002～2011 年的各区域原煤价格用其煤炭产值除以煤炭产量得到,这样处理充分考虑了数据的可得性和真实性[①]。在校准阶段,选取煤炭供需相对平衡的 2011 年为基准年份,不同煤种每个月的坑口价格数据全部来自中国煤炭市场网(http://www.cctd.com.cn/)和中国煤炭资源网(http://www.sxcoal.com/),并进行了基准化处理。

2.4　参数估算和校准结果

运用 EVIEWS 6.0 统计软件对联立方程组进行 2SLS 估计,确定模型形式和入选变量的原则如下:①回归方程均通过 F 检验,即方程本身显著地描述了煤炭需求和供给规律,且拟合优度较好;②所有入选的解释变量均通过 t 检验,即各变量对煤炭供需的影响显著地存在;③各变量的回归系数符号符合经济学含义或能得到合理的解释。

2.4.1　原煤需求方程的估算结果

原煤需求方程估算结果如表 2-2 所示。可以看出,全国和 19 个区域的需求方程均通过一定显著性水平下的 F 检验,拟合优度也较好,且 GDP、ELEC 和 STEEL 的参数值均通过 t 检验,其值为正表明了这些变量与原煤需求量之间的正相关关系,与经济理论相一致。

---

① 假设 2002 年以前煤炭工业总产值主要由煤炭产值构成,非煤产值比例较小,对核算后的煤炭市场交易价格影响不大

表 2-2　各区域原煤需求方程的估算结果

区域	常数项	$\ln P$	$\ln GDP$	$\ln ELEC$	$\ln STEEL$	F 值	adj. R^2
全国	7.95***	0.39***	—	—	0.20**	19.12***	0.94
黑龙江	4.53***	0.31**	—	0.43***	—	21.72***	0.93
辽吉	6.32***	0.33***	—	—	0.21**	20.36***	0.93
山西	6.94***	−0.37*	—	—	0.69***	29.73***	0.94
内蒙古	3.76***	−0.14*	—	0.92***	—	34.41***	0.96
河北	4.55***	−0.08**	0.62***	—	—	34.91***	0.95
苏鲁	4.73***	0.40*	—	—	0.36***	30.42***	0.95
河南	2.66***	−0.09**	—	1.05***	—	53.00***	0.97
安徽	4.21***	0.03*	0.54***	—	—	72.86***	0.98
宁夏	13.25***	−1.11**	—	—	0.15*	2.18*	0.59
青海	3.93***	−0.34**	—	—	1.06***	10.64***	0.88
陕西	3.79***	0.17*	0.48***	—	—	8.90***	0.87
新疆	7.65***	−0.42***	0.44***	—	—	107.11***	0.99
甘肃	4.31***	0.03*	—	0.60***	—	36.76***	0.96
江西	3.87***	0.38***	—	0.39***	—	9.19***	0.85
两湖	4.78***	−0.20**	—	0.80***	—	17.80***	0.93
福建	1.53***	0.18**	—	0.87***	—	361.86***	0.98
川渝	4.25***	−0.23*	—	0.69***	—	9.29***	0.85
贵州	8.19***	0.53***	—	—	0.36*	10.61***	0.89
滇桂	4.83***	−0.74*	—	—	1.26***	32.27***	0.93

注：***、**和*分别表示 1%、5%和 10%的显著性水平，"—"为未通过 t 检验的被剔除变量

值得关注的是全国及部分省份的价格弹性系数为正数，而这与供需理论中需求量与价格呈负相关的说法相违背，对这一结果的合理解释来自于近些年来飞速发展的中国经济对煤炭消费的刚性需求。图 2-2 反映了 1980～2010 年中国原煤消费指数与出厂价格指数的比较，它说明随着消费量的逐年增长，价格指数呈现更快速攀升的趋势，即高企的价格并没有如理论所期望地降低原煤消费量，反而使消费量也随之升高，表明当前的煤炭市场并不具备完全竞争市场特征，煤炭的刚性需求、替代品的缺乏、电煤价格双轨制和运输瓶颈都可能是造成这一现象的背后因素，价格对中国煤炭市场需求的调节作用并没有显现出来。进一步考察发现，价格弹性系数在 19 个区域内有正有负，表现并不一致，但总的趋势是东部经济发达而又缺少能源的江苏、浙江、福建和广东等煤炭调入区域具有较大的正价格弹性值，而山西、宁夏、新疆和四川等煤炭资源富集但经济发展一般的地区价格弹性为负，这更加说明了刚性需求对价格弹性的正向影响。

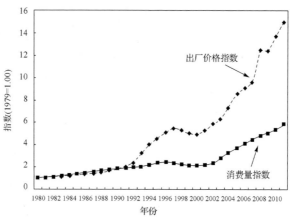

图 2-2　1980～2010 年原煤消费量与出厂价格的比较

数据来源：《中国能源统计年鉴 1980～2011》

2.4.2　原煤供给方程的计量结果

原煤供给方程估算结果如表 2-3 所示。可以看出，全国和 19 个区域的供给方程均通过一定显著性水平下的 F 检验，但区域差异导致各自的供给方程入选变量并不相同，其中，产能利用率入选 17 次（为本章研究的需要，表 2-3 中保留了其余 3 个统计不显著的估算值），全员效率为 12 次，产能和上期消费量均为 9 次；就系数符号而言，产能利用率均为正，全员效率和上期消费量多为正，产能的正负相当。

表 2-3　各区域原煤供给方程的估算结果

区域	常数项	ln PCAP	$\ln(Q(s)/\text{PCAP})$	ln LEFFI	$\ln(Q_d(-1))$	F 值	adj. R^2
全国	−13.14***	−0.77***	0.86**	—	2.30***	29.63***	0.95
黑龙江	6.70***	—	2.34***	−3.46***	—	3.77*	0.48
辽吉	4.33***	—	2.05*	1.06***	—	4.67**	0.66
山西	21.14***	−1.80**	1.53*	1.61***	—	9.26***	0.86
内蒙古	3.16**	—	5.69**	—	0.42**	3.30*	0.48
河北	4.69***	—	2.83*	0.96***	—	4.65**	0.75
苏鲁	4.91***	—	3.98**	0.88**	—	2.78*	0.37
河南	4.37***	—	2.43***	1.20***	—	2.19*	0.64
安徽	−8.61**	1.68***	1.96**	−0.67*	—	5.78**	0.80
宁夏	4.47***	0.38**	1.94	—	−0.29*	3.53**	0.72
青海	−3.33*	1.65***	3.37**	−1.83**	—	5.73**	0.76
陕西	−6.35***	−0.76**	0.92**	0.52**	2.08***	18.83***	0.92
新疆	21.01***	−0.81***	0.39***	0.67***	−1.34***	41.15***	0.96
甘肃	4.35***	—	2.33***	0.51**	—	2.78*	0.54
江西	−8.01***	1.74***	3.17	—	—	5.94***	0.45
两湖	−2.94*	−0.28*	1.74**	—	1.13***	3.91**	0.67
福建	5.31***	—	3.78**	1.47*	—	2.19*	0.30
川渝	−6.03**	—	1.48**	—	1.24***	3.86**	0.64
贵州	−18.05***	—	1.73**	—	2.60***	22.96***	0.83
滇桂	4.17***	—	1.84	—	1.76***	3.72*	0.74

注：***、**和*分别表示 1%、5%和 10%的显著性水平，"—"为未通过 t 检验的被剔除变量；平均工资在所有区域的估算中均不显著，故没有在表中列入

产能利用率系数值为正表明它与价格之间同方向变化，即价格升高(降低)会激发生产者提高(减少)产能利用率，生产供应更多(少)的煤炭，符合经济理论所描述的价格与供给之间的关系。就全国数据看，产能利用率每提高 1 个百分点，市场上原煤价格即上涨 0.86%，相对缺乏弹性，但各省份的数据却表现得弹性十足。19 个考察区域中有 17 个产能利用率的系数值大于 1，有 5 个系数值大于 3，其中内蒙古更是高达 5.69，意味着产能利用调整的速率低于价格变化的速率，这与矿产品的生产供给特征相一致[22]。

一般认为全员效率提高会降低生产成本，进而降低价格，因此效率与价格之间应是负相关关系。但本章中大多数区域的全员效率系数为正，即全员效率与煤炭价格呈现正相关关系，这与煤炭行业高度依赖机械化提升全员效率有很大关系。近年来，全国机械化综采程度从 1995 年的 46.66% 提高到 2010 年的 95.60%，相应地，单矿产量水平也从 5.97 万 t/(个·月)提高到 13.32 万 t/(个·月)，这是全员效率得以迅速提高的主要原因。由于在机械化过程中投入了大量资金，即使全员效率有了较大提升，也并不意味着成本降低，相反，价格还有可能提高来补偿机械化过程中的设备成本。

对于其余两个变量，需求预期显著地正向影响了煤炭价格，这与经济理论相一致，但产能的影响并没有呈现出某种规律性，全国和主要产地山西、陕西的产能系数为负，而安徽等区域的产能系数为正。合理的解释是产能扩张一方面意味着增加未来供给，价格也因此回落，导致产能系数为负，另一方面意味着增加投入，价格也会因此上涨，产能系数应为正，其最终表现依赖于这两种效应的比较和综合。

2.4.3　常数项校准和供给方程建立

依据参数校准方法和式(2-4)，基于 2011 年数据计算得到不同煤种的常数项校准均值和供给方程如表 2-4 所示。与表 2-3 中的原煤常数项相比[①]，校准后的不同煤种常数值与其所在区域的常数值符号相同，大小相近，其差异程度反映了如前所述的产品本身对价格的影响。依据式(2-4)的定义，供给方程中的常数项综合了 2011 年品质、产能、全员效率、工资水平和需求预期等因素，方程本身就是考察在这些因素不变的情形下价格与供给之间的关系，属于经济学中的比较静态分析工具。

表 2-4　不同区域煤种的常数项校准值和供给方程价格　　　(单位：元/t)

编号	区域	煤炭种类	坑口均价	校准均值	供给方程
0	全国	原煤	720	−12.53	$\ln P = -4.33 + 0.86\ln Q$
1	黑龙江	BL	1050	9.20	$\ln P = -14.01 + 2.34\ln Q$
2	//	SL	525	8.51	$\ln P = -11.70 + 2.34\ln Q$
3	辽吉	LL	360	4.38	$\ln P = -7.70 + 2.05\ln Q$

① 校准后的原煤常数项也与表 2-3 有所差异(如全国数据)，这是由于回归计算中所用的价格由产值除以产量得到，而部分产值是依据国家所制订的"计划煤"价格进行核算的，它与市场价格之间有不小的差异，为了克服这种偏差，本书统一运用市场价格进行了调整，这也是校准法对本章的另一贡献

续表

编号	区域	煤炭种类	坑口均价	校准均值	供给方程
4	//	SL	400	4.42	$\ln P = -11.97 + 2.05 \ln Q$
5	//	BL	1250	5.56	$\ln P = -9.10 + 2.05 \ln Q$
6	山西	AM	800	18.45	$\ln P = -5.37 + 1.53 \ln Q$
7	//	SM	530	18.03	$\ln P = -6.06 + 1.53 \ln Q$
8	//	AL	850	16.60	$\ln P = -7.58 + 1.53 \ln Q$
9	//	SL	500	19.08	$\ln P = -9.40 + 1.53 \ln Q$
10	//	BH	1150	19.14	$\ln P = -5.28 + 1.53 \ln Q$
11	//	BL	1200	16.96	$\ln P = -7.66 + 1.53 \ln Q$
12	//	BM	1250	17.82	$\ln P = -5.45 + 1.53 \ln Q$
13	内蒙古	LL	170	1.02	$\ln P = -51.25 + 5.69 \ln Q$
14	//	LM	150	0.90	$\ln P = -41.08 + 5.69 \ln Q$
15	//	SL	600	2.10	$\ln P = -54.61 + 5.69 \ln Q$
16	//	BM	1020	2.81	$\ln P = -36.72 + 5.69 \ln Q$
17	河北	SM	500	4.71	$\ln P = -13.81 + 2.83 \ln Q$
18	//	AL	900	5.29	$\ln P = -13.40 + 2.83 \ln Q$
19	//	BL	1150	5.54	$\ln P = -17.14 + 2.83 \ln Q$
20	//	SL	450	4.60	$\ln P = -13.44 + 2.83 \ln Q$
21	苏鲁	LL	630	4.72	$\ln P = -19.74 + 3.98 \ln Q$
22	//	BL	1050	5.23	$\ln P = -32.05 + 3.98 \ln Q$
23	//	BH	1000	5.18	$\ln P = -24.16 + 3.98 \ln Q$
24	河南	BL	1150	4.88	$\ln P = -14.98 + 2.43 \ln Q$
25	//	AL	980	4.81	$\ln P = -13.86 + 2.43 \ln Q$
26	//	SL	800	4.61	$\ln P = -14.61 + 2.43 \ln Q$
27	安徽	SL	400	−3.63	$\ln P = -6.55 + 1.96 \ln Q$
28	//	BL	1250	−7.66	$\ln P = -11.42 + 1.96 \ln Q$
29	宁夏	SL	380	4.97	$\ln P = -11.47 + 1.94 \ln Q$
30	青海	BM	350	−3.27	$\ln P = -18.95 + 3.37 \ln Q$
31	陕西	SH	500	−6.37	$\ln P = -1.64 + 0.92 \ln Q$
32	//	SM	450	−7.36	$\ln P = -2.82 + 0.92 \ln Q$
33	//	BM	850	−6.94	$\ln P = -0.85 + 0.92 \ln Q$
34	新疆	BL	350	21.02	$\ln P = 3.51 + 0.39 \ln Q$
35	//	SL	150	22.47	$\ln P = 1.54 + 0.39 \ln Q$
36	甘肃	BL	900	5.79	$\ln P = -4.38 + 2.33 \ln Q$
37	//	SL	440	5.08	$\ln P = -13.03 + 2.33 \ln Q$
38	江西	BL	700	−5.99	$\ln P = -16.06 + 3.17 \ln Q$
39	//	AM	850	−5.84	$\ln P = -15.94 + 3.17 \ln Q$
40	两湖	SH	500	−2.94	$\ln P = -7.74 + 1.74 \ln Q$
41	//	AM	550	−2.66	$\ln P = -8.79 + 1.74 \ln Q$
42	福建	AM	935	6.38	$\ln P = -23.61 + 3.78 \ln Q$
43	川渝	SM	420	−6.11	$\ln P = -5.84 + 1.48 \ln Q$
44	//	AH	450	−6.05	$\ln P = -6.23 + 1.48 \ln Q$
45	//	BM	1020	−5.23	$\ln P = -5.56 + 1.48 \ln Q$
46	贵州	AH	650	−17.62	$\ln P = -8.29 + 1.73 \ln Q$
47	//	BM	980	−17.21	$\ln P = -8.25 + 1.73 \ln Q$
48	//	SH	500	−17.88	$\ln P = -7.53 + 1.73 \ln Q$
49	滇桂	LM	380	4.08	$\ln P = -7.68 + 1.84 \ln Q$
50	//	AM	1100	5.15	$\ln P = -7.28 + 1.84 \ln Q$
51	//	BH	850	4.89	$\ln P = -8.41 + 1.84 \ln Q$

2.5　中国煤炭的供给能力分析

2.5.1　全国原煤供需分析

基于对原煤供给方程的分析，可以得到以下结果。

(1)原煤供需曲线遵从均衡规律，且较高价格下的供需调节机制显现。为了方便分析，将 2011 年粗钢生产量代入表 2-2 的原煤需求方程中，可得到全国原煤需求曲线：$\ln Q=10.07+0.39\ln P$，它与全国原煤供给曲线一起刻画如图 2-3 所示。可以看出，尽管两者都向上倾斜(斜率均为正)，但仍然相交于价格为 809 元，数量为 34.01 亿 t 的 E 点，并且当价格低于(高于)809 元时，需求量大于(小于)供给量，遵从供需理论中对均衡点的一般描述。进一步，需求(供给)曲线任意两点间的弧弹性均小(大)于 1 且较高价格水平下的需求(供给)弹性值较大(小)，例如，在涨价的情形下，200~400 元的需求弧弹性为 0.31，供给弧弹性为 1.22，而 1000~1200 元的需求弧弹性为 0.37，供给弧弹性为 1.17。这意味着，从需求侧看，煤炭属于必需品(弹性值小于 1)，呼应了 2.4.1 节对其刚性需求的分析，同时较高的价格水平对需求的调节能力大于价格较低时，表现为随着价格上涨，需求量的增长速率逐渐降低，例如，价格从 550 元增长到 600 元时的原煤需求量增长了 3.52%，但在 1150~1200 元的水平上，需求量的增长率仅为 1.71%，价格调节能力逐渐显现；从供给侧看，煤炭供给是富于弹性的(弹性值大于 1)，但这种弹性能力随着价格上升而逐渐降低，例如，价格从 550 元增长到 600 元时的原煤供给量增长了 10.57%，但在 1150~1200 元的水平上，供给量的增长率仅为 5.04%，产能对供给能力的限制作用在较高价格下逐渐显现。

(2)煤炭市场运营低于均衡状态，呼唤着未来市场化改革。2011 年度的重点合同电煤指导价为 478 元，此时煤炭企业愿意并且能够供给的数量为 18.52 亿 t，它既低于该价格水平下的理论需求量 27.59 亿 t，也低于 29.58 亿 t 的实际煤炭消费量，故另有 11.06 亿 t 的煤炭需求是通过市场手段获取的，而这种因价格规制而被缩小的市场需求显然不足以支撑市场达到 809 元的均衡价格水平，最终使其理论上的市场价格为 716 元，这与 720 元左右的实际价格相一致，进而可以推断：若取消价格规制，煤炭价格将进一步上扬。此外还注意到，即使在 716 元的价格水平下，理论供给量仍然小于现实需求量，因此，煤炭市场低于均衡状态运行可能是这些年煤炭供给紧张的重要原因，其有效解决途径是实施市场化改革，发挥价格调节机制，使其回归至均衡状态。

(3)降低需求是提升原煤供给能力的有效政策工具。提高价格和产能是提升原煤供给能力的传统手段，但前者将引发成本推动型通货膨胀和经济衰退，例如，使有效供给达到 IEA 所预测的 51.24 亿 t，原煤价格将提升至 1150 元左右(2011 年不变价格)，这远超出市场和社会的承受能力，不可持续；后者虽能对产能有所提升，例如，产能提升 3%和 5%，800 元价格下的有效供给量分别增至 35.51 亿 t 和 36.82 亿 t(图 2-4)，但业界一直存在产能未来过剩风险，投资进程比较谨慎。图 2-4 显示出降低需求是较有效的手段。在需求降低(增长)5%的情境下，800 元时的有效供给量增至 38.48 亿 t(降至 29.48 亿 t)，供给增长幅度甚至超过产能增长 5%。这表明预期需求下滑(高企)所导致的急(惜)售心理使同等价格下的有效供给量增加(减少)，意味着需求预期能够调节原煤供给能力，这也进一步论证了减少需求是煤炭政策取向的研究结论[23]。

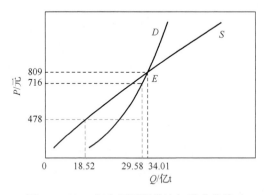

图 2-3　2011 年全国原煤供给与需求曲线

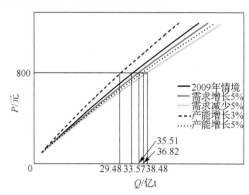

图 2-4　产能和需求调整对原煤供给的影响

2.5.2　各区域不同煤种供给能力分析

1. 无烟煤

由图 2-5 的供给曲线可看出，河北、江西、滇桂、福建和河南等地的当前供给量少且供给弹性也较小，而贵州、川渝、两湖和山西等地的供给量和供给弹性均较大；经测算，在各地价格上涨 50 元的情形下，全国无烟煤的供给增量约为 0.16 亿 t。具体来看，在 1000 元水平上的绝对供给量从高到低依次为河南省、福建省和滇桂地区，供给总量约 1 亿 t，三地供给弹性分别为 0.40、0.25 和 0.53，总体缺乏弹性，表明虽然距消费地相对较近，但其有效供给的增长潜力有限。山西、河北和江西三地在 800 元价格层级上共供给了 1.6 亿 t 无烟煤，但主体是占比近 85%的山西，靠近京津和江浙等消费地的河北和江西的绝对供给量均为 0.12 亿 t，两者的供给弹性分别为 0.34 和 0.31，价格对其持续供给的激励作用有限，而山西在此价格水平下的供给弹性为 0.64，后期的有效供给潜力较大。贵州无烟煤在 650 元下的供给能力约为 0.48 亿 t，供给弹性为 0.56，即价格增长到 700 元时的有效供给量将达到 0.51 亿 t。两湖和川渝地区的价格相对较低且其供给总量约为 1 亿 t，供给弹性分别为 0.56 和 0.62，当两地价格上涨至山西地区的 800 元时，其供给能力将分别达到 0.72 亿 t 和 0.61 亿 t，总量与当前山西省供给量相近，考虑到两者的当前价格较低且供给弹性相对较大，其后期供给能力尤其值得期待。

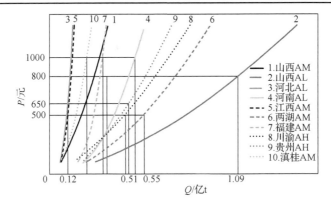

图 2-5　2011 年全国各区域无烟煤供给曲线

2. 烟煤

根据如图 2-6 和图 2-7 所示的供给曲线测算，如果各地价格在 2011 年基础上上涨 50 元，全国烟煤供给增量为 0.21 亿 t，主要来自山西 (576 万 t)、安徽 (256 万 t)、苏

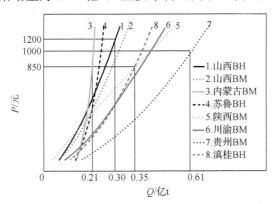

图 2-6　2011 年全国各区域中高硫烟煤供给曲线

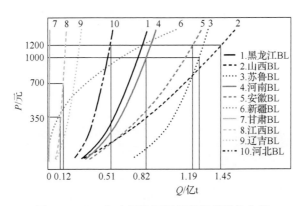

图 2-7　2011 年全国各区域低硫烟煤供给曲线

鲁(182万t)和陕西(227万t),四地占增量的55%左右。就不同价格水平来看,山西、安徽、河南、河北和辽吉五地在1200元时的有效供给量达4.93亿t,占全国总量的47%;其供给弹性分别为0.64、0.50、0.40、0.34和0.48,与其他地区相比并不算高,但由于供给基数大,价格波动所带来的绝对供给能力增幅也较大。在1000元水平上,苏鲁地区的绝对供给量约1.4亿t,但供给弹性仅0.24,需求剧烈波动下的供应弹性不及山西、安徽和河南等地;川渝和滇桂两地的绝对供给量各维持在0.4亿t左右,供给弹性分别为0.66和0.53,相对富于弹性;黑龙江、甘肃和内蒙古地区的供给弹性分别为0.42、0.42和0.17,其值较小且地处偏远,对华东、华南等地的供给补充能力有限。陕西和贵州的供给能力最值得期待,两者的当前价格处于850元的较低水平,绝对供给量共约0.9亿t且供给弹性值分别为1.08和0.57,未来价格存在着上涨空间且将引发较大的供给量。江西在700元价格下的供给量为0.12亿t且供给弹性为0.31,后期潜力不大。新疆的当前价格低至350元且供给弹性高达3.22,清晰地显示出其资源优势和供给潜力,有效供给能力主要来自于远距离运输的限制。

3. 次烟煤

根据测算(图2-8和图2-9),在各地价格上涨50元的情形下,全国次烟煤供给增量为0.69亿t,如果算上新疆,其增量将达到1.40亿t,增长幅度远超过无烟煤和烟

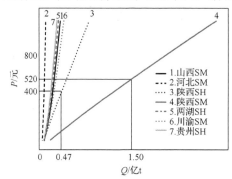

图2-8　2011年全国各区域中高硫次烟煤供给曲线

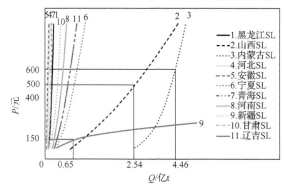

图2-9　2011年全国各区域低硫次烟煤供给曲线

煤，显示出在这一煤种上的供给优势。就价格水平来看，河南当前价格最高，为 800 元/t，此时的供给数量为 0.63 亿 t 且供给弹性为 0.40，预示着未来价格上涨空间及其供给增量不会很大。在 600 元水平上的内蒙古供给了高达 4.46 亿 t 的次烟煤，占 2011 年度全国次烟煤供给总量的 35%，但供给弹性仅为 0.17，表明在现有产能约束上的供给能力已趋饱和。在 500 元水平上的供给地较多，其中，山西和陕西的供给量都在 0.50 亿 t 以上，且供给弹性分别为 0.64 和 1.08，总体呈现出较强劲的持续供给能力，而黑龙江、河北、贵州和两湖四地的供给量各为 0.20 亿 t、0.10 亿 t、0.27 亿 t 和 0.30 亿 t，供给弹性分别为 0.42、0.34、0.57 和 0.56，贵州和两湖地区的后续供给能力相对较好。在 400 元水平上，最有潜力的是宁夏、辽吉和川渝地区，三地的供给量各为 0.79 亿 t、0.63 亿 t 和 0.29 亿 t，供给弹性为 0.49、0.48 和 0.66，而安徽、青海和甘肃等地在此价格水平上的供给量和供给弹性均不大，增长潜力有限；150 元低价水平下的新疆供给量达 0.65 亿 t，且 3.22 的供给弹性也是全国最高的，价格上调 50 元的供给增幅即为 0.70 亿 t，未来增长潜力最大。

4. 褐煤

根据供给曲线(图 2-10)测算，在各供应地价格上涨 50 元时，全国褐煤供给总量将增加 0.13 亿 t，其中，内蒙古一地的增量即达 0.12 亿 t。具体看来，内蒙古褐煤价格较低，150 元水平下的供给量达到 2.26 亿 t，虽然此时的供给弹性仅为 0.15，但由于基数较大，价格波动所引发的供给增量仍然会比较大。辽吉和滇桂两地在 350 元下的供给量分别为 0.07 亿 t 和 0.15 亿 t，供给弹性分别为 0.47 和 0.52，滇桂地区相对更有潜力。苏鲁地区的褐煤价格达 650 元，较高价格下的供给量为 0.07 亿 t 且弹性值为 0.13，持续供给能力相当有限。

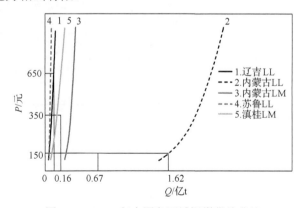

图 2-10　2011 年全国各区域褐煤供给曲线

2.5.3　低硫煤的供给能力分析

按照本章的归类统计，2011 年全国生产高硫煤 2.88 亿 t，中硫煤 6.45 亿 t，低硫煤 20.66 亿 t，所占比例分别为 9.61%、21.51% 和 68.88%。假设各自含硫量的平均水平为 2.5%、1.5% 和 0.5%，可估算出该年度煤炭产量的全硫量为 0.27 亿 t，折算成二氧化硫的排放量为 4352 万 t[①]，比 2214 万 t 的实际二氧化硫排放量多 2138 万 t，一方面，多出部分通过煤炭加工环节消化，该年入洗原煤 3.22 亿 t，排出硫分 873.3 万 t，折算可减排燃烧形成的二氧化硫量 1397 万 t；另一方面，余下的 741 万 t 在消费利用环节被脱硫技术消化。

按照《节能减排"十二五"规划》所设置的目标，中国 2010 年的二氧化硫排放量为 2086 万 t，2015 年为 2267 万 t，减排压力仍然很大，除了通过原煤入洗加工和提升脱硫技术，提高低硫煤供给水平也是其中选项。在现有产能下，每提高 50 元的低硫煤价格，全国（除新疆外）各煤种低硫煤的供给增量为 0.68 亿 t，折算成二氧化硫的排放量 54 万 t；每降低 50 元的中高硫煤价格，全国各煤种中高硫煤的供给减量为 0.56 亿 t，折算成二氧化硫的减排量 179 万 t。可以看出，借助价格调控手段，低硫煤的供给增量足以弥补中高硫煤的供给减量，并且能够有效减少二氧化硫排放。

从供给曲线可估算出价格每上涨 50 元情形下的各区域低硫煤的供应情况，如表 2-5 所示。可以看出，未来中国低硫煤的增量主要来自山西、内蒙古和宁夏等地区，而新疆潜力最大，加快研究疆煤开发利用的途径和措施对保障中国能源安全和清洁利用都有重要意义。

表 2-5　价格上涨 50 元情境下的各地低硫煤供给增量　　　（单位：万 t）

无烟煤	山西	河南	河北							
	433	103	26							
烟煤	山西	安徽	黑龙江	苏鲁	新疆	河南	河北	辽吉	江西	甘肃
	398	256	155	153	154	146	75	54	27	2
次烟煤	山西	内蒙古	宁夏	辽吉	河南	甘肃	黑龙江	青海	安徽	河北	新疆
	1660	630	493	377	208	177	85	58	36	35	7022
褐煤	内蒙古	辽吉	苏鲁							
	1004	50	13							

---

① 全硫量值与孙翠芝等利用煤炭加工利用协会数据所推算出的 0.27 亿 t 相一致[24]，折算成二氧化硫的公式为全硫量×2×0.80

第3章 进口煤炭供给市场模型

3.1 中国煤炭进口概览与特征

3.1.1 中国煤炭进口概览

2011 年，中国共计从海外进口煤炭 2.22 亿 t，进口来源可分为南线和北线两条线路(图3-1)。南线主要有越南、印度尼西亚(简称印尼)和澳大利亚等国，这些国家身处海外，主要通过运量大、运价低的海上货轮向中国出口煤炭，是中国煤炭进口的主要来源地，2011 年共向中国输入煤炭 1.55 亿 t，占该年中国煤炭进口总量的 70%；北线是蒙古和俄罗斯两个和中国接邻的内陆国家，运输工具主要是火车和汽车，运输成本较高，运量也较小，2011 年两国共计向中国出口煤炭 0.31 亿 t，占中国煤炭进口总量的 14%。南、北两线共计进口 1.86 亿 t，占中国当年煤炭进口总量的 84%，其余的 16%的进口量来自菲律宾、印度、南非和美国等地。

图 3-1 中国进口煤炭主要来源国及 2011 年进口量

　　从煤种上看，动力煤的主要进口国是印尼和澳大利亚，炼焦煤是澳大利亚、蒙古和俄罗斯，无烟煤主要是越南。这些进口煤炭主要流向中国东部沿海地区。据海关部署 2013 年统计，广西、广东和福建三地的煤炭进口量占全国的 45%，长三角地区占 23%，从青岛、呼和浩特和石家庄等海关的进口量达 24%。

　　从煤炭价格分析，澳大利亚和俄罗斯的煤炭价格最高，前者是由距离遥远所引发的高成本，后者是由内陆的铁路、公路运输所引发的高成本，但由于这两个国家出口的都是国内紧缺的高质量焦炭，不仅在国内有着较强的市场需求，而且还较国内当年 1200 元/t 的国产焦煤有一定的竞争优势。相较这两个国家，其他国家的煤炭到岸价和国内煤炭相比都有一定的价格优势，以印尼为例，其 564 元/t 的动力煤到岸价格比当年国内的动力煤均价 800 元/t 仍有不小的利润空间(表 3-1)。这种优势的存在使得进口煤炭在东南沿海有着稳定的市场需求，并对国内煤炭市场产生了不小的冲击。

表 3-1　2011 年主要煤炭进口来源地的进口量、金额和均价

来源地	进口数量/万 t	进口金额/万美元	均价/(美元/t)	折算均价/(元/t)
澳大利亚	3255	514789	158.11	996.11
印尼	10103	905116	89.58	564.38
越南	2206	183006	82.93	522.50
蒙古	2032	159881	78.66	495.59
俄罗斯	1067	158597	148.61	936.28
朝鲜	1117	115203	103.05	649.24

数据来源：《中国国土资源年鉴 2012》；均价为著者核算，折算均价按 6.3 的汇率核算所得

3.1.2　中国煤炭进口特征

1. 煤炭进出口数量的波动性

　　进入 21 世纪，煤炭进出口市场的最大变化是中国由一个煤炭净出口国转变成为煤炭净进口国，且进出口数量间的差额不断扩大，如图 3-2 所示。这种转变出现在 2007 年，之前的煤炭出口额大于进口额，此后，煤炭出口继续下降，而煤炭进口一路飙升至 2013 年的 3.27 亿 t，占当年煤炭消费总量的 9.06%，成为煤炭供应的重要一员。随着 2014 年开始征收煤炭进口关税和经济增长速度下降，中国煤炭进出口首次出现了"双降"现象，进口下降对国内煤炭市场具有一定的保护作用，但出口市场下降表明过剩的产能并没有在出口市场中予以释放。从趋势来看，煤炭进口数量还将有所下降，而出口数量预期会有所起色，使得煤炭市场的波动性更加明显。

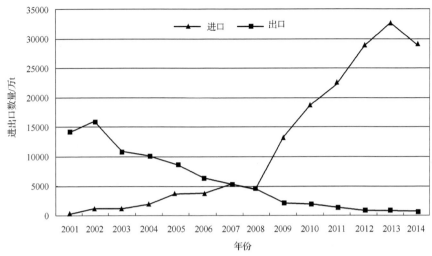

图 3-2　2001～2014 年中国煤炭进出口数量比较

2. 煤炭进口曲线的供给性

作为一种补充，进口煤炭是国内煤炭供给的一项重要来源，因此应该具有经济学意义上的供给特征，即价格上升时供给量增加，反之，价格下降时供给量减少。通过如图 3-3 所示的 2003～2013 年的煤炭进口价格与数量的散点图可以看出，煤炭进口的供给曲线总体符合这一特征，其趋势方程为 $y = 320.31x - 11011$，斜率为正表明它是一个向上倾斜的曲线，据此推算出 50 美元/t 时的进口量在 5000 万 t 左右，100 美元/t 时的进口量为 21000 万 t 左右，这既与现实相差不大，也说明它的经济学特征，可以运用供给理论对其进行深入分析。

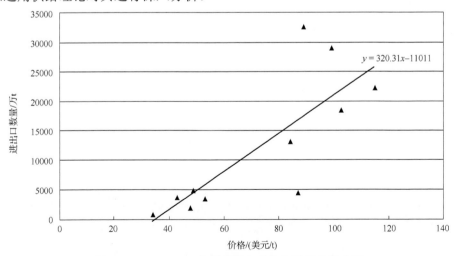

图 3-3　2003～2013 年煤炭进口价格与数量的散点图

数据来源：根据《2004～2014 年中国国土资源年鉴》的相关数据计算而来

3. 煤炭进口来源国的集中性

中国煤炭进口来源国呈现逐渐收敛的特性。中国海外煤炭进口来源可分为南线和北线两条线路，南线主要有越南、印尼和澳大利亚等国，这些国家濒临海洋，主要通过运量大、运价低的海上货轮向中国出口煤炭，因此具有经济优势；北线是蒙古和俄罗斯两个和中国接邻的内陆国家，运输工具主要是火车和汽车，运输成本较高，运量也较小，削弱了其经济优势。但从总量上看，这五个来源国的进口量大约占中国煤炭进口总量的85%，因此具有较高的集中性，且印尼、澳大利亚、俄罗斯、越南和蒙古等国将成为未来我国煤炭企业走出国门并与之竞争的主要对手。

表 3-2　2001～2013 年中国煤炭进口主要来源国及市场份额

年份	项目	1	2	3	4	5
2001	来源国	印尼	澳大利亚	新西兰	俄罗斯	越南
	进口额/万美元	3138.52	2788.52	1086.59	585.17	540.11
	比例/%	19.28	17.13	6.67	3.59	3.31
2002	来源国	澳大利亚	印尼	越南	俄罗斯	南非
	进口额/万美元	14604.42	6781.33	4886.95	3722.94	1208.07
	比例/%	22.29	10.35	7.46	5.68	1.84
2003	来源国	澳大利亚	越南	印尼	俄罗斯	加拿大
	进口额/万美元	20814.11	5375.05	2881.11	2524.62	2221.00
	比例/%	56.32	14.54	7.79	6.83	6.01
2004	来源国	澳大利亚	越南	加拿大	印尼	朝鲜
	进口额/万美元	38730.00	17990.00	16760.00	5940.00	4 920
	比例/%	42.88	19.91	18.55	6.57	5.44
2005	来源国	澳大利亚	越南	加拿大	印尼	俄罗斯
	进口额/万美元	55599.13	37103.78	13801.07	10221.57	5858.78
	比例/%	42.46	28.33	10.53	7.80	4.47
2006	来源国	越南	澳大利亚	印尼	朝鲜	俄罗斯
	进口额/万美元	63950.00	52320.00	23460.00	9670.00	5380.00
	比例/%	39.28	32.13	14.41	5.94	3.30
2007	来源国	越南	印尼	澳大利亚	朝鲜	蒙古
	进口额/万美元	93071.50	76566.40	41009.70	16264.70	10007.80
	比例/%	37.96	31.23	16.72	6.63	4.08
2008	来源国	印尼	越南	澳大利亚	蒙古	朝鲜
	进口额/万美元	115623.20	112678.60	53254.20	24428.40	20230.30
	比例/%	30.99	30.21	14.27	6.54	5.42
2009	来源国	澳大利亚	印尼	越南	俄罗斯	加拿大
	进口额/万美元	488761.83	231834.10	129327.44	102911.58	54007.03
	比例/%	44.79	21.24	11.85	9.43	4.94
2010	来源国	澳大利亚	印尼	俄罗斯	越南	蒙古
	进口额/万美元	544556.30	542158.00	150412.40	131960.20	101534.10
	比例/%	29.93	29.80	8.26	7.25	5.58
2011	来源国	印尼	澳大利亚	越南	蒙古	俄罗斯
	进口额/万美元	905116.90	514789.90	183006.40	159881.40	158597.30
	比例/%	37.88	21.54	7.65	6.69	6.63
2012	来源国	印尼	澳大利亚	俄罗斯	蒙古	南非
	进口额/万美元	937464.1	772681.5	239899.9	170156.4	156725.00
	比例/%	32.6	26.9	8.4	5.9	5.5
2013	来源国	澳大利亚	印尼	俄罗斯	朝鲜	蒙古
	进口额/万美元	1007467.6	825062.3	278088.2	139087.3	119000.9
	比例/%	34.7	28.4	9.6	4.8	4.1

数据来源：根据《中国国土资源年鉴》整理

3.1.3　中国煤炭进口的影响因素

许光建和张琦从宏观和微观和两个角度分析了中国煤炭进口的理论机理[25]，即国际经济形势影响国际煤炭价格，而国内经济形势决定国内煤炭价格，两者之间价差所产生的利润会驱使着煤炭贸易企业进行煤炭贸易，并决定着煤炭进出口总量，具体如图 3-4 所示。

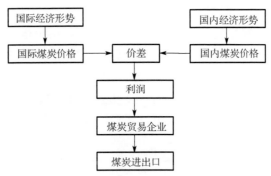

图 3-4　煤炭进口的影响机理

重点对影响煤炭进口的国内因素展开分析，这些因素可大致归纳为煤炭需求、供需差额、煤炭价格和煤炭关税。

（1）煤炭需求。作为国民经济上游的资源性产品，煤炭需求的最主要驱动力来自于经济社会的快速发展。相较 2000 年，2012 年的发电量增长了 2.68 倍，粗钢产量增长了 4.63 倍，水泥产量增长了 2.22 倍，相应的煤炭消费量增长了 1.75 倍。这种需求也为国外煤炭提供了稳定的需求市场，特别是当国内煤炭供不应求时，对国外煤炭产品的需求也相当强劲。

（2）供需差额。经济学理论认为，当供不应求时，价格会上升，引起其他供给者进入市场；当供过于求时，价格会下跌，市场中的部分供给者会离场。根据这一理论，中国前些年煤炭供给持续紧张，一些用户的煤炭需求并不能得到及时的满足，这些缺口主要靠国外煤炭进口予以补充，因此成为一种可能的影响因素。

（3）煤炭价格。2004～2010 年国内煤炭市场的持续升温带动了煤炭价格一路上扬，再加上国内运输市场紧张所导致的运价上涨，使得东南沿海等地的煤炭价格居高不下，客观上为国外煤炭提供了利润空间。因此，只要国内煤炭价格高于国外煤炭的到岸价，利润所引发的煤炭贸易就将持续地存在。

（4）煤炭关税。影响一国对外贸易的最直接手段莫过于关税，它可以将内外价差所引发的利润空间消弭殆尽。但随着 2004 年以来国内煤炭市场的紧张，国家于 2005 年将炼焦煤进口关税暂定税率下调为零，2008 年又将所有除褐煤以外的煤炭进口关税暂定税率下调为零，2012 年，中国也取消了褐煤的进口关税。因此，这一影响因素目前在中国已经不存在。

3.2　煤炭进口误差修正模型

3.2.1　变量和数据

这里试图分析煤炭进口与以上各要素之间的定量关系。煤炭需求用国民生产总值代表；供需差额核算时，将煤炭出口看作国外消费，因此供需差额=生产量−消费量−出口量；煤炭价格用煤炭产值除以产量进行核算，所得的价格更能反映市场价格。相关数据来自历年《中国统计年鉴》和《中国煤炭工业年鉴》。相关的数据整理如表 3-3 所示。

表 3-3　煤炭进口理论模型所用数据值

年份	进口量 IMP /万 t	国民生产总值 GDP /亿元	供需差额 BAL /万 t	国内煤炭价格 PRI /(元/t)
2001	249.33	108068.20	−19145.79	135.79
2002	1081.10	119095.70	−6990.03	121.79
2003	1102.82	134977.00	−2402.23	126.69
2004	1905.16	159453.60	−4543.91	164.20
2005	3622.57	183617.40	9766.56	189.86
2006	3837.26	215904.40	−8248.18	230.07
2007	5162.28	266422.00	−11365.40	318.22
2008	4365.60	316030.30	−5441.59	378.91
2009	13190.78	340320.00	−773.21	369.83
2010	18470.79	399759.50	9360.19	450.32
2011	22227.92	468562.40	7183.28	501.05

3.2.2　煤炭进口模型的构建

根据 3.1 节的分析，建立煤炭进口与其影响因素的理论模型如下：

$$\text{IMP}_t = c + \alpha \times \text{GDP}_t + \beta \times \text{BAL}_t + \gamma \times \text{PRI}_t + \mu_t \tag{3-1}$$

采用逐步回归法对多元回归模型进行实证分析。由于供需差额有正负值，无法进行统一的对数化处理，所以先用原始数据对模型 1 进行了回归处理，发现供需差额变量并不显著，因此将它去除。对其余变量进行对数化处理，单位根检验结果表明，各变量的水平序列均存在单位根，但在 5%的水平下，各变量的一阶差分都是平衡的，因此，各变量为 $I(1)$。协整检验结果表明，这些变量存在着长期稳定的关系，因此建立的回归模型不存在伪回归问题。回归结果表明，模型 2 和模型 3 均能通过各种计量检验，但模型 2 中价格弹性为负数，与供给价格弹性为正值的经济理论不符合，故舍去。最终得到进口与国民生产总值之间的定量关系如模型 3 所示。各步骤回归结果见表 3-4。

表 3-4　煤炭进口模型的回归结果

模型	常数项	国民生产总值 GDP（LGDP）	供需差额 BAL（LBAL）	国内价格 PRI（LPRI）	F 统计量	R^2	D.W.检验
模型 1	−5993.57** (−3.90)	0.05** (10.46)	0.08 (1.11)	−6.34** (−3.76)	65.35**	0.96	0.72
模型 2	−51.51** (−6.08)	6.58** (5.59)		−3.89** (−3.47)	101.58**	0.96	2.65
模型 3	−23.15** (−6.83)	2.54** (9.25)			85.58**	0.90	1.79

写成公式为

$$LIMP_t = -23.15 + 2.54 LGDP_t \tag{3-2}$$

经检验，式(3-1)中的 $\hat{\mu}_t$ 是平稳序列，表明煤炭进口与国内生产总值之间存在着长期均衡正相关关系，进口数量相对于国内生产总值的长期弹性系数为 2.54，表明国内生产总值每增长 1%，煤炭进口随之相应地增长 2.54%，是富于弹性的，体现了煤炭作为上游资源性产品的特色。

3.2.3　误差修正模型的构建

根据式(3-2)的长期协整方程可以进一步生成误差修正项 ecm_t，即令

$$ecm_t = \hat{\mu}_t$$

由前面的检验，ecm_t 序列是平稳的，进一步估计反映煤炭进口波动的误差修正模型，估计结果为

$$\Delta LIMP_t = 2.89 \Delta LGDP_t - 1.12 \hat{e}_{t-1}$$
$$(3.85**),\quad (-4.09**)\qquad\qquad R^2 = 0.57,\ D.W. = 1.52 \tag{3-3}$$

式(3-3)中误差修正项的系数为−1.12，表明当煤炭进口与国内生产总值的关系偏离长期均衡时，煤炭进口能够在短期内快速向均衡修正，调节能力比较强，短期的供给弹性系数为 2.89。

经济学理论一般认为：受厂房、设备等固定资产在短期内难以调整的限制，长期供给弹性一般大于短期供给弹性。但在这里看到，煤炭进口作为一种贸易供给形势，短期供给弹性稍大于长期供给弹性，因此，煤炭进口在调节中国煤炭供需形势方面发挥着越来越重要的作用。

3.3　煤炭进口弹性的 Rotterdam 改进模型

3.3.1　问题的提出

当前，亚太煤炭贸易市场正在经历着一场深刻变革。一方面，随着中国经济转型及其新常态式发展，中国煤炭市场需求增速趋缓，高产能会对煤炭进口形成挤压效应；

另一方面，伴随着 2017 年启动碳市场交易制度，中国对洁净煤的需求量将大幅攀升，这又对煤炭进口品质提出了更高要求。在此背景下，亚太煤炭贸易市场将迎来一场风暴，表现在国内煤炭企业开始尝试着通过出口来消化其过剩的产能，但遭到国外煤炭企业的价格阻击，它们试图通过价格战来继续抢占国内煤炭市场。因此，人们不禁发问：进口煤炭的价格竞争能力究竟几何？在经济新常态和洁净煤发展面前，国内煤企将如何调整其竞争策略来保持竞争优势？

虽然国内外对煤炭进口问题有所研究，但大都关注于煤炭进口数量、影响因素和对经济的影响等方面，缺乏国内外煤炭进口市场竞争方面的研究。Gladstone 较早地探讨了英国动力煤的进口前景和限制因素[26]；Lai 等以进口成本最小化为目标，构建了一个混合 0-1 整数规划模型，用来研究台湾地区煤炭进口的策略问题，尤其关注于如何优化进口煤的质量来满足日益增长的环境监管和锅炉效率的要求[27]。Lin 等先于2010 年在对中国煤炭生产峰值预测的基础上，对未来煤炭进口数量及其对经济发展和能源安全等问题进行了分析[28]；又于 2012 年对生产峰值预测进行修正的基础上，考虑二氧化碳排放强度限制对煤炭消费的影响，给出了不同情境下的煤炭净进口量[29]。王可等采用协整检验和脉冲响应方法对煤炭进口引发的价格效应进行了分析，发现煤炭价格与进口数量间存在着长期均衡，但价格对进口量的作用强度大于进口量对价格的作用[30]。冯雨等研究了煤炭进口对沿海地区煤炭市场的影响，发现煤炭进口激增是价格驱动型，并对沿海地区煤炭市场产生了较大影响[31]。

由于进口需求弹性能够衡量进口需求量变动对进口相对价格变化的反应程度，所以有可能成为回答以上问题的有效工具，也广泛地应用于国际贸易研究中。例如，Muhammad 等分别于 2008 年和 2010 年分析了欧盟对不同来源地鲜花的需求价格弹性，明确了各进口国的价格弹性是否显著及其变动方向，从而为欧盟鲜花进口市场的关税设计提供依据[32,33]；Eales 和 Wessells 测算了日本不同种类海产品的进口来源地价格弹性，并提出了相应的进口策略[34]；Khaled 和 Lattimore 对新西兰家庭住户的服装鞋帽进口需求弹性进行了测算，发现其自价格弹性显著存在，即进口价格上升将直接降低新西兰家庭对进口服装鞋帽的需求量[35]；罗利平等对日本花卉市场的进口需求弹性进行估计，发现对中国的花卉需求较日本花卉总支出具有显著的正向弹性，建议中国花卉企业采用重质量、树品牌的竞争策略，而非低价的倾销策略[36]；他们进一步对德国花卉进口市场的研究表明，来自于荷兰、意大利和中国的花卉进口需求富有弹性，启示着中国花卉在德国市场的良好前景[37]；邢丽荣和徐翔运用 Rotterdam 模型，建立了美国罗非鱼进口需求方程，并通过价格弹性与支出弹性来分析美国的进口需求规律，发现美国罗非鱼的进口需求缺乏弹性，而中国罗非鱼在美国市场上的定位仅为低档商品，从而指出中国罗非鱼提高质量和改善形象是未来发展的关键[38]。

上述研究大多基于 Rotterdam 模型来开展研究。贺蕾和霍学喜认为，进口需求弹性模型有 Rotterdam 模型、CBS 模型、一阶微分 AIDS 模型、NBR 模型和一般化需求模型，实证研究中并没有一种经济理论来支持哪一种模型是最好的，模型需要根据不同的数据资料特征进行选择[39]。本书认为，选择这些模型主要应基于所研究对象的产业背景并对模型进行改造后再应用于实证分析，如对于煤炭进口市场，前些年进口数量的剧增主要是由国内外煤价差额不断扩大所形成的，而传统的进口需求弹性模型只考虑不同来源地的绝对价格及其交叉价格，没有模型将进口国与来源国之间的价格差距进行考虑。因此，本书以最普遍使用的 Rotterdam 模型为基础，将国内外价差变量内嵌于其中对它进行改进，并用它分析中国煤炭进口市场。

3.3.2　Rotterdam 改进模型的构建

根据 3.1 节的分析，国内外价差对煤炭进口市场有着重要的影响，因此将价差变量嵌入 Rotterdam 模型中并对其进行改进。设某一特定商品的国内外价差为 $\overline{p}$，从 i 国进口该商品的价格和数量各为 p_i 和 q_i，$i=1,\cdots,n$，进口金额约束为 M，且 $M=\sum_{i=1}^{n}p_iq_i$。此时，对 i 国商品的需求函数为

$$q_i = q_i(M,p_1,\cdots,p_n,\overline{p}) \tag{3-4}$$

其微分方程为

$$\mathrm{d}q_i = \frac{\partial q_i}{\partial M}\mathrm{d}M + \sum_{j=1}^{n}\frac{\partial q_i}{\partial p_j}\mathrm{d}p_j + \frac{\partial q_i}{\partial \overline{p}}\mathrm{d}\overline{p} \tag{3-5}$$

参照 Barten 和 Theil 的做法[40,41]，将 $\partial q_i/\partial p_i$ 分解为替代效应和收入效应，即 $\partial q_i/\partial p_i = s_{ij}-q_j\partial q_i/\partial M$，式 (3-5) 可整理为

$$\mathrm{d}q_i = \frac{\partial q_i}{\partial M}\left(\mathrm{d}M - \sum_{j=1}^{n}q_j\mathrm{d}p_j\right) + \sum_{j=1}^{n}s_{ij}\mathrm{d}p_j + \frac{\partial q_i}{\partial \overline{p}}\mathrm{d}\overline{p} \tag{3-6}$$

两边同乘以 $1/q_i$ 且令 $\mathrm{d}(\ln x)=\mathrm{d}x/x$，式 (3-6) 可改写为

$$\mathrm{d}(\ln q_i) = \frac{M}{q_i}\frac{\partial q_i}{\partial M}\left[\mathrm{d}(\ln M) - \sum_{j=1}^{n}\frac{p_jq_j}{M}\mathrm{d}(\ln p_j)\right] + \sum_{j=1}^{n}\frac{p_j}{q_i}s_{ij}\mathrm{d}(\ln p_j) + \frac{\partial q_i}{\partial \overline{p}}\frac{\overline{p}}{q_i}\mathrm{d}(\ln\overline{p}) \tag{3-7}$$

定义 $w_i = p_iq_i/M$ 为自 i 国的进口份额，并借鉴 Divisia 指数法，令 $\mathrm{d}(\ln Q)=\sum_{i=1}^{n}w_i\mathrm{d}(\ln q_i)$，$\mathrm{d}(\ln P)=\sum_{i=1}^{n}w_i\mathrm{d}(\ln p_i)$，并由进口金额约束方程得到 $\mathrm{d}(\ln M)=\mathrm{d}(\ln P)+\mathrm{d}(\ln Q)$，式 (3-7) 可简化为

$$\mathrm{d}(\ln q_i) = \theta_i\mathrm{d}(\ln Q) + \sum_{j=1}^{n}\theta_{ij}\mathrm{d}(\ln p_t) + \varphi_i\mathrm{d}(\ln \overline{p}) \tag{3-8}$$

式中，$\theta_i = \partial(\ln q_i)/\partial(\ln M)$ 为收入弹性；$\theta_{ij} = (p_j/q_i)s_{ij}$ 是两进口商品间的价格交叉弹性；$\varphi_i = \partial(\ln q_i)/\partial(\ln \overline{p})$ 为进口商品相较国内商品的价差弹性。

该模型的约束条件包括：①加总性，即 $\sum_{i=1}^{n} w_i\theta_i = 1$，满足金额约束方程要求；

②齐次性，即 $\sum_{j=1}^{n}\theta_{ij} = 0$，$\sum_{i=1}^{n}\varphi_i = 0$，以满足商品同质性要求；③对称性，即 $\theta_{ij} = \theta_{ji}$，

满足国家间相互的价格弹性相同要求。

方程两边同乘以 w_i，式 (3-8) 为

$$w_i\mathrm{d}(\ln q_i) = \alpha_i\mathrm{d}(\ln Q) + \sum_{j=1}^{n}\beta_{ij}\mathrm{d}(\ln p_t) + \gamma_i\mathrm{d}(\ln \overline{p}) \tag{3-9}$$

式中，$\alpha_i = w_i\theta_i$；$\beta_{ij} = w_i\theta_{ij}$；$\gamma_i = w_i\varphi_i$。

将其应用于时间序列数据估算时，式 (3-9) 改写为

$$\overline{w}_{it}\mathrm{d}(\ln q_{it}) = \alpha_i\mathrm{d}(\ln Q_t) + \sum_{j=1}^{n}\beta_{ij}\mathrm{d}(\ln p_{it}) + \gamma_i\mathrm{d}(\ln \overline{p}) + \mu_{it} \tag{3-10}$$

用 $(w_{it} + w_{it-1})/2$ 近似估计 $\overline{w}_{it}$，用 $\ln(q_{it}/q_{it-1})$ 近似估计 $\mathrm{d}(\ln q_{it})$，用 $\ln(p_{it}/p_{it-1})$ 近似估计 $\mathrm{d}(\ln p_{it})$，用 $\ln(\overline{p}_{it}/\overline{p}_{it-1})$ 近似估计 $\mathrm{d}(\ln \overline{p})$。

3.3.3　实证分析与结果

1. 数据来源

根据中国煤炭进口贸易数据的可获得性，选取 2001～2013 年数据进行研究，进口数量、金额等贸易数据均来源于历年《中国国土资源年鉴》。中国煤炭进口来源国主要包括印尼、澳大利亚、越南、俄罗斯 4 个国家，相对集中且收敛，且这些国家在近10 年中对中国煤炭出口总额占中国煤炭进口总额的 75% 以上，因此，主要研究这 4 个进口来源国的进口价格弹性并分析其竞争能力，除此之外的其余国家定义为其他国家。各国进口价格采用进口金额除以进口数量求得，国内煤炭价格由煤炭工业总产值除以煤炭总产量算出，两者之差为国内外煤炭价格差值。

2. 实证结果与分析

对上述需求系统的估计方法有很多种，应用最多的是似不相关回归，其克服了变量间存在密切联系的一系列内生变量的误差项可能存在异方差和同期相关现象，因此是一种更有效的估计方法。这里所构建的理论模型中包含印尼、澳大利亚、俄罗斯、越南和其他国家，即需求系统中包含 5 个方程式，估计时将删除一个方程避免共线性，删除"其他国家"方程，该方程的估计参数可由加总性、齐次性和对称性约束条件式计算而得。

1) 模型参数约束性检验

参考罗利平和蒋勇的经验做法[37]，对模型分别进行未受约束和受约束条件下的估计，将两者的残差平方和进行 F 检验，借以检验模型的参数约束条件。未受约束模型

包含印尼等 4 个主要煤炭进口来源国和其他来源国共计 5 个方程式，7 个列向量(1 个进口量、5 个来源国对应的进口价格和 1 个价差)，运用似不相关回归法得到残差平方和为 0.027；受约束模型包含 5 个方程式，7 个列向量(同上)和 3 个约束条件(加总性、齐次性和对称性)，运用似不相关回归法得到残差平方和为 0.087，得 F 统计值为 1.965。在 0.05 显著性水平下，约束条件个数为 3，自由度为 5(13−7−1)的 F 检验值为 5.41，即 $F<F(3,5)0.05$，接受原假设，认为需求模型满足参数的约束条件，适合用于说明中国煤炭进口需求的支出弹性和价格弹性分析。

2)需求系统参数估计

为了验证 Rotterdam 改进模型的科学性，运用似不相关回归法分别对受约束的 Rotterdam 模型和 Rotterdam 改进模型进行估计，结果分别见表 3-5 和表 3-6。两者相比，改进模型并没有改变原模型的参数符号(即正号或负号)，但显著性参数的数量、参数的显著程度及拟合优度都得到了明显提升，因此，可以判断改进模型更好地对中国煤炭进口问题进行了描述，具有更高的合理性和科学性。下面的分析即基于表 3-6 的实证结果进行展开。

表 3-5　中国煤炭进口的 Rotterdam 模型参数估计结果

来源地	常数项	边际支出份额参数	价格参数					卡方检验	拟合优度
			印尼	澳大利亚	俄罗斯	越南	其他国家		
印尼	0.0263 (0.55)	0.1717* (1.93)	0.3459 (−1.41)	−0.2576** (−2.00)	0.0682 (0.85)	0.0238 (0.55)	−0.1803*** (−3.27)	21.90*** (0.0005)	0.5367
澳大利亚	0.0120 (0.22)	0.4227*** (4.54)		−0.0895 (−0.49)	−0.0411 (−0.76)	−0.0063 (−0.04)	−0.1369 (−0.28)	109.07*** (0.0000)	0.8792
俄罗斯	−0.0117 (−0.62)	0.0921** (2.48)			−0.0871* (1.70)	0.1087 (1.29)	−0.0216 (−0.69)	59.73*** (0.0000)	0.8619
越南	0.0250 (0.52)	0.1520 (1.55)				−0.1953 (−0.78)	0.1953 (0.35)	7.84 (0.1652)	0.3660
其他国家		0.1615** (0.22)					0.1435 (0.86)		

注：括号内数据为相应参数估计量的 t 统计值，*、**和***分别表示在 10%、5%、1%水平下是显著的，“其他国家”方程式由模型的加总性、齐次性和对称约束条件计算而来

表 3-6　中国煤炭进口的 Rotterdam 改进模型参数估计结果

来源地	常数项	边际支出份额参数	价格参数					价差参数	卡方检验	拟合优度
			印尼	澳大利亚	俄罗斯	越南	其他国家			
印尼	0.6115*** (11.70)	0.1779*** (3.85)	0.4699*** (3.71)	−0.0783 (−1.24)	−0.1054** (−2.08)	0.2125** (2.03)	−0.4987*** (−0.30)	−0.2313*** (−12.37)	229.27*** (0.0000)	0.9360
澳大利亚	0.1649 (0.86)	0.4472*** (4.76)		−0.0549 (−0.32)	−0.0549* (−1.66)	−0.0231 (−0.24)	−0.1329 (−0.78)	−0.0452 (−1.01)	86.94*** (0.0000)	0.8862
俄罗斯	−0.1875*** (−5.27)	0.1167*** (5.12)			−0.0082 (−0.28)	0.0532 (1.27)	−0.045 (−1.12)	0.0492*** (5.35)	156.19*** (0.0000)	0.9279
越南	−0.1172** (−2.52)	0.2159*** (3.55)				−0.5494*** (−3.56)	0.5494 (0.98)	0.1112*** (4.50)	36.71*** (0.0000)	0.7424
其他国家		0.0423*** (4.12)					−0.1272 (−0.88)	0.1161		

注：括号内数据为相应参数估计量的 t 统计值，*、**和***分别表示在 10%、5%、1%水平下是显著的，“其他国家”方程式由模型的加总性、齐次性和对称约束条件计算而来

（1）支出参数估计。各方程的支出系数均为正且在 1%的显著性水平下异于零，这与经济学中的收入弹性相吻合，意味着中国煤炭进口的支出预算每增加一个百分比，对来自印尼、澳大利亚、俄罗斯和越南的煤炭进口量分别显著地增加 0.1779%、0.4472%、0.1167% 和 0.2159%，对来自澳大利亚的煤炭进口收入效应最大，其余依次为越南、印尼和俄罗斯。

（2）价格参数估计。对来自澳大利亚、俄罗斯的自价格效应不明显，但对来自于印尼和越南的自价格效应在 1%的水平下显著；越南、澳大利亚和俄罗斯的自价格系数为负数，表明其价格水平会对煤炭需求产生负向影响，与传统经济理论相一致，而印尼的自价格系数为正数，即价格水平与煤炭需求正相关，反映了国内市场对印尼煤炭的需求强劲。

（3）交叉价格参数。印尼与俄罗斯、印尼与越南、澳大利亚与俄罗斯间在不同显著水平下的交叉系数显著，且印尼与俄罗斯、澳大利亚与俄罗斯间的交叉系数为负值，说明它们之间在中国煤炭进口市场上存在竞争替代关系，而印尼与越南间的交叉系数为正值，表明两者在中国煤炭进口市场上呈现互补现象，这些现象的产生与来源国的煤种存在着密切关联。

（4）价差参数估计。除了澳大利亚，中国与印尼、俄罗斯和越南的价差系数都在 1%的水平下显著，表明在样本观测期内国内外煤炭价格差异对这些来源国的进口需求产生了显著影响，但途径似乎不同：印尼和澳大利亚的价差参数为负数，表明价格差异与进口数量间的负相关关系，而俄罗斯与越南的价差参数为正数，表明价格差异与进口数量间的正相关关系。

3）自变量的内生性检验

对于需求系统模型的拟合优度检验问题，很多是通过系统中各个单方程的拟合优度 R^2 值、系统加权 R^2 值检验的。然而，用这些方法得出的 R^2 值检验需求系统的拟合优度是不准确的[42]。在似不相关估计中，由于各系统方程中确立存在一个自变量 $d(\ln Q)$，它与随机残差项之间可能存在相关关系，使得该自变量内生于模型中，导致估计结果失真，所以需要对自变量 $d(\ln Q)$ 进行内生性检验。根据 Theil 提出的检验方法，设 $d(\ln Q)$ 内生于模型中为假，则各方程随机误差项的协方差是 Slutsky 系数的倍数，即 $\operatorname{cov}(\varepsilon_i,\varepsilon_j)=\rho\beta_{ij}$。将估计后的 $\operatorname{cov}(\varepsilon_i,\varepsilon_j)$ 作为因变量，以 β_{ij} 为自变量作线性回归，得到 $\operatorname{cov}(\varepsilon_i,\varepsilon_j)=0.0002(1.22)-0.0235(-2.34)\times\beta_{ij}$。从括号内相应参数估计的 t 统计值可知，该方程的常数项不显著，且 β_{ij} 前的参数显著不为零，说明 $\operatorname{cov}(\varepsilon_i,\varepsilon_j)$ 是 Slutsky 项的负数倍，从而证明 $d(\ln Q)$ 的内生性失真，整个需求系数的参数估计结果有效。

3.3.4　结果分析与启示

1. 需求弹性结果分析

中国煤炭市场进口需求在 2001～2013 年对印尼、澳大利亚、俄罗斯、越南和其他国家的支出弹性、价差弹性和价格弹性见表 3-7。

表 3-7 中国煤炭市场对不同来源国的支出弹性、价差弹性和价格弹性

来源地	支出弹性	价差弹性	补偿价格弹性					非补偿性价格弹性				
			印尼	澳大利亚	俄罗斯	越南	其他国家	印尼	澳大利亚	俄罗斯	越南	其他国家
印尼	0.8267	−1.0748	2.1836	−0.3638	−0.4897	0.9874	−0.6459	2.0057	−0.6584	−0.5399	0.8095	−0.5746
澳大利亚	1.2551	−0.1268	1.3188	−0.1540	−0.2958	0.5964	−0.5648	1.0487	−0.6012	−0.3719	0.3263	−0.6236
俄罗斯	1.9241	0.8112	−1.7378	−0.9052	−0.1352	0.8771	−0.3346	−2.1519	−1.5907	−0.2519	0.4631	−0.2234
越南	1.0032	0.5167	0.9874	−0.1073	0.2472	−2.5530	0.5679	0.7715	−0.4648	0.1863	−2.7689	0.4653
其他国家	1.2264	0.3255	1.2539	0.2356	−0.3658	0.7984	−0.3256	1.2345	0.3456	−0.4235	0.6852	−0.4633

从支出弹性来看，中国煤炭进口市场对来自澳大利亚、俄罗斯及越南的煤炭需求富有需求支出弹性，弹性系数分别为 1.2551、1.9241 和 1.0032，而对来自印尼的进口需求支出缺乏弹性，弹性系数为 0.8267，这就说明，当中国煤炭进口需求增加时，对来自澳大利亚、俄罗斯和越南的需求偏好要比来自印度尼西亚的需求偏好更强烈。同时，对来自俄罗斯的煤炭支出弹性最大，澳大利亚次之，接下来是越南，最后是印尼，表明当中国煤炭进口支出增加时，俄罗斯煤炭出口商获益最大，其次是澳大利亚，接着是越南，最后是印尼。

从价差弹性来看，中国对印尼和澳大利亚煤炭价差弹性为负值，其中，中国对印尼的需求弹性绝对值大于 1，说明当中印煤炭价差增加(减少)1%时，对印尼煤炭需求的减少(增加)的幅度会大于 1%。中国对俄罗斯和越南的价差弹性为正值且绝对值均小于 1，说明当中国与它们之间的煤炭价差增加(减少)1%时，对俄罗斯和越南的需求增加(减少)的幅度小于 1%。

从补偿价格弹性来看，中国煤炭进口需求对澳大利亚、俄罗斯、越南的自价格弹性绝对值大于 1，说明中国煤炭进口市场对来自越南的需求富有弹性，而澳大利亚和俄罗斯的自价格弹性绝对值小于 1，说明中国煤炭进口市场对来自澳大利亚和俄罗斯的煤炭需求缺乏弹性，即煤炭进口价格变动对其需求量的影响没有那么显著。从非补偿价格弹性来看，剔除收入效应后，各国家需求弹性变化并不显著，这说明收入效应并不足以影响价格效应。

从交叉价格弹性来看，其绝对值多数小于 1，即来源国的煤炭间替代和互补作用不大。就显著性较高的印尼与俄罗斯、印尼与越南、澳大利亚与俄罗斯间的交叉弹性来看，印尼价格对俄罗斯的影响(1.7378)大于俄罗斯价格对印尼的影响(0.4897)，印尼价格对越南的影响(0.9874)等于越南价格对印尼的影响(0.9874)，澳大利亚价格对俄罗斯的影响(0.9052)大于俄罗斯价格对澳大利亚的影响(0.2958)。

2. 启示

(1)就价格竞争则言，印尼煤炭类似"吉芬商品"，对国内动力煤市场存在较大威胁。

　　如前所述，印尼的自价格参数系数显著为正、价差参数显著为负且其自价格弹性值小于 1，这分别表明其价格高企时需求不减、与国内价格相当时需求不减和需求变化量小于价格变化量等经济含义，具有"吉芬商品"特征，体现出国内煤炭市场对印尼煤炭存在一定程度的依赖性。印尼煤炭的先天优势在于开采成本低、濒临我国华南缺煤省份和海运成本低，再加上其煤种主要为褐煤，本身价值就低，使得它的利用成本低于我国"北煤南运"过去的动力煤，因此广受华南地区发电企业的青睐，牢牢占据了前些年的华南市场，是我国动力煤消费和出口市场的主要竞争对手。有利的消息是我国自 2014 年对包括褐煤在内的次烟煤征收 6%的进口关税，且加大了对电厂污染排放的标准要求和日常监管，使得印尼煤炭的进口得到了一定程度的遏制，国内动力煤企业应抓住这一有利时机，提高品质、深耕市场和优化服务，发挥综合优势与印尼煤炭开展竞争。

　　(2)澳大利亚、俄罗斯和越南等国煤炭属于一般商品，是我国煤炭企业后期展开竞争的突破口。

　　俄罗斯和越南的自价格系数为负数且其弹性值大于 1，价差参数为正值且其弹性值小于 1，表明两国煤炭在中国市场上具备一般商品属性，消费数量与经济宏观运行指数密切相关，在当前国内煤炭市场低迷的情况下，价格下降会明显减少其进口数量。俄罗斯主要向中国出口炼焦煤，越南主要出口无烟煤，这两类煤种分别会显著地受到钢铁和化肥生产景气的影响，因此，国内企业应充分利用当前这两类煤种的价差缩小的时机，发挥价差效应，进一步巩固国内这两种煤炭的消费市场。澳大利亚的情况较为复杂，一方面其自价格系数为负数且弹性值大于 1，另一方面价差参数为负数且弹性值小于 1。这主要是由自澳大利亚进口动力煤和炼焦煤两种煤种所导致的，如前所述，针对澳大利亚，应采取价格竞争策略抢占其炼焦煤市场，采取综合竞争策略抢占其动力煤市场。

　　(3)就亚太煤炭市场而言，虽然竞争与互补同在，但精准市场定位寻求互补效应是未来中国煤炭走出国门的战略选择。

　　从交叉系数来看，不同来源国的煤炭间存在着替代和互补关系，如澳大利亚和俄罗斯之间在炼焦煤上、印尼和澳大利亚在动力煤上存在着竞争关系，但仔细分析可见，澳大利亚和俄罗斯分别定位我国钢铁产业的南、北市场，市场交叉并不大，印尼的动力煤定位于华南，而澳大利亚的动力煤多销往华东，市场交叉也不大，这也是交叉弹性都小于 1 的原因所在。这启示着国内煤企开拓海外市场时，需要根据自身的产品特征、成本优势、空间距离和运输方式等综合状况来展开市场定位和市场营销，以起到事半功倍的效果。

第4章 工业生产用煤需求模型

本章的研究目标是构建 CCMS 需求侧工业用煤数量的核算方法,步骤包括:①构建工业用煤核算和预测的理论模型;②明确各产业板块耗能的煤种结构及其比例;③预测各产业板块未来耗能的演化趋势;④核算 2011 年各产业板块在不同区域的各煤种消耗数量;⑤预测未来各产业板块的煤炭需求数量。

4.1 工业用煤需求的理论构建

4.1.1 产业板块的选择

中国工业部门齐备,各产业部门对煤炭都有着不同程度的需求,是中国煤炭消费的主体部门。2011 年,中国工业消耗煤炭 32.62 亿 t,占煤炭总消费量的 95%;消耗焦炭 3.80 亿 t,几乎占全国焦炭总消费量的 100%。在这些消耗中,电力、热力的生产和供应业消费 17.07 亿 t,占比 52.34%;石油加工、炼焦及核燃料加工业消费 3.41 亿 t,占比 10.45%;黑色金属冶炼及压延加工业消费 2.99 亿 t,占比 9.19%;煤炭开采和洗选业消耗 2.46 亿 t,占比 7.55%;非金属矿物制品业消费 2.50 亿 t,占比 7.67%;化学原料及化学制品制造业消耗 1.62 亿 t,占比 4.96%;有色金属冶炼及压延加工业消费 0.62 亿 t,占比 1.91%(图 4-1)。以上七个行业共消费 30.67 亿 t,占比 94.02%,成为中国煤炭消费的主体产业。

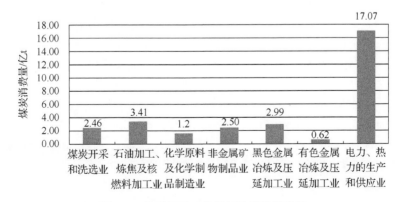

图 4-1 中国主要工业部门的煤炭消费量

由于电力部门耗煤数量和比例特别大，且生产的电力可以跨区域传送，使其用煤区域和用煤数量比较复杂，本书采用专有方法对其单独列章研究。因此，这里仅对其余的六大耗煤产业板块进行细致的省际用煤需求分析。

4.1.2　理论模型的建立

1. 研究思路

除了煤炭开采和洗选业板块，其他五个产业板块的共同之处是都按照一定的生产工艺流程进行工业品生产，在生产工艺的不同环节消耗着特定种类和数量的能源。依此为切入点，对各行业主要耗能工业品的生产工艺进行分解，确定其能耗结构(energy consumption composition, ECC)及煤炭的使用环节、作用、数量和比例，从而确定各工业品生产的单位煤耗(unit coal consumption, UCC)。

单位煤耗会随着时间的变迁而有所变化，如技术进步会对煤炭消费数量和结构产生影响，出现所谓的节能效应和结构效应。①节能效应，即生产同样数量的工业品所消耗的能源数量的减少。统计数据表明，中国主要工业品的单位耗能数值一直呈现下降趋势，由此引发的相对节能效应不同程度地减少了煤炭及其他能源的使用数量；②结构效应，即工艺改进所引发的不同种类能源间相互替代，致使其用能结构发生变化，进而影响着各类能源的最终使用数量，如大量使用所回收的蒸汽将相应地减少动力煤的使用。准确地掌握这些效应的演变规律就能对未来用煤数量和结构进行预测。

虽然单位煤耗的时序数据难以收集，但由于当前工业产品能耗数据大多是以单位综合能耗(unit total-energy consumption, UTC)进行核算并发布的，单位煤耗的演变情况也蕴含其中，因此本书对主要工业产品的单位综合能耗进行分析。通过构建学习曲线模型来拟合单位综合能耗的时间演化，在此基础上计算后续年份的相对能耗强度(relative energy consumption intensity，RECI)和相对节能强度(relative energy saving intensity，RESI)，然后结合单位综合能耗中的能源结构就能够计算出单位煤耗情况。

上述结果多是以全国口径进行核算的，需要在此基础上寻求一种方法来核算各地的单位煤耗。本书的思路如下：假设全国口径下的单位煤耗是各地的平均值，各地或大于或小于这个平均值，实际取值取决于各地的生产规模，生产规模大，单位产品用能水平小；生产规模小，单位产品用能水平大[①]。将某地生产规模与全国平均生产规模的比值作为权重对全国单位煤耗进行调整，就得到该地的单位煤耗。

各地单位煤耗与产量的乘积即为各地用煤数量。为获得各地产量预测数据，构建各地工矿产品产量与当地国民经济发展水平(GDP)的函数关系，并依据 GDP 的发展水平来预测各工矿产品产量。

---

① 支撑这一思路的经济学理论是将生产用能看作一种投入，其平均成本与生产规模成反比，即所谓的规模经济

与主要受规模影响的加工制造业相比，各地赋煤区的地质条件对煤炭开采和洗选业的生产用能影响更大，上述以产量为权重来调节各地煤耗的方法难以适用。因此，本书尽可能地收集各地的煤炭生产能耗数据，直接用它乘以各地产量来计算各地用煤情况。

这种研究思路和技术路线如图 4-2 所示。

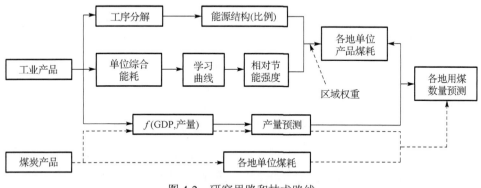

图 4-2　研究思路和技术路线

2. 研究方法

1）单位煤耗的核算方法

翔实考察各工业产品的生产工艺及主要环节的用能种类及其作用，确定其生产过程中所消耗的煤炭种类。确定各煤种所占的比例时，优先通过典型企业生产用能的投入和产出数据核算单位煤耗，缺乏企业维度的数据时，采用文献资料分析法得到单位煤耗。

基于企业数据的单位煤耗计算方法为

$$UCC = \frac{CONS}{OUTP} \tag{4-1}$$

式中，UCC 表示单位煤耗；CONS 为某煤种消耗量；OUTP 为工业品产量。

当单位综合能耗及其煤炭所占的比例已知时，单位煤耗的计算公式为

$$UCC = UTC \times COAL\% \tag{4-2}$$

式中，UTC 表示单位综合能耗；COAL% 为煤炭所占的百分比。

2）单位综合能耗的预测方法

可以用学习曲线对单位综合能耗进行评估和预测[43]，其好处如下：①学习曲线用以描述因技术进步所带来的产品成本节约等现象，生产用能成本也在其中，适应于本书的研究对象；②学习曲线以累积的产品生产量为因变量，本身就蕴藏着时间变迁的含义，能够预测未来能耗的演化趋势；③学习曲线将能耗节省归因于重复生产中的"干

中学"效应,即工业品生产的节能技术进步蕴含于工业品总产量中,为研究提供了数据便利。

单位综合能耗的学习曲线模型如下:

$$\text{UTC} = A_0 \times \text{TOUTP}^{-b} \tag{4-3}$$

式中,UTC 为单位综合能耗;TOUTP 为工业产品总量;A_0 和 b 为待估参数,其中,b 为学习常数且大于 0,与工人或技术学习率相关。相应的时间序列模型为

$$\text{UTC}_t = A_0 \times \text{TOUTP}_t^{-b} \tag{4-4}$$

3)相对能耗强度和相对节能强度的计算方法

定义 t 年单位综合能耗除以基年单位综合能耗的值为相对能耗强度,即

$$\text{RECI} = \frac{\text{UTC}_t}{\text{UTC}_0} \tag{4-5}$$

当 RECI = 1 时,表示第 t 年的单位综合能耗与基年单位综合能耗相同;当 RECI > 1 时,表示第 t 年的单位综合能耗大于基年单位综合能耗;当 0 < RECI < 1 时,表示第 t 年的单位综合能耗小于基年单位综合能耗。

在此基础上,定义相对节能强度为

$$\text{RESI} = \text{RECI} - 1 \tag{4-6}$$

当 RESI = 0 时,表示相对于基年没有能耗节省;当 RESI > 0 时,表示相对于基年的能耗增加;当 RECI < 0 时,表示相对于基年的能耗减少。

当相对节能强度用雷达图表示出来时,就构成了各地相对节能曲线。

4)区域权重的确定方法

定义区域权重为某区域工业产品增长率除以全国工业产品增长率,计算公式为

$$w_i = \frac{\text{grat}_i}{\text{grat}} \tag{4-7}$$

式中,w_i 为 i 地权重值;grat_i 为 i 地工业产品增长率;grat 为全国工业产品增长率。当 i 地工业产品增长率与全国相同时,$w_i = 1$;小于全国水平时,$w_i < 1$;大于全国水平时,$w_i > 1$。

工业产品增长率的核算采用复合增长率的计算方法,即

$$\text{grat} = \sqrt[n]{\text{TOUTP}_t / \text{TOUTP}_0} \tag{4-8}$$

式中,TOUTP_0 为基年的工业品产量;n 为时间跨度,且 $n = t - 1$。

5)各省单位综合能耗和煤耗的核算方法

基于节能强度与规模增长率呈正相关的假设,得到加权后的各省相对节能强度为

$$\text{RESI}_i = w_i \times \text{RESI} \tag{4-9}$$

综合式(4-5)、式(4-6)和式(4-9)，整理得到各省单位综合能耗的计算公式为

$$\mathrm{UTC}_{i,t} = \mathrm{UTC}_{i,0} \times (1 + \mathrm{RESI}_i) \tag{4-10}$$

进而得到各省单位煤耗的计算公式为

$$\mathrm{UCC}_{i,t} = \mathrm{UTC}_{i,t} \times \mathrm{COAL\%} \tag{4-11}$$

需要注意的是，这里的煤炭占比相较基年可能已经有所变化，核算时应予以考虑。

6) 节煤效果的核算方法

相较基年，节煤效果定义为特定产量下的用煤节省数量，即

$$\mathrm{CSAV} = \mathrm{OUTP}_t \times (\mathrm{UCC}_t - \mathrm{UCC}_0) \tag{4-12}$$

7) 煤炭需求预测模型

产品产量乘以单位煤耗即为相应的煤炭需求，计算公式为

$$\mathrm{CDEM} = \mathrm{OUTP} \times \mathrm{UCC} \tag{4-13}$$

式中，OUTP 为国内生产总值 GDP 的函数，并根据 GDP 的预估值求出，即

$$\mathrm{OUTP} = f(\mathrm{GDP}) \tag{4-14}$$

4.1.3　计算步骤

具体的计算步骤如下。

(1)对研究对象的生产工序进行分解；

(2)计算各煤种在单位综合能耗中所占比例；

(3)基于单位综合能耗的时序数据建立学习曲线模型；

(4)基于学习曲线模型预测单位综合能耗；

(5)基于基年单位综合能耗和预测年份的单位综合能耗计算相对能耗强度；

(6)基于相对能耗强度计算相对节能强度；

(7)计算各地的区域权重值；

(8)基于相对节能强度和区域权重值计算各地的相对节能强度；

(9)预测各地单位综合能耗；

(10)结合各煤种在单位综合能耗中的占比来预测各地单位煤耗；

(11)构建工业品产量与国内生产总值函数，并依此预测各地工业品产量；

(12)结合工业品产量和单位煤耗来核算各地节煤效果；

(13)结合工业品产量和单位煤耗来预测各地煤炭需求量。

上述计算步骤如图 4-3 所示。

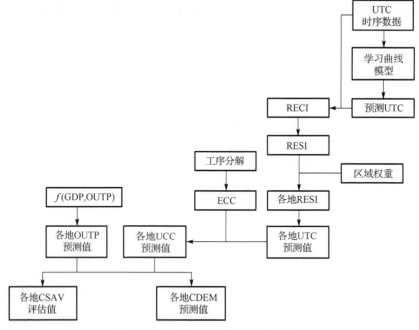

图 4-3　各地工业煤炭需求的计算步骤

4.1.4　数据来源和加工方法

各工业品综合能耗、各地产量等数据全部来自相关统计年鉴，对个别缺失或异常数据进行了平滑处理。以能够获取到的数据起始年份为基年，由于不同工业品的数据起始年份并不相同，基年的选取也相应地存在差异。

工序分解的主要依据来自公开发表文献中的二手数据，大多是以某典型企业为样本展开研究的。对于缺乏样本企业的行业，借鉴对能耗结构已有的研究成果进行分析归纳。

能耗结构的时间演化数据较难获取，但其主要趋势如下：①最大化地回收蒸汽、煤气等各种余热并加以再利用，从而减少动力煤的消耗；②用相对成本低廉、资源丰富的能源代替价格高昂、资源稀缺的能源，如炼钢生产中用无烟煤替代焦粉充当还原剂等。本书采取专家打分式的德尔菲法对其进行评估和预测。

具体分产业核算时，最大的困难来自各地的基年单位综合能耗数据难以获取。为此，一方面，本书尽可能地想办法来获取或核算出各地基年单位综合能耗，如钢铁和煤炭产业；另一方面，对于其余产业，本书假设各地基年的单位综合能耗与全国水平相一致，随后依赖于学习曲线效应进行演变。从最终研究结果看，这种处理方法是科学可行的。

此外，对于缺失单位综合能耗时序数据的行业，如陶瓷和炼焦业，本书没有估算其学习曲线和 RESI，而是假设其短时期内保持不变，并依据消耗结构来核算用煤量。

具体的各产业关键数据获取与否、来源及据此所调整的用能核算方法如表 4-1 所示。

表 4-1　各产业关键基础数据来源情况及用能核算方法调整

产业	ECC	全行业 UTC	各地基年 UTC	用能核算方法的调整
钢铁	据样本企业核算	统计年鉴	本书核算	没有调整
氧化铝	文献	统计年鉴	全行业 UTC 替代	没有调整
铜冶炼	据样本企业核算	统计年鉴	全行业 UTC 替代	没有调整
铅冶炼	媒体报道	统计年鉴	全行业 UTC 替代	没有调整
水泥	行业协会和文献	统计年鉴	全行业 UTC 替代	没有调整
陶瓷	文献			没有核算 RESI
合成氨	据样本企业核算	统计年鉴	全行业 UTC 替代	没有调整
电石	统计年鉴	统计年鉴	全行业 UTC 替代	没有调整
炼焦	据样本企业核算			没有核算 RESI
煤炭	文献	媒体报道	媒体报道	没有调整

4.2　黑色金属冶炼业的用煤核算

钢铁是黑色金属冶炼业的主要耗能大户，2010 年的能源消费量占全国能源消费总量的 17.70%，其中绝大部分是煤炭、焦炭和由煤炭转化而来的电力；特别就焦炭而言，其消费量占全国消费总量的 87.41%，成为决定中国焦煤消费总量及其分布的主导产业。因此，研究钢铁工业用煤和节煤规律对于缓解中国的煤炭消耗和优化焦煤供需结构具有重要的意义。

4.2.1　吨钢综合能耗的结构解析

1. 吨钢综合能耗的核算结构

本书基于 2005 年某钢铁企业的用能调研数据进行核算[①]。从企业整体的能源流向看，该企业年度外购各类煤炭计 605.16 万 tce、电力 82.95 万 tce，外销自产电力、蒸汽、焦炉煤气和高炉煤气各 34.51 万 tce、15.50 万 tce、15.76 万 tce 和 17.27 万 tce，购销之差为 605.07 万 tce，即为该企业 2005 年的能源总消耗，除以 650.72 万 t 的粗钢产量，得到吨钢综合能耗为 929.84kgce/t。

外购电力能量与外销各种能源能量之和是相等的，这意味着外购煤炭的能量与企业生产所消耗的能量之间是一致的。由此，可以将研究视角转向企业内部的能源流向，并按照能量守恒原理来核算吨钢综合能耗及其能源组成结构。不同能源在钢铁生产过程中的消耗统计数据如表 4-2 所示。

---

① 所有能源均在原始数据基础上换算成标煤单位，除了电力采用等价值法，其余能源均采用当量值法。原始数据中另有约 12 万 tce 的各种燃油，约占耗能总量 1.16%，数量较小且与本书研究内容无关，故略去

表 4-2　样本企业生产用能数据　　　　　（单位：万 tce）

能源	焦化	烧结	球团	高炉	电炉	转炉	轧钢	发电	蒸汽	生产辅助	其他	总计
焦煤	373.11										1.05	374.16
无烟煤		30.75		50.60							11.48	92.83
动力煤								67.30	45.38	23.62	1.86	138.16
焦炭				303.88								303.88
焦粉				23.14								23.14
焦炉煤气	10.96	2.28		10.50	0.25	5.82	17.75	3.86	4.54	2.01	2.75	60.72
高炉煤气	25.16	8.82	1.43	51.88			1.43	6.72	7.84	5.05	14.30	122.63
转炉煤气							7.31					7.31
电力	3.17	13.55	0.41	6.93	15.52	9.30	5.51	3.04	15.56	11.22	9.44	93.65
蒸汽	4.66	1.75	0.30	6.38	0.19	0.73	3.97			1.37	15.86	35.21

表 4-2 中，焦煤在焦化工序中生成的焦炭供高炉工序使用，动力煤燃烧产生的电力和蒸汽供各生产工序使用，焦化、高炉和转炉等工序生产的煤气供各工序循环使用。为了明晰能源流向及各工序耗能，将发电、蒸汽、生产辅助和其他等生产经营活动均归于生产保障，并将所用能源按一、二次能源和能源副产品进行分类后整理如表 4-3 所示。根据能量守恒原理，焦化工序中所消耗的焦煤量是以焦煤总量减去所产出的焦炭(粉)量后取得的，生产保障中所消耗的动力煤量是以动力煤总量减去电力和蒸汽的生产总量后得到的。

表 4-3　各工艺流程中不同能源的消耗数据　　　　　（单位：万 tce）

工艺流程	一次能源			二次能源			能源副产品		
	焦煤	无烟煤	动力煤	电力	蒸汽	焦炭(粉)	高炉煤气	转炉煤气	焦炉煤气
焦化	46.09			3.17	4.66		25.16		10.96
烧结		30.75		13.55	1.75		8.82		2.28
球团				0.41	0.30		1.43		
高炉		50.60		6.93	6.38	327.02	51.88		10.50
电炉				15.52	0.19				0.25
转炉				9.30	0.73			0	5.82
轧钢				5.51	3.97		1.43	7.31	17.75
生产保障	1.05	11.48	9.28	39.26	17.23		33.91		13.16
总计	47.14	92.83	9.28	93.65	35.21	327.02	122.63	7.31	60.72

由于能源副产品来自生产过程并自耗于其中，通常不列入各项指标核算中，本书用各工序中一次能源与二次能源消耗量除以该工序产品产量(生产保障和综合能耗的工序产量以高炉粗钢产量计)得到各能源单位消耗值，累加之和构成各主要工序能耗值；用各能源消耗量除以粗钢产量得到其吨钢单位消耗量，汇总即为吨钢综合能耗，计算结果见表 4-4[①]。可以看出，本书采取累加各能源单位消耗量来计算吨钢综合能耗

———————————

① 根据本书的研究目的在统一量纲时对电力采用等价值法进行折算，其值较原文的当量值法高出 3 倍左右，这使得本书结果总体偏大

的结果(929.69kgce/t)与总量法的结果(929.84kgce/t)几乎完全一致,验证了这种方法内在逻辑的科学性和合理性。

表 4-4　工序能耗及各能源的单位消耗值

工艺流程	工序产量/t	工序能耗/(kgce/t)	一次能源/(kgce/t)(占比/%)			二次能源/(kgce/t)(占比/%)		
			焦煤	无烟煤	动力煤	电力	蒸汽	焦炭(粉)
焦化	327.03	164.88	140.94(85.48)			9.69(5.88)	14.25(8.64)	
烧结	584.46	78.78		52.61(66.78)		23.18(29.42)	2.99(3.80)	
球团	66.20	10.72				6.19(57.74)	4.53(42.26)	
高炉	650.72	598.29		77.44(12.94)		10.60(1.77)	9.76(1.63)	500.49(83.65)
电炉	43.00	365.34				360.93(98.79)	4.41(1.21)	
转炉	605.40	16.57				15.36(92.70)	1.21(7.30)	
轧钢	608.00	15.59				9.06(58.11)	6.53(41.89)	
生产保障	650.72	120.32	1.61(1.34)	17.64(14.66)	14.26(11.85)	60.33(50.14)	26.48(22.01)	
综合能耗	650.72	929.69	72.44(7.79)	142.65(15.34)	14.26(1.53)	143.68(15.45)	54.11(5.82)	502.55(54.06)

2. 吨钢综合能耗的煤种结构

可以看出,煤炭是钢铁生产用能的主体能源,所用煤种主要为焦煤、无烟煤和动力煤,并根据不同工序用能需要而转化为不同的能源形式。大约85%的焦煤在焦化工序中转化为焦炭(粉)供高炉使用,其余能量以热能形式释放;无烟煤的煤化程度高,火力强,燃烧强度与焦煤、焦炭或焦粉相当,但价格更便宜,因此在烧结过程中作燃料使用,在高炉工艺中作喷吹煤使用,对提高钢铁工艺水平和经济效益发挥重要作用;动力煤主要加工转换成电力和蒸汽供钢铁企业在生产作业和后勤保障中使用,直接燃烧使用的比例很低。由此可见,焦煤(炭)在焦化和高炉工序、无烟煤在烧结和高炉工序中的作用是特定不可替代的,而在生产保障中的作用实际上可由动力煤所代替。由此,可以对吨钢综合能耗按煤种进行解构。计算可得,焦煤、无烟煤和动力煤的单位消耗值和比例分别为577.99kgce/t、142.65kgce/t、212.05kgce/t 和 61.85%、15.34%、22.81%。

但需要特别指出的是,在实践中,各种煤气被大量回收再利用,有效减少了生产保障中的动力煤消耗,而传统核算方法并没有考虑能源副产品的这种贡献;为此,本书将能源副产品的回收利用值看作一个负数,其节约的能量值累加到动力煤消耗上,这样既考虑了能源副产品的贡献,又使最终的能耗结果与传统方法一致。以样本企业而言,高炉、转炉和焦炉煤气的回收利用总量达 190.68 万 tce,意味着如果不回收利用能源副产品,理论上应购进的动力煤总量为 328.84 万 tce,单位消耗值上涨至 505.34kgce/t,但这种上涨被各种煤气的单位消耗值–293.03kgce/t 所冲销,使其又回复到前述水平。

按照这一思路,用各工序中不同能源消耗量除以粗钢产量,得到各能源的吨钢单位消耗量,除以吨钢综合能耗后即得到各工序不同能源的消耗比例;再结合不同能源相互之间的补充替代关系，可以描绘出各煤种在钢铁生产中的转换、流向及其比例如图 4-4 所示。由此，实现了吨钢综合能耗以煤炭和副产品形式在各工序中的解构，为后续分析奠定了坚实的基础。

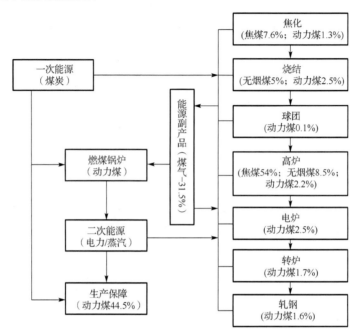

图 4-4　吨钢综合能耗在生产工艺中的解构

4.2.2　吨钢综合能耗的省际差异

就可获取的数据而言，有关分区域钢铁工业耗能的资料是非常匮乏的，有限的零散数据分别是 2000～2003 年各地区焦炭、电力和煤炭消耗量[①]，2000 年 72 家重点钢铁企业的粗钢产量、吨钢综合能耗、高炉综合焦比和喷煤比[②]，这为相关研究带来困难。对本书来说，需要得到各地区吨钢综合能耗和各煤种的消耗数据才能进行深入分析，在此结合现有的有限数据和 4.2.1 节分析结果来实现这一目的。

首先，吨钢综合能耗与粗钢产量间存在着一定的因果关系[44]，据此通过 72 家重点钢铁企业的截面数据来界定两者之间的定量关系，并结合各地区粗钢产量数据来估算各地区吨钢综合能耗；然后，对 72 家钢铁企业分省份进行聚类并按省份计算平均综合焦比和喷煤比，由于两者都是以粗钢产量为基础核算的，所以也是各地吨钢综合能耗中的高炉工序所使用的焦炭和无烟煤数量；进一步，由于焦炭是由焦化工序中的焦煤转化而成且存在 4.2.1 节中提及的 85% 的转化率，可推算出消耗在焦化环节中的焦

---

① 用这些数据除以各地区粗钢产量得到的相关能耗指标远大于正常值，所以本书无法使用

② 统计年鉴中共有 78 家重点钢铁企业资料，其中有 6 家数据不完整，舍去

煤数量，而消耗在烧结环节的无烟煤数量以已得的吨钢综合能耗的 5%计；由此可计算出焦煤和无烟煤的吨钢单位能耗，它们与吨钢综合能耗的差值即为动力煤的能耗数据。

基于 72 家钢铁企业截面数据，以粗钢年产量为自变量，以吨钢综合能耗为因变量，采取加权最小二乘法进行回归结果表明，方程和系数分别通过了相关 F 检验和 t 检验，D.W.检验值为 1.96，有效消除异方差问题，0.13 的拟合优度对截面数据而言也可接受，表明两者的因果关系显著地存在。回归方程为

$$\text{LUTC}_{\text{steel}} = 865.94 + 0.09\text{LOUTP}_{\text{steel}}$$

$$(188.55^{**}), \quad (3.24^{**}) \qquad F_{\text{-stat}} = 10.53^{**}, \quad R^2 = 0.97, \quad \text{D.W.} = 1.96 \tag{4-15}$$

式中，LUTC 和 LOUTP 分别是吨钢综合能耗和每企业产量的对数值，括号中数据为 t 统计量，**表示 1%的显著性水平。

基于各省份粗钢产量和上述回归方程，可以估算出各省份的吨钢综合能耗如表 4-5 所示，它们的平均值为 909.17kgce/t，这与全国 906kgce/t 的实际值非常接近(参考《中国钢铁工业年鉴2001》)，从另一侧面验证了本书结果的科学性；其标准差为 40.88kgce/t，表明各省份的吨钢综合能耗存在着相当的差异，正是这种差异决定了钢铁工业用煤在全国范围内的流体、流量和流向。进一步，按照上述方法整理计算出各省份吨钢综合能耗的结构情况也见表 4-5。总的看来，焦煤所占比例为 68.77%，无烟煤为 16.21%，动力煤为 15.02%，与样本企业相比，无烟煤比例大致相同，焦煤比例和动力煤比例分别略偏大和偏小；从单位能耗来看，动力煤的标准差最大、焦煤次之、无烟煤最小，表明各省份钢铁用煤的主要差异是由动力煤，即电力和蒸汽所引发的，而在实践中，这种差异更可能来自于蒸汽回收利用率[45]。

表 4-5　2000 年各省份吨钢综合能耗及其组成结构　　(单位：kgce/t)

省份	吨钢综合能耗	焦煤单位消耗(比例/%)		无烟煤单位消耗(比例/%)		动力煤单位消耗(比例/%)
		高炉	焦化	高炉	烧结	
北京	939.84	473.91 (50.42)	86.09 (9.16)	116.64 (12.41)	46.99 (5.00)	216.20 (23.00)
天津	898.76	520.92 (57.96)	94.63 (10.52)	111.40 (12.39)	44.93 (5.00)	126.86 (14.11)
河北	979.08	519.86 (53.09)	94.44 (9.64)	112.77 (11.51)	48.95 (5.00)	203.05 (20.74)
山西	909.25	530.91 (58.39)	96.45 (10.61)	97.14 (10.68)	45.46 (5.00)	139.28 (15.31)
内蒙古	904.90	526.11 (58.13)	95.57 (10.56)	132.70 (14.66)	45.24 (5.00)	105.27 (11.63)
辽宁	1008.85	545.78 (54.09)	99.15 (9.82)	83.64 (8.29)	50.44 (5.00)	229.84 (22.78)
吉林	880.60	552.20 (62.70)	100.31 (11.39)	58.37 (6.62)	44.03 (5.00)	125.68 (14.27)
黑龙江	874.13	552.20 (63.17)	100.31 (11.47)	58.37 (6.67)	43.70 (5.00)	119.53 (13.67)
上海	1029.54	485.43 (47.15)	88.18 (8.56)	135.58 (13.16)	51.47 (5.00)	268.86 (26.11)
江苏	922.71	559.21 (60.60)	101.59 (11.01)	101.40 (10.98)	46.13 (5.00)	114.37 (12.39)
浙江	879.28	488.77 (55.58)	88.79 (10.10)	104.70 (11.90)	43.96 (5.00)	153.04 (17.40)
安徽	906.31	521.72 (57.56)	94.78 (10.45)	92.52 (10.20)	45.31 (5.00)	151.97 (16.76)
福建	877.43	492.85 (56.17)	89.53 (10.20)	119.74 (13.64)	43.87 (5.00)	131.43 (14.97)
江西	895.36	523.10 (58.42)	95.03 (10.61)	97.86 (10.92)	44.76 (5.00)	134.60 (15.03)

省份	吨钢综合能耗	焦煤单位消耗(比例/%)		无烟煤单位消耗(比例/%)		动力煤单位消耗(比例/%)
		高炉	焦化	高炉	烧结	
山东	924.39	540.20(58.43)	98.13(10.61)	91.15(9.86)	46.21(5.00)	148.67(16.08)
河南	903.18	516.89(57.23)	93.90(10.39)	132.94(14.71)	45.15(5.00)	114.29(12.65)
湖北	948.35	502.92(53.03)	91.36(9.63)	111.76(11.78)	47.41(5.00)	194.88(20.55)
湖南	893.92	526.11(58.85)	95.57(10.69)	98.81(11.05)	44.69(5.00)	128.71(14.39)
广东	892.34	518.87(58.14)	94.26(10.56)	103.00(11.54)	44.69(5.00)	131.59(14.74)
广西	875.58	510.81(58.33)	92.79(10.59)	98.95(11.30)	43.77(5.00)	129.24(14.76)
四川	921.35	539.06(58.50)	97.93(10.62)	140.02(15.19)	46.06(5.00)	98.263(10.66)
重庆	882.46	576.16(65.29)	104.67(11.86)	95.75(10.85)	44.12(5.00)	61.75(6.99)
贵州	881.29	498.60(56.57)	90.58(10.27)	102.75(11.65)	44.06(5.00)	145.29(16.48)
云南	883.15	505.65(57.27)	91.86(10.40)	75.09(8.50)	44.15(5.00)	166.39(18.84)
陕西	870.88	593.64(68.16)	107.84(12.38)	78.83(9.05)	43.54(5.00)	47.02(5.39)
甘肃	886.84	583.47(65.79)	105.99(11.95)	49.41(5.57)	44.34(5.00)	103.62(11.68)
新疆	876.26	546.84(62.40)	99.34(11.33)	154.76(17.66)	43.81(5.00)	31.49(3.59)
均值	909.17	527.86	95.89	102.07	45.45	137.88
标准差	40.88	29.73	5.40	25.24	2.04	52.54

4.2.3　吨钢综合能耗的时间演进

1. 能耗演进中的学习曲线效应

近年来,中国吨钢综合能耗不断降低,从 2000 年的 906kgce/t 降至 2011 年的 601kgce/t(参考《中国钢铁工业年鉴 2011》),各工序能耗也都不同程度地下降,技术进步是这一变动的主要原因。以 2000～2011 年粗钢累计产量为自变量,以吨钢综合能耗及各工序能耗为函数,分别建立了各能耗指标随着粗钢产量增长而衰减的幂指数模型[①],回归结果如表 4-6 所示。可以看出,各回归系数和方程都通过了相关统计性检验,学习常数符号与理论期望值一致,表明从中国总体情况来看,钢铁工业的能耗演进过程中存在着学习曲线效应,能耗降低孕育于粗钢总产量增长中。

表 4-6　各能耗指标与粗钢累积产量的回归结果

能耗	系数回归结果		方程回归结果	
	A_0	b	adj. R^2	F 统计值
吨钢综合能耗	3234.18**	0.13**	0.95	201.76**
焦化工序能耗	549.44**	0.12**	0.87	70.51**
烧结工序能耗	169.24**	0.09**	0.81	43.11**
高炉工序能耗	701.14**	0.04**	0.65	22.01**
电炉工序能耗	23405.57**	0.44**	0.80	42.24**
转炉工序能耗	18239.87**	0.62*	0.57	10.69*
轧钢工序能耗	1076.12**	0.22**	0.86	72.94**

注:**和*分别表示 1%和 5% 的显著性水平

---

① 因球团工序的相关数据缺乏,没有考虑在内

2. 各省份吨钢综合能耗的演进

借此，可以考察 2000～2011 年各省份钢铁工业的吨钢综合能耗演变[①][46]。根据上面的回归结果，可以预测出 2011 年的吨钢、焦化、烧结、高炉、电炉、转炉和轧钢的能耗值分别是 595.42kgce/t、111.56kgce/t、53.71kgce/t、415.85kgce/t、75.84kgce/t、0.18kgce/t、58.03kgce/t，其相应的以 2000 年为基准的 RECI 值分别是 0.65、0.69、0.77、0.89、0.28、0.006 和 0.49，经过区域权重调整后得到各省份工序 RECI、RESI 和 UTC 见表 4-7，连接各指标的 RESI 估算值即形成 2000～2011 年钢铁工业的节能曲线。从各省份吨钢综合能耗的平均估计值(597kgce/t)可以看出，它与全国 601kgce/t 的实际统计值几乎一致，验证了本书结果的合理性。进一步，依据各省份吨钢综合能耗及其组成结构[②]，可以核算出不同煤种的使用情况，将其与 2000 年相比较，可计算出这些年来钢铁工业节煤的演进情况，各省吨钢用煤量都不同程度地有较大幅度减少，这在钢铁产量快速增长的背景下对煤炭安全供应具有格外重要的意义。

表 4-7 2011 年全国各地吨钢 RECI、RESI 及 UTC 值

地区	吨钢综合能耗		焦化	烧结	高炉	电炉	转炉	轧钢	吨钢节煤量 (较 2000 年)		
	估算值 /(kgce/t)	RESI/%	RESI/%	RESI/%	RESI/%	RESI/%	RESI/%	RESI/%	焦煤 /(kgce/t)	无烟煤 /(kgce/t)	动力煤 /(kgce/t)
全国	597.00	−2.86	−2.53	−1.84	−0.90	−5.95	−8.28	−4.23	−201.25	−33.18	−92.65
北京	737.22	−1.80	−1.59	−1.16	−0.56	−3.74	−5.21	−2.66	−124.81	−27.35	−50.45
天津	581.33	−2.94	−2.61	−1.89	−0.93	−6.13	−8.53	−4.36	−195.53	−42.85	−79.04
河北	546.98	−3.68	−3.26	−2.37	−1.16	−7.67	−10.66	−5.45	−266.17	−58.33	−107.59
山西	570.42	−3.11	−2.75	−2.00	−0.98	−6.47	−9.00	−4.60	−208.71	−45.74	−84.36
内蒙古	630.35	−2.53	−2.24	−1.63	−0.79	−5.27	−7.33	−3.75	−169.12	−37.06	−68.36
辽宁	699.29	−2.56	−2.26	−1.64	−0.80	−5.33	−7.41	−3.79	−190.68	−41.79	−77.08
吉林	566.09	−2.98	−2.64	−1.91	−0.94	−6.20	−8.63	−4.41	−193.73	−42.45	−78.31
黑龙江	557.96	−3.01	−2.67	−1.94	−0.95	−6.28	−8.74	−4.47	−194.76	−42.68	−78.72
上海	782.79	−2.00	−1.77	−1.28	−0.63	−4.16	−5.79	−2.96	−151.99	−33.31	−61.44
江苏	533.60	−3.51	−3.11	−2.26	−1.10	−7.32	−10.19	−5.21	−239.69	−52.52	−96.88
浙江	545.22	−3.17	−2.80	−2.04	−1.00	−6.60	−9.18	−4.69	−205.78	−45.09	−83.18
安徽	600.19	−2.81	−2.49	−1.81	−0.88	−5.87	−8.16	−4.17	−188.57	−41.32	−76.22
福建	546.61	−3.14	−2.78	−2.02	−0.99	−6.55	−9.11	−4.66	−203.78	−44.66	−82.37
江西	575.13	−2.98	−2.64	−1.92	−0.94	−6.21	−8.64	−4.42	−197.26	−43.23	−79.73
山东	558.75	−3.30	−2.92	−2.12	−1.04	−6.87	−9.56	−4.88	−225.23	−49.36	−91.04
河南	569.05	−3.08	−2.73	−1.98	−0.97	−6.43	−8.94	−4.57	−205.82	−45.10	−83.19
湖北	670.47	−2.44	−2.16	−1.57	−0.77	−5.09	−7.08	−3.62	−171.17	−37.51	−69.19
湖南	565.76	−3.06	−2.71	−1.97	−0.96	−6.38	8.87	−4.53	−202.14	−44.30	−81.71

① 理论上，可以预测 2000 年以后任意年度的能耗演变，这里选择 2011 年的原因是其统计数据已经发布，可以为本书方法和预测结果提供可靠性验证。结果表明，本书计算出的各指标值与实际值非常接近

② 近年来，吨钢综合能耗结构已有所变化，主要包括：喷煤比平均提升至 160kgce/t，这在增加无烟煤用量的同时降低了高炉工艺的焦粉用量；能源副产品利用率提升，降低了生产保障中的动力煤用量。本书据此将高炉工艺的无烟煤和生产保障中的动力煤比例分别调至 10% 和 42%，将焦炉工艺的焦煤和能源副产品比例调至 6.1% 和 −34%，以反映这种工艺改进所带来的用煤结构变化

续表

地区	吨钢综合能耗 估算值/(kgce/t)	焦化 RESI/%	烧结 RESI/%	高炉 RESI/%	电炉 RESI/%	转炉 RESI/%	轧钢 RESI/%	吨钢节煤量（较2000年） 焦煤/(kgce/t)	无烟煤/(kgce/t)	动力煤/(kgce/t)
广东	593.61	−2.80	−2.48	−1.80	−0.88	−5.83	−8.12	−4.15	−184.01	−40.32	−74.38
广西	516.88	−3.41	−3.02	−2.20	−1.07	−7.12	−9.90	−5.06	−220.95	−48.42	−89.31
四川	648.91	−2.46	−2.18	−1.58	−0.77	−5.14	−7.14	−3.65	−167.82	−36.77	−67.83
重庆	631.72	−2.37	−2.10	−1.52	−0.74	−4.94	−6.86	−3.51	−154.45	−33.84	−62.43
贵州	637.95	−2.30	−2.04	−1.48	−0.72	−4.80	−6.67	−3.41	−149.89	−32.85	−60.59
云南	566.92	−2.98	−2.64	−1.92	−0.94	−6.22	−8.65	−4.42	−194.79	−42.69	−78.74
陕西	499.66	−3.55	−3.15	−2.28	−1.12	−7.40	−10.30	−5.26	−228.67	−50.11	−92.43
甘肃	625.73	−2.45	−2.17	−1.58	−0.77	−5.11	−7.11	−3.64	−160.84	−35.24	−65.01
新疆	560.33	−3.00	−2.66	−1.93	−0.94	−6.26	−8.71	−4.45	−194.61	−42.65	−78.66

4.2.4　钢铁工业用煤的省际分析

结合各省份粗钢产量和吨钢能耗、节煤量数据，可以估算出 2000 年以来中国钢铁工业用煤的总体情况（表 4-8），进而可以科学评断其供需格局演变和未来节煤潜力。

表 4-8　全国各地钢铁用煤及节煤效果的比较结果　　　（单位：万 tce）

地区	2000年 煤炭	2011年 动力煤	无烟煤	焦煤	焦煤产量	节煤效果 总量	焦煤	无烟煤	动力煤
全国	11682.83	9164.15	6136.71	24587.75	26581.27	−22414.2	−13791.32	−2273.77	−6349.15
北京	755.08	0.53	0.29	1.32	0	−0.58	−0.36	−0.07	−0.14
天津	320.64	332.31	180.17	822.09	0	−728.70	−448.87	−98.37	−181.45
河北	1204.36	2240.55	1214.76	5542.89	228.81	−7108.18	−4378.68	−959.56	−1769.93
山西	428.16	495.76	268.78	1226.45	11208.95	−1182.58	−728.47	−159.65	−294.44
内蒙古	383.31	262.07	142.09	648.34	4541.89	−458.39	−282.37	−61.87	−114.14
辽宁	1567.51	944.59	512.13	2336.81	36.46	−1679.25	−1034.40	−226.70	−418.14
吉林	140.28	127.82	69.30	316.20	425.25	−285.17	−175.66	−38.49	−71.00
黑龙江	77.78	92.74	50.28	229.42	1585.73	−211.03	−130.00	−28.48	−52.54
上海	1831.24	433.78	235.18	1073.13	0	−549.12	−338.25	−74.13	−136.73
江苏	569.45	908.65	492.64	2247.90	0	−2660.91	−1639.19	−359.17	−662.54
浙江	127.46	180.55	97.89	446.65	0	−444.25	−273.66	−59.96	−110.62
安徽	397.80	294.19	159.50	727.81	962.02	−602.59	−371.20	−81.34	−150.04
福建	109.62	158.82	86.11	392.91	0	−386.02	−237.79	−52.11	−96.11
江西	286.40	296.12	160.55	732.57	382.54	−662.14	−407.89	−89.39	−164.86
山东	587.37	788.12	427.30	1949.74	16.36	−2071.19	−1275.86	−279.61	−515.71
河南	365.64	335.93	182.13	831.04	1553.00	−792.10	−487.95	−106.92	−197.22
湖北	849.64	478.58	259.47	1183.95	60.53	−796.55	−490.68	−107.52	−198.34
湖南	271.86	256.37	138.99	634.22	128.71	−597.17	−367.85	−80.61	−148.69
广东	256.09	195.74	106.12	484.23	0	−397.67	−244.97	−53.68	−99.014
广西	91.69	156.01	84.58	385.95	0	−434.77	−267.82	−58.69	−108.25
四川	554.97	279.40	151.48	691.20	716.06	−471.06	−290.19	−63.58	−117.29
重庆	158.48	99.19	53.78	245.39	320.09	−158.10	−97.39	−21.33	−39.36
贵州	147.08	68.94	37.38	170.55	2290.46	−105.60	−65.05	−14.25	−26.29
云南	165.22	186.79	101.27	462.09	1939.05	−418.42	−257.74	−56.48	−104.18
陕西	46.72	95.30	51.67	235.77	0	−284.34	−175.16	−38.38	−70.80
甘肃	201.50	127.73	69.25	315.99	0	−214.04	−131.85	−28.88	−53.29
新疆	98.30	124.59	67.55	308.23	185.29	−282.11	−173.78	−38.08	−70.24

1. 钢铁工业用煤的供需格局演变

与 2000 年相比，2011 年全国钢铁工业用煤达到 40911 万 tce，增长率为 250.18%，其中，陕西、河北、广西和江苏 4 省的增长率超过了 500%，福建、浙江、山东和新疆等地的增长率超过了 400%，支撑这一现象的背后因素是钢铁产量的快速上涨。就 2011 年用煤数量来看，河北省最多，达 8998 万 tce，紧随其后的是辽宁、江苏和山东，三地的用煤量均在 3000 万～4000 万 tce；而 2000 年用煤排名前四的分别是天津、湖北、江苏和浙江，用煤数量分别在 800 万～1800 万 tce。这意味着近十年来全国钢铁用煤体量和格局都发生了很大变化，煤炭的流体、流向和流量都随之改变，尤其在焦煤领域。

本书整理出了近年来全国焦煤产量情况[①]。与用量相比，山西、内蒙古、黑龙江、河南、贵州和云南 6 个省份的焦煤供过于求，共可对外提供焦煤约 2 亿 tce，是中国焦煤主要产地和输出地；而其余省份中，除了安徽、重庆和吉林基本能够自给自足，供应不足部分均需从上述 6 个省份调入，需求总量约 1.8 亿 tce，钢铁工业焦煤供需基本平衡[②]。按照近距离原则来分析流向，黑龙江的焦煤主要流向辽宁，贵州和云南的焦煤流向华中和华南，山西和内蒙古的焦煤流向东北、华北和华东，河南的焦煤流向华东。

2. 钢铁工业节煤效果的时空演变

与 250.18% 的用煤增长率相对应的是，2000～2011 年的钢铁产量增长率达到 433.29%，即用煤增长率低于产量增长率，这主要得益于钢铁工业工艺改进和节煤技术的进步。以 2011 年全国钢铁产量核算，用煤总量相较 2000 年节约 22414 万 tce，节省幅度达到 55%；其中，焦煤的节省幅度最大，达 13791 万 tce，这也意味着如果没有节煤贡献，2011 年的焦煤产量是远不能满足钢铁工业需要的。就各省份来看，河北、江苏和辽宁等钢铁大省的节煤总量也相应较大，但上海的节煤效应最具说服力，与 2000 年相比，上海的粗钢产量上涨 25%，但其用煤增长率却为–4.86%。

就节煤潜力来看，高炉的 RESI 值在所有工艺中是相对最小的，但其工艺能耗水平却是最大的，是未来最具潜力的节煤对象。能源副产品回收利用能有效降低动力煤使用数量，但其替代作用主要体现在对蒸汽的替换，而根据本书测算，蒸汽在吨钢能耗中的比例为 5.82%，这也是能耗副产品能够发挥的最大节煤潜力。

4.3　有色金属冶炼业的用煤核算

2011 年，有色金属行业共消费能源 1.39 亿 tce，其中煤炭、焦炭和电力各消费 0.45 亿 tce、0.06 亿 tce 和 0.43 亿 tce，分别占比 32.37%、4.32% 和 30.93%，合计占比 67.62%。

---

① 焦煤产量来自《煤炭工业年鉴(2011)》炼焦烟煤中的焦煤数据，以万 tce 计；其中，神华产量并入内蒙古，中煤产量并入山西省

② 在这里，可供其他产业使用的焦煤数量仅余 0.2 万 tce，因此严格来说，中国 2011 年的焦煤供需总体形势是趋紧的

就产品结构而言，铝、铜和铅是主体。2010 年，有色金属矿生总产量为 2819 万 t，其中三者的产量分别为 1624 万 t、292 万 t 和 279 万 t，占比为 57.61%、10.35% 和 9.89%，三者共占 77.85%。

4.3.1　氧化铝冶炼业

1. 氧化铝综合能耗的结构解析

就直接消费煤炭而言，铝工业中的耗煤工序主要是氧化铝生产。由于中国铝土矿以一水硬铝石型为主，铝硅比低、矿物结构复杂、硬度大、可磨性差，所以氧化铝生产大多采用混联法。相比国外通用的拜耳法，混联法工艺流程长、成本高、能源消耗大。能源动力费用占总成本的 40% 左右。

混联法氧化铝消耗的能源主要是蒸汽、原煤、电力和重油，各种能源在综合能耗中所占的比例如下：煤炭 25%、重油 11%、电力 12%、蒸汽 52%，见图 4-5[47]。

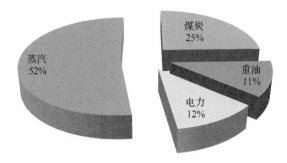

图 4-5　氧化铝综合能耗的能源构成和比例

氧化铝耗能主要集中于五大工序，其耗能量占氧化铝耗能总量的 92%，其中，蒸发工序耗用的主要能源是蒸汽，占 27.3%；熟料烧成工序耗用的主要能源是原煤，占 28.84%；高压溶出工序耗用的主要能源是蒸汽，占 14.12%；烧结法粗液脱硅耗用的主要能源是蒸汽，占 11.68%；焙烧工序耗用的主要能源是重油，占 10.53%。煤炭在氧化铝生产中的转换、流向及其比例如图 4-6 所示，从煤炭所发挥的作用来看，可以认为氧化铝生产过程所需要的主要是动力煤。

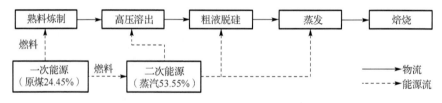

图 4-6　氧化铝综合能耗在生产工艺中的解构

2. 氧化铝综合能耗的时间演进

中国铜冶炼能耗水平逐年下降，图 4-7 反映了 1996～2010 年氧化铝耗能的这种下降趋势，其综合能耗从 1996 年的 1636kgce/t 一路下降到 2010 年的 590kgce/t，并且还有进一步下降的趋势。

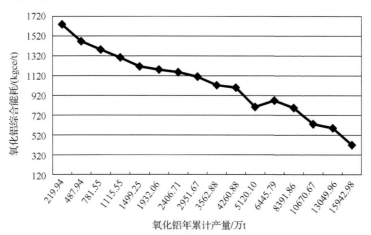

图 4-7　氧化铝综合能耗与其累计产量间的关系

数据来源：历年《中国能源统计年鉴》和《中国有色金属工业年鉴》

基于 1996～2010 年的时序数据，以氧化铝的累计产量为自变量，以氧化铝综合能耗为因变量，对其学习曲线模型进行回归，所得到的回归方程为

$$LUTC_{Al} = 9.19 - 0.27LTOUTP_{Al}$$

$$(56.49**),\quad (-13.95**)\qquad F_{\_stat} = 194.63**,\quad R^2 = 0.96$$

(4-16)

可以看出，各回归系数和方程都通过了相关统计性检验，学习常数符号与理论期望值一致，表明从中国总体情况来看，氧化铝的能耗演进过程中存在着学习曲线效应，能耗降低孕育于氧化铝总产量增长中。

以 2006 年为基年，2011 年各地氧化铝综合能耗的 RESI 值雷达图如图 4-8 所示，可以发现全国主要铝产地包括山西、山东、河南、广西、重庆和贵州六地，各地的能耗水平比 2006 年相对节约了 4%～7%，其中，山东和重庆的节约水平相对较高。

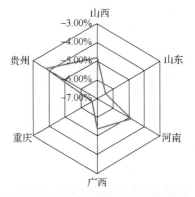

图 4-8　2011 年各地氧化铝综合能耗 RESI 值雷达图 (以 2006 年为基年)

3. 氧化铝行业用能的省际分析

采用全国氧化铝能耗预测值统一作为各地能耗值，结合产量、能耗结构和 RESI 值来评估氧化铝用能的区际演化和节能潜力，结果如表 4-9 所示。

与 2005 年相比，2011 年全国氧化铝生产用能增长了近 160%，各省份的增长率也都不小于这一数值，表明过去这些年氧化铝耗能有了较大增长。就 2011 年用能数量来看，山东、河南的动力煤用量超过 150 万 tce，蒸汽超过 300 万 tce，而其余省份的耗能量相对不大。相比之下，2003 年氧化铝生产耗能前三名依次是河南、山东和山西，其中山东和山西相差不大，表明山西这些年在氧化铝产能扩张上有所控制。

从节能效果来看，以 2011 年全国氧化铝产量核算，用能总量相较 2005 年的用能标准节约了 864 万 tce，其中动力煤 242 万 tce、蒸汽 505 万 tce、电力 116 万 tce，节能效果较为显著。鉴于氧化铝生产中蒸汽所占比例较大，如果在未来加强余热回收利用效率，就能够有效地减少煤制汽的产量，有效降低生产煤耗。

表 4-9　全国各地氧化铝用能及节能效果的比较结果　（单位：万 tce）

地区	2005 年用量			2011 年用量			节能效果			
	动力煤	蒸汽	电力	动力煤	蒸汽	电力	总量	动力煤	蒸汽	电力
全国	197.88	411.59	94.98	544.15	1131.84	261.19	−864.46	−242.82	−505.08	−116.56
山西	21.35	44.42	10.25	81.85	170.26	39.29	38.64	10.85	22.58	5.21
山东	22.44	46.67	10.77	154.25	320.83	74.04	−2.46	−0.69	−1.44	−0.33
河南	49.99	103.98	24.00	170.29	354.20	81.74	80.59	22.64	47.08	10.87
广西	13.11	27.26	6.29	82.57	171.74	39.63	26.91	7.56	15.72	3.63
重庆	1.09	2.26	0.52	5.68	11.82	2.73	−0.61	−0.17	−0.36	−0.08
贵州	13.81	28.72	6.63	37.42	77.84	17.96	26.75	7.51	15.63	3.61

4.3.2　铜冶炼业

1. 铜冶炼综合能耗的结构解析

铜冶炼技术有火法冶炼和湿法冶炼两种，其中火法冶炼的铜产量约占世界铜产量的 85%。从生产工艺上看，煤炭在火法冶炼中所起的作用主要有两处：一处是在加硫焙烧生产硫化铜阶段提供燃料，另一处是在电炉冶炼阶段为电炉提供电力。两者共计消耗铜冶炼的 95% 左右，因此，铜冶炼也是煤炭及其产品的消耗大户。

以云南铜业 2010 年铜生产为例来分析其耗能结构。该年度共消耗能源 3.84 万 tce，铜产量为 13.51 万 t，铜冶炼综合能耗为 285kg/t，相比当年全国 398kg/t 的能耗水平属于能效先进单位。就能源结构而言，煤炭占比约 55%，汽柴油约 7%，电力 50%，蒸（余）汽约−17%，空气为 5%。该企业的能源消耗情况见表 4-10。

表 4-10 2011 年云南铜业能源消耗结构

能源类型	工艺环节	实物量	折标量/tce	合计量/tce	所占比例/%
煤炭/t	熔炼	22179	15842	20873	54.35
	精炼	7043	5031		
汽油/t	熔炼	4	5	18	0.00
	吹炼	3	5		
	精炼	2	3		
	电解	4	5		
柴油/t	熔炼	1507	2195	2480	6.46
	吹炼	44	65		
	精炼	131	192		
	电解	19	28		
电/(kW·h)	熔炼	9779	12019	19547	50.90
	吹炼	1609	1977		
	精炼	205	252		
	电解	4311	5299		
蒸汽/GJ	电解	335535	12353	12353	32.17
余热回收/GJ	熔炼	−327809	−11199	−19054	−49.61
	吹炼	−168356	−5758		
	精炼	−61390	−2097		
压缩空气	熔炼	2078	422	2186	5.73
	吹炼	20519	1505		
	精炼	1275	259		
共计				38403	100

数据来源: 云南铜业(集团)有限公司生产部

实践中,影响企业之间能耗差距水平的重要因素是余热回收利用情况。对云南铜业而言,如果余热完全没有回收,其综合能耗将达到 425kg/t,高于全国同期水平,由此判断全国其他铜冶炼企业也回收一部分余热,只是回收水平达不到这么高。如果云南铜业的蒸汽与余热回收的差额为 8000tce(此时蒸汽用量大于余热回收量),能耗总量为 53104tce,相应的综合能耗变为 393kg/t,与全国水平相近,据此来估算全国铜冶炼综合能耗结构。计算结果如下:煤炭 40%、汽柴油 4%、电力 40%、蒸汽 14%、其他 2%,如图 4-9 所示。

据此,可以描绘出各能源在铜冶炼生产中的转换、流向及其比例如图 4-10 所示。作为一次能源,煤炭通过直接燃烧来焙烧铜矿使其物理和化学性质发生改变,作为精炼环节的燃料使粗铜熔融,同时也通过发电所生产的二次能源(电力与蒸汽)来供电炉冶炼、转炉吹炼、精炼和电解等环节所使用,煤炭及其生成的电力和蒸汽分别占比 40%、40% 和 15%。从煤炭所发挥的作用来看,可以认为铜冶炼过程所需要的主要是动力煤。

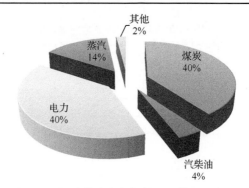

图 4-9　铜冶炼综合能耗的能源构成和比例

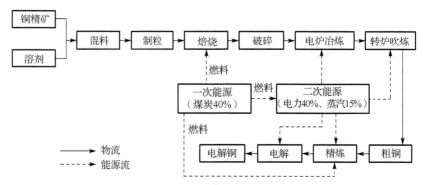

图 4-10　铜冶炼综合能耗在生产工艺中的解构

2. 铜冶炼综合能耗的时间演进

中国铜冶炼能耗水平逐年下降，图 4-11 反映了 1993～2010 年精炼铜耗能的这种下降趋势，其综合能耗从 1993 年的 1333kgce/t 一路下降到 2010 年的 398kgce/t，并且还有进一步下降的趋势。

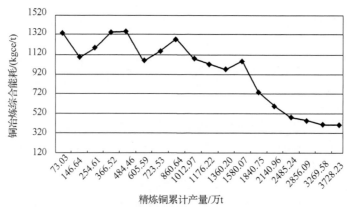

图 4-11　铜冶炼综合能耗与其累计产量间的关系

数据来源：历年《中国能源统计年鉴》和《中国有色金属工业年鉴》

基于 1993～2010 年的时序数据，以精炼铜的累计产量为自变量，以铜冶炼综合能耗为因变量，对其学习曲线模型进行回归，所得到的回归方程为

$$LUTC_{Cu} = 8.88 - 0.31LTOUTP_{Cu}$$
$$(20.81**), \quad (-5.02**) \quad F_{stat} = 25.28**, \quad R^2 = 0.78 \tag{4-17}$$

可以看出，各回归系数和方程都通过了相关统计性检验，学习常数符号与理论期望值一致，表明从中国总体情况来看，铜冶炼的能耗演进过程中存在着学习曲线效应，能耗降低孕育于精炼铜总产量增长中。

以 2005 年为基年，2011 年各地铜冶炼综合能耗的 RESI 值雷达图如图 4-12 所示，可以发现全国各地的能耗水平都比 2005 年相对节约了 10%以上，河北、福建、湖南和贵州四省的相对节约水平超过 20%，但因其产量不大，故对该行业的节能贡献较小；而云南、江西、安徽、甘肃等传统铜生产大省的综合能耗节省水平虽与全国水平相当，但由于基数大，对行业的能源节约贡献更为显著。

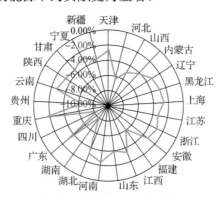

图 4-12　2011 年各地铜冶炼综合能耗 RESI 值雷达图(以 2005 年为基年)

3. 铜冶炼行业用能的省际分析

采用全国铜冶炼能耗预测值统一作为各地能耗值，结合产量、能耗结构和 RESI 值来评估铜冶炼用能的区际演化和节能潜力，结果如表 4-11 所示。

与 2005 年相比，2011 年全国精炼铜生产用能有所提升，动力煤和电力的用量都超过百万吨标煤，蒸汽用量将近 40 万 tce。从各省份来看，增长较快速的是内蒙古、甘肃、山东、四川和黑龙江，传统铜冶炼大省江西和云南的用能量保持稳定。就 2011 年用能数量来看，江西、山东、安徽和甘肃的动力煤用量超过 10 万 tce，其中江西高达 22 万 tce，其余的省份中，除了湖北和云南的动力煤用量接近 10 万 tce，铜冶炼的用能量都不是很高。相比之下，2003 年铜冶炼生产耗能前三名依次是江西、安徽和云南，动力煤用量分别是 13 万 tce、10 万 tce 和 9 万 tce，较 2011 年用量存在着较大差距。

从节能效果来看，以 2011 年全国精炼铜产量核算，用能总量相较 2005 年的用能

标准节约了 78 万 tce，其中动力煤 33 万 tce，电力 33 万 tce、蒸汽 11 万 tce。未来的节能空间在于余热的回收利用方面，能够有效地减少蒸汽使用，降低铜冶炼综合能耗。

表 4-11　全国各地铜冶炼用能及节能效果的比较结果　　　（单位：万 tce）

地区	2005 年用量			2011 年用量			节能效果			
	动力煤	电力	蒸汽	动力煤	电力	蒸汽	总量	动力煤	电力	蒸汽
全国	72.61	72.61	25.41	112.43	112.43	39.35	−78.82	−33.54	−33.54	−11.74
天津	0.83	0.83	0.29	0.53	0.53	0.19	−0.19	−0.08	−0.08	−0.03
河北	0.28	0.28	0.10	2.37	2.37	0.83	−2.56	−1.09	−1.09	−0.38
山西	0.79	0.79	0.27	1.84	1.84	0.64	−1.44	−0.61	−0.61	−0.22
内蒙古	1.60	1.60	0.56	5.40	5.40	1.89	−3.36	−1.43	−1.43	−0.50
辽宁	1.60	1.60	0.56	2.70	2.70	0.95	−1.24	−0.53	−0.53	−0.18
黑龙江	0.03	0.03	0.01	0.07	0.07	0.02	−0.02	−0.01	−0.01	0.00
上海	3.25	3.25	1.14	2.77	2.77	0.97	−0.96	−0.41	−0.41	−0.14
江苏	3.92	3.92	1.37	7.53	7.53	2.64	−3.50	−1.49	−1.49	−0.52
浙江	6.89	6.89	2.41	7.22	7.22	2.53	−2.80	−1.19	−1.19	−0.42
安徽	10.08	10.08	3.53	14.42	14.42	5.05	−6.63	−2.82	−2.82	−0.99
福建	0.09	0.09	0.03	0.04	0.04	0.01	−0.05	−0.02	−0.02	−0.01
江西	13.08	13.08	4.58	22.34	22.34	7.82	−10.62	−4.52	−4.52	−1.58
山东	5.77	5.77	2.02	15.29	15.29	5.35	−8.79	−3.74	−3.74	−1.31
河南	1.33	1.33	0.46	2.52	2.52	0.88	−0.85	−0.36	−0.36	−0.13
湖北	5.17	5.17	1.81	8.20	8.20	2.87	−3.76	−1.60	−1.60	−0.56
湖南	0.00	0.00	0.00	0.25	0.25	0.09	−0.40	−0.17	−0.17	−0.06
广东	1.82	1.82	0.64	2.72	2.72	0.95	−1.08	−0.46	−0.46	−0.16
广西	0.19	0.19	0.07	0.00	0.00	0.00	0.00	0.00	0.00	0.00
四川	0.02	0.02	0.01	0.07	0.07	0.02	−0.12	−0.05	−0.05	−0.02
重庆				0.26	0.26	0.09	−0.05	−0.02	−0.02	−0.01
贵州	0.01	0.01	0.00	0.00	0.00	0.00	0.00	0.00	0.00	0.00
云南	9.03	9.03	3.16	9.31	9.31	3.26	−3.64	−1.55	−1.55	−0.54
陕西	0.08	0.08	0.03	0.09	0.09	0.03	−0.05	−0.02	−0.02	−0.01
甘肃	6.63	6.63	2.32	14.39	14.39	5.04	−7.10	−3.02	−3.02	−1.06
新疆	0.09	0.09	0.03	0.38	0.38	0.13	−0.21	−0.09	−0.09	−0.03

4.3.3　铅冶炼业

1. 铅冶炼综合能耗的结构解析

在中国现有铅冶炼企业的生产工艺中，采用传统的烧结-鼓风炉工艺占 90%。可以说，目前铅冶炼是中国有色金属行业中技术装备水平提高最慢、生产条件最差、硫回收率最低、污染最严重的金属冶炼业。

2010 年，中国铅冶炼综合能耗为 421.1kg/t。公开资料显示，铅冶炼所耗能源中，焦炭占比高达 77%，其他依次是氧气 10%、原煤 9% 和电力 4%，这意味着铅冶炼也是焦炭消费大户，其用途主要是高铅渣熔融还原时加在还原炉中充当还原剂。铅冶炼综合能耗构成和煤炭在生产工艺中的作用分别见图 4-13 和图 4-14。

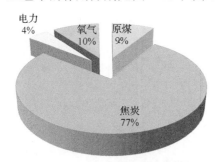

图 4-13　铅冶炼综合能耗的能源构成和比例

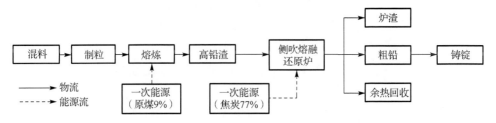

图 4-14　铅冶炼综合能耗在生产工艺中的解构

2.　铅冶炼综合能耗的时间演进

中国铅冶炼能耗水平逐年下降，图 4-15 反映了 1995～2010 年铅冶炼耗能的这种下降趋势，其综合能耗从 1995 年的 728kgce/t 振荡型下降到 2010 年的 421kgce/t，并且还有进一步下降的趋势。

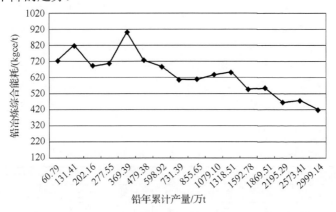

图 4-15　铅冶炼综合能耗与其年累计产量间的关系

数据来源：历年《中国能源统计年鉴》和《中国有色金属工业年鉴》

基于 1995~2010 年的时序数据, 以铅年累计产量为自变量, 以铅冶炼综合能耗为因变量, 对其学习曲线模型进行回归, 所得到的回归方程为

$$LUTC_{Pb} = 7.41 - 0.15LTOUTP_{Pb}$$

$$(39.04**), \quad (-5.17**) \quad F_{stat} = 26.82**, \quad R^2 = 0.81 \tag{4-18}$$

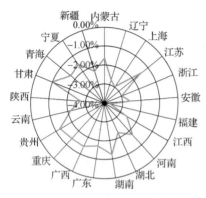

图 4-16　2011 年各地铅冶炼综合能耗
RESI 值雷达图(以 2005 年为基年)

可以看出, 各回归系数和方程都通过了相关统计性检验, 学习常数符号与理论期望值一致, 表明从中国总体情况来看, 铅冶炼的能耗演进过程中存在着学习曲线效应, 能耗降低孕育于铅总产量增长中。根据估算结果和 2011 年铅累计产量, 得到该年的铅综合能耗为 491kgce/t。

以 2005 年为基年, 2011 年各地铅冶炼综合能耗的 RESI 值雷达图如图 4-16 所示, 可以发现全国各地的能耗水平都与 2005 年相比节约不大, 大多不超过 5%, 福建稍大, 为 6.09%, 其他大多在 3% 左右, 表明这些年来中国铅冶炼节能效应并不显著。从区域来看, 东部的节能效果稍大, 大多靠近 4%, 而西南和西北等地的相对能耗水平大多落在 2%~3%。

3. 铅冶炼行业用能的省际分析

采用全国铅冶炼能耗预测值统一作为各地能耗值, 结合产量、能耗结构和 RESI 值来评估铅冶炼用能的区际演化和节能潜力, 结果如表 4-12 所示。

与 2005 年相比, 2011 年全国铅生产用能略有提升, 动力煤用量为 20 万 tce, 焦炭为 178 万 tce, 电力为 9 万 tce。从各省份来看, 增长较快速的是安徽和湖南, 而河南和云南的用能量增长相对不大。就 2011 年用能数量来看, 河南、湖南、安徽和云南四省是主要铅冶炼用能大省, 四省的用能量占全国铅冶炼用能总量的 80%, 其余各省或是已不是铅冶炼生产, 或是生产量较小, 用能量也较小。相比之下, 2005 年铅冶炼生产耗能前四名仍然是这几个省份, 表明全国铅生产格局并没有大的改变。

从节能效果来看, 以 2011 年全国铅产量核算, 用能总量相较 2005 年的用能标准节约了 32 万 tce, 其中动力煤 3.2 万 tce, 电力 1.4 万 tce、焦炭 27.5 万 tce, 对保护中国相对珍贵的焦炭资源作出了贡献。

表 4-12　全国各地铅冶炼用能及节能效果的比较结果　　(单位: 万 tce)

地区	2005 年用量			2011 年用量			节能效果			
	动力煤	电力	焦炭	动力煤	电力	焦炭	总量	动力煤	电力	焦炭
全国	12.22	5.43	104.52	20.83	9.26	178.17	-32.18	-3.22	-1.43	-27.53
河北	0.31	0.14	2.62							

续表

地区	2005 年用量			2011 年用量			节能效果			
	动力煤	电力	焦炭	动力煤	电力	焦炭	总量	动力煤	电力	焦炭
内蒙古	0.19	0.08	1.62	0.38	0.17	3.28	−0.35	−0.03	−0.02	−0.30
辽宁	0.04	0.02	0.31	0.09	0.04	0.75	−0.14	−0.01	−0.01	−0.12
上海	0.03	0.01	0.24	0.23	0.10	1.97	−0.41	−0.04	−0.02	−0.35
江苏	0.67	0.30	5.77	0.89	0.40	7.61	−0.76	−0.08	−0.03	−0.65
浙江	0.02	0.01	0.13	0.00	0.00	0.04	−0.01	0.00	0.00	−0.01
安徽	1.04	0.46	8.92	3.57	1.58	30.50	−5.22	−0.52	−0.23	−4.47
福建	0.01	0.00	0.10	0.17	0.08	1.46	−0.39	−0.04	−0.02	−0.33
江西	0.12	0.05	1.06	0.47	0.21	3.99	−0.69	−0.07	−0.03	−0.59
河南	4.39	1.95	37.57	6.08	2.70	52.02	−5.88	−0.59	−0.26	−5.03
湖北	0.23	0.10	1.96	0.97	0.43	8.31	−1.25	−0.12	−0.06	−1.07
湖南	2.04	0.90	17.42	4.61	2.05	39.45	−3.02	−0.30	−0.13	−2.59
广东	0.44	0.19	3.74	0.10	0.05	0.88	−0.09	−0.01	0.00	−0.08
广西	0.89	0.39	7.58	0.80	0.35	6.83	−0.64	−0.06	−0.03	−0.55
重庆	0.04	0.02	0.33	0.27	0.13	2.43	−0.22	−0.02	−0.01	−0.19
贵州	0.03	0.02	0.30	0.04	0.02	0.33	−0.02	0.00	0.00	−0.02
云南	1.05	0.47	8.99	1.96	0.87	16.76	−2.40	−0.24	−0.11	−2.05
陕西	0.08	0.03	0.64	0.32	0.14	2.71	−0.50	−0.05	−0.02	−0.43
甘肃	0.31	0.14	2.65	0.09	0.04	0.78	−0.05	−0.01	0.00	−0.04
青海	0.13	0.06	1.13	0.21	0.09	1.80	−0.20	−0.02	−0.01	−0.17
宁夏	0.16	0.07	1.35	0.13	0.06	1.13	−0.11	−0.01	0.00	−0.10
新疆				0.18	0.08	1.51	−0.22	−0.02	−0.01	−0.19

4.4　非金属矿物制品业的用煤核算

2011 年，非金属矿物制品业共消费能源 3.00 亿 tce，其中煤炭、焦炭和电力各消费 1.80 亿 tce、0.05 亿 tce 和 0.35 亿 tce，分别占比 60.00%、1.67%和 11.67%，煤炭占比较大。在这个产品中，水泥、陶瓷砖是最主要的耗煤大户，也是分析的重点产业。

4.4.1　水泥产业

1. 吨水泥综合能耗的结构解析

水泥的生产工艺通常概括为"两磨一烧"，可分为三个步骤：生料制备，即将石灰质原料、黏土质原料与少量校正原料经破碎后按一定比例配合、磨细并调配为成分合适、量质均匀的生料；熟料煅烧，即将生料放在水泥窑内煅烧至部分熔融得到以硅酸钙为主要成分的硅酸盐水泥熟料；水泥粉磨及出厂，即将熟料加入适量石膏、混合材或添加剂共同磨细为水泥，并包装出厂。

以中国建筑材料联合会统计数据测算，2006 年水泥工业熟料煅烧环节耗用能源 764.45 万 tce，占水泥工业总能耗比例约 90.6%；生料制备和水泥粉磨环节分别耗能 30.11 万 tce、49.46 万 tce，占总能耗的 3.6%、5.9%。因此，水泥生产耗能主要产生在熟料煅烧环节，统计上也通常以水泥熟料耗煤作为建筑材料工业主要能源技术经济指标[①]。

就耗能结构而言，中国建材数量经济监理学会给出了 2006 年水泥制造业主要能源消耗量，其中，耗能主体是煤炭（占比 89.83%），其次是电力（占比 9.86%），两者占总耗能的 99.69%，表明水泥制造业耗能品种单一，是个典型的以耗煤为主的高耗能产业[48]。水泥制造业不同工艺的能源消耗情况见表 4-13。

表 4-13　2006 年水泥制造业主要能源消耗量

能源类型	工艺流程	消耗总量	换算成标煤量/万 t	所占比例/%
电力	生料、煅烧和粉磨	1043 亿 kW·h	1279	9.86
柴油	生料制备和粉磨	33.31 万 t	41	0.31
煤炭	熟料煅烧	16310 万 t	11653	89.83
煤炭中的原煤	熟料煅烧	16004 万 t	11421	88.04
煤炭中的洗精煤	熟料煅烧	286 万 t	218	1.68

据此，可以描绘出各煤种在水泥生产中的转换、流向及其比例如图 4-17 和图 4-18 所示。作为一次能源，煤炭通过直接燃烧来加热水泥窑炉产生熟料，同时，也通过发电所生产的电力为生料制备、熟料煅烧和水泥粉磨提供能量，三个环节各自消耗 20%、40% 和 40% 的电能。根据不同煤种所起作用的判断，可以认为水泥生产中主要使用的是动力煤。

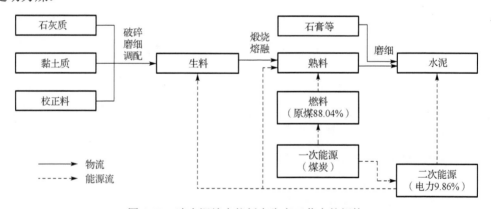

图 4-17　吨水泥综合能耗在生产工艺中的解构

2. 水泥综合能耗的时间演进

随着新型干法水泥生产技术的普及，水泥综合能耗逐年下降，图 4-19 反映了

1995～2011 年水泥耗能煤的这种下降趋势，水泥综合能耗从 1995 年的 158kg/t 一路下降到 2011 年的 138kg/t，并且还有进一步下降的趋势。

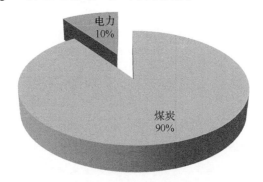

图 4-18　水泥综合能耗的能源构成和比例

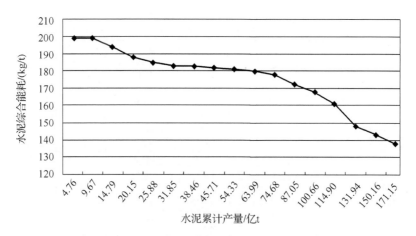

图 4-19　水泥综合能耗与其累计产量间的关系

数据来源：《中国能源统计年鉴 2012》和《中国统计年鉴 2012》

基于 1995～2011 年的时序数据，以年水泥累计产量为自变量，以其综合能耗为因变量，对其学习曲线模型进行回归，所得到的回归方程为

$$\mathrm{LUTC_{cem}} = 6.38 - 0.09\mathrm{LTOUTP_{cem}}$$
$$(35.02**),\quad (-6.73**)\qquad F_{stat} = 45.33**,\quad R^2 = 0.75 \tag{4-19}$$

可以看出，各回归系数和方程都通过了相关统计性检验，学习常数符号与理论期望值一致，表明从中国总体情况来看，水泥产业的能耗演进过程中存在着学习曲线效应，能耗降低孕育于水泥总产量增长中。

以 2005 年为基年，2011 年各地水泥生产的 RESI 值雷达图如图 4-20 所示。总体

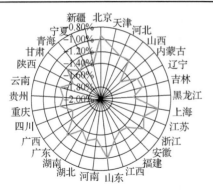

图 4-20　2011 年各地水泥综合能耗的 RESI 值雷达图(以 2005 年为基年)

看来,全国各地 RESI 值维持在-2%~-1%,山东、江苏、浙江、上海等东部省份的节能效果不如甘肃、青海、新疆等西部省份,表明这几年西部省份在大幅增加水泥产量的同时,吨水泥综合能耗下降水平也领跑全国。

3. 水泥产业用能的省际分析

结合各省份水泥产量和吨水泥能耗、节能量数据,可以估算出 2006 年以来中国水泥产业用能的总体情况(表 4-14),进而可以科学评断其供需格局演变和未来节能潜力。

表 4-14　全国各地水泥用能及节能效果的比较结果

地区	2006 年		2011 年			节能效果		
	动力煤/万 tce	电力/万 tce	动力煤/万 tce	电力/万 tce	增长率/%	总量/万 tce	动力煤/万 tce	电力/万 tce
全国	18240.49	2026.72	28916.87	3212.99	58.53	-2114.19	-1902.77	-211.42
北京	173.79	19.31	123.08	13.68	-29.22	-6.73	-6.06	-0.67
天津	86.05	9.56	102.43	11.38	19.05	-6.71	-6.04	-0.67
河北	1203.31	133.70	1860.35	206.71	54.59	-132.62	-119.36	-13.26
山西	307.60	34.18	524.17	58.24	70.49	-37.18	-33.46	-3.72
内蒙古	292.06	32.45	836.24	92.92	186.27	-77.84	-70.06	-7.78
辽宁	454.56	50.51	755.09	83.90	65.98	-56.81	-51.13	-5.68
吉林	357.76	39.75	560.99	62.33	56.72	-41.23	-37.11	-4.12
黑龙江	206.34	22.93	553.52	61.50	168.64	-48.38	-43.54	-4.84
上海	115.94	12.88	108.44	12.05	-6.51	-6.33	-5.70	-0.63
江苏	1541.67	171.30	1985.36	220.60	28.74	-139.71	-125.74	-13.97
浙江	1409.37	156.60	1622.86	180.32	15.09	-105.23	-94.71	-10.52
安徽	624.20	69.36	1216.99	135.22	94.95	-96.89	-87.20	-9.69
福建	473.79	52.64	868.74	96.53	83.09	-69.19	-62.27	-6.92
江西	595.98	66.22	900.97	100.11	51.06	-66.64	-59.98	-6.66
山东	2348.59	260.95	2025.98	225.11	-13.78	-115.97	-104.37	-11.60
河南	1050.41	116.71	1810.11	201.12	72.14	-140.20	-126.18	-14.02
湖北	723.84	80.43	1239.55	137.73	71.30	-93.58	-84.22	-9.36
湖南	619.95	68.88	1218.93	135.44	96.49	-100.07	-90.06	-10.01
广东	1254.09	139.34	1682.95	186.99	34.13	-114.78	-103.30	-11.48
广西	502.28	55.81	1137.50	126.39	126.53	-96.32	-86.69	-9.63
四川	694.29	77.14	1901.58	211.29	174.03	-170.04	-153.04	-17.00
重庆	359.01	39.89	653.88	72.65	82.19	-50.41	-45.37	-5.04
贵州	254.95	28.33	659.56	73.28	159.06	-54.34	-48.91	-5.43
云南	450.44	50.05	855.30	95.03	90.02	-66.26	-59.63	-6.63
陕西	336.56	37.40	844.25	93.81	150.84	-74.32	-66.89	-7.43
甘肃	196.58	21.84	364.46	40.50	85.51	-27.47	-24.72	-2.75
青海	52.61	5.85	137.28	15.25	161.17	-11.67	-10.50	-1.17
宁夏	99.05	11.01	192.46	21.38	94.35	-15.29	-13.76	-1.53
新疆	210.90	23.43	394.51	43.83	87.08	-145.41	-130.87	-14.54

与 2006 年相比，2011 年全国水泥产业用煤达到 2.89 亿 tce[①]，增长率为 58.53%，其中，内蒙古、黑龙江、广西、四川、贵州、陕西和青海等地的增长率超过了 100%，东部省份的水泥生产耗能的增长率大都低于 100%，北京、上海和山东的用煤数量还呈现负增长，表明水泥生产耗能逐步向西部省份转移。就 2011 年用煤数量来看，山东、江苏、四川和河北排在前列，用煤数量达到或接近 2000 万 tce，河南、广东、浙江等地紧随其后，用煤数量在 1500 万 tce 以上，东部省份仍是水泥生产用能的主体。相比之下，2006 年水泥生产耗能前三名依次是山东、江苏和浙江，耗煤数量分别是 2348 万 tce、1541 万 tce 和 1409 万 tce。可以看出，除了山东水泥生产耗能基本保持稳定，全国水泥生产耗能的区际差别已经有了很大改变，西部地区增长速度和所占比例有较快增加，意味着煤炭的流体、流向和流量都将随之改变。

水泥产业工艺改进和技术进步使得产业节能效果显著。以 2011 年全国水泥产量核算，用能总量相较 2006 年的用能标准节约了 2114 万 tce，其中，煤炭节能 1902 万 tce，电力节能 211 万 tce；就各省份来看，节能总量与生产数量成正比，河北、江苏和山东等水泥生产大省的节能量也较大。就节煤潜力来看，内蒙古、黑龙江、四川和陕西等地的 RECI 值相对较高，水泥生产量也相对较大，是未来全国水泥产业节能应该给予重点关注的地区。

4.4.2　陶瓷产业

1. 单位陶瓷能耗的结构解析

陶瓷企业作为能耗大户，不仅能源消耗量大，而且能源消耗种类多，包括原煤、水煤浆、煤气、柴油、焦油、电等。原煤不是直接用于窑炉烧成烧料，而是通过煤气发生炉将原煤加工转换为煤转气，作为窑炉燃料。部分原煤加工为水煤浆，用于喷雾塔喷雾造粒工序。电力主要消耗在球磨、球釉、成型、磨边、抛光等生产环节。柴油主要消耗在发电机与运输装置等。陶瓷生产工艺中的能耗情况见图 4-21。

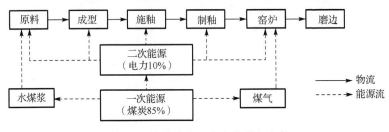

图 4-21　陶瓷生产工艺中的能耗解构

2006 年，中国建筑陶瓷综合能耗为 2.5~15kgce/m², 卫生陶瓷为 400~1800kgce/t，

---

① 其值大于当年水泥实际煤炭消费量，主要原因是水泥实际能耗值在保持多年平缓下降以后，在 2009 年以后出现拐点，导致预测值高于实际能耗。为全书统一，这里保持这种算法和预测值，没有进行调整

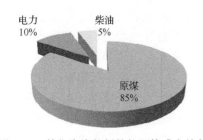

图 4-22　单位陶瓷能耗的能源构成和比例

当前通常分别以 4.5kgce/m² 计，卫生陶瓷以 450kgce/t 计[49]，其能源消耗结构比例大致为原煤 85%，电力 10%，柴油 5%[50]。在陶瓷工业的一般工艺流程中，能耗主要体现在原料的加工、成型、干燥与烧成四部分，而干燥与烧成工序的能耗约占总能耗的 80%，约 60%用于烧成工序，约 20%用于干燥工序。单位陶瓷能耗的构成和比例见图 4-22。

2. 陶瓷产业用能的省际分析

由于缺乏历年陶瓷单位能耗的时序数据，无法估算其单位能耗曲线用于预测，故本书暂假设其单位能耗数量、结构和比例在一段时间内保持不变，并依此计算出 2010 年和 2011 年陶瓷产业用能的总体情况(表 4-15)，进而可以科学评断其用能空间格局的演变。

表 4-15　2010 年和 2011 年全国各地陶瓷用能比较

地区	2010 年			2011 年			用能增量	
	陶瓷产量/亿 m²	动力煤/万 tce	电力/万 tce	陶瓷产量/亿 m²	动力煤/万 tce	电力/万 tce	动力煤/万 tce	电力/万 tce
全国	75.76	2897.82	340.92	82.04	3138.03	369.18	240.21	28.26
河北	1.37	52.40	6.17	1.35	51.64	6.08	−0.76	−0.09
山西	0.46	17.60	2.07	0.27	10.33	1.22	−7.27	−0.85
内蒙古	0.16	6.12	0.72	0.11	4.21	0.50	−1.91	−0.22
辽宁	3.95	151.09	17.78	4.02	153.77	18.09	2.68	0.31
吉林	0.09	3.44	0.41	0.05	1.91	0.23	−1.53	−0.18
上海	0.15	5.74	0.68	0.1	3.83	0.45	−1.91	−0.23
江苏	0.15	5.74	0.68	0.08	3.06	0.36	−2.68	−0.32
浙江	0.76	29.07	3.42	0.84	32.13	3.78	3.06	0.36
安徽	0.42	16.07	1.89	0.23	8.80	1.04	−7.27	−0.85
福建	15.52	593.64	69.84	16.75	640.69	75.38	47.05	5.54
江西	4.84	185.13	21.78	5.98	228.74	26.91	43.61	5.13
山东	10.96	419.22	49.32	9.72	371.79	43.74	−47.43	−5.58
河南	1.67	63.88	7.52	1.75	66.94	7.88	3.06	0.36
湖北	1.75	66.94	7.88	1.64	62.73	7.38	−4.21	−0.50
湖南	0.41	15.68	1.85	0.36	13.77	1.62	−1.91	−0.23
广东	21.38	817.79	96.21	26.31	1006.36	118.40	188.57	22.19
广西	1.2	45.90	5.40	1	38.25	4.50	−7.65	−0.90
四川	7.17	274.25	32.27	8.08	309.06	36.36	34.81	4.09
重庆	1.02	39.02	4.59	0.85	32.51	3.83	−6.51	−0.76
贵州	0.53	20.27	2.39	0.64	24.48	2.88	4.21	0.49
云南	0.4	15.30	1.80	0.29	11.09	1.31	−4.21	−0.49
陕西	1.1	42.08	4.95	1	38.25	4.50	−3.83	−0.45
甘肃	0.05	1.91	0.23	0.03	1.15	0.14	−0.76	−0.09
青海	0.02	0.77	0.09	0.01	0.38	0.05	−0.39	−0.04
宁夏	0.24	9.18	1.08	0.1	3.83	0.45	−5.35	−0.63
新疆	0.45	17.21	2.03	0.48	18.36	2.16	1.15	0.13

全国陶瓷砖产量的前 14 位省份的排位顺序 2011 年与 2010 年大致相同,这几乎表明全国陶瓷砖的产业格局基本形成,正在逐步地发展中:广东继续保持第一大省份的地位,而且是在 2009 年产量下降 3%之后连续两年增长,2010 年增长 18.95%,2011 年增长 23.05%,反映出以佛山陶瓷为核心的泛佛山陶瓷的地位得到进一步的巩固;而众多省份在这一年的陶瓷砖产量出现负增长,说明各地陶瓷产区已经步入发展与调整的共存阶段,中国陶瓷砖行业发展正在从高速发展向平缓发展过渡。与此相对应的用能也发生变化。2011 年全国陶瓷生产煤炭用量为 3138 万 tce,比 2010 年增长了 8.29%;电力用量为 369 万 tce,增加了 28 万 tce。其中,广东、福建、江西和四川增长较大,而以山东为代表的省份则有所下降。

4.5   化学制品制造业的用煤核算

2011 年,化工行业共消费能源 3.47 亿 tce,其中煤炭、焦炭和电力各消费 1.16 亿 tce、0.23 亿 tce 和 0.43 亿 tce,分别占比 33.43%、6.54%和 12.39%,合计占比 52.36%。就具体化工产品而言,虽然合成氨、电石(碳化钙)、烧碱(氢氧化钠)、纯碱(碳酸钠)和黄磷是重点耗能产品,但后三者能源消耗以电力为主,而合成氨和电石生产中更多地以燃料形式消耗了大量煤炭。

4.5.1   合成氨产业

1. 吨氨综合能耗结构解析

合成氨指由氮和氢在高温高压和催化剂存在下直接合成的氨。按照生产原料的不同,其生产工艺可分为天然气制氨(气头)、重质油制氨(油头)和煤制氨(煤头),其中,以煤炭为原料制氨的方式在世界上已很少采用,但由于中国能源结构上多煤缺油少气的特点,煤炭成为主要的合成氨原料,天然气制氨工艺则受到严格限制。据 2005 年的统计数据,中国合成氨生产总体耗能 7876 万 tce,其中煤头耗能为 6351 万 tce,占比 80%[51]。

以煤为原料制氨的总体流程有水煤浆气化工艺路线和常压气化路线,前者主要以烟煤为原料制成水煤浆,主要应用于大型氨厂,而后者一般以无烟块煤或焦炭为原料,适用中、小型氨厂。从中国企业经营现状看,中国大部分煤头企业所用的原料煤都是无烟煤。

采用对样本企业耗能分解的方式进行结构解析,原始数据资料见表 4-16[52]。这些企业基本代表了全国主要合成氨生产大省,如山东、河南、山西、河北等地的能耗情况,具有广泛的代表性。

表 4-16　煤头样本企业吨氨综合能耗水平(2009 年度)

省份	企业名称	氨产量/万 t	原料煤耗/kgce	燃料煤耗/kgce	电耗		综合能耗/kgce
					原始数据/(kW·h)	转换值/kgce	
山东	寿光联盟	84.74	1115		1315	161.55	1277
	禹城润田	10.33	1219	54	1426	175.19	1448
河南	驻马店骏化	42.58	1040	33	1307	160.57	1234
	鄢城泰丰	12.84	1424	222	1363	167.45	1813
河北	邱县	4.47	1050		1359	166.96	1217
山西	天泽	83.87	1049		1329	163.27	1212
安徽	阜南新天	7.35	1042		1385	170.15	1212
	宣城	0.83	1286	89	1550	190.42	1565
江苏	张家港华昌	44.49	1080		1385	170.15	1250
	邳州	4.26	1281	181	1550	190.42	1652
浙江	开化清华	5.04	1100		1352	166.10	1266
	湖州汇晶	3.61	1344	28	1528	187.72	1560

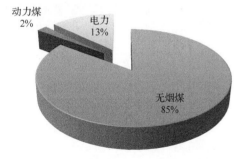

图 4-23　吨氨综合能耗的能源构成和比例

可以看出,煤头合成氨综合能耗的核算基本由原料煤耗、燃料煤耗和电耗三部分所构成,其各自所占的比例平均为 85%、2% 和 13%。在以无烟煤为原料,动力煤为燃料的情境下,吨氨综合能耗的煤种构成和比例如图 4-23 所示。

由于中国无烟煤品种稀缺,每年需从朝鲜和越南进口无烟煤约 2000 万 t,因此,推广应用以其他煤种,包括烟煤和褐煤的气化技术来减少无烟煤的比例成为以后节能改造的重点,下述分析中将予以考虑。

2. 合成氨综合能耗的时间演进

由于存在着气头、油头和煤头三种原料来源的制氨方式,《中国能源统计年鉴》《中国化学工业年鉴》等资料给出的吨氨综合能耗数据并不一致,也难以将以煤头为原料的吨氨综合能耗给分离出来。因此,本书采用《中国工业经济统计年鉴》所给出的合成氨耗焦煤的数据进行分析。

以 1970~1999 年的合成氨累计产量为自变量,以合成氨耗焦煤为因变量,对数化处理后进行回归,得到的学习曲线方程为

$$LUTC_{amm} = 7.53 - 0.03LTOUTP_{amm}$$
$$(109.78**),\quad(-4.77**)\quad F_{stat} = 22.83**,\quad R^2 = 0.67$$

(4-20)

可以看出，各回归系数和方程都通过了相关统计性检验，学习常数符号与理论期望值一致，表明从中国总体情况来看，合成氨产业的耗焦过程中存在着学习曲线效应，能耗降低孕育于合成氨总产量增长中。其拟合结果如图 4-24 所示。

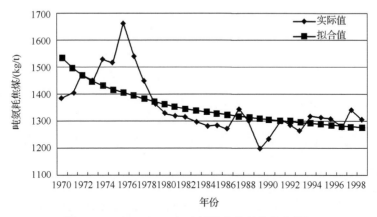

图 4-24　1970～1999 年吨氨综合能耗的拟合情况

将 2000～2011 年各年度合成氨生产量累加处理后，代入以上方程中，即可得到各年度合成氨耗焦炭的估算值，估算结果见表 4-17。就 2009 年而言，估算的耗焦炭值落入能耗先进企业与落后企业的区间中，是合理可靠的；焦炭和无烟煤发热量相近，在耗能核算时可以相互替代，同时在当前企业生产实践中，焦煤也基本被无烟煤所替代，因此可将上述耗焦炭的估算值近似地看作吨氨耗无烟煤量，再由上述吨氨综合能耗的煤种构成和比例，可计算出 2000～2011 年的煤头吨氨综合能耗及其结构，结果如表 4-17 所示。

表 4-17　2000～2011 年吨氨综合能耗及其结构　　　　（单位：kgce/t）

类型	2000 年能耗	2001 年能耗	2002 年能耗	2003 年能耗	2004 年能耗	2005 年能耗	2006 年能耗	2007 年能耗	2008 年能耗	2009 年能耗	2010 年能耗	2011 年能耗
耗焦炭	1271	1269	1266	1263	1260	1258	1255	1252	1249	1247	1245	1242
吨氨综合	1496	1493	1489	1486	1483	1480	1476	1473	1470	1467	1464	1462
无烟煤	1271	1269	1266	1263	1260	1258	1255	1252	1249	1247	1245	1242
动力煤	29.92	29.86	29.79	29.73	29.66	29.60	29.53	29.46	29.40	29.34	29.29	29.24
电力	194	194	193	193	192	192	191	191	191	190	190	190

以 2005 年为基年，2011 年各地合成氨综合能耗的 RESI 值雷达图如图 4-25 所示，可以发现全国各地的总体能耗降低水平比 2005 年相比不大，合成氨能耗技术并没有大的突破。相比之下，新疆、贵州、黑龙江等地近些年新上的项目节能效果较好，年均相对节能接近 0.3%，这也和全国合成氨生产向西部转移相关。从区域来看，全国合成氨的 RESI 曲线更弯折，表明全国各地的合成氨节能效果存在着较大差异。

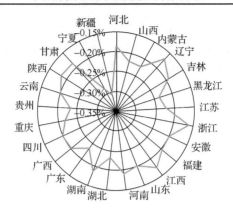

图 4-25　2011 年各地合成氨综合能耗 RESI 值雷达图(以 2005 年为基年)

3. 合成氨行业用能的省际分析

采用全国合成氨能耗预测值统一作为各地能耗值，结合产量、能耗结构和 RECI 值来评估合成氨用能的区际演化和节能潜力，结果如表 4-18 所示。

表 4-18　全国各地合成氨用能及节能效果的比较结果　　　　(单位：万 tce)

地区	2005 年用量			2011 年用量			节能效果			
	无烟煤	动力煤	电力	无烟煤	动力煤	电力	总量	无烟煤	动力煤	电力
全国	5782.08	136.05	884.32	6527.53	153.59	998.33	−94.55	−80.37	−1.89	−12.29
北京	0.00	0.00	0.00	0.00	0.00	0.00	0.00	0.00	0.00	0.00
天津	28.41	0.67	4.34	0.00	0.00	0.00	0.00	0.00	0.00	0.00
河北	427.12	10.05	65.32	335.72	7.90	51.35	−28.91	−24.57	−0.58	−3.76
山西	430.65	10.13	65.86	539.95	12.70	82.58	−54.74	−46.53	−1.09	−7.12
内蒙古	80.16	1.89	12.26	162.75	3.83	24.89	−16.78	−14.26	−0.34	−2.18
辽宁	124.67	2.93	19.07	97.87	2.30	14.97	−7.55	−6.42	−0.15	−0.98
吉林	68.42	1.61	10.46	64.73	1.52	9.90	−5.69	−4.84	−0.11	−0.74
黑龙江	66.55	1.57	10.18	90.47	2.13	13.84	−9.90	−8.41	−0.20	−1.29
上海	14.42	0.34	2.20	0.00	0.00	0.00	0.00	0.00	0.00	0.00
江苏	295.82	6.96	45.24	372.37	8.76	56.95	−38.03	−32.33	−0.76	−4.94
浙江	112.08	2.64	17.14	59.29	1.40	9.07	−4.33	−3.68	−0.09	−0.56
安徽	291.05	6.85	44.51	336.93	7.93	51.53	−30.80	−26.18	−0.62	−4.00
福建	118.44	2.79	18.11	118.48	2.79	18.12	−10.84	−9.21	−0.22	−1.41
江西	51.54	1.21	7.88	20.73	0.49	3.17	−1.66	−1.41	−0.03	−0.22
山东	794.68	18.70	121.54	829.26	19.51	126.83	−76.32	−64.87	−1.53	−9.92
河南	648.76	15.27	99.22	553.16	13.02	84.60	−48.34	−41.09	−0.97	−6.28
湖北	304.66	7.17	46.60	452.98	10.66	69.28	−48.49	−41.22	−0.97	−6.30
湖南	243.66	5.73	37.27	229.52	5.40	35.10	−19.51	−16.58	−0.39	−2.54
广东	5.52	0.13	0.84	7.03	0.17	1.07	−0.77	−0.65	−0.02	−0.10

续表

地区	2005 年用量			2011 年用量			节能效果			
	无烟煤	动力煤	电力	无烟煤	动力煤	电力	总量	无烟煤	动力煤	电力
广西	100.40	2.36	15.36	116.59	2.74	17.83	−10.84	−9.21	−0.22	−1.41
四川	471.08	11.08	72.05	430.51	10.13	65.84	−39.22	−33.34	−0.78	−5.10
重庆	115.91	2.73	17.73	179.37	4.22	27.43	−17.82	−15.14	−0.36	−2.32
贵州	133.29	3.14	20.38	196.03	4.61	29.98	−21.12	−17.95	−0.42	−2.75
云南	222.88	5.24	34.09	264.45	6.22	40.45	−24.24	−20.61	−0.48	−3.15
陕西	173.88	4.09	26.59	133.94	3.15	20.49	−11.14	−9.47	−0.22	−1.45
甘肃	98.55	2.32	15.07	86.00	2.02	13.15	−7.31	−6.21	−0.15	−0.95
青海	0.05	0.00	0.01	0.00	0.00	0.00	0.00	0.00	0.00	0.00
宁夏	110.89	2.61	16.96	135.36	3.18	20.70	−12.30	−10.45	−0.25	−1.60
新疆	149.89	3.53	22.92	206.30	4.85	31.55	−20.07	−17.06	−0.40	−2.61

与 2005 年相比，2011 年全国合成氨用能略有上升，无烟煤用量为 6527 万 tce，动力煤为 153 万 tce，电力为 998 万 tce。从各省份来看，除了内蒙古的用能增长率超过 100%，其余省份的用能量增长量相对不大，还有 12 个省份的合成氨用能出现负增长，表明全国合成氨市场格局相对稳定。就 2011 年用能数量来看，山东、山西、河南、湖北和四川五省的合成氨用能量均超过 500 万 tce，为合成氨用能大省，其余的河北、江苏、安徽、云南等地的合成氨用能也均超过 300 万 tce，相较其他高耗能产业，合成氨产业并没有出现向西部转移的趋势。

从节能效果来看，以 2011 年全国合成氨产量核算，用能总量相较 2005 年的用能标准节约了 94 万 tce，其中无烟煤 80 万 t、动力煤 2 万 t、电力 12 万 t，总体节能效果较其他高耗能行业并不突出。

4.5.2 电石产业

1. 电石工业耗能结构解析

电石工业诞生于 19 世纪末，迄今工业生产仍沿用电热法工艺，是生石灰(CaO)和焦炭(C)在埋弧式电炉(电石炉)内，通过电阻电弧产生的高温反应制得，同时生成副产品一氧化碳(CO)。

图 4-26 表明，煤炭在电石生产中所起到的作用分为两部分：一部分是焦炭，以原料形式进入电石生产中，与生石灰一起在电石炉中生成电石；另一部分是动力煤转化成电力加热电石炉。因此，通常衡量电石生产的耗能指标就分为电石耗焦炭和电石耗电两个指标，1970～1999 年电石产量和耗能情况如图 4-27 所示[①]。电石产量逐年上升，

---

① 2000 年以后的相关数据由《中国化学工业年鉴》所统计，单位为 kgce/t，与之前的数据没有可比性，给本书研究带来困难，故没有将该年的数据列入

而电石能耗随时间推移下降幅度非常有限，吨电石耗焦炭稳定在 550kg 左右，耗电稳定在 3450kW·h。

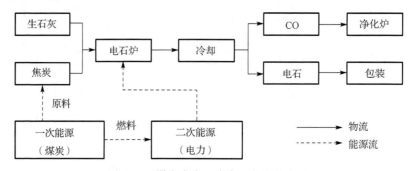

图 4-26　煤炭在电石生产工艺中的应用

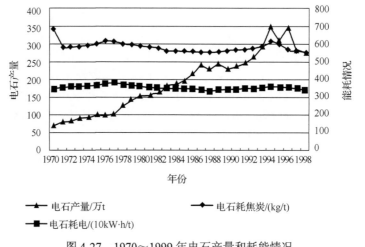

图 4-27　1970～1999 年电石产量和耗能情况

数据来源：《中国工业经济统计年鉴 2003》

2. 电石能耗的时间演进

利用 1970～1999 年的相关数据来构建电石能耗的学习曲线效应，并基于它预测以后各年的能耗情况。以这些年度的电石累计产量为自变量，以电石耗焦炭、电石耗电分别为因变量，对数化处理后进行回归，得到的学习曲线方程如下：

$$\text{LUTC}_{\text{cal}} = 6.53 - 0.02\text{LTOUTP}_{\text{cal}}$$

$$(148.79**),\quad (-3.97**)\qquad F_{\text{stat}} = 15.77**,\quad R^2 = 0.60 \tag{4-21}$$

$$\text{LUTC}_{\text{cal}} = 5.93 - 0.009\text{LTOUTP}_{\text{cal}}$$

$$(186.77**),\quad (-2.21*)\qquad F_{\text{stat}} = 4.90*,\quad R^2 = 0.38 \tag{4-22}$$

可以看出，各回归系数和方程都通过了相关统计性检验(耗电回归方程的拟合效果较差,但各变量均通过 5%显著水平下的相关统计检验),学习常数符号与理论期望值一致,表明从中国总体情况来看,电石产业的能耗演进过程中存在着学习曲线效应,能耗降低孕育于电石总产量增长中。

将 2000~2011 年各年度电石生产量累加处理后,代入方程(4-21)和方程(4-22)中,即可得到各年度电石耗焦炭和电石耗电的估算值。估算结果如表 4-19 所示,就 2010 年而言,预测结果与媒体公布的该年度电石生产耗焦炭 550kg/t、耗电 3450kW·h/t 的实际数据较为一致,验证了本书结果的可靠性(http://www.essis.cn/img/showimg.php?lang=cn&id=17)。

表 4-19　2000~2011 年电石耗能预测值

类别	2000年能耗	2001年能耗	2002年能耗	2003年能耗	2004年能耗	2005年能耗	2006年能耗	2007年能耗	2008年能耗	2009年能耗	2010年能耗	2011年能耗
耗焦炭/(kg/t)	561	561	560	559	557	556	555	553	551	550	549	547
耗电/(kW·h/t)	3478	3476	3474	3471	3468	3464	3460	3456	3452	3449	3446	3442

由于不同地区电石能耗基础数据的极度缺乏,无法基于 RESI 方法计算出各地某一年份的电石耗能具体数值,但可以估算出某年份相对于基准年份的节能情况。以 2000 年为基年,2011 年各地电石生产的焦炭 RESI 值雷达图如图 4-28 所示,可以发现随着电石生产基地逐步向西部转移,新疆、宁夏和青海等地节能效果比较明显(新疆天业集团公司被评为 2012 年电石行业能效领跑者先进企业),东部省份的山东省近些年的电石能耗水平也有了较大改进。

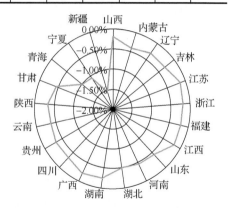

图 4-28　2011 年各地电石生产的焦炭
RESI 值雷达图(以 2000 年为基年)

3. 电石产业用能的省际分析

采用全国电石能耗预测值统一作为各地能耗值,结合其产量和 RECI 值来评估电石用能的区际演化和节能潜力,结果如表 4-20 所示。

表 4-20　全国各地电石用能及节能效果的比较结果

地区	2003 年		2011 年				节能效果		
	焦炭/万 tce	电力/万 tce	焦炭/万 tce	增长率/%	电力/万 tce	增长率/%	总量/万 tce	焦炭/万 tce	电力/万 tce
全国	237.89	181.47	950.51	299.56	734.82	304.91	−71.24	−20.85	−6.19
山西	47.65	36.35	19.31	−59.47	14.93	−58.93	−1.45	−0.42	−0.13
内蒙古	44.97	34.30	260.81	480.02	201.63	487.79	−19.55	−5.72	−1.70
辽宁	2.41	1.84	7.67	217.80	5.93	222.06	−0.58	−0.17	−0.05

续表

地区	2003 年		2011 年				节能效果		
	焦炭/万 tce	电力/万 tce	焦炭/万 tce	增长率/%	电力/万 tce	增长率/%	总量/万 tce	焦炭/万 tce	电力/万 tce
吉林	0.86	0.66	0.42	−51.71	0.32	−51.06	−0.03	−0.01	0.00
江苏	4.65	3.54	0.42	−90.93	0.33	−90.81	−0.03	−0.01	0.00
浙江	6.14	4.68	2.89	−52.86	2.24	−52.22	−0.22	−0.06	−0.02
福建	6.72	5.13	3.29	−51.07	2.54	−50.42	−0.25	−0.07	−0.02
江西	4.59	3.50	1.10	−75.92	0.85	−75.60	−0.08	−0.02	−0.01
山东	0.43	0.33	3.18	639.62	2.46	649.53	−0.24	−0.07	−0.02
河南	4.96	3.78	54.40	997.13	42.06	1011.83	−4.08	−1.19	−0.35
湖北	3.28	2.50	44.60	1261.43	34.48	1279.67	−3.34	−0.98	−0.29
湖南	7.33	5.59	12.02	63.93	9.30	66.13	−0.90	−0.26	−0.08
广西	6.46	4.93	9.22	42.72	7.13	44.63	−0.69	−0.20	−0.06
四川	15.53	11.85	39.55	154.62	30.58	158.03	−2.96	−0.87	−0.26
贵州	10.35	7.89	25.68	148.15	19.85	151.47	−1.92	−0.56	−0.17
云南	4.87	3.71	23.15	375.56	17.90	381.93	−1.74	−0.51	−0.15
陕西	18.63	14.21	63.23	239.36	48.88	243.91	−4.74	−1.39	−0.41
甘肃	6.47	4.94	55.85	762.77	43.18	774.33	−4.19	−1.23	−0.36
青海	0.00	0.00	22.02		17.02		−1.65	−0.48	−0.14
宁夏	19.60	14.95	149.39	662.23	115.49	672.44	−11.20	−3.28	−0.97
新疆	4.12	3.14	152.31	3596.92	117.75	3646.45	−11.42	−3.34	−0.99

与 2003 年相比，2011 年全国电石生产用能有了大幅提升，焦炭用量逼近千万吨，电力用量达到 734 万 tce，显示作为高耗能产业，电石产业对能源的巨大需求量。从各省份来看，增长较快速的是内蒙古、辽宁、山东、河南、湖北、四川、云南、陕西、甘肃、青海、宁夏和新疆，而东部的江苏、浙江、福建、江西和东北的吉林等省份都出现了负增长，表明电石生产逐步向富于矿石资源的西部地区转移。就 2011 年用能数量来看，内蒙古、新疆和宁夏的焦炭用量超过 100 万 tce，用电数量在 100 万～200 万 tce，西部省份成为电石生产用能的主体。相比之下，2003 年电石生产耗能前三名依次是山西、内蒙古和宁夏，焦炭用量分别是 47 万 tce、44 万 tce 和 19 万 tce，较 2011 年用量存在着较大差距。

从节能效果来看，电石行业这些年来的节能效果并不显著。以 2011 年全国电石产量核算，用能总量相较 2003 年的用能标准节约了焦炭 20 万 tce，电力 6 万 tce，与其他高耗能产业相比，节能下降并不多。就节煤潜力来看，内蒙古、新疆、青海和宁夏四地产能较大，也靠近资源地，有着较大的节能空间。

4.6　石油与炼焦加工业的用煤核算

石油与炼焦加工业中主要的耗煤行业是炼焦行业，本节对此进行专门分析。

4.6.1　炼焦综合能耗结构解析

炼焦生产是将各种经过洗选的炼焦煤按一定比例配合后，在炼焦炉内进行高温干馏，得到焦炭和荒煤气。将荒煤气进行加工处理，可以得到多种煤化工产品和焦炉煤气。焦炭是炼铁的燃料和还原剂，它将氧化铁（铁矿）还原为生铁。焦炉煤气热值高，是钢铁厂和民用的优质燃料，又因其含氢量多，也是抽取氢气用于合成氨、合成甲醇等的原料。炼焦生产是十分典型的能源再加工过程和热能的再回收利用过程。

采用对样本企业耗能分解的方式进行结构解析，原始数据资料见表 4-21[53]。该企业计有焦炉 6 座（炭化室高度分别为 4 座 6m、2 座 4.3m 焦炉），配备 150t/h 干熄焦一套，年产能 120 万 t，有年处理能力 4 万 t 精苯车间和两套处理能力 25 万 t 焦油车间，具有一定的代表性。

表 4-21　样本企业炼焦综合能耗水平

	项目	单位	物料总量	扣除量	计算量	折标系数	能耗量/万 tce
1	能耗转换差						
（1）	投入能源						
	装炉焦煤总量	万 t	362.86	0	362.86	0.898	325.85
（2）	产出能源						
	焦炭	万 t	238.97	0	238.97	0.953	227.74
	粉焦	万 t	13.37	0	13.37	0.953	12.74
	炼焦煤气	万 kNm³	106.66	0	106.66	0.601	64.10
	煤焦油	万 t	11.03	0	11.03	1.286	14.18
	粗苯	万 t	2.65	0	2.65	1.429	3.80
	产出合计						322.58
（3）	转换差						3.27
2	加工用能量						
	新水	万 t	752.00	209.45	54.22	0.163	0.08
	电力	万 kkW·h	8958.42	487.03	8471.39	0.404	3.42
	动力蒸气	万 t	65.60	13.63	51.96	0.124	6.44
	高炉蒸气	万 kNm³	169.92	0	169.92	0.111	18.86
	焦炉煤气	万 kNm³	19.38	0.28	19.09	0.601	11.48
	氮气	万 kNm³	0.92	0	0.92	0.046	0.04
	压缩空气	万 kNm³	2.54	0.20	2.34	0.053	0.12
	合计						40.46
3	回收能源						
	干熄焦产蒸气	万 t	21.98	0	21.98	0.124	2.72
4	工序单位能耗						

$$\text{工序能耗} = \frac{325.85 - 322.58 + 40.46 - 2.72}{238.97 + 13.37} = 162.47(\text{kgce/t})$$

可以看出，焦炭生产过程中消耗的煤炭主要是焦煤，转化成焦炭（含粉焦）的转化率约为 0.70。在加工用能阶段需耗费一定的动力煤提供动力蒸汽，但总量很小，基本可以忽略不计，故下面仅根据焦煤与焦炭之间的转化率来核算各省焦煤的需求数量。

4.6.2 炼焦用能的省际分析

由于缺乏历年炼焦能耗的时序数据，无法估算其单位能耗曲线用于预测，故假设其单位能耗数量、结构和比例在一段时间内保持不变，并依此计算出 2010 年和 2011 年炼焦产业用能的总体情况（表 4-22）。从全国来看，2011 年较 2010 年的焦煤用量增加了 6294 万 tce，增长率达到 11.34%；各主要省份都或多或少地生产焦炭，反映出焦炭是中国工业生产中的重要燃料或原料，需求广泛，其中，山西和河北是焦炭生产大省，2011 年产量分别为 9009 万 tce 和 6290 万 tce，余下的内蒙古、辽宁、江苏、山东、河南、陕西和云南保持在 2000 万～4000 万 tce，它们也是中国焦煤需求增长的主力。

表 4-22　2010 年和 2011 年全国各地焦炭用能比较

地区	2010 年		2011 年		用能增量	
	焦炭产量/万 tce	焦煤用量/万 tce	焦炭产量/万 tce	焦煤用量/万 tce	焦煤增量/万 tce	增长率/%
全国	38864	55520.00	43270	61814.29	6294.29	11.34
北京	160.57	229.39				
天津	238.37	340.53	234.32	334.74	−5.79	−1.70
河北	5045.7	7208.14	6290.45	8986.36	1778.21	24.67
山西	8504.75	12149.64	9009.63	12870.90	721.26	5.94
内蒙古	2034.29	2906.13	2482.37	3546.24	640.11	22.03
辽宁	1875.76	2679.66	2027	2895.71	216.06	8.06
吉林	411.29	587.56	484.62	692.31	104.76	17.83
黑龙江	957.02	1367.17	1010.56	1443.66	76.49	5.59
上海	630.75	901.07	640.6	915.14	14.07	1.56
江苏	1393.58	1990.83	1855.49	2650.70	659.87	33.15
浙江	282.25	403.21	291.84	416.91	13.70	3.40
安徽	874.9	1249.86	868.7	1241.00	−8.86	−0.71
福建	143.05	204.36	150	214.29	9.93	4.86
江西	798.84	1141.20	875.8	1251.14	109.94	9.63
山东	3429	4898.57	3973.4	5676.29	777.71	15.88
河南	2572.13	3674.47	2416.92	3452.74	−221.73	−6.03
湖北	947.12	1353.03	993.6	1419.43	66.40	4.91
湖南	581.86	831.23	677.4	967.71	136.49	16.42
广东	195.4	279.14	193.53	276.47	−2.67	−0.96
广西	391.8	559.71	411.36	587.66	27.94	4.99
四川	1159.17	1655.96	1280.6	1829.43	173.47	10.48

续表

地区	2010 年		2011 年		用能增量	
	焦炭产量/万 tce	焦煤用量/万 tce	焦炭产量/万 tce	焦煤用量/万 tce	焦煤增量/万 tce	增长率/%
重庆	359.17	513.10	397	567.14	54.04	10.53
贵州	713.18	1018.83	685.2	978.86	−39.97	−3.92
云南	1607.26	2296.09	1602.78	2289.69	−6.40	−0.28
陕西	1570.88	2244.11	2172.38	3103.40	859.29	38.29
甘肃	244.32	349.03	263.2	376.00	26.97	7.73
青海	129.76	185.37	167.5	239.29	53.91	29.08
宁夏	424.03	605.76	437.5	625.00	19.24	3.18
新疆	1187.83	1696.90	1376.53	1966.47	269.57	15.89

4.7　煤炭开采与洗选业的用煤核算

4.7.1　吨煤生产综合能耗解构

煤炭生产在向社会提供能源的同时，自身也消耗着大量的能源。煤炭生产过程复杂，一般分为掘进、回采、井下运输、通风、排水、井巷、设备维修、筛选加工等流程，生产环节多，且伴随着大量煤炭、岩石的转移过程，包括从采掘工作面、大巷到井筒、提升运输等，物资载重大，相应的能源消耗也很大。表 4-23 列出了 1990～2005年国有重点煤矿能耗指标[54]，总能耗水平随着煤炭产量的增加而逐年增长；从能源消耗结构来看，煤炭生产主要消耗的是煤和电，两者占能源消耗的 97%以上，并且煤炭与电力的消耗程度相当，各约 50%。

表 4-23　国有重点煤矿能耗指标（1990～2005 年）

年份	煤炭产量/万 t	总能耗/万 tce	能源消耗结构/%		
			煤	电	其他
1990	48022	2280			
1995	50346	2173	49.71	47.60	
2000	53574	2286			
2003	81405	3784	44.99	49.00	6.01
2004	93889	4263			
2005	102421	5522	46.13	51.00	2.87

考虑到近些年各地煤矿都加大了自有电厂的建设，所以著者认为煤矿生产能源消耗的主体是动力煤，占比 97%，其他能源（如汽油、柴油等）占比 3%。

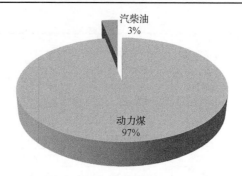

图 4-29　吨原煤生产能耗的能源构成和比例

4.7.2　吨原煤生产综合能耗的时间演进

从数据来源看，全国吨原煤生产综合能耗的数据并不好获取，本书基于各类公开报道整理出近五年的能耗数据。以 2005～2010 年煤炭累计产量为自变量，以原煤生产综合能耗为因变量，对数化处理后进行回归，得到的学习曲线方程为

$$LUTC_{rcoal} = 8.38 - 0.44 LTOUTP_{rcoal}$$
$$(11.57**), \quad (-8.23**) \qquad F_{stat} = 67.89**, \quad R^2 = 0.97 \tag{4-23}$$

可以看出，各回归系数和方程都通过了相关统计性检验，学习常数符号与理论期望值一致，表明从中国总体情况来看，煤炭生产能耗存在着学习曲线效应。其拟合结果如图 4-30 所示。

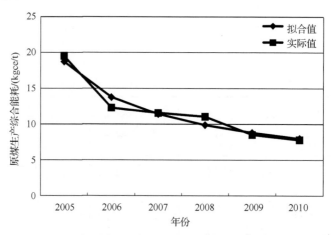

图 4-30　2005～2010 年吨原煤生产综合能耗的拟合情况

据此可预测 2011 年中国吨原煤生产综合能源为 7.31kgce/t，即万 t 原煤开采的自耗煤值为 73.1tce。

不同于工业产品的标准式工艺化生产，煤炭开采的能耗水平和产品能耗高低由煤层地质构造、煤层赋存条件、煤层薄厚、煤炭埋藏的深浅、煤炭的种类、采煤方法、运输距离、涌水量、矿井瓦斯等诸多因素制约，产量规模所引致的各地节能效应说服力并不强，因此，这里不再给出各地节能曲线。

4.7.3　原煤生产用能的省际分析

首先，以 2007 为例来评估基于原煤生产综合能耗来核算原煤生产用能的科学性[①]。根据学习曲线模型，2007 年的原煤生产综合能耗为 11.38kgce/t，该年煤炭产量为269097 万 t，两者乘积为 3061 万 tce，与该年度 3170 万 tce 的实际用能消耗量的误差值为 3.43%，表明可以用此方法进行下一步的分析。

由于各地煤炭赋存条件的巨大差异，各地的单位产品能耗差别很大，没有可比性，依据产量增长率进行区域能耗调整的方法也失去了依据。鉴于此，本书从大量的媒体公开报道中收集整理了 2011 年各地原煤生产的综合能耗，并以全国能耗值统一作为各地 2005 年原煤生产能耗值，结合各地产量得到煤炭用量及节能效果，结果如表 4-24所示。

表 4-24　全国各地原煤生产用能及节能效果的比较结果

地区	2005 年		2011 年			动力煤节约量/万 tce
	产量/万 tce	动力煤用量/万 tce	综合能耗/(kgce/t)	产量/万 tce	动力煤用量/万 tce	
全国	27748.90	757.85	7.78	251042.40	2735.45	4120.75
北京	114.65	3.13	7.40*	352.97	3.66	5.98
天津	170.20	4.65		0.00	0.00	0.00
河北	3602.63	98.39	7.40	6637.94	68.80	112.49
山西	6072.39	165.84	6.72	55952.32	526.61	1001.50
内蒙古	1452.48	39.67	7.71	58793.70	634.87	970.84
辽宁	1339.29	36.58	12.50	4215.46	73.80	41.33
吉林	293.66	8.02	11.18	3073.77	48.13	35.82
黑龙江	683.31	18.66	11.00*	7011.30	108.02	83.47
上海	450.36	12.30		0.00	0.00	0.00
江苏	995.02	27.17	6.00*	1045.22	8.78	19.76
浙江	201.53	5.50		0.00	0.00	0.00
安徽	624.68	17.06	5.60	9771.45	76.64	190.23
福建	102.14	2.79	8.00*	1647.43	18.46	26.53
江西	570.37	15.58	8.00*	2006.34	22.48	32.32
山东	2448.31	66.87	5.94	11275.29	93.80	214.14
河南	1836.50	50.16	8.50	14947.59	177.95	230.29
湖北	676.24	18.47	8.50*	1082.70	12.89	16.68
湖南	415.45	11.35	23.13	6217.51	201.42	−31.61

[①] 实际上，2007 年也是唯一正式公布全国原煤生产耗能和耗电统计值的年份，本书以此为对照年份

续表

地区	2005 年		2011 年			动力煤节约量/万 tce
	产量/万 tce	动力煤用量/万 tce	综合能耗/(kgce/t)	产量/万 tce	动力煤用量/万 tce	
广东	139.52	3.81		0.00	0.00	0.00
广西	279.75	7.64	12.21	425.98	7.28	4.35
四川	827.65	22.60	13.65	5256.47	100.49	43.07
重庆	256.45	7.00	34.41	3085.91	148.72	−64.44
贵州	509.21	13.91	13.8	11139.11	215.29	88.93
云南	1147.58	31.34	20.00	6787.71	190.13	−4.75
陕西	1121.61	30.63	10.21	24623.63	352.11	320.38
甘肃	174.44	4.76	4.41	3356.26	20.73	70.93
青海	92.65	2.53	5.71	1400.15	11.20	27.04
宁夏	302.76	8.27	13.50	571.91	10.81	4.81
新疆	848.11	23.16	1.69	7550.87	17.87	188.35

*根据邻近省份的估计值

　　与 2005 年相比,2011 年全国煤炭产量增加了 8 倍,但动力煤用量仅增加了 2.6 倍,相对动力煤节约量达到 4120 万 tce,表明中国原煤生产用能有了大幅度的改善。从各地综合能耗来看,西南地区最高、东北地区次之、华北地区再次之、西北地区最低,但由于西南和西北两地的产量都不大,所以对原煤生产总耗能的影响力不如华北和东北地区,后两地的动力煤用量占全国总量的 53.38%。从节能效果来看,相较 2005 年的能耗强度,2011 年产量下的动力煤节约量是其实际用量的 1.5 倍,表明煤炭行业自身的节能降耗工作实现了突破。

4.8　2011 年各地工业用煤核算

　　依据上述对各产业用煤情况的分析,可以整理出各地 2011 年的用煤情况如表 4-25 所示。整理时遵循:①除了钢铁产业,其他产业将电力消耗看作外部供给,另行列入电力章节进行核算,本章不再考虑;②将相关产业的蒸汽消耗归入其动力煤消耗中进行核算;③由于焦炭生产往往和钢铁生产相关,且在钢铁生产中已计入焦炭消耗,所以这里不再列入进行核算。

　　从核算结果来看,2011 年全国共消耗煤炭 8.43 亿 tce,与当年全国实际消耗值 9.72 亿 tce 相比少 1.29 亿 tce,误差率为−13.27%。其原因主要是本书仅挑选各产业中的主要产品进行核算,而非全部,由此得到的核算值在理论上也应该小于实际值。最重要的是,本章通过这种方法明晰了各地不同产业对不同煤种的消耗情况,使得各地的工业煤炭消耗情况更清晰,为下一步的分析奠定了基础。

表 4-25　2011 年各地分产业用煤情况

(单位：万 tce)

地区	动力煤									焦煤				无烟煤			总计
	钢铁	氧化铝	铜冶炼	铝冶炼	水泥	陶瓷	合成氨	煤炭	小计	钢铁	铝冶炼	电石	小计	钢铁	合成氨	小计	
全国	9164.15	1675.99	151.78	20.83	28916.87	3138.03	153.59	2735.45	45956.69	24587.75	178.17	950.51	25716.43	6136.71	6527.53	12664.24	84337.36
北京	0.53				123.08		0.00	3.66	127.27	1.32			1.32	0.29	0.00	0.29	128.88
天津	332.31		0.72		102.43		0.00	0.00	435.46	822.09			822.09	180.17	0.00	180.17	1437.72
河北	2240.55		3.2		1860.35	51.64	7.90	68.80	4232.44	5542.89			5542.89	1214.76	335.72	1550.48	11325.81
山西	495.76	252.11	2.48		524.17	10.33	12.70	526.61	1824.16	1226.45		19.31	1245.76	268.78	539.95	808.73	3878.65
内蒙古	262.07		7.29	0.38	836.24	4.21	3.83	634.87	1748.89	648.34	3.28	260.81	912.43	142.09	162.75	304.84	2966.16
辽宁	944.59		3.65	0.09	755.09	153.77	2.30	73.80	1933.29	2336.81	0.75	7.67	2345.23	512.13	97.87	610	4888.52
吉林	127.82				560.99	1.91	1.52	48.13	740.37	316.20		0.42	316.62	69.30	64.73	134.03	1191.02
黑龙江	92.74		0.09		553.52		2.13	108.02	756.5	229.42			229.42	50.28	90.47	140.75	1126.67
上海	433.78		3.74	0.23	108.44	3.83	0.00		550.02	1073.13	1.97		1075.1	235.18		235.18	1860.3
江苏	908.65		10.17	0.89	1985.36	3.06	8.76	8.78	2925.67	2247.90	7.61	0.42	2255.93	492.64	372.37	865.01	6046.61
浙江	180.55		9.75	0.00	1622.86	32.13	1.40	0.00	1846.69	446.65	0.04	2.89	449.58	97.89	59.29	157.18	2453.45
安徽	294.19		19.47	3.57	1216.99	8.80	7.93	76.64	1627.59	727.81	30.50		758.31	159.50	336.93	496.43	2882.33
福建	158.82		0.05	0.17	868.74	640.69	2.79	18.46	1689.72	392.91	1.46	3.29	397.66	86.11	118.48	204.59	2291.97
江西	296.12		30.16	0.47	900.97	228.74	0.49	22.48	1479.43	732.57	3.99	1.10	737.66	160.55	20.73	181.28	2398.37
山东	788.12	475.08	20.64		2025.98	371.79	19.51	93.80	3794.92	1949.74		3.18	1952.92	427.30	829.26	1256.56	7004.40
河南	335.93	524.49	3.4	6.08	1810.11	66.94	13.02	177.95	2937.92	831.04	52.02	54.40	937.46	182.13	553.16	735.29	4610.67
湖北	478.58		11.07	0.97	1239.55	62.73	10.66	12.89	1816.45	1183.95	8.31	44.60	1236.86	259.47	452.98	712.45	3765.76
湖南	256.37		0.34	4.61	1218.93	13.77	5.40	201.42	1700.84	634.22	39.45	12.02	685.69	138.99	229.52	368.51	2755.04
广东	195.74		3.67	0.10	1682.95	1006.36	0.17	0.00	2888.99	484.23	0.88		485.11	106.12	7.03	113.15	3487.25
广西	156.01	254.31	0	0.80	1137.50	38.25	2.74	7.28	1596.89	385.95	6.83	9.22	402	84.58	116.59	201.17	2200.06
四川	279.40		0.09		1901.58	309.06	10.13	100.49	2600.75	691.20		39.55	730.75	151.48	430.51	581.99	3913.49
重庆	99.19	17.5	0.35	0.28	653.88	32.51	4.22	148.72	956.65	245.39	2.43		247.82	53.78	179.37	233.15	1437.62
贵州	68.94	115.26		0.04	659.56	24.48	4.61	215.29	1088.18	170.55	0.33	25.68	196.56	37.38	196.03	233.41	1518.15
云南	186.79		12.57	1.96	855.30	11.09	6.22	190.13	1264.06	462.09	16.76	23.15	502	101.27	264.45	365.72	2131.78
陕西	95.30		0.12	0.32	844.25	38.25	3.15	352.11	1333.5	235.77	2.71	63.23	301.71	51.67	133.94	185.61	1820.82
甘肃	127.73		19.43	0.09	364.46	1.15	2.02	20.73	535.61	315.99	0.78	55.85	372.62	69.25	86.00	155.25	1063.48
青海				0.21	137.28	0.38	0.00	11.20	149.07		1.80	22.02	23.82			—	172.89
宁夏				0.13	192.46	3.83	3.18	10.81	210.41		1.13	149.39	150.52		135.36	135.36	496.29
新疆	124.59		0.51	0.18	394.51	18.36	4.85	17.87	560.87	308.23	1.51	152.31	462.05	67.55	206.30	273.85	1296.77

第 5 章　电力生产用煤需求模型

5.1　思路和现状分析

5.1.1　基本思路的设计

中国能源结构、资源分布和生产力布局的特点使得"西煤东调""北煤南运"长期存在,在解决东部地区能源供给紧张的同时也引发了严重的雾霾天气问题,传统的煤炭消费模式正面临着重大挑战,突破路径之一是实施"西电东送"战略。2014 年以来,习近平在中央财经领导小组第六次会议、李克强在新一届国家能源委员会首次会议上均明确提出要着力发展远距离大容量输电技术,建设"西电东送"输电通道,实现输煤输电并举。"西电东送"正提升为国家能源战略,是"能源生产和能源消费革命"的重要组成部分。

"西电东送"战略的实施将极大地改变中国各地的煤炭需求格局。电煤占中国煤炭消费总量的 1/2,也是影响中国经济社会发展的主要能源因素,长期以来,"保电煤"每每成为当年电力供给紧张时能源界的主题,往往同时在生产、运输和各环节进行发力来保障电煤供给,在这种背景下,中国省际电煤的输送格局主要受到各地发电量的影响。目前,中国京津冀、长三角和珠三角等地的电力消费量占全国的 40%,火力发电量占 35%,而动力煤产量仅占 2% 左右,各地的电煤需求量与该地的电煤供给量严重不匹配,是"西煤东调"和"北煤南运"的煤炭输送格局的主要原因。但在大力实施"西电东送"战略后,东部省份的电力需求将主要通过西部输电而非输煤来解决,直接减少东部地区的煤炭需求量和全国煤炭输送量。以 2011 年为例,全国跨省跨区域的输电总量为 3998.67 亿 kW·h,这相当于减少了 1.30 亿 tce 的流动,在缓解长期制约煤炭供应的运能紧张局面的同时,也使得各地的煤炭需求量发生显著变化。

由此,当设计 CCMS 电力生产用煤的理论模型时,各地的电煤需求量除了受该地电力需求量的影响,还与"西电东送"战略实施中省际的电力输送格局密切相关,必须将输煤输电问题同时进行考量才是科学合理的。同时,引领输煤输电格局的龙头是各地发电量,而输煤只是这种发电量布局的保障性因素,也就是说决定各地电煤需求多寡的因素是其发电量,在其背后的电煤流动格局是为满足各地发电用煤需求而形成的。因此,研究各地电煤需求量的本质是科学预测各地电力发电量。

一般而言,各地发电量取决于当地经济社会发展水平对电力的需求量,但如果各地间的电力网络建设完成并存在着跨区域的电力输送时，情况就变得复杂起来，此时一地的发电量还与其他各地向该地的购电数量相关，由此形成了一个复杂的电力供给、需求和输配网络。形成这一网络的重要前提是全产业链的市场化。就当前中国电力市场而言，只是在发电端做到了厂网分离、竞价上网的市场化改革，而在输配环节则是国家电网公司垄断，供需双方并不能完全依据市场准则进行交易，但未来电力市场化改革将建立输电市场开放型结构，要求电网公司做到输配分开、独立核算，输电企业只负责提供输电服务，按照政府或监管机构确定的统一标准收取服务费(也称过网费)，输电企业不再以卖者或买者的身份出现在电力市场中，此时输电市场向各类用户平等开放，只起到"运输"电力的作用。这种结构可使发电企业与配电企业、一般用户的直接交易成为可能，大大增加电力市场的竞争程度。

一旦电力系统实现了全市场化，配电企业就可以在竞争的发电市场中购买电力，通过输电网络传输，在配电市场上转售给电力用户，而电力用户也会根据成本最小化原则在市场中选择相应的电力来源，此时，电力价格主要由买卖双方通过市场机制确定，基本能反映电力市场的供求状况，使资源得到更合理的配置。此外，市场化下多家买方的出现也增加发电端的竞争程度，为电力企业进一步降低成本、改进服务、提高经济效益提供了良好的激励机制，促进了整个电力行业的健康可持续发展。

基于上述分析，发现电煤的需求模型应该建立在市场化基础上，通过对电力网络系统的优化结果来科学预测各地发电量及其背后的电煤需求量，从而形成电煤需求模型构建的基本思路。

5.1.2　输煤输电的实践现状

1. 电力供需市场现状

总体来说，中国电力市场供需形势长期偏紧，电力供应相对不足，而电力需求持续高涨，导致电力供需间存在缺口，迫使一些区域通过"拉闸限电"等临时措施来平衡供需，这种供需失衡状况在省际的比较中更明显。由表 5-1 可以看出，2011年的各省份电力供需平衡差异较大，广东、河北等 17 个省份电力生产不足但用电需求旺盛，其中，广东、河北、江苏、山东、北京、浙江、辽宁、上海 8 个省份的电力平衡缺口均超过 4500 亿 kW·h，广东省电力平衡缺口更达到 10262 亿 kW·h，用电需求量远远大于其发电量。相比之下，内蒙古、山西等 13 个省份的发电量大于用电需求量，如内蒙古的电力生产富余量达到 1100 亿 kW·h，发电量远远大于用电需求量。省际的这种电力供需不平衡是实施"西煤东调"战略的现实基础，其中东部缺电省份成为电力去向地，而西部富电省份成为电力来源地，这与煤炭的输送流向基本一致。

表 5-1　2011 年中国各省份电力平衡情况

省份	装机容量/万 kW			发电量/(亿 kW·h)			用电量/(亿 kW·h)	用电平衡/(亿 kW·h)
	总计	火电	其他	总计	火电	其他		
京	630	514	116	290.82	283.19	7.63	874.28	−583.46
津	1097	1083	14	589.68	585.25	4.43	722.48	−132.8
冀	4431	3807	624	2370.86	2193.17	177.69	3077.73	−706.87
晋	4987	4652	335	2454.85	2396.42	58.43	1765.79	689.06
内蒙古	7344	5894	1450	3116.88	2793.30	323.58	2016.76	1100.12
辽	3401	2852	549	1414.66	1282.27	132.39	1899.88	−485.22
吉	2306	1587	719	684.36	570.36	114	637.00	47.36
黑	2088	1737	351	843.11	763.50	79.61	827.91	15.2
沪	1950	1928	22	886.19	882.45	3.74	1353.45	−467.26
苏	6888	6379	509	3928.35	3669.74	258.61	4580.90	−652.55
浙	6060	4620	1440	2710.03	2214.77	495.26	3210.55	−500.52
皖	3175	2954	221	1767.53	1649.48	118.05	1361.10	406.43
闽	3649	2441	1208	1622.62	1118.29	504.33	1579.50	43.12
赣	1801	1379	422	664.71	609.27	55.44	867.67	−202.96
鲁	6844	6429	415	3195.25	3034.60	160.65	3794.55	−599.3
豫	5224	4819	405	2626.90	2422.41	204.49	2747.75	−120.85
鄂	5262	1902	3360	2174.07	744.45	1429.62	1507.85	666.22
湘	3093	1755	1338	1260.08	742.16	517.92	1345.22	−85.14
粤	7631	5639	1992	3593.23	2860.68	732.55	4619.41	−1026.18
桂	2690	1185	1505	1133.05	630.38	502.67	1153.42	−20.37
琼	425	314	111	191.98	179.25	12.73	208.08	−16.1
渝	1298	695	603	536.53	338.77	197.76	723.03	−186.5
川	4765	1476	3289	2002.43	587.33	1415.1	1830.70	171.73
贵	3736	2030	1706	1548.44	1025.42	523.02	1046.72	501.72
云	4059	1136	2923	1533.94	468.50	1065.44	1315.86	218.08
陕	2460	2216	244	1330.50	1126.70	203.8	1066.75	263.75
甘	2727	1524	1203	1083.25	717.51	365.74	994.56	88.69
青	1443	230	1213	556.32	114.70	441.62	602.22	−45.9
宁	1844	1640	204	1005.91	954.70	51.21	741.79	264.12
新	2172	1631	541	1051.63	903.24	148.39	1090.80	−39.17

注：“−”表示用电缺口

实践中，中国已通过实施跨区跨省电力交易来平衡各省区电力供需。它是指电力企业(包括发电企业、区域电网公司、省电力公司)与本区域、本省以外的电力企业(或电力大用户)开展的电力交易，包括发电企业通过委托本省电网企业与省外电网企业进行的电力交易。跨区跨省的交易类型(交易品种)如下：①电网企业之间、发电企业与电网企业之间的跨区跨省购售电交易(简称跨区跨省购售电交易)；②发电企业之间的各类跨区跨省发电权交易；③跨区跨省购售电交易合同的转让交易(包括购电方将交易合同转让、售电方将交易合同转让)；④跨区跨省电力用户与发电企业直接交易。跨区跨省电力交易以市场为导向，以满足电力需求为目标，以电网安全为基础，以整体效益最优为原则，充分发挥价格杠杆的调节作用，实现电力资源在全国范围内的优化配置和公平配置。

2011 年，中国电力市场跨区跨省交易电量共完成 5324 亿 kW·h，同比增长 9.62%，相当于供电标准煤交易 17303 万 t。其中，跨区交易电量完成 2664.31 亿 kW·h，相当于供电标准煤交易 8659.01 万 t；跨省交易电量完成 2659.69 亿 kW·h，相当于供电标准煤交易 8643.99 万 t。跨省交易中，华北电网跨省交易电量 703.37 亿 kW·h，相当于供电标准煤交易 2285.95 万 t；华东电网跨省交易电量 884.19 亿 kW·h，相当于供电标准煤交易 2873.62 万 t；华中电网跨省交易电量 353.04 亿 kW·h，相当于供电标准煤交易 1147.38 万 t；东北电网跨省交易电量 649.28 亿 kW·h，相当于供电标准煤交易 2110.16 万 t；西北电网跨省交易电量 69.82 亿 kW·h，相当于供电标准煤交易 226.92 万 t。具体交易情况如表 5-2 所示。

表 5-2　2011 年中国电力市场跨区跨省交易情况

交易项目		电量/(亿 kW·h)	相当于标煤量/万 t
合计		5324.00	17303.00
跨区电力交易合计		2664.31	8659.01
特高压交流	华北→华中	56.84	184.73
	华中→华北	13.76	44.72
特高压直流	华中→华东	56.40	183.30
	华东→华中	1.41	4.58
东北—华北	东北→华北	100.24	325.78
西北—华中	西北→华中	157.93	513.27
	华中→西北	14.00	45.50
华中—华东	华中→华东	10.01	32.53
银东直流		256.61	833.98
国网送南方		4.69	15.24
三峡上网	三峡→华东	301.76	980.72
	三峡→华中	334.15	1085.99
	三峡→南方	137.32	446.29
阳城—华东		157.70	512.53
锦界—华北		153.65	499.36
府谷—华北		76.15	247.49
蒙西—华北		831.69	2702.99
跨省电力交易合计		2659.69	8643.99
华北电网		703.37	2285.95
华北直属		324.91	1055.96
京津唐—河北	京津唐→河北	13.91	45.21
京津唐—山西	山西→京津唐	89.54	291.01
京津唐—山东	京津唐→山东	219.67	713.93
山西—河北	山西→河北	55.34	179.86
华东电网		884.19	2873.62

续表

交易项目		电量/(亿 kW·h)	相当于标煤量/万 t
华东直属		786.35	2555.64
上海—浙江	上海→浙江	14.40	46.80
上海—福建	福建→上海	0.31	1.01
浙江—安徽	安徽→浙江	12.61	40.98
江苏—安徽	安徽→江苏	6.63	21.55
浙江—福建	福建→浙江	51.67	167.93
安徽—上海	上海→安徽	0.03	0.10
福建—江苏	福建→江苏	12.08	39.26
福建—安徽	福建→安徽	0.02	0.07
华中电网		353.04	1147.38
华中直属		225.00	731.25
河南—湖北	河南→湖北	3.23	10.50
河南—湖北	湖北→河南	0.18	0.59
河南—湖南	河南→湖南	7.35	23.89
河南—重庆	河南→重庆	4.20	13.65
河南—江西	河南→江西	7.20	23.40
河南—四川	河南→四川	5.69	18.49
河南—四川	四川→河南	2.64	8.58
湖北—湖南	湖北→湖南	0.23	0.75
湖北—四川	湖北→四川	6.30	20.48
湖北—四川	四川→湖北	2.20	7.15
湖南—四川	四川→湖南	5.21	16.93
江西—四川	四川→江西	2.51	8.16
重庆—湖北	重庆→湖北	0.01	0.03
重庆—湖北	湖北→重庆	0.93	3.02
重庆—湖南	重庆→湖南	0.01	0.03
重庆—江西	江西→重庆	0.65	2.11
重庆—四川	四川→重庆	79.91	259.71
东北电网		649.28	2110.16
东北直属		459.25	1492.56
伊穆直流(配套电源)		106.22	345.22
黑龙江—吉林	黑龙江→吉林	1.19	3.87
黑龙江—辽宁	黑龙江→辽宁	52.57	170.85
黑龙江—蒙东	黑龙江→蒙东	4.26	13.85
吉林—辽宁	吉林→辽宁	25.79	83.82
西北电网		69.82	226.92
甘肃—陕西	甘肃→陕西	0.20	0.65
宁夏—青海	宁夏→青海	38.70	125.78
甘肃—青海	甘肃→青海	18.05	58.66
甘肃—青海	青海→甘肃	5.00	16.25
新疆—青海	新疆→青海	6.80	22.10
青海—西藏	青海→西藏	1.07	3.48

注：数据来源于《2011 年电力市场交易年报》

2. 电煤供需市场现状

近年来,中国电力发电的主要用煤——动力煤保持持续增长的态势,其产量在 2000～2011 年增长了 5 倍,用以满足日益增加的发电用煤需求,但各省份间存在着较大的不平衡,如表 5-3 所示。就全国而言,全国发电用煤共需 12.50 亿 tce,国内实际产量为 11.61 亿 tce,进口 0.89 亿 tce;分地区而言,全国除了山西、内蒙古和边陲西北各省,大部分省区都存在着发电用煤的供需缺口,需要从富煤省区调入煤炭,即使对于一些产煤大省,由于动力煤这一煤种产量的供不应求,也需要从外省调入,如河北等地,使得动力煤供给整体呈现较紧张的局面。

表5-3 2011 年中国各省区发电耗煤平衡情况 （单位：万 tce）

地区	用电量	动力煤产量	发电耗煤系数	发电量	电煤用量	输入煤量
全国	60913.80	116131.40		46532.72	124991.93	75371.20
京	1074.49	0.00	274	348.04	775.94	775.94
津	887.93	0.00	325	719.27	1902.06	1902.06
冀	3782.53	2045.61	336	2695.41	7369.05	5323.44
晋	2170.16	15408.12	344	2945.20	8243.68	
内蒙古	2478.60	40136.08	347	3432.97	9692.75	
辽	2334.95	3740.65	332	1575.91	4257.14	516.49
吉	782.87	1587.22	323	700.97	1842.26	255.04
黑	1017.50	1348.75	346	938.34	2641.71	1292.96
沪	1663.39	0.00	308	1084.53	2717.95	2717.95
苏	5629.93	0.00	318	4510.11	11669.77	11669.77
浙	3945.77	0.00	307	2721.95	6799.34	6799.34
皖	1672.79	261.32	317	2027.21	5228.85	4967.53
闽	1941.21	0.00	306	1374.38	3421.97	3421.97
赣	1066.37	77.83	323	748.79	1967.94	1890.12
鲁	4663.50	408.41	339	3729.52	10287.29	9878.89
豫	3376.98	2230.54	320	2977.14	7751.71	5521.18
鄂	1853.15	152.08	324	914.93	2412.02	2259.94
湘	1653.28	1761.44	332	912.11	2463.97	702.53
粤	5677.25	0.00	319	3515.78	9125.57	9125.57
桂	1417.55	281.32	330	774.74	2080.25	1798.94
琼	255.73	0.00	317	220.30	568.22	568.22
渝	888.60	715.43	352	416.35	1192.47	477.04
川	2249.93	1752.16	352	721.83	2067.40	315.25
贵	1286.42	1682.90	339	1260.24	3476.17	1793.28
云	1617.19	209.20	343	575.79	1606.96	1397.75
陕	1311.04	27496.14	337	1384.71	3796.98	
甘	1222.31	3267.26	335	881.82	2403.66	
青	740.13	654.74	354	140.97	406.04	
宁	911.66	4112.64	340	1173.33	3245.98	
新	1340.59	6801.56	396	1110.08	3576.83	

为了保证电煤供给，国家自 1992 年起即实行"合同煤"和"市场煤"并存的价格"双轨制"。其中，实行政府指导价的"合同煤"，主要供应给国内大中型电厂，价格较稳定，占煤炭总产量的 60%；其余 40% 的煤炭则根据市场供需情况由企业自主销售，价格依市场而定。但在实际执行中，合同煤价格远远低于市场实际价格，煤炭企业为实现效益最大化在销售上更倾向于市场，造成与电力企业签订的重点合同兑现率普遍不高，一般大型煤炭企业年度重点合同平均兑现率在 40%～50%，最高兑现率也只有 60% 左右，或者出现在保证兑现率的情况下煤质得不到保证等问题。在电力企业方面，为弥补需求缺口还另外与煤炭企业以市场价格采购电煤或者通过其他渠道从现货市场上采购。资料显示，"合同煤"与"市场煤"的价差在高峰时达 200 元。

客观上看，电煤价格"双轨制"对保障煤炭供应、扶持电力企业及稳定电价发挥了一定的历史作用，但也制造了严重的市场不公平，扭曲了市场机制。在"合同煤"价格下的交易实际上是对煤炭企业利润的强制性剥夺，在电价未能完全市场化的情况下，煤炭供不应求的状态也驱使着"市场煤"价格上涨，从而缩小了发电企业的利润空间。2008 年金融危机以后，国内动力煤价格节节走高，秦皇岛港 Q5500 动力煤平仓含税价格从 2008 年末的 590 元/t 上涨至 2011 年 850 元/t 的高点，累计涨幅达到了 260元/t。煤炭旺盛的需求推动着电煤现货市场价格大幅上涨，虽然发改委于 2004 年正式出台煤电价格联动机制，确定以不少于 6 个月为煤电联动周期，周期之间变化幅度超过 5% 则相应调整电价，但因电价关系国计民生等，煤电联动机制推出以后却很难实行，除了 2012 年 7 月份实行的阶梯电价政策，其他时候煤电联动基本处于停滞状态。

随着市场煤与计划煤之间的矛盾越来越大，加上近年来经济形势放缓带来的供需宽松，市场煤价格下滑，甚至低于合同煤价格；再加上进口煤炭份额增加，电力企业煤炭采购渠道丰富，不断冲击国内市场煤价格。基于此，2012 年 12 月 25 日，国务院办公厅发布《关于深化电煤市场化改革的指导意见》（简称《指导意见》），明确了未来电煤市场化改革的主要任务：一是建立电煤产运需衔接新机制，2013 年起取消重点合同，取消电煤价格双轨制，发改委不再下达年度跨省区煤炭铁路运力配置意向框架；二是加强煤炭市场建设；三是完善煤电价格联动机制，当电煤价格波动幅度超过 5%时，以年度为周期，相应调整上网电价，同时将电力企业消纳煤价波动的比例由 30%调整为 10%；四是推进电煤运输的市场化改革；五是推进电力市场化改革。

2012 年《指导意见》的出台，意味着国家已经对电煤市场完全放开，今后的动力煤市场将属于完全竞争市场状态，价格机制将主导着市场格局的变化，对煤炭企业、电力企业及整个电煤市场都会产生积极影响，各利益主体可以根据成本最小化原则进行市场行为，这为构建市场环境下的电煤需求模型奠定了现实基础。

5.1.3　输煤输电的研究现状

长期以来，理论界对输煤输电问题的研究是分开进行的。就输煤而言，现有研究集中于区际煤炭流动的动因[55,56]、流动方式[57]、通道优化[58,59]、经济性[60]和运输数量[61,62]

等问题。例如，王楠等针对 2009 年许多地区出现不同程度的缺煤停机及拉闸限电，分析 2009 年电煤供需现状，并说明供需矛盾的原因及当前电煤供应存在的问题[63]。顾宇桂等从供应侧和需求侧对电煤供需状况进行了总结回顾，并对 2012 年电煤供需进行展望[64]。顾宇桂等还分析了近期电煤偏紧的直接原因是经济企稳回升、水电供给减少、电煤供应低于需求，根本原因是煤电价格机制不顺和中国能源运输体系不合理[65]。陈锋等针对 2008 年年初的冰灾引发的电煤安全库存问题，在电煤价格放开的大环境下，运用 Stachelberg 模型对煤炭企业和火电企业的利润函数进行分析，在同时考虑电煤和市场煤的情况下，对现阶段火电企业面临的最优电煤库存数量进行探讨，为火电企业的电煤库存问题提供了一定的思路[66]。同时，对于电力行业供需状况相关学者也进行了研究，顾宇佳等分析了中国 2012 年电力消费特点，并对 2013 年电力需求、供应和供需平衡进行了预测。结果显示，全国电力需求增速将有所回升，若不出现极端天气，则全国电力供需总体均衡，并给出相关电源布局、可再生能源发电及电网建设等建议[67]。宋瑞礼和徐策分析了 2011 年以来中国电力行业的运行情况，并分析了中国电力供需紧张的主要原因，建议理顺煤电关系[68]。

对于输电问题，集中于电力市场规划[69]、体制改革[70]、电网优化[71]等；少量同时涉及煤炭与电力的文献多是探讨两个产业之间的关系问题[72,73]。例如，Steiner 认为按照电力产业特点可以把它分为发电、输电、配电和售电四个环节，其中输电和配电环节具有自然垄断特性，发电和售电不具有自然垄断性质[74]。Patrick 和 Wolak 的研究表明，大的发电公司可以通过限制发电量来影响电力价格[75]，而 Joskow 认为，从长期来看，由于电力最终用户电价和电力供应成本有较大的差距，自由化和私有化可能更能降低电力价格[76]。Zhang 和 Kirkpatrick 利用 1985～2003 年 36 个发展中国家的面板数据，研究了私有化、激励性规制和引入竞争三种改革对发电部门绩效的影响。他们的研究发现，私有化和激励性规制改革对人均发电量、人均装机容量、劳动生产率和发电容量使用率等绩效指标没有显著的影响，而引入竞争则产生了显著的正面效应[77]。Pombo 和 Taborda 运用数据包络分析方法，分别估计了哥伦比亚和澳大利亚电力改革的绩效，发现电力市场化改革后，哥伦比亚的配电公司和澳大利亚的发电企业的效率均有明显提高[78]。徐金发和朱晓燕在国家社会科学基金项目"中国垄断经营产品管制价格机制研究"中提出电力零售价格，并给出了电力管制价格形成的三个目标：促进社会分配效率；促使电力企业提高生产效率；维护电力经营企业的发展潜力[79]。曾鸣等在国家自然科学基金项目中对中国电力产业市场化改革几个方面的问题进行了研究：输电价格理论及实践、电力市场技术支持系统方案及措施、上网定价等，提出了一些有意义的政策建议[80]。常欣认为，电力产业改革应该实行"三线推进"战略：一是以"引入竞争机制、构筑规模型竞争格局"为核心的市场结构改革；二是以"引入非公有资本，实现公私资本相继参与"为特征的产权制度改革；三是以"放松管制与重建管制并重"为内容的政府监管改革[81]。毛文晋用垄断经济相关理论提出，应当在电力行业的非自然垄断领域大力引入竞争，而自然垄断领域则继续进行政府管制[82]。

刘树杰也认为中国电力行业改革之所以困难重重，首先是缺乏市场意识，对市场机制的设计不够合理，其次是改革过程中缺乏相应的制度保障，因此需要改革相应的配套机制及设计[83]。

这些研究只集中于一个问题展开，而对输煤输电并举问题的研究主要集中于国内少数学者。杨德庄等通过对基于混合整数规划方法的输煤输电模型求解，发现其经济比较上存在一个发热量的临界点，超过该点时输煤比较经济，否则，输电比较经济[84]；陈小毅和周德群在定性分析煤炭富集地能源输出结构转变的可行性后，提出大力发展坑口电厂，输电为主、输煤为辅，加强输电通道和电网建设等策略[85]；王建等在全寿命周期尺寸下考虑全社会成本，运用分析比较模型对新疆输煤和输电的经济成本进行测算，发现两者存在一个距离平衡点，小于平衡点时输电较优，否则输煤较优[86]；还有研究通过定量分析煤炭运价等因素对输煤输电经济性比较的影响，以主要煤炭基地和电力负荷中心的研究发现不能笼统地认为两者孰优孰劣，需要综合考虑各种因素[87,88]。

上述输煤输电问题的研究仅停留在经济成本的比较阶段，且多是以具体线路为例的局部优化，无法反映中国输煤输电的宏观格局。实际上，中国各省区煤炭资源分布不一，电力需求也规模不等，省区间的输煤输电现象普遍，形成了一个复杂的能源输配网络，只有对该网络展开全局优化分析，才能得到最优的全国输煤输电格局，为政策设计提供依据，如科学限定东部地区煤炭消费总量、优化西部地区电厂规模和布局、确定输煤输电比例、规划全国能源输配通道等，从而推动"西电东送"战略从顶层设计阶段转向战略实施阶段。

此外，已有的研究过于侧重于经济成本，忽略了能源输送能力、环境容量约束和清洁替代能源对全国输煤输电格局的影响。作为终端能源的使用，输煤输电实际上殊途同归，但又受限于各自的输送能力：当铁路输煤紧张时，总能听到增加输电的呼声，反之，当电网输电不堪重负时，也可以选择输煤的方式进行缓解；为缓解东部地区的大气污染问题，国家正积极推进 CO_2、$PM2.5$ 等污染物的减排策略，重点就是关停一批燃煤发电锅炉，此时需要回答：减少的发电量从哪里来予以补充最合理？同时，国家也正在积极发展包括水电、核电和风电等在内的"绿电"产业，借以调整能源结构和改善环境质量，这些快速增加的"绿电"发电量将会挤占电网的输电容量，最终影响着全国输煤输电格局。

由此可见，实施输煤输电战略是一项复杂的全局性系统工程，需要综合考虑经济成本、通道容量、环境保护和能源结构等多种因素，对全国输煤输电网络进行全局优化，最终的结果才具备科学性和可行性。本章以各省区为研究对象，借助线性规划模型，以全社会用电成本最小化为目标，在各种现实约束下对省际区的输煤输电网络进行优化，给出最优输煤输电格局，并就上述各种紧迫的现实问题给予分析和回答。

5.2　理论模型构建

从全国电煤供需形势看，各省份既有着大小不一的电力需求，同时又有着规模不等的装机容量，并且两者不完全匹配，形成事实上的省份间电力输配和流动，江苏等用电大省同时输入其他几个省份的火电，而山西等火电大省又同时向其他多个省份输出电力，形成了一个复杂的电力输配网络。在此情境下，如果设想全国电力市场是完全竞争的并将各省份视作一个"经济人"，它们各自能够按照成本最低的原则对电力供给来源和数量进行决策，全社会的用电成本将实现最低；此时，各省份电厂按照优化后的电力需求数量组织生产，结合各自的耗煤技术参数，就可以优化出不同省份对电力用煤的需求数量，进而为优化全国电煤流向和流量奠定基础。

这一思路的主要制约因素是各省装机容量、电网输配能力、电煤供给能力和环境约束等，它们决定了各自省份的电力供给能力，进而直接影响着需求必须满足条件下的优化结果。由此，成为一个带有约束条件下的优化问题，可以借助线性规划(linear programming, LP)模型来加以解决。

5.2.1　研究假设

考虑研究简约性、可靠性、实践性和数据可得性等众多因素，提出如下背景假设。

假设 1：电力市场是完全竞争市场，电厂和用户是主要行为主体且具备"经济人"特征，电网公司只提供输配服务，对电力市场的影响仅限于输电能力。

假设 2：将每个省份抽象为既是一个电力供给方(电厂)，又是一个电力需求方(用户)，其地理位置坐落于各自的省会城市。

假设 3：当期电价和煤价不随电力或煤炭的需求变动而变化，是一个静态优化过程。

5.2.2　目标函数

优化目标是全社会用电成本最低，而用电成本等于购电价格和数量的乘积。令 p_{ij} 表示第 i 个省份所生产的电力输送到第 j 个省份的终端价格，q_{ij}^s 表示第 i 个省份所生产的电力输送到第 j 个省份的数量，则 $p_{ij} \times q_{ij}^s$ 表示第 j 个省份使用第 i 个省份电力的成本。由此可构建涵盖全国(不包括西藏) k 个省份的目标函数为

$$\min \quad C(Q) = \sum_{i=1}^{k} \sum_{j=1}^{k} p_{ij} q_{ij}^s \tag{5-1}$$

式中，k 为 30 个省份；$C(Q)$ 表示全社会用电量总值 Q 下的总用电成本。

从全价值链的角度看，市场化下用户终端的理论电价应由三部分组成：来源电厂购煤成本、来源电力转化成本（含运营成本）和来源电网输送成本。以 p_{ij}^c、p_{ij}^g 和 p_{ij}^t 分别表示以上三种成本，它们相加等于 $p_{i \to j}$，则式（5-1）可以展开为

$$\min \quad C(Q) = \sum_{i=1}^{k} \sum_{j=1}^{k} (p_{ij}^c q_{ij}^s + p_{ij}^g q_{ij}^s + p_{ij}^t q_{ij}^s) \tag{5-2}$$

5.2.3　约束条件

根据约束因素的不同，约束条件包括等式约束和不等式约束。

1. 全国电力供需市场的均衡

这包括两个方面：一方面对用户而言，不同来源的电力数量之和等于其总需求；另一方面对电厂而言，不同去向的电力数量之和不能超过其总供给。这一约束保证了即使区域内的电力生产量与电力需求量不相等，全国电力总供需市场也是均衡的。这一约束可表示为

$$\text{需求省份：} \sum_{i=1}^{k} q_{ij}^s = Q_j^d \tag{5-3}$$

$$\text{供给省份：} \sum_{j=1}^{k} q_{ij}^s \leqslant Q_i^s \tag{5-4}$$

其中，式（5-3）表示对需方 j 而言，k 个供方的电力供给量之和等于其电力需求总量 Q_j^d；式（5-4）表示对供方 i 而言，向 k 个需方的电力供给量之和小于等于其电力供给总量 Q_i^s。

2. 各电厂供电能力

火力电厂的供电能力并不是无限的，它受到电煤供给能力、装机容量和环境容纳量的约束。设每期 i 电厂的电煤供给能力为 S_i^{coal}，η_i 为发电耗煤系数，装机容量为 CAP_i，TIME_i 为设备年平均利用小时数，该区域环境中的二氧化碳容量为 CD_i，二氧化硫容量为 SD_i，α_i 和 β_i 分别为两者的排放系数，则可以构建的供电能力约束为

$$\text{电煤供给能力：} \eta_i Q_i^s \leqslant S_i^{\text{coal}} \tag{5-5}$$

$$\text{装机容量约束：} Q_i^s \leqslant \text{CAP}_i \times \text{TIME}_i \tag{5-6}$$

$$\text{CO}_2 \text{容量约束：} \alpha_i Q_i^s \leqslant \text{CD}_i \tag{5-7}$$

$$\text{SO}_2 \text{容量约束：} \beta_i Q_i^s \leqslant \text{SD}_i \tag{5-8}$$

实际计算时，i 电厂的供电能力关键取决于三者中的最小值。

3. 电网输电能力

实践中，从 i 电厂到 j 用户的供电能力也受到连接两者的电网输电能力的限制，

如果 k 个电厂向 j 用户输电时都需经过同一线路,则其输送总量受到该线路输送能力的约束。设到达 j 用户的电网输送能力为 TRAN_{ij} ,则

$$电网输电能力:\quad \sum_{i=1}^{k} q_{ij}^{s} \leq \mathrm{TRAN}_{ij} \tag{5-9}$$

4. 水电、风电等可再生能源的影响

近些年,水电和风电等非化石来源的"绿电"对电力市场的影响日益增大。它们的影响一方面体现在补充需方的电力来源,减少需方对火电的依赖;另一方面也占用电网容量,使电网输配火电的能力受到额外约束。据此,可再生能源的影响主要体现在式(5-3)和式(5-9)上,两者相应地改写为

$$火电替代效应:\quad \sum_{i=1}^{k} q_{ij}^{s} + S_{j}^{\mathrm{green}} = Q_{j}^{d} \tag{5-10}$$

$$电网输送能力:\quad \sum_{i=1}^{k} q_{ij}^{s} + S_{j}^{\mathrm{green}} \leq \mathrm{TRAN}_{ij} \tag{5-11}$$

式中, S_{j}^{green} 表示考察期内 j 用户所接收的"绿电"总量。

5.2.4　模型的设立

综合上述目标函数及约束条件,构建全社会用电成本最低下的线性优化模型为

$$\min \quad C(Q) = \sum_{i=1}^{k}\sum_{j=1}^{k}(p_{ij}^{c}q_{ij}^{s} + p_{ij}^{g}q_{ij}^{s} + p_{ij}^{t}q_{ij}^{s})$$

$$\mathrm{s.t.}\begin{cases} \sum_{i=1}^{k} q_{ij}^{s} + S_{j}^{\mathrm{green}} = Q_{j}^{d} \\[2mm] \sum_{j=1}^{k} q_{ij}^{s} \leq Q_{i}^{s} \\[2mm] \eta_{i}Q_{i}^{s} \leq S_{i}^{\mathrm{coal}} \\[2mm] Q_{i}^{s} \leq \mathrm{CAP}_{i} \times \mathrm{TIME}_{i} \\[2mm] \alpha_{i}Q_{i}^{s} \leq \mathrm{CD}_{i} \\[2mm] \beta_{i}Q_{i}^{s} \leq \mathrm{SD}_{i} \\[2mm] \sum_{i=1}^{k} q_{ij}^{s} + S_{j}^{\mathrm{green}} \leq \mathrm{TRAN}_{ij} \\[2mm] q_{ij}^{s} \geq 0;\ i = 1,2,\cdots,k;\ j = 1,2,\cdots,k \end{cases} \tag{5-12}$$

式中, q_{ij}^{s} 为待优化的变量,它决定了优化后的各省份火电发电量、设备利用小时数及推导出各省份的电煤需求量。除此之外的其余变量都为参数值或约束值,本书将逐一核算确定。

5.3　优化方法设计

综合上述分析，电力市场化下全社会电煤需求优化模型求解实际上属于线性规划求解问题，此规划模型含有 $k \times k$ 个变量，$2k+t$ 个约束条件(包括 k 个等式约束和 $k+t$ 个不等式约束)，方程求解较复杂，一般在处理线性、非线性规划问题时容易出现变量个数受限及模型求解结果不唯一等问题，故本节拟借助 MATLAB 编程实现。本节建立的电煤需求优化模型如式(5-12)所示，设计计算步骤如下。

5.3.1　模型的简化

为研究方便的需要，可以对以上理论模型进一步简约化如下。

(1)根据相关文献、政策定义各供电方到需求方的电力成本名称，明确终端用户用电成本的价格构成。

(2)根据用电成本的价格构成，具体核算各供电方每一部分的成本，计算得到 p_{ij}，即终端用户的用电价格成本。

(3)分析各供电方最大可供电量的制约因素，即考虑电煤供给能力约束、供方自身装机能力约束及各电厂碳、硫等污染物限制下的最大供给限制，分别核算出各约束下的最大供给量，取其中最小者作为各供电方的最大可供电能力，即

$$Q_i^s = \min\left\{Q_i^{s1}, Q_i^{s2}, Q_i^{s3}, Q_i^{s4}\right\} \tag{5-13}$$

式中，Q_i^{s1}、Q_i^{s2}、Q_i^{s3}、Q_i^{s4} 分别表示受电煤供给能力、自身装机能力及碳、硫排放分别限制下各供电方所能提供的最大供电能力。

(4)对于电力需求方，待优化年份的需求量为外部输入变量，其值取实际中的需求数值，考虑各需求方自身的"绿电"有效补给，实际优化中所考虑的火电需求值需要减去自身的绿电补给量，用 Q_j^{d*} 表示，即

$$Q_j^{d*} = Q_j^d - S_j^{\text{green}} \tag{5-14}$$

(5)考虑连接 i 与 j 之间输电线路容量对 q_i^s 的限制。若考虑供方与需求方两两之间都有线路输送量约束，依据模型中 k 个供方与 k 个需方，则约束公式(5-9)中需列出 $k \times (2^k - k - 1)$ 个不等式约束条件，计算量过于庞大，可能出现约束条件间互相矛盾导致模型无可行解的情况。为了简化算法，本节依据全国电网输配规划，依据全国电网"西电东送""北电南送"的大致输配方向，以及现有输配线路通道及其输电能力，合理假设"三横三纵"六条主干网的输送能力限制及部分重点输送线路的容量限制，主要输送通道数量及其输电能力均为外部变量。

(6)考虑"绿电"对输送通道的影响，核算"绿电"输送对线路容量的影响。本

节假设线路输送中优先保证"绿电"输送，相应的线路输送能力应减去"绿电"输送的量，用 TRAN_{ij}^* 表示连接供需双方的输电线路总容量及部分应减去"绿电"优先输送量后剩余的火电输送容量，即

$$\text{TRAN}_{ij}^* = \begin{cases} \text{TRAN}_{ij} - s_j^{\text{green}}, & i \text{ 与 } j \text{ 之间有 "绿电" 输送} \\ \text{TRAN}_{ij}, & i \text{ 与 } j \text{ 之间无 "绿电" 输送} \end{cases} \tag{5-15}$$

(7) 综合考虑上述步骤，模型(5-12)可进一步简化为如下模型：

$$\min \quad C(Q) = \sum_{i=1}^{k} \sum_{j=1}^{k} p_{ij} q_{ij}^s$$

$$\text{s.t.} \begin{cases} \sum_{i=1}^{k} q_{ij}^s = Q_j^{d*} \\ \sum_{j=1}^{k} q_{ij}^s \leqslant Q_i^s \\ \sum_{i=1}^{k} q_{ij}^s \leqslant \text{TRAN}_{ij}^* \\ q_{ij}^s \geqslant 0; \ i = 1, 2, \cdots, k; \ j = 1, 2, \cdots, k \end{cases} \tag{5-16}$$

这些变量中除了 q_{ij}^s 为模型待优化的变量，其余变量均为外部变量。

5.3.2 模型的编程实现

在 MATLAB 编程时，需要重点考虑模型(5-16)中目标函数的系数矩阵、约束条件的系数矩阵及约束值矩阵这三部分问题。

(1)分析目标函数中待优化变量的系数矩阵，用 C 表示，则

$$C = (p_{ij})_{1 \times k^2} \tag{5-17}$$

式中，p_{ij} 表示供方 i 到需求方 j 的用电成本；C 表示 $1 \times k^2$ 的价值矩阵。

(2)分析模型(5-16)中约束条件的系数矩阵。用 A_{eq} 表示约束条件中等式约束的系数矩阵，用 A 表示约束条件中不等式约束的系数矩阵，则

$$A_{\text{eq}} = \begin{bmatrix} \overbrace{100\cdots0}^{k}\overbrace{100\cdots0}^{k}\cdots\overbrace{100\cdots0}^{k} \\ 010\cdots0010\cdots0\cdots010\cdots0 \\ \vdots \qquad\qquad \vdots \qquad\qquad \vdots \\ 000\cdots1000\cdots1\cdots000\cdots1 \end{bmatrix}_{k \times k^2} \tag{5-18}$$

$$A = \begin{bmatrix} \overbrace{111\cdots 1}^{k}\overbrace{000\cdots 0}^{k}\cdots\overbrace{000\cdots 0}^{k} \\ 000\cdots 0111\cdots 1\cdots 000\cdots 0 \\ \vdots \qquad\qquad \vdots \qquad\qquad \vdots \\ 000\cdots 0000\cdots 0\cdots 111\cdots 1 \\ \phi_{11}\cdots\phi_{1k}\,\phi_{21}\cdots\phi_{2k}\cdots\phi_{k1}\cdots\phi_{kk} \\ \phi_{11}\cdots\phi_{1k}\,\phi_{21}\cdots\phi_{2k}\cdots\phi_{k1}\cdots\phi_{kk} \\ \vdots \qquad\qquad \vdots \qquad\qquad \vdots \\ \phi_{11}\cdots\phi_{1k}\,\phi_{21}\cdots\phi_{2k}\cdots\phi_{k1}\cdots\phi_{kk} \end{bmatrix}_{(k+m)\times k^2} \tag{5-19}$$

其中，式(5-18)中的表达是指需求方 j 所能够得到的电量均要满足其实际需求量，A_{eq} 是 $k\times k^2$ 的矩阵，式(5-19)中上半部分的表达是指所有的供方 i 均可向需求方 j 供电，A 是 $(k+m)\times k^2$ 的矩阵，m 的个数由连接 i 供电方与 j 需求方之间的具体线路条数及每条线路上所包含的城市个数决定，ϕ_{ij} 取值如下：

$$\phi_{ij} = \begin{cases} 1, & i\text{与}j\text{之间有电网相连} \\ 0, & i\text{与}j\text{之间无电网相连} \end{cases} \tag{5-20}$$

并且 ϕ_{ij} 取值在矩阵 A 中的位置也由这条线路上对应的供电方城市序号决定。

(3) 分析模型(5-16)中约束条件的资源向量。用 b_{eq} 表示等式约束的资源矩阵，用 b 表示不等式约束条件中的资源矩阵，则

$$b_{\mathrm{eq}} = \left(q_i^{d*}\right)_{k\times 1} \tag{5-21}$$

$$b = \begin{pmatrix} q_i^s \\ \phi_{ij} \end{pmatrix}_{(k+m)\times 1} \tag{5-22}$$

式中，q_i^{d*} 表示各用电需求方实际中减去自身"绿电"补给后的电力需求量，b_{eq} 是 $k\times 1$ 矩阵；q_i^s 表示各个供电方最大可供电量，有 k 行；φ_{ij} 表示有电网连接的 i 与 j 之间的线路最大输送量，有 m 行，其取值如下：

$$\varphi_{ij} = \mathrm{TRAN}_{ij}^* \tag{5-23}$$

同时，q_{ij}^s 满足非负约束。

(4) 最后，将相应的数据导入 MATLAB 软件，编写相关程序，运行即可得到模型的优化结果，此时全社会用电总成本 $C(Q)$ 达到最小，优化步骤完成。

5.4　数据收集与指标核算

5.4.1　各省份落地电价

在电力市场化环境下，到终端电力需求省份的用电成本即落地电价，直接关系电力市场各参与者最直接的经济利益，能起到联系供用电双方和引导电力消费的桥梁作用，在市场机制中起经济信号作用。分析中国目前的终端用电成本即落地电价，需要先了解中国目前电价的基本状况。一般来讲，对中国电价的基本状况进行分析，要从三个方面来入手，即电价中的边际输电价格、电价中的固定费用、电价中的环境成本。

第一，电价中的边际输电价格。使用边际成本来确定输电的价格是国际上广泛使用的一种表示电价的方法。现代经济学理论中，边际成本是指输出增加或者减少一个相应单位的时候，造成总成本相应增加或减少的一种概念。使用边际成本的概念表示输电价格，可以很好地对市场的电力供应和需求情况进行及时的反映。同时，这种确定输电价格的方式，可以将未来资源的价值情况表现出来，便于管理。以往中国使用综合成本的方式来进行输电价格的确定，这种方式操作简便，但不能充分地考虑电网发展的趋势，不能有效补偿电网建设中的具体费用。

第二，电价中的固定费用。由于电力公司在提供线路维修及维护、电力计量、抄表及一些相应的基本工作中产生必要的开支，这一部分费用需要在电价中得到体现，所以在电价中加入一部分固定费用作为电力公司服务的补偿，这在欧洲一些发达国家广泛地运用。随着电价改革的推进，电力公司可以向用户提供更加优质的服务，根据相关的服务，收取一定的用户费用，进一步推进电力的改革。

第三，电价中的环境成本。过去，中国工业发展对环境造成较大影响，随着电力改革的推进，环境成本越来越受到重视，一方面火力发电企业要减少二氧化碳、氮氧化物、粉尘、二氧化硫等的排放，另一方面要加大环保设备的投入，火电企业需加大余温、余热的循环利用，并生产和开发高效率的电能。

落地电价(也称受电电价)，即电厂的电价在输送到各用电终端省份时的上网结算电价，实际核算中，应考虑落地电价中所包括的生产、输配等环节的价格成本。关于中国电价成本的构成，现有文献一般从四类进行分析，即发电、输电及送电、变电及配电、用电。其中，发电成本包括发电侧机器设备折旧、燃料(如电煤)价格成本，以及在发电过程中的财务管理费用等；输电及送电成本最主要包括输电线路的耗损；变电及配电成本包括技术或管理上产生的线损，具体有配电设备的折旧费用、变电设备的维护费用等。用电成本最主要从用户成本角度分析，包括电表的折旧费用，查表、抄表、计价、收费等一些固定的服务费。

　　基于上述分析及全价值链的角度，本节研究全国电煤需求优化模型。市场化下各省份的落地电价，即用户需要承担的电价应抽象考虑三个部分，包括来源电厂购煤成本、来源电力转化成本（含运营成本）和来源电网输送成本。在理论模型构建中，分别以 p_{ij}^c、p_{ij}^g 和 p_{ij}^t 分别表示以上三种成本，它们相加等于 $p_{i \to j}$，即为终端某省用户的落地电价。

1. 各省份电厂购煤成本分析

　　电煤采购成本作为发电企业最终输向终端用户的落地电价中的一部分，包括在来源电煤供应链的各个环节中。电煤供应链是由煤矿、物流承运商、各级配送中心和电厂组成的供应网络，是跨企业跨部门的集合体，它包括电煤需求订单的发送、电煤的生产、电煤分配发送至各级配送中心及最终电厂的整个过程。电煤的采购成本包含在供应链的各个流程中，电力企业供应链运行流程，从采购环节的初端煤矿生产链开始，到销售环节的终端输电上网链结束，管理链条长，运行周转慢，成本也较高。运行方式包括矿井运输、公路运输、铁路运输、海上运输及各种运输方式之间的中转运输，不同的运输方式计价不同，因此电煤在运输环节的成本受运输方式的影响，具体电煤采购成本存在的供应链运行流程如图 5-1 所示。

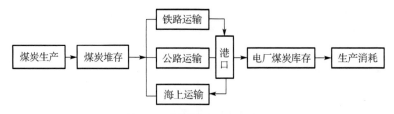

图 5-1　电煤供应链运行流程

　　本章以电力完全市场化为前提，研究各省份电厂对电煤的需求模型，构建全社会用电成本最低的目标函数，来源电厂的电煤采购成本必然作为摊销落地电价的一部分，为优化电煤需求模型作准备。根据中国煤炭资源信息网及国网能源研究院初步测算的各省电煤使用数据，2011 年全国供电标准煤消费量为 197548 万 t，得到如表 5-4 所示的 2011 年中国各省份汇总的供电标准煤消费量。其中，江苏、山东、广东、内蒙古等省份供电标煤消耗量较大，这与各自省份的电力需求量及电源结构相关，其中火电占各自省份的比例较大，故对电煤的需求量及消费量均较大。青海、海南等省份电煤消费量较小，这是由于青海省截止到 2011 年年底火电装机仅占整个电源结构的 15.9%，水电等可再生能源占比较大，海南省 2011 年火电装机也大幅下降，据国家能源局 2013 年 12 月发布的信息，海南火电装机占比时隔 35 年重回 70% 以下。

　　根据中国煤炭资源网及中国发改委给出的电煤价格，绘制如表 5-5 所示的 2011 年中国各省份电厂使用电煤价格。

表 5-4 2011 年中国各省份供电标准煤消费量 （单位：万 t）

省份	供电标煤量	省份	供电标煤量	省份	供电标煤量
京	1386.7	浙	10853.5	琼	877.1
津	2866.5	皖	8085.0	渝	1661.1
冀	10745.7	闽	5478.2	川	2876.3
晋	11740.4	赣	2984.1	贵	5022.5
内蒙古	13685.7	鲁	14871.5	云	2298.1
辽	6281.8	豫	11867.8	陕	5522.3
吉	2793.0	鄂	3650.5	甘	3518.2
黑	3743.6	湘	3635.8	青	563.5
沪	4321.8	粤	14018.9	宁	4679.5
苏	17983.0	桂	3087.0	新	4424.7

注：数据来源于中国煤炭市场网和中国煤炭资源网

表 5-5 2011 年中国各省份电厂使用电煤价格 （单位：元/t）

省份	电煤价格 p_i^{cl}	省份	电煤价格 p_i^{cl}	省份	电煤价格 p_i^{cl}
京	819	浙*	842	琼*	589
津*	696	皖	849	渝	752
冀	572	闽*	750	川	482
晋	620	赣*	735	贵	710
内蒙古	505	鲁	851	云	507
辽*	533	豫	787	陕	560
吉	480	鄂*	820	甘	585
黑	585	湘	815	青	450
沪	828	粤*	635	宁	570
苏	846	桂*	650	新	343

注：数据来源于中国煤炭资源网及中国发展和改革委员会网站，其中加*省份电煤价格数据根据这些省份的动力煤市场交易价格及其他省份动力煤市场价与电煤实际价格之间的差价合理估算而得

　　2011 年中国电煤价格总体呈稳定下降趋势，但不同地区、不同省份的价格走势均有所不同，安徽、山东、浙江、江苏、上海等省份，市场电煤需求量较高，故电煤整体价格偏高，而新疆、青海、吉林等省份一方面电力需求量较少，另一方面靠近产煤省份，故电煤价格整体较低，电厂燃煤成本较低。如何将电厂电煤的采购成本摊入各电力需求方的用电成本是本节需要研究的问题，根据《中国电力行业年度发展报告2012》给出的中国 2011 年各省份供电标准煤耗值（表 5-6），以及式（5-24）可计算出各省份的发电煤耗成本。

$$p_{ij}^c = \eta_i p_i^{cl} \tag{5-24}$$

式中，p_{ij}^c 表示第 i 个省份的用电煤耗成本；η_i 为发电耗煤系数；p_i^{cl} 表示第 i 个省份发

电所需煤炭的单位成本。值得注意的是，根据国家能源局按煤的发热量折算结果，一般情况下，电厂采购电煤的发热量是 5000 大卡(1 大卡=4.186 千焦)，而标准煤是 7000 大卡，则一般假设 1kg 发电煤=0.7kgce，故可将式(5-24)改写为

$$p_{ij}^c = 1.43 \times \eta_i p_i^{c1} \tag{5-25}$$

各省份的发电煤耗成本 p_{ij}^c 的计算结果如表 5-6 所示。

表 5-6　各省份供电标准煤耗值及其发电煤耗成本

省份	$\eta_i / (10^{-6} \text{ t/(kW·h)})$	$p_{ij}^c /(元/(kW·h))$	省份	$\eta_i / (10^{-6} \text{ t/(kW·h)})$	$p_{ij}^c /(元/(kW·h))$
京	274	0.321	豫	320	0.360
津	325	0.323	鄂	324	0.380
冀	336	0.275	湘	332	0.387
晋	344	0.305	粤	319	0.289
内蒙古	347	0.250	桂	330	0.306
辽	332	0.253	琼	317	0.267
吉	323	0.221	渝	352	0.378
黑	346	0.289	川	352	0.242
沪	308	0.364	贵	339	0.344
苏	318	0.384	云	343	0.248
浙	307	0.369	陕	337	0.270
皖	317	0.384	甘	335	0.280
闽	306	0.328	青	354	0.228
赣	323	0.339	宁	340	0.277
鲁	339	0.412	新	396	0.194

注：各省份供电标准煤耗值数据来源于《中国电力行业年度发展报告 2012》

2. 各省份电力转化成本分析

终端用户所需的电力，其转化成本是指发电企业利用煤炭及火电机组所生产出来电力，按国家为各省份统一制定的电价(即标杆电价)向外输送，并以此电价扣除发电煤耗成本之后的价格，即为各省份的电力转化成本。为了推进电力的市场化改革，国家在经营期电价的基础上，对新建发电项目实行按区域或省平均成本统一定价，即制定各个省份的标杆电价。过去中国发电企业采用还本付息电价和经营期电价，其定价方法属于国家对电力企业价格管制中的成本加成定价或投资回报率管制即为上网电价；现在采用标杆电价，其定价方法和监管方法属于标尺竞争管制。本章基于电力市场的发电侧、输配电侧及用户侧的完全市场化，建立电煤优化模型，优化各省的火电供给，降低火电企业的生产成本，最终达到控制整个电力企业的成本及全社会用户的用电成本。根据国家公开资料得到 2011 年 12 月 1 日起各省份的标杆电价(含脱硫)见表 5-7，并根据下式计算得出发电省份电力转化成本，即

$$p_{ij}^{g} = p_{ij}^{g1} - p_{ij}^{c} \tag{5-26}$$

式中，p_{ij}^{g} 为发电省份电力转化成本；p_{ij}^{g1} 为各省份火电标杆电价；p_{ij}^{c} 为各省份发电煤耗成本，计算结果如表 5-7 所示。

表 5-7　各省份火电标杆电价及电力转化成本　　　　　　（单位：元/(kW·h)）

省份	p_{ij}^{g1}	p_{ij}^{g}	省份	p_{ij}^{g1}	p_{ij}^{g}
京	0.4002	0.079	豫	0.4392	0.079
津	0.4118	0.089	鄂	0.478	0.098
冀	0.42715	0.152	湘	0.5014	0.114
晋	0.3857	0.081	粤	0.521	0.232
内蒙古	0.3144	0.064	桂	0.4772	0.171
辽	0.4142	0.161	琼	0.4903	0.223
吉	0.4057	0.185	渝	0.4491	0.071
黑	0.4049	0.116	川	0.4487	0.207
沪	0.4773	0.113	贵	0.3825	0.039
苏	0.455	0.071	云	0.3606	0.113
浙	0.482	0.113	陕	0.3974	0.127
皖	0.436	0.052	甘	0.3343	0.054
闽	0.4448	0.117	青	0.354	0.126
赣	0.4852	0.146	宁	0.2886	0.012
鲁	0.4469	0.035	新	0.25	0.056

注：标杆电价数据来源于国家发展和改革委员会

3. 电网输配电成本分析

电网输配成本是终端用户购电成本中很重要的一部分。中国各省电力公司仍然是发电、输电、配电一体化管理，没有单独的输电价格，但是在电力市场化下，要求电网公司独立承担输电义务，制定合理的输电价格。此价格必须能真实反映输电的边际成本，根据现有文献主要归纳为三个部分：边际线损（大于平均线损）、输电约束费用（由于输电容量和技术约束，发电厂不能按经济调度运行而造成的损失）、边际容量成本（输电网中可能损失的负荷）。此外，输电价格还应该包括电网公司固定成本补偿的部分。

关于输电价格，一些文献中给出了四种输电定价模式，分别是单一输电价格，区域输电价格，长、短期边际成本输电价格，以输电距离和资产为基础的输电价格。单一输电价格是指在整个电网中，输送每兆瓦或每兆瓦时采用统一价格，此定价模式保证输电设备所有者和经营者获取规定的投资回报率，并考虑提高效率所获得的补偿，但是此模式没有考虑不同地区的线损差异，有缺陷；区域性输电价格首先确定每兆瓦·公里的输电设备建设和维护的年费用，然后应用最小成本输电容量扩展计算机模型，模拟计算随着负荷或上网电量的变化而变化的输电容量，将这一输电容量变化量乘以输电设备每兆瓦·公里的建设和维护年费用，就得到电网中各节点的输电费用；长、短期边际成本输电价格，以此为基础确定的输电价格，可为用户提供正确的价格信号,尤其是长期边际成本价格,由于它有较高稳定性,可满足实际定价要求;最后,输电价格通常与输电距离及占用的输电设备资产价值有关,与距离有关的费用可通过电量上网点和下网点之间一条设想的线路来确定,而与资产相关的费用,则根据各条线路在这一输电过程中使用的比例来分配各线路费用。

　　输配电网是连接各发电厂与用户及各负荷点的复杂系统,输配电成本受到网络中负荷分布及发电和系统容量约束的影响。结合现有文献中的输电定价方法,再考虑数据的可获得性,假设电力上网后均匀地经过各省份之间的每一条线路,由于电网运行中电力的损失量与输电线路长度有关,故可建立如下电网输送成本模型:

$$p_{ij}^{t} = \frac{\text{CTL/ETV}}{\sum\limits_{i=1}^{m}\sum\limits_{j=1}^{m} L_{ij}} \times L_{ij} \tag{5-27}$$

式中,CTL 表示区域内电网公司全年输配电总成本,包括输电线路等材料费、相关设备折旧、职工薪酬及一些其他运营维护费用;ETV 表示区域内全年电力输配交易总量;$\sum\limits_{i=1}^{m}\sum\limits_{j=1}^{m} L_{ij}$ 表示区域内已有电网架设的各省份之间输电线路总长度;L_{ij} 表示区域内各省份之间输电线路的长度,考虑数据的可得性,实际计算时以各省份省会城市之间的空中直线距离代替。

　　考虑中国两大电网公司即国家电网公司与南方电网公司之间的电力交易量较少,故分开核算两电网公司经营区域内的输配电成本,以《电力监管年度报告(2009)》的相关数据核算此模型。2009 年,中国电网企业输配电成本合计 3479.53 亿元,较上年同期增长 13.18%。其中,国家电网公司 2681.14 亿元,增长 12.88%;南方电网公司 798.39 亿元,增长 14.16%。在电网企业输配电成本构成中,折旧、职工薪酬及其他费用所占比例最大,分别为 46%、18%和 25%。成本变动最显著的是折旧,同比增长 18.34%,在输配电成本中的比例较上年提高了 5.54 个百分点,如图 5-2 所示。

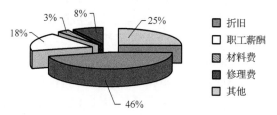

图 5-2　2009 年主要电网企业输配电成本构成

　　与此同时,2009 年国家电网全年电力交易 2943.99 亿 kW·h,南方电网全年电力交易 810 亿 kW·h;对于区域内已有电网架设的各省份之间输电线路总长度,2009 年国家电网经营范围内 110kV 及以上线路总长为 28537km,南方电网经营范围内 110kV 及以上线路总长 14301km;考虑此线路总长值为所有输电线路的回路总长,本书只需取其 1/2，得到 i 供电省份到 j 需求省份的单程输电距离计算输电成本即可，故国家电网范围内输电线路总长取 14286.5km，南方电网范围内线路总长取 7150.5km；各省份间输电距离取省会城市之间的空中直线距离，考虑到直线距离不能满足 i 省份到 j 省份的输电线路长度，为了使数据更接近于实际值，具体计算时取 1.2 倍的 L_{ij}。对于公式 (5-25) 的核算结果如表 5-8 所示。

表 5-8　各省份之间输配电成本　　　　　　（单位：元/(kW·h)）

省份	输配成本 p_{ij}^t（10^{-4}）	省份	输配成本 p_{ij}^t（10^{-4}）	省份	输配成本 p_{ij}^t（10^{-4}）
京	$0.766L_{京,j}$	浙	$0.766L_{浙,j}$	琼	$1.654L_{琼,j}$
津	$0.766L_{津,j}$	皖	$0.766L_{皖,j}$	渝	$0.766L_{渝,j}$
冀	$0.766L_{冀,j}$	闽	$0.766L_{闽,j}$	川	$0.766L_{川,j}$
晋	$0.766L_{晋,j}$	赣	$0.766L_{赣,j}$	贵	$1.654L_{黔,j}$
内蒙古	$0.766L_{蒙,j}$	鲁	$0.766L_{鲁,j}$	云	$1.654L_{滇,j}$
辽	$0.766L_{辽,j}$	豫	$0.766L_{豫,j}$	陕	$0.766L_{陕,j}$
吉	$0.766L_{吉,j}$	鄂	$0.766L_{鄂,j}$	甘	$0.766L_{甘,j}$
黑	$0.766L_{黑,j}$	湘	$0.766L_{湘,j}$	青	$0.766L_{青,j}$
沪	$0.766L_{沪,j}$	粤	$1.654L_{粤,j}$	宁	$0.766L_{宁,j}$
苏	$0.766L_{苏,j}$	桂	$1.654L_{桂,j}$	新	$0.766L_{新,j}$

从表 5-8 可以看出，各省份之间的输配电成本与两省份之间的距离有关，按合理假设可知各省份输配电成本为零。现分别考虑内蒙古到上海、湖北、广东的输配电成本，根据表 5-8 中的计算结果可知，内蒙古到上海的输配电成本为 0.105 元/(kW·h)，内蒙古到湖北的输配电成本为 0.089 元/(kW·h)，内蒙古到广东的输配电成本为 0.151 元/(kW·h)。据内蒙古电力科学研究院测算，内蒙古西部的电力输送到电荒严重的南方省市，平均输送成本约 0.1 元/(kW·h)，送到湖北省和上海市的输送成本不超过 0.08 元/(kW·h)。计算结果与实际相符。

综上所分析，市场化下到各终端用电省份的落地电价成本，包括来源电厂供电煤耗成本、来源电力转化成本(含运营成本)和来源电网输配成本均可核算出来，具体数据代入即得电煤需求优化模型的目标函数：

$$
\begin{aligned}
C(Q) &= \sum_{i=1}^{k}\sum_{j=1}^{k}(p_{ij}^c q_{ij}^s + p_{ij}^g q_{ij}^s + p_{ij}^t q_{ij}^s) \\
&= \sum_{i=1}^{k}\sum_{j=1}^{k}(p_{ij}^c + p_{ij}^g + p_{ij}^t)q_{ij}^s \\
&= \sum_{i=1}^{k}\sum_{j=1}^{k}p_{ij}q_{ij}^s
\end{aligned}
\tag{5-28}
$$

式中，$C(Q)$ 表示全社会用电量总值 Q 下的总用电成本；p_{ij}^c 表示来源电厂供电煤耗成本；p_{ij}^g 为来源电力转化成本；p_{ij}^t 为第 i 省份向 j 省份输配电过程中的包括线损、折旧、材料、职工薪酬在内的输电成本。

5.4.2　各省份可供电总量

各省火电厂的供电能力并不是无限的，它在生产过程中受到如燃料、机组效率、运行系统及碳排放等多种因素的制约。本节考虑各省份电厂火电的供给能力受到其电煤供给量的约束，综合全年来看，就每个单独省份而言其电煤的供给能力可以足够大，故排除电煤供给对各电厂供电能力的约束。不失一般性，本节仅考虑两个主要影响因素，即各省份火电的总装机容量和各省份环境所能容纳的电厂碳排放量。

1.　各省火电总装机容量

总装机容量是指该系统实际安装的发电机组额定有功功率的总和，以千瓦(kW)、兆瓦(MW)、吉瓦(GW)计单位。发电设备利用小时是表示发电厂发电设备利用程度的指标，它是一定时期内平均发电设备容量在满负荷运行条件下的运行小时数。表 5-9 给出了 2011 年各省份火电装机、设备最大年利用小时及其限制下的火电最大可供电量的情况，从表中可见，各省火电装机容量不一，山东、江苏、广东等省份火电总装机容量超过 5000 万 kW，实际上它们的设备平均利用小时数不是最高的，反而以青海、重庆、河北为代表的省份火电设备年平均利用小时数较高，这里考虑各省份最大可能性的供电量，故取其设备利用最大小时数(365×24h)，这样就形成了各个省份大小不一的最大可能装机利用率，即优化电煤需求模型后需要优化的量，根据约束条件式(5-6)：$Q_i^s \leqslant \text{CAP}_i \times \text{TIME}_i$，其中 CAP_i 为装机容量，TIME_i 为设备年最大利用小时数，即得 Q_i^s 的约束值，如表 5-9 所示。

表 5-9　2011 年各省火电装机、设备最大年利用小时及其限制下的火电最大可供电量

省份	火电装机/万 kW	年最大利用小时数/h	可供电量 Q_i^s/(亿 kW·h)	省份	火电装机/万 kW	年最大利用小时数/h	可供电量 Q_i^s/(亿 kW·h)
京	514	8760	450.26	豫	4819	8760	4221.44
津	1083	8760	948.71	鄂	1902	8760	1666.15
冀	3807	8760	3334.93	湘	1755	8760	1537.38
晋	4652	8760	4075.15	粤	5639	8760	4939.76
内蒙古	5894	8760	5163.14	桂	1185	8760	1038.06
辽	2852	8760	2498.35	琼	314	8760	275.06
吉	1587	8760	1390.21	渝	695	8760	608.82
黑	1737	8760	1521.61	川	1476	8760	1292.98
沪	1928	8760	1688.93	贵	2030	8760	1778.28
苏	6379	8760	5588.00	云	1136	8760	995.14
浙	4620	8760	4047.12	陕	2216	8760	1941.22
皖	2954	8760	2587.70	甘	1524	8760	1335.02
闽	2441	8760	2138.32	青	230	8760	201.48
赣	1379	8760	1208.00	宁	1640	8760	1436.64
鲁	6429	8760	5631.80	新	1631	8760	1428.76

注：数据来源于中国能源网站

2. 各省可容纳的电厂碳排放量

随着温室气体对全球环境及气候变化的影响逐步加大，在促进经济全面增长的同时，减少 CO_2 的排放量已成为全球的共识。从各类行业碳排放现状看，电力行业的 CO_2 排放量接近全国碳排放总量的 50%，主要由火电产生；从全国来看，2012 年火电行业平均供电煤耗 324gce/(kW·h)，折算成单位发电量碳排放约为 8.4t 二氧化碳/(万 kW·h)，国家对电力行业减排的压力也越来越大，对电力行业的碳排放要求几乎达到最低值。另外，火电厂在生产环节耗煤量较大，还需要大量排放 SO_2、烟尘、氮氧化物等大气污染物质，根据 GB 13223—2011《火电厂大气污染物排放标准》，自 2012 年 1 月 1 日起火力燃煤锅炉烟尘排放限值 $30mg/m^3$，现有锅炉 SO_2 排放限值 $200mg/m^3$，氮氧化物排放限值 $100mg/m^3$ 等，以及重点地区的火力发电锅炉及燃气轮机组执行大气污染物特别排放限值等规定，各省份政府部门也相应制定了节能减排及污染物排放规定，如促进碳排放权交易的立法等。表 5-10 给出了 1971～2010 年中国碳排放量与煤炭发电量的关系。

表 5-10　1971～2010 年中国 CO_2 排放与煤炭发电量

年份	碳排放总量/亿 t	电力和热力生产碳排放量/亿 t	煤炭发电量/(万亿 kW·h)	年份	碳排放总量/亿 t	电力和热力生产碳排放量/亿 t	煤炭发电量/(万亿 kW·h)
1971	8.76	1.33	0.09	1991	25.84	7.81	0.49
1972	9.31	1.44	0.09	1992	26.95	8.63	0.56
1973	9.68	1.57	0.09	1993	28.78	9.81	0.61
1974	9.88	1.56	0.09	1994	30.58	10.65	0.69
1975	11.45	1.88	0.11	1995	33.2	11.69	0.74
1976	11.96	1.95	0.1	1996	34.63	13.16	0.82
1977	13.1	2.2	0.12	1997	34.69	13.09	0.86
1978	14.62	2.94	0.15	1998	33.24	13.93	0.88
1979	14.94	3.2	0.16	1999	33.18	14.17	0.96
1980	14.67	3.51	0.16	2000	34.05	15.7	1.06
1981	14.51	3.46	0.16	2001	34.87	16.47	1.13
1982	15.8	3.55	0.18	2002	36.94	18.23	1.28
1983	16.67	3.7	0.19	2003	45.25	21.49	1.51
1984	18.14	4.02	0.22	2004	52.88	24.34	1.71
1985	19.66	4.4	0.26	2005	57.9	27.09	1.97
1986	20.68	4.74	0.3	2006	64.14	30.42	2.3
1987	22.09	5.25	0.34	2007	67.91	32.94	2.65
1988	23.69	5.89	0.37	2008	70.35	33.68	2.74
1989	24.08	6.64	0.41	2009	76.92	35.55	2.94
1990	24.6	7.12	0.44	2010	82.86	38.14	3.25

为了考察煤炭发电量和 CO_2 排放量之间的关系，将煤炭发电量作为解释变量，CO_2 排放量作为被解释量，并采用对数形式，构建如下回归模型：

$$LCO_2 = \alpha + \beta LELE_{coal} \tag{5-29}$$

式中，CO_2 表示 CO_2 排放总量，ELE_{coal} 表示煤炭发电量，分别对两者取对数，记为 LCO_2，$LELE_{coal}$。

模型的回归结果为

$$LCO_2 = 3.64 + 0.55LELE_{coal}$$

$$(234.78**), \quad (47.69**) \qquad F_{sat} = 2275.09**, \quad R^2 = 0.99 \tag{5-30}$$

式(5-29)描述了煤炭发电量和 CO_2 排放量之间的数量关系。因此，只要给出 CO_2 的科学排放量，各地的煤炭发电量也能相应地计算出来。根据何艳秋给出的 2020 年各省份最大碳排放量分配值，可得 CO_2 的排放量及其限制下可省份的可供电量如表 5-11 所示。

表 5-11　CO_2 排放限制下各省份最大可供电量

省份	CO_2 排放量/万 t	可供电量 Q_i^s /(亿 kW·h)	省份	CO_2 排放量/万 t	可供电量 Q_i^s /(亿 kW·h)
京	55508.65	301.4	豫	110497.18	1053.81
津	81989.79	612.55	鄂	53757.96	284.34
冀	247575.35	4568.5	湘	63303.69	382.74
晋	227887.80	3929.56	粤	113167.48	1100.57
内蒙古	262066.17	5066.28	桂	85227.57	657.24
辽	143566.38	1696.26	琼	44911.21	205.05
吉	73200.53	498.43	渝	73462.66	501.68
黑	72039.53	484.15	川	65529.56	407.56
沪	87299.56	686.58	贵	155139.73	1953.04
苏	125052.76	1319.7	云	130177.22	1419.67
浙	149863.21	1833.95	陕	155158.08	1953.46
皖	180503.10	2572.04	甘	122215.18	1265.76
闽	147549.71	1782.8	青	77856.04	557.56
赣	88482.57	703.59	宁	189263.28	2803.49
鲁	131215.26	1440.32	新	181096.71	2587.44

注：数据来源于何艳秋的学位论文[89]

根据各省火电总装机容量及环境容量的限制，分别计算出各省份实际可供电量，在后续的模型求解中，各省份的火电供电量取两者中的最小值，结果如表 5-12 所示。

表 5-12　各省份火电可供电量

省份	可供火电量/(亿 kW·h)	省份	可供火电量/(亿 kW·h)	省份	可供火电量/(亿 kW·h)
京	301.4	浙	1833.95	琼	205.05
津	612.55	皖	2572.04	渝	501.68
冀	4568.5	闽	1782.8	川	407.56
晋	3929.56	赣	703.59	贵	1953.04
内蒙古	5066.28	鲁	1440.32	云	1419.67
辽	1696.26	豫	1053.81	陕	1953.46
吉	498.43	鄂	284.34	甘	1265.76
黑	484.15	湘	382.74	青	557.56
沪	686.58	粤	1100.57	宁	2803.49
苏	1319.7	桂	657.24	新	2587.44

5.4.3　省际电网输电能力

根据理论模型构建中的分析，实践中，从某省份电厂到某需求省份的供电能力也受到连接两者的电网输电能力的限制，如果多个电厂向同一用户输送电时都需要经过同一条线路，那么这条线路的输送总量受到该线路输送能力的约束。理论上的输电范畴一般定义为一个系统，而不是单一的线路或设备，通常是指由线路及其相关设备组成的互联体系，可以以较高的电压等级传输电力，一般从电力供应点经变压设备向用户或者其他电力系统输送电力。输电线就像供车辆行驶的高速公路一样，将发电设施与用户紧密地连接在一起(包括配电商或零售商从输电网取得电力的节点，这些电能通常再经配电网送至用户)。输电线可以与其他输电系统实现互联，在很多国家和地区，输电线路形成了一个称为"电网"的综合网络系统，用以反映输电线路与设备的网络特性。

中国主要有两大电网公司，分别是国家电网公司和南方电网公司。南方电网公司主要负责广东、广西、云南、贵州和海南五个省份的电力输配。国家电网公司主要负责华东、华北、华中电网购电及其输配，随着特高压交流扩建、青藏联网、中俄直流背靠背、银东直流双极、林枫直流等一大批重要输电工程陆续建成投运，国家电网公司跨区(国)通道输送容量达到 4247 万 kW，电网大范围优化资源配置能力提高。国家电力市场交易电量再创新高，全年累计完成交易电量 3999 亿 kW·h，同比增长 11.54%。公司跨区输送电量达到 2664 亿 kW·h，相当于远距离输送标准煤 9000 余万 t，消纳水电、风电等清洁能源，累计消纳水电 1082 亿 kW·h，相当于节约标准煤 3680 万 t，减少二氧化碳排放 9568 万 t，发挥了电网的绿色平台作用。2011 年，国家电网公司经营区域新开工 110(66) kV 及以上交流线路 54922km，其中，330kV 及以上输变电工程线路 8401km，20kV 输变电工程线路 23344km，110(66) kV 输变电工程线路 23177km。预计到 2020 年，国家电网远距离输电能力将达到 2.5 亿 kW，每年输送电量 1.15 万亿 kW·h，标志着中国电网容量进一步加大，跨省区输电能力进一步提升。

根据国家电网规划，截至目前，中国交流特高压跨区域输电能力已达 500 万 kW，未来三年国家电网还将建成 26 个特高压输电工程，届时跨区输电能力将达到 2.6 亿kW。从 2011 年开始加快建设连接大型能源基地与主要负荷中心的"三横三纵"特高压骨干网架，预计到 2020 年，将建成以特高压为骨干网架的华北、华东、华中，西北和东北三大同步智能电网，形成大规模"西电东送""北电南送"的能源配置新格局。根据电网规划及已有线路，本书绘制全国各省份间输电线路规划如图 5-3 所示。

同时，根据图 5-3 并参考国家电力监管委员会(简称电监会)相关报告及一些公开资料，本书给出了 2011 年中国跨省电力交易具体情况，包括电力输配方向、相应输送通道，以及年最大输送量，具体数据如表 5-13 所示。考虑到中国目前跨省区输电大部分主架网采用的是 500kV 电压，其输电容量受自身电阻、输送距离及温度等物理特性影响，不便具体核算，故下面以 2011 年各送电通道实际输送值为各条线路的输电能力参考值。

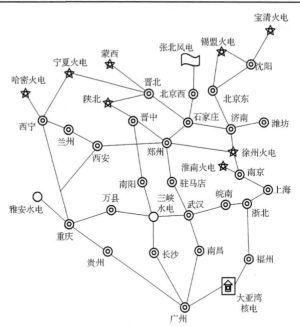

图 5-3　全国电力输配线路规划

表 5-13　中国跨省区电力输送方向、输送通道及年最大输送量

输送方向	通道名称	月输送量/(亿 kW·h)	月利用小时/h	最大利用率/%	年最大输送量/(亿 kW·h)
东北—华北	高岭(黑龙江—北京)	9.37	624	100.67	112.44*
	伊敏、元宝山、通辽、霍林河、白音华(蒙东)—东北				190.03
华中—西北	德宝(宝鸡—德阳)	8.35	557	100	100.2*
	渭南—灵宝(西安—郑州)	7.19	648	100	86.28*
华中—华北	特高压交流(河南—北京)	6.29	126	85.6	88.2*
	长南荆(山西—江西)				70.6
华中—华东	复奉(四川—上海)	25.4	397	62.5	809.76*
	锦苏(西昌—吴江)	8.05	112	30	
	葛南(武汉葛洲坝—上海南桥)	6.55	564	75.86	1696.08*
	龙政(湖北宜昌—江苏常州)	22.01	734	100.33	
	宜华(湖北宜昌—上海华新)	22.15	738	100	
	林枫(湖北—上海)	21.07	702	100	
西北—华北	银东(银川—青岛)	24.19	605	100.25	290.28*
	锦界(陕西)—山西				153.65
华北—华东	北京—山东				219.67
西北电网	宁夏—青海				38.70
华东电网	江苏—安徽				6.63
	阳城(山东)—江苏				157.7
	福建—上海				306.24
华北电网	府谷、托克托(蒙西)—山西				439.98
	岱海、上都(蒙东)—北京				206.89
国网—南方	江城(三峡—广州)	21.47	716	100	257.64*
	四川—贵州—广州				317.4

注：*数据根据《2012 年上半年跨省区电能交易与发电权交易监管报告》计算而得；其余数据来源于国家电网公司《2011 年电力市场交易年报》及南方电网十一五报告等公开资料

结合全国电力输配线路规划(图 5-3)及表 5-13 中中国跨省区电力输送通道所涉及的省份、地区及各通道的输电总能力,中国省际输配电线路及各条线路输电总能力如图 5-4 所示。

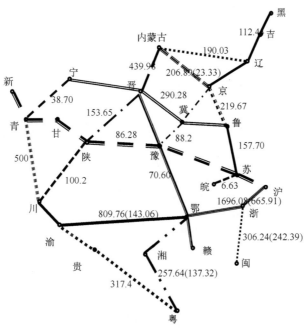

图 5-4　全国输电线路及其输送总能力

根据图 5-4,全国不同输电能力线路共 21 条,涉及 27 个省份,其余 3 个省份(云南、广西、海南),优化算法中考虑其与国家电网各城市暂时没有可连接线路,只与南方电网的广州进行电力输配。全国输电线路(图 5-4)中,黑—吉—辽—京这条线路的最大输电容量为 112.44 亿 kW·h,这不仅指线路的起点到终点输电能力限制,包括这条线路上两两城市之间的输电容量也不能超过 112.44 亿 kW·h。遵循这一规则,京—冀—豫线路的输电容量为 88.2 亿 kW·h,宁—晋—冀—鲁的输电容量为 290.28 亿 kW·h,晋—豫—鄂—赣的输电容量为 70.6 亿 kW·h,新—青—甘—陕—豫—苏—沪的输电容量为 86.28 亿 kW·h,鄂—浙—沪的输电容量为 1696.08 亿 kW·h,川—渝—鄂的输电容量为 809.76 亿 kW·h,鄂—湘—粤的输电容量为 257.64 亿 kW·h,渝—贵—粤的输电容量为 317.4 亿 kW·h 等。

考虑到各省份供电中包括一部分"绿电",即水电和风电等非化石能源所生产的电,这些"绿电"构成了各个省份电力需求中的有效补给。进入 21 世纪,欧盟提出至 2010 年可再生能源消费需要占能源消费总量的 12%,可再生能源电力占电力总量的 22%,现已远远超过目标。中国拥有丰富的可再生能源,以三峡工程和四川二滩为代表的水电,以大亚湾核电站、内蒙古风电为代表的核电和风电,以及各个省份的一些可再生能源电力,均构成了电力需求市场的有效供给。就本书而言,只考虑三峡水电—上海、三峡水电—广东、二滩水电—华北、大亚湾核电—上海、内蒙古风电—北京这五条线路上"绿电"对输电能力的限制，这是因为上海、北京、广东及华北地区用电需求较大，远远超过了各自省份本身的电力供给，其他省份的可再生能源电力只向本省输送，生产出来的"绿电"只满足本省电力需求。式(5-11)可改写成

$$
\begin{cases}
\sum_{i=1}^{k} q_{ij}^{s} + 0 \leqslant \mathrm{TRAN}_j, \quad j \neq 北京, 上海, 广州, 武汉 \\
\sum_{i=1}^{k} q_{ij,1,2,3,4}^{s} + S_{j_{1,2,3,4}}^{\mathrm{green}} \leqslant \mathrm{TRAN}_{j_{1,2,3,4}}, \quad j_1 = 北京, j_2 = 上海, j_3 = 广州, j_4 = 武汉
\end{cases}
\tag{5-31}
$$

结合图 5-4 及《2011 年全国电力市场交易年报》可知，2011 年内蒙古风电向北京输送量为 23.33 亿 kW·h，故内蒙古—京剩余火电输送能力为 183.56 亿 kW·h；三峡水电向上海输送量为 665.91 亿 kW·h，故鄂—浙—沪剩余火电输送能力为 1030.17 亿 kW·h；三峡水电向广东输送量为 137.32 亿 kW·h，故鄂—湘—粤线路剩余火电输送能力为 120.32 亿 kW·h；四川二滩水电向整个华北地区输送量为 143.06 亿 kW·h，故川—渝—鄂剩余火电输电能力为 666.7 亿 kW·h；由于大亚湾核电站地理位置上更接近福建，故考虑由福建—上海输送核电量 242.39 亿 kW·h，则其火电剩余输送能力为 63.65 亿 kW·h。将上述分析以表格的形式汇总可得各条线路间火电输送能力情况，结果如表 5-14 和表 5-15 所示。

表 5-14　输电线路中各省份及其序号

省份	京	沪	渝	黑	吉	辽	内蒙古	冀	晋	鲁	豫	陕	甘
序号	1	2	4	5	6	7	8	9	10	11	12	13	14
省份	宁	青	新	皖	苏	浙	湘	赣	鄂	川	贵	闽	粤
序号	15	16	17	18	19	20	21	22	23	24	25	26	27

注：各省份的排序数字根据其在附表中的位置给出

表 5-15　各条线路间火电输电能力情况　　　　（单位：亿 kW·h）

线路	输电能力限制	线路	输电能力限制
黑—吉—辽—京	$q_{ij} \leqslant 112.44, i, j$取1,5,6,7	内蒙古—京**	$q_{ij} \leqslant 183.56, i, j$取1,8
京—冀—豫	$q_{ij} \leqslant 88.2, i, j$取1,9,12	内蒙古—晋	$q_{ij} \leqslant 439.98, i, j$取8,10
宁—晋—冀—鲁	$q_{ij} \leqslant 290.28, i, j$取9,10,11,15	京—鲁	$q_{ij} \leqslant 219.67, i, j$取1,11
晋—豫—鄂—赣	$q_{ij} \leqslant 70.6, i, j$取10,12,22,23	鲁—苏	$q_{ij} \leqslant 157.7, i, j$取11,19
新—青—…—沪*	$q_{ij} \leqslant 86.28, i, j$取2,12,13,14,16,17,19	苏—皖	$q_{ij} \leqslant 6.63, i, j$取18,19
沪—浙—鄂**	$q_{ij} \leqslant 1030.17, i, j$取2,20,23	闽—浙**	$q_{ij} \leqslant 63.85, i, j$取20,26
川—渝—鄂**	$q_{ij} \leqslant 666.7, i, j$取4,23,24	晋—陕	$q_{ij} \leqslant 153.65, i, j$取10,13
鄂—湘—粤**	$q_{ij} \leqslant 120.32, i, j$取21,23,27	陕—川	$q_{ij} \leqslant 100.2, i, j$取13,24
渝—贵—粤	$q_{ij} \leqslant 317.4, i, j$取4,25,27	青—宁	$q_{ij} \leqslant 38.7, i, j$取15,16
内蒙古—辽	$q_{ij} \leqslant 190.03, i, j$取7,8	青—川	$q_{ij} \leqslant 500, i, j$取16,24

注：*线路表示新疆—青海—甘肃—陕西—河南—江苏—上海；**线路上的输电能力约束分别是已经扣除了"绿电"之后的火电剩余输电能力；其余不在同一条线路上的各城市，同样考虑两者之间具有输电可能性，这两者之间的输电能力取连接两者间各线路容量的最小值

值得注意的是，在理论模型优化方法中，考虑到编程算法的可行性与简约性，本章依据全国电网规划及输配电方向，考虑 12 条输电线路上输电容量(单位：亿 kW·h)的约束，线路及各供(需)省份如下。

(1) 内蒙古 <u>183.56</u> 京 <u>219.67</u> 津 <u>219.67</u> 鲁 <u>157.70</u> 苏 <u>157.70</u> 沪；

(2) 内蒙古 <u>439.98</u> 晋 <u>70.6</u> 豫 <u>70.6</u> 鄂 <u>70.6</u> 赣；

(3) 宁 <u>290.8</u> 晋 <u>290.8</u> 冀 <u>290.8</u> 鲁；

(4) 新 <u>86.28</u> 青 <u>86.28</u> 甘 <u>86.28</u> 陕 <u>86.28</u> 豫 <u>86.28</u> 苏 <u>86.28</u> 沪；

(5) 川 <u>666.7</u> 渝 <u>666.7</u> 鄂 <u>1030.17</u> 浙 <u>1030.17</u> 沪；

(6) 黑 <u>112.44</u> 吉 <u>112.44</u> 辽 <u>112.44</u> 京；

(7) 内蒙古 <u>190.03</u> 辽；

(8) 皖 <u>6.63</u> 苏 <u>6.63</u> 沪；

(9) 浙 <u>63.85</u> 闽 <u>63.85</u> 沪；

(10) 渝 <u>317.4</u> 贵 <u>317.4</u> 粤；

(11) 新 <u>500</u> 青 <u>500</u> 川；

(12) 内蒙古 <u>439.98</u> 晋 <u>153.65</u> 陕 <u>100.2</u> 川。

本章优化算法中共考虑这 12 条输电线路，每条线路上涉及的供(需方)省份个数分别 6、5、4、7、5、4、2、3、3、3、3、4 个。考虑每条线路上对应的供(需)省份之间输送电量受到其所在线路的输送能力的限制，根据全概率公式 $C_n^0 + C_n^1 + C_n^2 + \cdots + C_n^n = 2^n$，则可计算出 12 线路上各省份所有约束个数为 $\sum_{i=1}^{12}(2^{n_i} - n_i - 1)$，$n_i$ 的值如上面所示，则总的线路约束方程个数 $m = 248$。

5.4.4 电力供需市场均衡限制

5.4.2 节和 5.4.3 节分析了各供电省份向各电力需求省份输送电量的限制条件，不仅受到本省火电装机容量及各省 CO_2 排放容量限制，还受到供电省份到需求省份之间各电压线路的输电能力限制。根据经济学原理，各供电方与电力需求方还要满足供需平衡，到各需求省份的最大可供量需满足全国电力供需市场的均衡限制。对电力需求省份而言，不同来源的电力数量之和等于其总需求；对供电省份而言，不同去向的电力数量之和等于其总供给。这一约束保证了即使各省份内的电力生产量与电力需求量不相等，但对于全国电力总供需市场而言是均衡的。考虑各个省份可再生能源生产出的"绿电"的有效补给，结合公式(5-10)可得各需求省份待优化年份的火电需求量，如表 5-16 所示。

表 5-16 各省份用电需求量、本省补给"绿电"量及火电需求量统计

省份	"绿电"量/(亿 kW·h)	用电需求/(亿 kW·h)	火电需求/(亿 kW·h)	省份	"绿电"量/(亿 kW·h)	用电需求/(亿 kW·h)	火电需求/(亿 kW·h)
京	7.63	874.28	866.65	豫	204.49	2747.75	2543.26

续表

省份	"绿电"量 /(亿 kW·h)	用电需求 /(亿 kW·h)	火电需求 /(亿 kW·h)	省份	"绿电"量 /(亿 kW·h)	用电需求 /(亿 kW·h)	火电需求 /(亿 kW·h)
津	4.43	722.48	718.05	鄂	1429.62	1507.85	78.23
冀	177.69	3077.73	2900.04	湘	517.92	1345.22	827.3
晋	58.43	1765.79	1707.36	粤	732.55	4619.41	3886.86
内蒙古	323.58	2016.76	1693.18	桂	502.67	1153.42	650.75
辽	132.39	1899.88	1767.49	琼	12.73	208.08	195.35
吉	114	637.00	523	渝	197.76	723.03	525.27
黑	79.61	827.91	748.3	川	1415.1	1830.70	415.6
沪	3.74	1353.45	1349.71	贵	523.02	1046.72	523.7
苏	258.61	4580.90	4322.29	云	1065.44	1315.86	250.42
浙	495.26	3210.55	2715.29	陕	203.8	1066.75	862.95
皖	118.05	1361.10	1243.05	甘	365.74	994.56	628.82
闽	504.33	1579.50	1075.17	青	441.62	602.22	160.6
赣	55.44	867.67	812.23	宁	51.21	741.79	690.58
鲁	160.65	3794.55	3633.9	新	148.39	1090.80	942.41

5.5　优化结果与分析

5.5.1　现有电网约束下的优化结果

2011 年全社会用电总量为 39248 亿 kW·h，优化后的省内自供 23000 亿 kW·h，省际交易 16248 亿 kW·h，占全社会用电量的 41%，这一比例较当年实际交易比例的 14%提高了 27 个百分点，导致用电总成本从实际的 17834.21 亿元降低到 17675.89 亿元，减少了 158.32 亿元，表明优化后的输电格局更经济。各省际的输电优化结果如表 5-17所示，根据各需求省区是否外购电力可以划分为三类：①完全自给区。这些区域的电力需求完全通过本地发电予以满足，包括内蒙古、山西、陕西、宁夏、青海、新疆、安徽、贵州、福建、广西、云南和海南，大多属于煤炭主产区或电力需求较小省份。②部分自给区。这些区域的电力需求一部分来自于本地发电，其余部分来自外购电力，包括北京、上海、广东、黑龙江、吉林、辽宁、天津、河北、山东、河南、江苏、浙江、湖南、湖北、江西和四川 16 个地区，其中，山东、江苏和广东三地外购电力最多，且来源也最分散。煤炭资源匮乏和经济规模庞大是这类区域的最主要特点，各地外购电量的多寡与两者呈现密切的相关关系。③完全外购区。指电力需求可完全从外省输入的区域，有重庆和甘肃两省，两者可分别从周边煤炭资源富裕的贵州和宁夏外购电力。

从供给端看，除了满足自身需求，还有能力向外输出电力的省区包括内蒙古、河北、山西、陕西、宁夏、安徽、贵州和云南，它们都是中国煤炭资源富集区，且输出

表 5-17　优化后的各供电方输送到需求方的电力数量　　（单位：亿 kW·h）

供电方\需求方	京	沪	津	渝	黑	吉	辽	内蒙古	冀	晋	鲁	豫	陕	甘	宁	青	新	皖	苏	浙	湘	赣	鄂	川	贵	闽	粤	琼	桂	云
京	275																													
沪		687																												
津			586																											
渝				525																				8						
黑					484																									
吉						498																								
辽							1696	71																						
内蒙古	131	158	131		264	24		1693	2206		157	71																		
冀	460	499									290	1371																		
晋									693	1707	290	71							1320											
鲁											1440								962											
豫											22	1031							157											
陕											1091		863																	
甘														629																
宁															691															
青																161														
新																	942													
皖	7										290							1243	7	881										
苏																			1861											
浙																				1834										
湘																					587						68			
赣																						636								
鄂																			15		241	176	78				191			
川																								407						
贵																									524		317			
闽																										1075	707			
粤																											1100			
琼																											10	195		
桂																											6		650	
云																											1169			250

对象省份各有侧重点。内蒙古侧重于保障京津冀等地用电需求；河北省保障范围最广，既包括京津地区，也包括苏豫鲁地区；山西省则侧重于江苏地区；陕西省多余电力主要输往山东省；宁夏侧重满足邻省甘肃省的需求；安徽省主要满足浙江省用电缺口；而贵州和云南主要保障广东省用电需求。此外，重庆等极个别省份的发电全部用于外供。优化后的电力供给格局如图 5-5 所示。

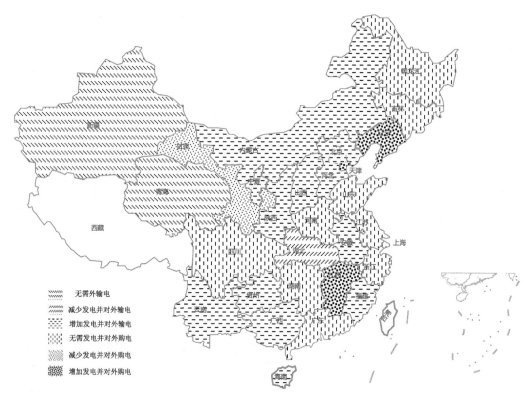

图 5-5　优化后的全国电力供给格局

　　上述电力供需优化结果反映了全国电煤市场的需求变化趋势。如果按照统一的 325g/(kW·h) 的发电耗煤系数核算，富煤省区的电煤需求变化如下：河北、山西和内蒙古三地，其发电量的增加值都接近于 1 倍，相应的电煤消耗总量也增加了 1.92 亿 tce；宁夏、陕西、贵州和云南西部四省的发电总量增加值为 3360 亿 kW·h，电煤消耗总量增加值为 1.09 亿 tce；安徽一地的发电量增加 488 亿 kW·h，耗煤量增加 0.16 亿 tce。各主要用电省区的电煤需求趋势与此相反：沿海的鲁江浙沪四地将减少发电 4519 亿 kW·h，相应地减少电煤需求量 1.46 亿 tce；华中的豫鄂湘三地减少发电 2329 亿 kW·h，减少电煤使用量 0.75 亿 tce；华南的广东省减少发电 1760 亿 kW·h，减少电煤使用量 0.57 亿 tce；西南诸省中，四川将减少发电量 179 亿 kW·h，电煤使用量减少 0.06 亿 tce。

值得关注的是，受当地煤炭成本较高的影响，传统上一些产煤省区，如黑龙江、吉林和甘肃等地的发电量也有所减少，使得这些地区的电煤需求也不同程度地减少。

上述优化结果需要结合各地用电量和电煤产量的分析才能判断输煤输电状况，结果如表 5-18 所示。总体来看，优化以后的全国火力发电量比优化前提高了 0.17 亿 tce，电煤需求也相应地增长了 0.60 亿 tce，但是，由于省际输电量增加了 0.83 亿 tce，输煤量减少了 0.88 亿 tce，输煤输电并举的格局有了较大提升。分省区来看，山西、内蒙古、陕西和宁夏等地的电煤产量完全满足需求，属于电力和电煤双输出省份；其他电力输出大省，如河北、辽宁、安徽、福建、贵州和云南等，由于本地动力煤产量无法满足需求，需要从外部输入规模不等的电煤；山东、河南、江苏、浙江、湖北、广东等省份在大幅增加输电量的同时，也大幅度地减少了输煤量。

从输煤输电比例来看，该指标的全国数值从 4.49:1 优化到 2.65:1，输电比例总体上有所提升，但各省区间却各不相同，北京、天津、辽宁、江西、海南、重庆等地的输煤比例反而有所上升[①]，表明输煤和输电并不是"非此即彼"的关系，而是各具优缺点、各有特色、相辅相成，在以煤为能源主体的中国，输电完全代替输煤既不可能，也不经济，需要结合各地实际情况区别对待。

根据以上研究结果可整理得到优化前后各省火电供给与电煤需求的变化情况如图 5-6 所示。优化后，多数省份的电力输入量有所增加，煤炭输入量有所减少，特别是江苏、山东、河南和广东四地，电力输入量的增加值都超过了 1500 亿 kW·h，对应的煤炭输入量也都减少 4000 万 t 以上，"西电东送"对这些地方的能源保障和环境治理都发挥了积极的作用；也有一些地区的煤炭输入量有所增加，主要有河北、辽宁、安徽、福建和贵州，这些地区或是缺煤省份，或是自身所产的动力煤产量不足以支撑发电用煤的需求，因此需要从外地输入动力煤来加以弥补。最值得关注的是河北省，由于其一方面与山西等富煤省份邻近，用煤成本较低，具有多输入煤炭进行发电的内在冲动；另一方面与北京、天津接近，电煤燃烧对环境所造成的危害也最严重，在外部存在着一个环境强约束来限制煤炭的使用。

这种优化结果显示，当全社会用电成本达到最小时，河北、内蒙古、山西、陕西、宁夏和云贵等地都应该适当地增加当地发电量，这些省份都是中国重要的产煤省份，煤炭资源赋存丰富，开采条件好，煤炭价格相对较低，应该在当地大力发展坑口电厂，成为"西电东送"的供给基地；而其余省份都应该适当地减少当地发电量，它们中既包括江苏、上海、浙江和广东等缺煤省份，减少当地发电量就意味着减少外省煤炭向这些省份的输送数量，也包括黑龙江、山东和安徽等传统产煤大省，减少这些地区发电量的重要原因是其所产煤炭价格较高，采用当地煤炭的发电成本高于向西部地区的购电成本。这种优化结果从成本最小视角证实了"西电东送"战略的经济性。

---

① 实际上，河北、贵州、云南等地的输煤比例也上升

表 5-18　优化前后各省区的输煤输电格局

(单位：万 tce)

地区	用电量	动力煤产量	发电耗煤系数	优化前					优化后					输电量的变化	输煤量的变化
				发电量	电煤用量	输入电量	输入煤量	输煤/输电	发电量	电煤用量	输入电量	输入煤量	输煤/输电		
全国	60913.80	116131.40	—	46532.72	124991.93	16800.26	75371.20	4.49	48247.82	130992.42	25146.40	66563.50	2.65	8346.14	-8807.70
京	1074.49	0.00	274	348.04	775.94	726.45	775.94	1.07	370.42	825.84	704.07	825.84	1.17	-22.38	49.90
津	887.93	0.00	325	719.27	1902.06	168.66	1902.06	11.28	752.82	1990.79	135.10	1990.79	14.74	-33.56	88.73
冀	3782.53	2045.61	336	2695.41	7369.05	1087.12	5323.44	4.90	5253.79	14363.50	—	12317.89	—	-1087.12	6994.45
晋	2170.16	15408.12	344	2945.20	8243.68	—	—	—	4829.43	13517.69	—	—	—	—	—
内蒙古	2478.60	40136.08	347	3432.97	9692.75	—	—	—	6226.46	17579.99	—	—	—	—	—
辽	2334.95	3740.65	332	1575.91	4257.14	759.04	516.49	0.68	2084.70	5631.58	250.25	1890.94	7.56	-508.79	1374.45
吉	782.87	1587.22	323	700.97	1842.26	81.90	255.04	3.11	612.57	1609.93	170.30	22.71	0.13	88.40	-232.33
黑	1017.50	1348.75	346	938.34	2641.71	79.16	1292.96	16.33	595.02	1675.16	422.48	326.41	0.77	343.32	-966.55
沪	1663.39	0.00	308	1084.53	2717.95	578.86	2717.95	4.70	843.81	2114.67	819.58	2114.67	2.58	240.72	-603.28
苏	5629.93	0.00	318	4510.11	11669.77	1119.82	11669.77	10.42	1621.91	4196.65	4008.01	4196.65	1.05	2888.19	-7473.12
浙	3945.77	0.00	307	2721.95	6799.34	1223.81	6799.34	5.56	2253.92	5630.23	1691.84	5630.23	3.33	468.03	-1169.11
皖	1672.79	261.32	317	2027.21	5228.85	—	4967.53	—	2627.17	6776.35	—	6515.03	—	—	1547.50
闽	1941.21	0.00	306	1374.38	3421.97	566.83	3421.97	6.04	2191.06	5455.37	—	5455.37	—	-566.83	2033.40
赣	1066.37	77.83	323	748.79	1967.94	317.57	1890.12	5.95	864.71	2272.60	201.65	2194.77	10.88	-115.92	304.65
鲁	4663.50	408.41	339	3729.52	10287.29	933.98	9878.89	10.58	1770.15	4882.68	2893.35	4474.28	1.55	1959.37	-5404.61
豫	3376.98	2230.54	320	2977.14	7751.71	399.84	5521.18	13.81	1295.13	3372.19	2081.85	1141.66	0.55	1682.01	-4379.52
鄂	1853.15	152.08	324	914.93	2412.02	938.22	2259.94	2.41	349.45	921.26	1503.69	769.18	0.51	565.47	-1490.76
湘	1653.28	1761.44	332	912.11	2463.97	741.16	702.53	0.95	295.73	798.89	1357.54	—	—	616.38	-702.53
粤	5677.25	281.32	319	3515.78	9125.57	2161.48	9125.57	4.22	1352.60	3510.82	4324.65	3510.82	0.81	2163.17	-5614.75
桂	1417.55	281.32	330	774.74	2080.25	642.82	1798.94	2.80	807.75	2168.89	609.81	1887.58	3.10	-33.01	88.64
琼	255.73	0.00	317	220.30	568.22	35.43	568.22	16.04	252.01	650.01	3.72	650.01	174.73	-31.71	81.79
渝	888.60	715.43	352	416.35	1192.47	472.26	477.04	1.01	616.56	1765.91	272.04	1050.49	3.86	-200.22	573.45
川	2249.93	1752.16	352	721.83	2067.40	1528.10	315.25	0.21	500.89	1434.61	1749.04	—	—	220.94	-315.25
贵	1286.42	1682.90	339	1260.24	3476.17	26.18	1793.28	68.50	2400.29	6620.81	—	4937.91	—	-26.18	3144.63
云	1617.19	209.20	343	575.79	1606.96	1041.41	1397.75	1.34	1744.77	4869.47	—	4660.27	—	-1041.41	3262.52
陕	1311.04	27496.14	337	1384.71	3796.98	—	—	—	2400.80	6583.16	—	—	—	—	—
甘	1222.31	3267.26	335	881.82	2403.66	340.49	—	—	—	—	1222.31	—	—	881.82	—
青	740.13	654.74	354	140.97	406.04	599.16	—	—	197.38	568.52	542.75	—	—	-56.41	—
宁	911.66	4112.64	340	1173.33	3245.98	—	—	—	1978.30	5472.91	—	—	—	—	—
新	1340.50	6801.56	396	1110.08	3576.83	230.51	—	—	1158.22	3731.94	182.37	—	—	-48.14	—

注：“—”表示该省区不需要从外部输入电力或煤电

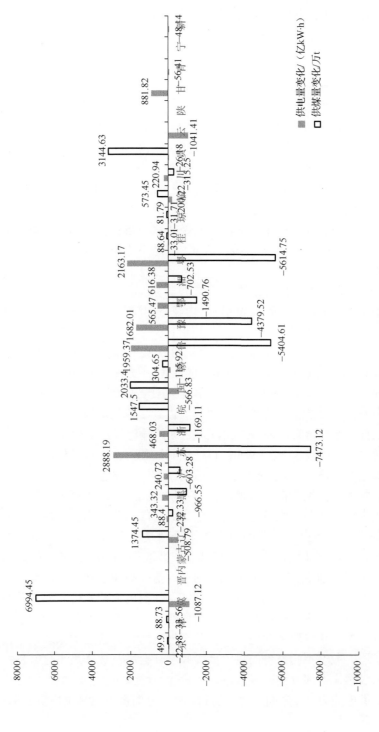

图 5-6　优化后各省份供电与电煤需求变化情况

5.5.2　不加电网约束下的优化结果

若模型(5-15)中不考虑电量输送受到连接供电方与需求方之间线路输送能力的限制，即去掉电网约束条件后，模型的优化结果如表 5-19 所示。对比分析表 5-17 可明显看出，具有电网输送限制的北京、天津、山东、江苏、上海、浙江、广东等电力需求较大的省份，其电力来源方及来源电量变动较大。考虑电网约束情况下北京的电力来源分别如下：北京向自身供给 275 亿 kW·h(北京的标杆电价 0.4 元/(kW·h))、内蒙古向北京供给 131 亿 kW·h(内蒙古到北京的落地电价 0.436 元/(kW·h))、河北向北京供给 460 亿 kW·h(河北到北京的落地电价 0.498 元/(kW·h))。北京与内蒙古之间电网输送能力限制为 183.56 亿 kW·h，能够满足内蒙古向北京 131 亿 kW·h 电量的输送，北京与河北之间输电限制在优化模型中没有考虑，故其输送能力可认为无限制。在无电网约束的优化结果中，北京的电力来源分别是北京向自身供给出最大供给能力 301 亿 kW·h 后，内蒙古又向北京供给 565 亿 kW·h，这是不考虑内蒙古与北京之间的输电限制后优化出的供给情况。

再考虑电网约束情况下江苏的电力来源分别如下：江苏向自身供给 1320 亿 kW·h(江苏的标杆电价 0.521 元/(kW·h))、内蒙古向江苏供给 157.52 亿 kW·h(内蒙古到江苏的落地电价 0.494 元/(kW·h))、河北向江苏供给 961.83 亿 kW·h(河北到江苏的落地电价 0.536 元/(kW·h))、山西向江苏供给 1861.32 亿 kW·h(山西到江苏的落地电价 0.521 元/(kW·h))、安徽向江苏供给 6.63 亿 kW·h(安徽到江苏的落地电价 0.512 元/(kW·h))、湖北向江苏供给 15.3 亿 kW·h(湖北到江苏的落地电价 0.484 元/(kW·h))。比较这些供电方到江苏的落地电价，其中内蒙古到江苏的落地电价最小，则考虑由内蒙古优先向江苏送电，再考虑内蒙古与江苏之间的输电线路限值 157.7 亿 kW·h，则接近满负荷输送给江苏 157.52 亿 kW·h；再比较到江苏落地电价较低的安徽，考虑其与江苏之间的输电约束值 6.63 亿 kW·h，安徽向江苏送电量也是电网满负荷输送值；由于江苏本身的落地电价也较低，故考虑向自身供给出最大供电能力，剩余的火电需求部分则根据优化结果从与它没有考虑电网输送约束的河北、山西、内蒙古取得。而在无电网约束的优化结果中，江苏的电力来源分别是江苏向自身供给出最大供给能力 1319 亿 kW·h 后，从河北取得 574 亿 kW·h、山西取得 1176 亿 kW·h、安徽取得 1253 亿 kW·h。比较两者的优化结果，考虑电网约束的情况限制了从落地电价较小的供方取得较多电量的可能性，不仅限制了量，也增多了获取电力的省份，如江苏在考虑其与较多供电省份之间具有输电约束后，不仅需要额外从安徽、河北、山西取得电力，还需要从内蒙古、湖北获取更多的电力。但是根据电网约束背后的原理，不仅考虑现实约束可能性，还应考虑不同省份的供给能力和全社会用电成本最小化目标；若不考虑输电约束，则必然使得部分到需求方落地电价较小的供电方，其供电能力趋于无穷大或有着极大的供电能力，一方面与事实不符，另一方面没有达到供电资源的优化配置，导致资源的浪费。

表 5-19 不加电网约束的各供方输送到需求方的电力优化数量 （单位：亿 kW·h）

供电方 \ 需求方	京	沪	津	渝	黑	吉	辽	内蒙古	冀	晋	鲁	豫	陕	甘	宁	青	新	皖	苏	浙	湘	赣	鄂	川	贵	闽	粤	琼	桂	云
京	301																													
沪		686																												
津			612																											
渝				501																										
黑					484																									
吉						498																								
辽							1696																							
内蒙古	565	148	105		264	25	71	1693			2193								574											
冀		514							2900																					
晋										1707		1046																		
鲁											1440								1176											
豫												1054									444									
陕												443	863	231										8			195			
甘														397																
宁															691															
青																161														
新																	942													
皖																		1245	1253	76										
苏																			1319											
浙																				1834										
湘																					383									
赣																				97		704								
鄂																						108	78							
川				24																				407						
贵																									524		755			
闽																				708						1075	1100			
粤																											1169	195	650	
琼																												10		
桂																											657			
云																														250

5.5.3　优化后各省供电能力分析

　　构建理论模型时，本章基于各省份自身装机能力和碳排放限制下的可供电量核算出各省份最大可供电能力，并基于此数据对模型进行优化求解。那么优化后各省份供电能力，以及优化基年 2011 年的各省份实际火电供给情况，是本节需要分析的问题。根据优化结果，表 5-20 分别给出了加电网约束与不加电网约束及 2011 年实际的各省份火电供给能力。

表 5-20　各省火电实际供给量与优化供给量的比较　　　　（单位：亿 kW·h）

省份	电网约束下供给量	无电网约束下供给量	2011 年实际火电供给量	2011 年实际火电需求量	优化结果优化建议			
					增加发电	减少发电	向其送电	额外送煤
京	301.40	301.4	283.19	866.65	√		√	
津	612.55	612.55	585.25	718.05	√		√	
冀**	4274.85	3988.63	2193.17	2900.04	√			√
晋**	3929.56	3929.56	2396.42	1707.36	√			√
内蒙古**	5066.28	5066.28	2793.30	1693.18	√			√
辽	1696.26	1696.26	1282.27	1767.49			√	
吉*	498.43	498.43	570.36	523		√	√	
黑*	484.15	484.15	763.50	748.3		√	√	
沪*	686.58	686.58	882.45	1349.71		√	√	
苏*	1319.70	1319.7	3669.74	4322.29		√	√	
浙*	1833.95	1833.95	2214.77	2715.29		√	√	
皖**	2137.65	2572.04	1649.48	1243.05	√			√
闽**	1782.80	1782.8	1118.29	1075.17	√			√
赣	703.59	703.59	609.27	812.23	√		√	
鲁*	1440.32	1440.32	3034.60	3633.9		√	√	
豫*	1053.81	1053.81	2422.41	2543.26		√	√	
鄂***	284.34	284.34	744.45	78.23		√		
湘*	240.63	382.74	742.16	827.3		√	√	
粤*	1100.57	1100.57	2860.68	3886.86		√	√	
桂**	657.24	657.24	630.38	650.75	√			√
琼**	205.05	205.05	179.25	195.35	√			√
渝	501.68	501.68	338.77	525.27	√		√	
川*	407.56	407.56	587.33	415.6		√	√	
贵**	1953.04	1953.04	1025.42	523.7	√			√
云**	1419.67	1419.67	468.50	250.42	√			√
陕**	1953.46	1953.46	1126.70	862.95	√			√
甘*	0	0	717.51	628.82			√	

续表

省份	电网约束下供给量	无电网约束下供给量	2011 年实际火电供给量	2011 年实际火电需求量	优化结果优化建议			
					增加发电	减少发电	向其送电	额外送煤
青	160.60	557.56	114.70	160.6	√			
宁**	1609.68	922.44	954.70	690.58	√			√
新	942.41	942.41	903.24	942.41	√			

注：其中，字体斜体的省份在考虑电网约束与不考虑电网约束时的供电量不一致，其他省份均一致。其中加*的省份，其优化后的供给量小于基年实际供给量；加**的省份，其优化后的供给量大于其自身需求量；加***的省份表示优化后的供给量大于实际需求而小于实际的供给量

可以看出，不论是考虑电网约束还是不考虑其约束，各省份总的供电量均为 39257.81 亿 kW·h，等于全社会总的电力需求量；各省份在考虑电网约束与不考虑约束的情况下，优化后的供电能力几乎一样。这说明了两个问题，首先是优化模型中 12 条输电线路上的约束效力不够，结合现实中现在大多省份火电均自给自足考虑，故电网约束作用确实不大，具有一定的现实合理性；其次是在全社会用电总成本最小化目标下，优化模型收敛解的唯一性，在到各电力需求省份的落地电价不变的情况下，加不加电网约束只会影响电力来源方及其数量，而各省份总的供给量大致保持不变。但是河北、安徽、青海与宁夏除外，这四个省份在加电网约束与不加电网约束的情况下供给量不一致，探究其原因。河北省在考虑电网约束下的供电量相比没有电网约束下的供电量略有增大，是由于北京与内蒙古之间考虑了输电限制，内蒙古向北京输电受限，在考虑购电成本最低的原则下北京需从河北取电；同时江苏同北京一样受到输电限制，也从成本较小的河北取电，对河北省电力需求增大，故河北在电网约束下的供电量略有增大。宁夏在考虑电网约束下的供电量相比没有电网约束下的供电量大幅增加，是因为考虑青海与甘肃之间的输电限制后，本来由青海向甘肃提供的 397 亿 kW·h 的电量，宁夏只需向甘肃提供 231 亿 kW·h，现在全部由宁夏向甘肃提供 629 亿 kW·h 的电量；由于山东输电受限较多，根据优化结果，宁夏还需要向山东额外供给 290 亿 kW·h 的电量，故考虑电网约束下宁夏的供电量大幅增加。相应地，安徽和青海在考虑电网约束下的供电量相比没有电网约束下的供电量相比有所下降，原因是在考虑购电成本最小原则下，江苏、浙江等周边省份应考虑从安徽购电，而加了输电约束后，安徽只能向江苏供给电网负荷最大量 6.63 亿 kW·h，向浙江供给 881 亿 kW·h，而在不考虑约束条件下向江苏供给 1253 亿 kW·h 的电量，故优化后安徽供电量有所下降；青海省在考虑电网约束条件下只向自身供给，而在不考虑青海与甘肃之间的输电限制的情况下还需要向甘肃供给 397 亿 kW·h 电量，故青海在考虑电网约束后的供电量大幅下降。

对比分析表 5-20 中优化后的各省份供电量与基年 2011 年实际各省份供电量发现，吉林、黑龙江、上海、江苏、浙江、山东、河南、湖北、广东、四川、湖南及甘肃优化后的供电量小于实际发电量，说明实际中应减小其装机能力，这些省份的用电需求

相应地从别的省份获取，而其余省份均需要增加其装机能力，进而增加电力供给，除了一部分满足自身用电需求，还需要向别的用电需求省份提供额外供给。对比分析优化后的各省份供电量与 2011 年实际中各省用电需求量，发现河北、山西、内蒙古、安徽、福建、湖北、广西、海南、贵州、云南、陕西、宁夏这些省份优化后的供电量大于各自省份的实际电力需求量，说明这些省份需要额外向别的省份供电，不仅需要增加装机，还需要增大电煤供给量。青海和新疆这两个省份优化后的供给量等于其实际需求量，故考虑这两个省份优化后自给自足，适当增加其现有装机即可。根据分析结果，比较优化后各省供电量与 2011 年实际供电量及 2011 年实际需求量结果，若优化后供电量大于实际供电量，但小于实际需求量，则建议该省份增加火电供给，仍不能满足自身需求的部分由别的省份供给；若优化后供电量小于实际供电量，也小于实际需求量，则建议该省份减少火电供给，不能满足的部分由别的省份供给；若像湖北省那样优化后供给量小于实际发电量，又大于其火电需求，则考虑减少供电量；若优化后供给量大于该省实际火电供给，又大于该省实际需求，则建议增加供电，增加该省电煤供应量；若向甘肃那样优化后供给量为 0，则考虑其不需要火力发电，其火电需求全部由外部省份供给；若优化后火电供给等于该省火电需求，又大于该省实际供电量，则建议该省份适当增加火电供给后自给自足。

5.6　不同情境的仿真优化分析

情境分析是针对某一问题内外相关的各个方面，刻画出相应的情境和画面，并能够对系统未来发展的可能性和导致系统从现在向未来发展的一系列事件进行描述，以及对多种可能路径导致的结果进行预测分析。本章目标是优化各省份的电煤需求数量，分析的过程中考虑各省碳排放量、电网输送能力及全国"绿电"跨省跨区输送量对电煤需求的影响情况，下面将从这三个情境设定方面分别对电煤需求进行情境分析。

5.6.1　情境一：增强碳排放的约束力度

根据 2013 年 9 月出台的《大气污染防治行动计划》的要求，2017 年的京津冀、长三角、珠三角等区域细颗粒物(PM2.5)浓度分别下降 25%、20%、15%左右，其最主要的措施是基本淘汰地级及以上城市建成区每小时 10 蒸吨及以下的燃煤锅炉，从而使得东部地区的发电总量受到控制。考虑到燃煤发电过程中会同时排放 CO_2、PM2.5 等污染物且后者浓度与发电量之间的关系难以核算，本书采取限制 CO_2 排放量的方式来推算各地发电量，然后进行模拟优化，以此反映大气环境政策对输煤输电的影响。根据北京、山东、上海、江苏、浙江和广东等地 CO_2 减排量设置核算出对应的火力发电量分别为 98.46 亿 kW·h、585.79 亿 kW·h、130.31 亿 kW·h、459.52 亿 kW·h、585.79

亿 kW·h 和 520.93 亿 kW·h，它们均较实际发电量显著减少，相应地对外购电的数量将显著增加，如表 5-21 所示。

表 5-21　改变后的各省碳排放限值及其火电供给量

省份	碳排放量/万 t	火电供给量/(亿 kW·h)	省份	碳排放量/万 t	火电供给量/(亿 kW·h)	省份	碳排放量/万 t	火电供给量/(亿 kW·h)
京*	30000.00	98.46	浙*	80000.00	585.79	琼	44911.21	205.05
津	81989.79	612.55	皖	180503.10	2572.04	渝	73462.66	501.68
冀	247575.35	4568.50	闽	147549.71	1782.80	川	65529.56	407.56
晋	227887.80	3929.56	赣	88482.57	703.59	贵	155139.73	1953.04
内蒙古	262066.17	5066.28	鲁*	80000.00	585.79	云	130177.22	1419.67
辽	143566.38	1696.26	豫	110497.18	1053.81	陕	155158.08	1953.46
吉	73200.53	498.43	鄂	53757.96	284.34	甘	122215.18	1265.76
黑	72039.53	484.15	湘	63303.69	382.74	青	77856.04	557.56
沪*	35000.00	130.31	粤*	75000.00	520.93	宁	189263.28	2803.49
苏*	70000.00	459.52	桂	85227.57	657.24	新	181096.71	2587.44

注：加*的省份为降低其碳排放限值的省份，相应的火电供给量也有所下降

编写 MATLAB 相关程序，运行可得情境一下的优化结果如表 5-22 所示。从结果中可以看出，由于北京、上海、江苏、广东等地在较小的碳排放限制下供给量也相应减小，优化结果中这些省份较小的供给量首先全部满足自身需求，剩余的需求再考虑从外省获取；而在原先的优化结果中出现北京和广东这两个省份，在自身供给量没有首先自我满足的情况下，一方面向外省供电，另一方面从外省购电的情况，这也是综合考虑全社会用电成本最低情况下满足全局最优的优化结果；这样看来情境一中的优化结果更加符合现实情况。甘肃省在原先的优化结果中不用发电，其电力需求应全部由外部省份提供，而当北京、上海、山东、江苏等用电大省自身供给骤减时，它们从中西部省份获取电力的需求就相对变大，故此情况下优化结果显示甘肃省在其最大供给能力上生产电力。综合分析此结果，可得到改变碳排放限值下各省份的火电供给量及其供电标煤需求量，如表 5-23 所示。

对比分析情境一与原有的优化结果，其火电供给与电煤需求变化情况如图 5-7 所示。从中可以看出，碳排放限制值降低的北京、上海、江苏、浙江、山东、广东的火电供给分别下降了 203 亿 kW·h、556 亿 kW·h、360 亿 kW·h、1248 亿 kW·h、855 亿 kW·h、580 亿 kW·h，相应其电煤需求分别减少了 660 万 t、1808 万 t、2796 万 t、4057 万 t、2777 万 t、1884 万 t；而河北、安徽、湖南、甘肃、青海、宁夏、新疆的供电能力和电煤需求增加，火电供给量分别增加 294 亿 kW·h、434 亿 kW·h、142 亿 kW·h、1266 亿 kW·h、397 亿 kW·h、1194 亿 kW·h、575 亿 kW·h，电煤需求量分别增加 954 万 t、1412 万 t、462 万 t、4114 万 t、1290 万 t、3880 万 t、1869 万 t。

表5-22　降低各省份碳排放限值下的优化结果　　　　　　　　　　　　　　　　（单位：亿 kW·h）

供电方＼需求方	京	沪	津	渝	黑	吉	辽	内蒙古	冀	晋	鲁	豫	陕	甘	宁	青	新	皖	苏	浙	湘	赣	鄂	川	贵	闽	粤	琼	桂	云
京	98.46																													
沪		130.3																												
津			612.5																											
渝				502																										
黑					484.2													264.2	23.6	24.57										
吉						498.4																								
辽							1696																				192.38			
内蒙古	768.2		105.5				71.23	1693			2428								2051											
冀		1048							2900		619.9																			
晋		170.9								1707		1396																		
鲁											585.8																			
豫												1054							1091											
陕												92.88	863																	
甘														629					716.3											
宁															691				4.59											
青																160.6														
新																	942.4			707.6				8.04			396.96			
皖																		1243	1324								161.81			
苏																			459.5											
浙																				585.8										
湘																					382.7									
赣																					444.6	703.6								
鄂																				97.47			78.23							
川																							108.6	407.6						
贵																									523.7		1429			
闽																										1075				
粤																											520.9			
琼																											9.7	195.4		
桂																											6.49		650.7	
云																											1169			250.4

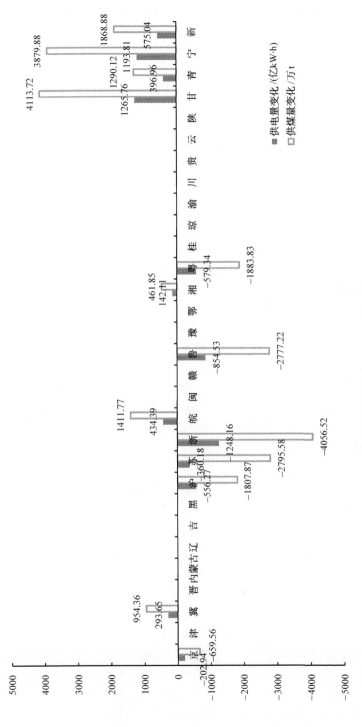

图 5-7　碳排放限制下各省供电与电煤需求变化情况

表 5-23　改变碳排放限值下火电优化供给及其标煤需求

省份	火电供给量/(亿 kW·h)	供电标煤需求量/万 t	省份	火电供给量/(亿 kW·h)	供电标煤需求量/万 t	省份	火电供给量/(亿 kW·h)	供电标煤需求量/万 t
京	98.46	319.99	浙	585.79	1903.82	琼	205.05	666.41
津	612.55	1990.79	皖	2572.04	8359.13	渝	501.68	1630.46
冀	4568.5	14847.62	闽	1782.8	5794.10	川	407.56	1324.57
晋	3929.56	12771.07	赣	703.59	2286.67	贵	1953.04	6347.38
内蒙古	5066.28	16465.41	鲁	585.79	1903.82	云	1419.67	4613.93
辽	1696.26	5512.84	豫	1053.81	3424.88	陕	1953.46	6348.74
吉	498.43	1619.90	鄂	284.34	924.10	甘	1265.76	4113.72
黑	484.15	1573.49	湘	382.74	1243.90	青	557.56	1812.07
沪	130.31	423.51	粤	520.93	1693.02	宁	2803.49	9111.34
苏	459.52	1493.44	桂	657.24	2136.03	新	1517.45	4931.71

5.6.2　情境二：增加电网的输送能力

仍将各供电省份向需求省份供电的优化数量作为情境分析的关键事件，将部分供需省份之间的输电线路输送能力的改变作为情境二，对全国电力输配进行优化分析，进一步得出各省份电煤的优化数量。考虑到国家未来电网规划与电力交易市场的发展壮大，未来中国跨区跨省电力交易数量将进一步增大，这就需要更多的电网铺设及更大的输电容量，本节的情境设定考虑图 5-4 给出的 12 条线路中的 6 条线路，适当增加这六条线路的输电能力(单位：亿 kW·h)，情境设定如下。

(1)内蒙古 <u>300</u> 京 <u>300</u> 津 <u>300</u> 鲁 <u>300</u> 苏 <u>300</u> 沪；

(2)内蒙古 <u>500</u> 晋 <u>70.6</u> 豫 <u>70.6</u> 鄂 <u>70.6</u> 赣；

(4)新 <u>300</u> 青 <u>300</u> 甘 <u>300</u> 陕 <u>300</u> 豫 <u>300</u> 苏 <u>300</u> 沪；

(8)皖 <u>300</u> 苏 <u>300</u> 沪；

(9)浙 <u>150</u> 闽 <u>150</u> 沪；

(12)内蒙古 <u>439.98</u> 晋 <u>300</u> 陕 <u>300</u> 川。

其余 3、5、6、7、10、11 线路上的输电能力与前面分析中一致，不作改变。编写MATLAB 相关程序，运行可得情境二下的优化结果，如表 5-24 所示。此结果与表 5-19中不考虑电网约束的优化结果相差无几，这说明了电网的输送能力确实起到了约束全国电力走向的作用；此结果与不加电网约束的优化结果在贵州向广西和广东两地的供给数量及广西是否首先自我满足这两点上有区别，在输电线路容量增大，但还没有趋于无穷的情况下，广西首先电力自我满足，剩余部分向广东提供，同时贵州的火电除了自我满足和少量供给重庆，全部供给广东，电力供需达到平衡。此时，可得到改变电网输送能力的各省火电优化可供量及其供电标煤的需求量，如表 5-25 所示。

表 5-24　增加线路输电容量下的优化结果　　　　　　　　　　　　　　　　　　（单位：亿 kW·h）

供电方＼需求方	京	沪	津	渝	黑	吉	辽	内蒙古	冀	晋	鲁	豫	陕	甘	宁	青	新	皖	苏	浙	湘	赣	鄂	川	贵	闽	粤	琼	桂	云
京	301.4																													
沪		686.5																												
津			612.5																											
渝				501.7																										
黑					484.1																									
吉						498.4																								
辽							1696																	8.04						
内蒙古		565.2	148.8	105.5	264.1	24.57	71.23	1693																						
冀		514.3							2900																					
晋										1707	1440	1046							1175	97.47										
鲁											2193																			
豫												1054																		
陕												443	863																	
甘														231.8	690.6															
宁															397															
青																160.6														
新																	942.4													
皖																		1243	1252	76.24										
苏																			1320	707.6										
浙																				1834										
湘																					382.7									
鄂																					444.5	108.6	703.6				195			
川																							78.23	407.5						
贵				23.59																					523.7					
闽																										1075	1045.8			
粤																											1006			
琼																											9.7	195.3		
桂																											6.49		650.7	
云																											1169			250.4

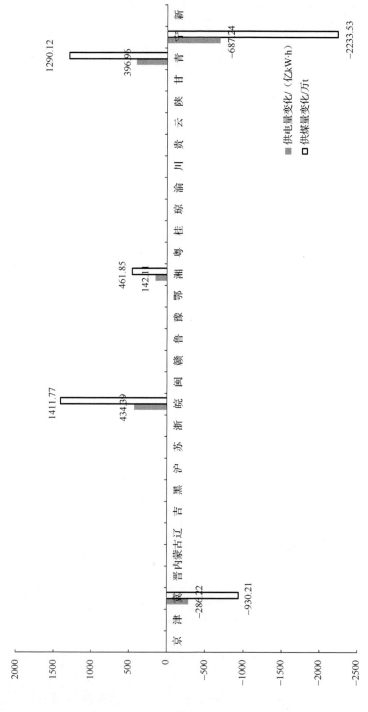

图 5-8　改变线路输送容量下各省供电与电煤需求变化情况

表 5-25　改变电网输送能力下火电优化供给及其标煤需求

省份	火电供给量/(亿 kW·h)	供电标煤需求量/万 t	省份	火电供给量/(亿 kW·h)	供电标煤需求量/万 t	省份	火电供给量/(亿 kW·h)	供电标煤需求量/万 t
京	301.4	979.55	浙	1833.95	5960.34	琼	205.05	666.41
津	612.55	1990.79	皖	2137.65	6947.36	渝	501.68	1630.46
冀	3988.63	13893.26	闽	1782.80	5794.10	川	407.56	1324.57
晋	3929.56	12771.07	赣	703.59	2286.67	贵	1953.04	6347.38
内蒙古	5066.28	16465.41	鲁	1440.32	4681.04	云	1419.67	4613.93
辽	1696.26	5512.85	豫	1053.81	3424.88	陕	1953.46	6348.75
吉	498.43	1619.90	鄂	284.34	924.11	甘	0.00	0.00
黑	484.15	1573.49	湘	240.63	782.05	青	160.60	521.95
沪	686.58	2231.39	粤	1100.57	3576.85	宁	1609.68	5231.46
苏	1319.7	4289.03	桂	657.24	2136.03	新	942.41	3062.83

对比分析情境二与原有的优化结果，其火电供给与电煤需求变化情况如图 5-8 所示。从中可以看出，增加部分线路的火电输送能力后，河北和宁夏的火电供给量及电煤需求量明显减少，火电供给量分别减少 286.22 亿 kW·h 和 687.24 亿 kW·h，电煤需求量分别减少 930.21 万 t 和 2233.53 万 t；安徽、湖南、青海的火电供给和电煤需求明显增加，火电供给量分别增加 434.39 亿 kW·h、142.11 亿 kW·h、396.96 亿 kW·h，电煤需求量分别增加 1411.77 万 t、461.85 万 t、1290.12 万 t。

5.6.3　情境三：增加"绿电"的供给量

同样将各供电省份向需求省份供电的优化数量作为情境分析的关键事件，将本章考虑的几条"绿电"输送线路的改变作为情境三，对全国电力输配进行优化分析，再次得出各省份电煤的优化数量。考虑到未来可再生能源的发展潜力，全国对"绿电"的需求会越来越大，必然导致"绿电"的市场交易增加，从而使得"绿电"的输送量增加，根据本章的既有假设"输电线路中保证'绿电'优先通过"，则相应线路的火电可输送量减小。由于内蒙古、三峡、大亚湾、二滩等"绿电"供给地规模越来越大，"绿电"供给不断增加，合理给出各"绿电"供给地到相应需求地的"绿电"供给量(单位：亿 kW·h)。设定如下：三峡水电 3138 上海；三峡水电 647.2 广东；二滩水电 674.3 华北；大亚湾核电 1486 上海；内蒙古风电 1486 北京；再考虑一条"绿电"输送线路：内蒙古风电 1000 辽宁。相应地，应该减去各条线路上"绿电"优先输送的量，则变化的输电线路及其剩余火电输送限值(单位：亿 kW·h)如下(优化结果如表 5-26 所示)。

(1)内蒙古 0 京 219.67 津 219.67 鲁 157.70 苏 157.70 沪；

(5)川 180 渝 180 鄂 0 浙 0 沪；

表 5-26　增加"绿电"优先输送量下的优化结果

（单位：亿 kW·h）

供电方＼需求方	京	沪	津	渝	黑	吉	辽	内蒙古	冀	晋	鲁	豫	陕	甘	宁	青	新	皖	苏	浙	湘	赣	鄂	川	贵	闽	粤	琼	桂	云
京	301.4																													
沪		686.5																												
津			612.5																											
渝																						176		8.04						
黑					484.1																						317			
吉					264.1	67.71	43.4																							
辽						455.3	1696																							
内蒙古								1693																						
冀	565	656	105.5						2900																					
晋							28		70.6	1637	290	1651							2002											
鲁											1440							978	978											
豫										70.6	232	821																		
陕											1090		863																	
甘																														
宁														628	690.6															
青																160.6														
新											290						942.4													
皖																		1243	6.63	881										
苏		6.63																	1319.7	1834										
浙																														
湘																					241									
赣																						636					67.6			
鄂																			15.29				78.23				190.8			
川																								407.5						
贵				525.3																	587				523.7		317.4			
闽																										1075	707.6			
粤																										1100.6			650.7	
琼																											9.7	195.3		
桂																											6.49			
云																											1169			250.4

(7) 内蒙古 0 辽；

(9) 浙 0 闽 0 沪。

情境三在考虑"绿电"输送增加的情况下，实际上是部分线路上火电输送能力的降低，从优化结果中可以看出，此时各省份首先保证供电自足，多余的供电能力才向别的省份供给。考虑到"西电东送"的主干线四川—湖北—上海输电能力很大一部分被"绿电"占用，故浙江等省份需从临近省份安徽和贵州购买较大量的电力。改变"绿电"输送量下的各省火电优化可供量及其供电标煤的需求量如表 5-27 所示。

表 5-27　改变"绿电"输送量下火电优化供给及其标煤需求

省份	火电供给量 /(亿 kW·h)	供电标煤需求量/万 t	省份	火电供给量 /(亿 kW·h)	供电标煤需求量/万 t	省份	火电供给量 /(亿 kW·h)	供电标煤需求量/万 t
京	301.40	979.55	浙	1440.32	5960.34	琼	240.63	666.41
津	686.58	1990.79	皖	1053.81	6947.36	渝	703.59	1630.46
冀	612.55	13893.26	闽	1953.46	5794.10	川	284.34	1324.57
晋	501.68	12771.07	赣	0.00	2286.67	贵	407.56	6347.38
内蒙古	484.15	16465.41	鲁	1609.68	4681.04	云	1953.04	4613.93
辽	498.43	5512.84	豫	160.60	3424.88	陕	1782.80	6348.74
吉	1696.26	1619.90	鄂	942.41	924.10	甘	1100.57	0.00
黑	5066.28	1573.49	湘	2137.65	782.05	青	205.05	521.95
沪	4274.85	2231.38	粤	1319.70	3576.85	宁	657.24	5231.46
苏	3929.56	4289.02	桂	1833.95	2136.03	新	1419.67	3062.83

对比分析情境三与原有的优化结果，其火电供给与电煤需求变化情况如图 5-9 所示。从中可以看出，河北、辽宁、上海、江苏、安徽、河南、湖北、广东、海南、陕西、新疆的火电供给与电煤需求均增加，但增加幅度不大，其火电供给增加量分别为 0.0008 亿 kW·h、0.0015 亿 kW·h、0.0015 亿 kW·h、0.0015 亿 kW·h、0.0008 亿 kW·h、0.0008 亿 kW·h、0.0015 亿 kW·h、0.0008 亿 kW·h、0.0008 亿 kW·h、0.0015 亿 kW·h、0.0008 亿 kW·h，电煤需求增加量分别为 0.0025 万 t、0.005 万 t、0.005 万 t、0.005 万 t、0.0025 万 t、0.0025 万 t、0.005 万 t、0.0025 万 t、0.0025 万 t、0.005 万 t、0.0025 万 t；同时天津、吉林、黑龙江、浙江、湖南、云南的火电供给与电煤需求量均下降，下降幅度也较小，各个省份火电供给减少量均为 0.0008 亿 kW·h，电煤减少量也均为 0.0025 万 t。由此可以看出，就目前而言，"绿电"供给增加的幅度对各个省份火电供给及电煤需求的影响较小，究其原因，可能是目前"绿电"供给量占整个电力交易量份额较小。

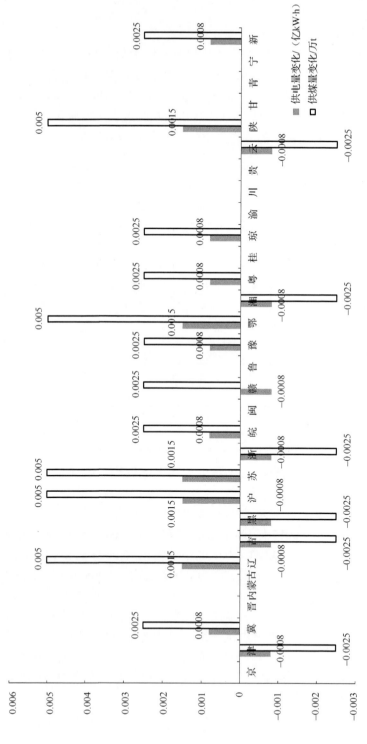

图 5-9 改变"绿电"供给下各省供电与电煤需求变化情况

5.7　全国电网规划的优化建议

进一步，取消所有电网的输电能力来考察自由流动下的输电格局，希望借此为电网规划提供借鉴，优化结果显示，从供给端看，各地发电量优化结果与增加电网输送能力的优化结果(表 5-24)并没有显著的变化，但就需求方而言，北京、天津、山东、江苏、上海、浙江、广东等需求省份的电力来源和数量有所变动，其共同特征是来源地进一步收敛至自身或相邻省份(目前的来源分散性主要由各地发电能力的约束所致)，表明在电网容量限制对省际电力流动规模的约束消失后，当前的结果较真实体现了成本优先导向下的电力输送格局，在各省区"经济人"的假设下，电网规划应与这种优化结果相匹配。

1. 火电供给的战略定位

根据优化结果及图 5-10 可以将优化后的中国火电供给基地定义为 5 个，分别是内蒙古、冀晋、陕、贵、青宁五个地区。其中，内蒙古的电力外输方向主要是东北、

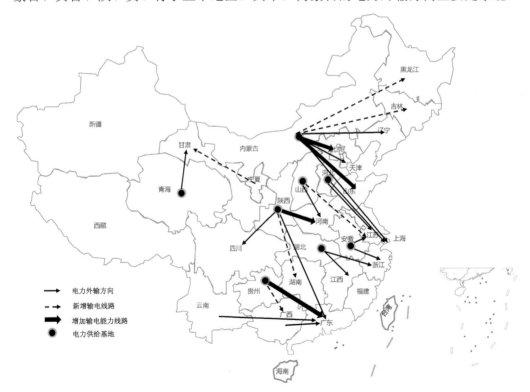

图 5-10　全国电网建设规划建议

华北和华东区域，分别是北京（565 亿 kW·h）、上海（148 亿 kW·h）、天津（105 亿 kW·h）、黑龙江（264 亿 kW·h）、吉林（25 亿 kW·h）、辽宁（71 亿 kW·h）、山东（2193 亿 kW·h）；河北、山西的电力外输方向主要是华东区域，分别是上海（514 亿 kW·h）、江苏（574 亿 kW·h）、河南（1046 亿 kW·h）和江苏（1176 亿 kW·h）；陕西的电力外输方向主要是华东、华中、华南区域，分别是河南（443 亿 kW·h）、湖南（444 亿 kW·h）、四川（8.04 亿 kW·h）、广东（195 亿 kW·h）；贵州的电力外输方向主要是华东、华南、西南区域，分别是江西（650 亿 kW·h）、广东（755 亿 kW·h）、重庆（24 亿 kW·h）；青海、宁夏的电力外输方向主要是西北区域的甘肃（628 亿 kW·h）。此外，由于湖北向浙江、江西的火电供给较少，故在设计全国电网规划时，可将湖北作为大型水电供给基地，建议其重点向上海、浙江、江西输送水电。

2. 新增及扩建的输电线路

根据优化结果及图 5-10，对比全国现有的电网规划，建议新增和需要扩建的输电线路及其容量（单位：亿 kW·h）如下。

新增的输电线路有①内蒙古 264 黑龙江；②内蒙古 25 吉林；③山西 1176 江苏；④陕西 444 湖南；⑤贵州 650 广西；⑥宁夏 231 甘肃。

扩建的输电线路有①内蒙古 565 北京；②内蒙古 2193 山东；③陕西 443 河南；④贵州 755 广东。

第6章 集中供热用煤需求模型

6.1 城镇化与集中供热

当前,中国居民生活用煤主要体现为冬季取暖,而随着城镇化的推进,取暖用煤逐渐淘汰分散的直接燃烧方式,集中供热正成为冬季取暖的最重要方式,因此,本章结合中国城镇化建设和集中供热状况来预测中国居民生活用煤数量和趋势。

6.1.1 城镇化发展现状

城镇化是指农村人口转化为城镇人口、城乡格局进一步优化,综合配套设施进一步提高的进程,表现为城镇数量增加、规模扩大的一种历史过程。城镇化是经济社会发展的必然产物,是一个国家现代化水平和社会文明程度的标志,是现代经济增长的重要推动力,推动城镇化建设、促进农村人口的转移受到世界各国的关注。中国"十二五"规划纲要提出"坚持大中小城市和小城镇协调发展,提高城镇综合承载能力,按照循序渐进、节约土地、集约发展、合理布局的原则,积极稳妥地推进城镇化"。1980 年以来,中国城镇化快速发展,城镇人口数量逐年增加(图 6-1),2000 年中国的城镇人口数 38892 万,城镇化率 30.89%,2012年分别是 71182 万、52.57%,此间平均每年城镇人口以 2691.8 万、城镇化率以1.36 个百分点的速度增长。

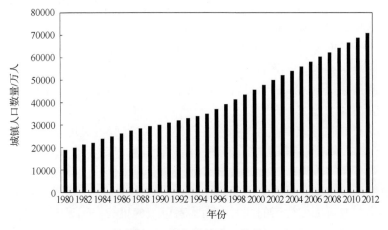

图 6-1 历年城镇人口数量

6.1.2　集中供热的现状和挑战

供热主要针对北方城市，进入冬季后为保证人们的正常生产生活，而采取的一系列供热保暖措施。集中供热是指以热水或蒸汽为热媒，由一个或多个热源厂(站)通过公用供热管网向整个城市或其中某些区域的众多热用户供热的方式，集中供热系统一般包括热源、热网和用户。集中供热一方面具有提高能源利用效率、节约能源、减少大气污染的优点；另一方面可以避免分散小锅炉房的燃料、灰渣的堆放，有利于市容和环境的改善，减少分散小锅炉设备多、自动化程度低、设备故障频繁、靠近居民区所带来的污染，因此成为寒冷地区现代化城镇公共事业的组成部分，是现代化城镇的重要基础设施。

由于集中供热具有安全、环保和节能的优点，早在19世纪，美国就建立了世界上最早的集中供热系统，法国和苏联也在 20 世纪初有了区域供热工程，加拿大、丹麦、波兰等供热事业在 20 世纪 20 年代也有了一定的发展。第二次世界大战以后，东欧各国和苏联集中供热事业迅速发展，建成了大批供热工程，特别是 20 世纪 70 年代世界性的能源危机以来，集中供热技术更受到重视、迅速发展。近年来，日本、挪威、丹麦等将垃圾、生物能、热泵等作为集中供热的主要热源，特别是智能监控系统的应用，大大提高了集中供热的经济效应、节能效应和社会效应。

虽然中国的集中供热行业起步较晚，但是发展较快。中国城镇集中供热的发展主要经历了以下三个阶段：自 1955 年起的起步阶段，建成了中国第一批大型区域性热电厂；自 20 世纪 60 年代起的发展阶段，国家安排了 27 项城市集中供热项目，到 2000年全国 663 个城市中 294 个城市有集中供热，供热能力 8.22 亿 GJ，集中供热面积 7.59亿 m^2，供热热水管网 3 万 km；新时期的提高阶段，主要的任务有各种节能产品和技术的应用、自动化和信息化技术的应用等。

为了更好地促进城镇集中供热的发展，2003 年 7 月，中国建设部、国家发展和改革委员会等国家八部委联合颁布了《关于城镇供热体制改革试点工作的指导意见》，决定在中国东北、西北及山东、华北、河南等地的 43 个城市开展城镇供热体制改革的试点工作，以便深化供热行业体制改革。2005 年 12 月，八部委又联合下发了《关于进一步推进城镇供热体制改革的意见》，将 2003 年提出的城镇供热体制改革试点延伸到内蒙古自治区在内的北方 15 个省、市、自治区。2008 年，建设部又连续出台了《北方采暖地区既有居住建筑供热计量及节能改造技术导则》《民用建筑供热计量管理办法》《供热计量技术导则》等指导性文件，供热行业体制改革的步伐加快、力度加大。至今，中国严寒和寒冷地区的大多数城市都已具有集中供热的设施，并且每年改建与扩建的多数民用建筑都会采用集中供热。

集中供热在改善人们生活的同时也面临着巨大的挑战：①集中供热覆盖率较低，中国有近 60%的城市没有享受到集中供热工程，即使在集中供热覆盖的城市，大批的简易房、棚户区也都没有集中供热，这成为建设"高品质"城镇化的障碍。②在城镇化的过程中集中供热耗煤量的多少、节能潜力的大小，能源储备运输问题都会对现存的煤炭产业造成较大的冲击，但并没有相关的机构或研究能给出较合理的数量预测和说明，城镇化的速率和能源的消耗之间的关系需要清晰说明并加以合理的引导和控制。③城镇化中的人们对生活品质和舒适度提高了要求，这无疑将导致能源消费的增加，环境的压力也增加，特别是近年来屡屡出现的雾霾，严重影响着城市形象和人们生活，加大了对清洁能源的呼唤，但对新能源的需求量无法预测和估量。对这些问题一味"经验化"的回答已经越来越不能符合"科学发展观"的要求，给社会经济的发展带来阻碍。

在此情况下，以城镇化为背景，研究北方省份集中供热耗煤的模型和方法，并据此作出科学的预测和节能潜力分析，以期对城镇化下集中供热耗煤量作出直接和客观的回答，对预测集中供热所需清洁能源的需求量、对集中供热的改造提供借鉴。

6.1.3　研究现状综述

1. 城镇化发展

城镇化由城市化的概念衍生而来。1967 年，塞尔达首先提出了城市化的概念后，库兹涅茨将城市和乡村之间人口分布方式发生的变化定义为城镇化进程，刘易斯等从人口的角度分析了城镇化是农村人口向城镇的转化和迁移。弗里德曼指出，城镇化不仅包括人口和非农产业在城市地域的集中和非城市景观转变为城市景观的过程，也包括城市文化、城市生活方式和价值观在农村地域的扩散过程。随着城镇化的发展和研究的深入，人们逐渐开始关注城镇化过程中城市生活方式和城市文明的传播。陈一筠认为，城镇化应该包括社会结构和社会关系的特点，可以分为形态的城镇化、社会结构的城镇化及思想情感的社会化三个方面[90]。仲小敏认为，城镇化的内涵包括两个方面：一方面是农村人口变为城市人口，农村地域变为城市地域的过程；另一方面是城市文化、城市生活方式和价值观等城市文明在农村的地域扩散过程，同时还应该包括城市自身不断完善的过程[91]。孔凡文认为，城镇化是由农村人口和生产资料向城市集聚而引起的经济结构、生产方式、生活方式和价值观念等向城镇性质演变的过程[92]。总而言之，城镇化是一个不断变化发展的过程，在这一过程中不仅包括人口、产业及地域空间的变化，同时也包括城市生活方式、城市文化及价值观念的传播过程。Bobker 认为，基础设施的不足极大地影响了一个城市的可持续发展；小规模的投资有利于规避投资决策的不确定性，项目的成本效益取决于它们与既定的基础设施的联系[93]。Tweed 和 Jones 建立了 EEP（Energy and Environmental Prediction）模型，通过城市的建筑环境和交通来预测能源的消耗和排放[94]。

2. 集中供热状况

国外的集中供热发展大致分为 4 个阶段：单纯管理阶段—基础建设阶段—综合发

展阶段—自动化控制阶段，集中供热是丹麦、挪威、俄罗斯、波兰和德国等国城市供热的主要形式[95]。李先瑞和郎四维对集中供热相关的统计数据分析挖掘，得出中国城镇集中供热发展的规模较大、热电联产是集中供热的主力军、锅炉房供热承担着热水集中供热的重担、城镇集中供热具有很大的节能潜力和城镇集中供热收费率较低的结论[96]。住房和城乡建设部的徐中堂研究了六十年发展中的城市集中供热，提出城市集中供热经过多年的实践发展，形成了以热电联产为主、区域锅炉房为辅、其他能源方式为补充的热源供热格局；城市热点网集中调度、集中管理，能源利用效率高的优势正在发挥着重要作用[97]。王义军通过对比集中供热和非集中供热，得出集中供热是必然趋势，也是城镇化的重要组成部分，并讨论了集中供热的相关措施，认为温度的合理调节需要引起相关人员的重视[98]。黄文和管昌生通过中国供热现状与国外供热现状的比较分析，结合发达国家的供暖模式，指出采用节能新技术新方法、利用自动控制装置自由调节舒适度、按照热计量收费等，将是城市集中供热的主要发展趋势[95]。

　　李孟阳针对现有的几种集中供热方式实例，从经济和环境角度探讨了不同集中供热方式的实用性和发展潜力[99]。朱彩霞等对三种常用供热方式进行了技术经济分析，表明城市供热应大力发展集中供热；区域锅炉房集中供热的主要发展方向是燃气锅炉；户式分散供热应在缺少集中供热的情况下采用[100]。

　　孟哲等阐述了中国北方地区各城市的供热单位以国有企业为主，目前多数处在保本微利、保本无利甚至需要政府或相关企业财政补贴的状况，运营资金严重短缺，供热市场需要改善[101]。王德林等提出供热市场不符合市场经济规律，供需双方缺乏节能积极性问题，实施供热计量改革是完成建筑节能任务最直接、最有效的措施，必须把城镇供热体制改革工作重点转移到供热计量改革上来[102]。王义军深入分析中国供热产业特性，指出供热产业实施社会性规制的同时必须强化经济性规制，加强对供热产业的进入规制、价格规制等方面的监管[98]。赵毅尝试从博弈视角分析集中供热定价过程中利益相关方——政府、供热企业、用户之间的双重委托-代理关系，并建立符合中国国情的城市集中供热定价博弈理论模型[103]。

　　3. 采暖能耗与预测

　　(1)采暖能耗的影响因素。学者大都研究的是气候变化对采暖能耗的影响。李喜仓等利用呼和浩特市 1962～2007 年逐日气温及采暖期供热部门提供的相关参数，运用数理统计的分析方法得出采暖期能耗的高低与采暖度日和采暖期长度之间关系密切[104]。刘彩红和苏文将利用 1961～2010 年青海高原 34 个气象站逐日平均气温资料，研究了气候变暖对青海采暖期能耗的影响及预测模型，发现气候变暖会引起采暖期长度及采暖强度的变化，由气候变暖导致的青海高原地区采暖耗能降低 4.9%～15.3%，全省平均单位面积可节约标煤量 1.79kg/m^2[105]。陈莉等以气象站逐日平均气温及逐月平均气温为基础，认为 20 世纪 90 年代中期以来，气候变暖引起了采暖时期的缩短和采暖地区的减少，从而带来采暖耗煤的减少和温室气体的减少[106]。陈莉等采用中国目前生存采暖标准和欧美国家的采暖标准，对中国严寒和寒冷地区8 个城市的采暖耗能及相应的温室气体排放强度与欧美国家同纬度地区进行了对比[107]，结果表明中国季风气候的特点使严寒和寒冷地区冬季较世界同纬度地区更寒冷而漫长，居民基本的生存采暖耗能需求高于世界同纬度地区。

（2）集中供热耗煤预测。陈莉等以吉林省为例，分析严寒和寒冷地区城镇住宅采暖耗能的影响因素为采暖强度、城镇人口数和城镇人均住宅建筑面积，并利用吉林省历年城镇人口、城镇人均居住面积、采暖度日数及单位面积采暖耗煤量指标，建立了吉林省历年采暖气候耗能序列，预测了随着气候的变化，引起的采暖能源消费的变化[108]。张威提出寒冷地区农村住宅室内热环境设计计算标准，提出适用于农村地区开展的住宅采暖能耗现场检测技术方法和采暖能耗核算方法[109]。董海广和许淑惠对华北地区农村住宅进行实地调查，用 DeST-h 模拟软件对新、旧两种典型的农村住宅进行了冬季采暖能耗的模拟计算[110]。彭琛等、常静和李永安分别讨论了建筑气密性和居住建筑窗墙面积比对供暖能耗的影响[111,112]。

4. 文献述评

从现有文献可以看出，对城镇化的研究大都集中在城镇化的概念、进程和特点，更多的是现象描述和定性描述，对城镇化进程中能源需求的预测研究更是屈指可数。关于采暖能耗的研究大都是从气候角度或者建筑特点的角度，不够细致和"量"化，并且没有对节能潜力作出估算，现实的指导意义不大。推动城镇化建设是中国现阶段和未来的重要工作，是实现"中国梦"的重要部分，因此对城镇化下能耗占据生活能 35%的供热能耗作出研究和预测对煤炭产业的发展意义重大。

6.2　北方省份集中供热现状

6.2.1　集中供热地区

中国疆土辽阔，城市众多且跨度大，所以南方和北方地区气温相差较大。根据国家标准《民用建筑热工设计规范》（GB 50176—1993），以累年最冷月和最热月平均温度作为主要指标，累年日平均温度≤5℃和≥25℃的天数作为辅助指标，全国可划分为严寒、寒冷、夏热冬冷、夏热冬暖和温和五个地区，如表 6-1 所示。

表 6-1　中国气温分区的标准

分区名称	分区指标		对应地区
	主要指标	辅助指标	
严寒地区	最冷月平均温度≤−10℃	日平均温度≤5℃的天数≥145 天	黑龙江、吉林、辽宁北部、新疆西北部、北京、青海西部

续表

分区名称	分区指标		对应地区
	主要指标	辅助指标	
寒冷地区	最冷月平均温度 0～−10℃	日平均温度≤5℃的天数 90～145 天	山西、宁夏、甘肃、青海东部、陕西、河南北部、山东、江苏北部
夏热冬冷地区	最冷月平均温度为 0～10℃，最高月平均温度为 25～30℃	日平均温度≤5℃的天数 0～90 天，日平均温度≥25℃的天数 40～110 天	四川、湖北、湖南、安徽、上海、浙江、江苏南部、贵州北部
夏热冬暖地区	最冷月平均温度为>10℃，最高月平均温度为 25～29℃	日平均温度≥25℃的天数 100～200 天	广东、广西、福建、海南
温和地区	最冷月平均温度为 0～13℃，最高月平均温度为 18～25℃	日平均温度≤5℃的天数 0～90 天	云南、贵州西南部

　　提供集中供热的有严寒地区、寒冷地区和部分夏热冬冷地区，具体的分界线是秦岭—陇海一线，向北包括东北、华北、西北地区，具体有北京市、天津市、河北省、山西省、内蒙古自治区、辽宁省、吉林省、黑龙江省、江苏省(主要是徐州地区)、山东省、河南省(仅郑州市、洛阳市、濮阳市等 14 个城市有城市集中供热)、陕西省、甘肃省、青海省、宁夏回族自治区、新疆维吾尔自治区。长江以南地区的集中供热主要满足工业和公共建筑的用热需要，本书对此不作考虑。

6.2.2　集中供热面积

　　集中供热因其特有的规模经济和提高能源利用率的优点得到了世界各国的采用和推动，中国集中供热工程也得到了较快的发展，集中供热能力持续增长。1996 年集中供热面积是 73433 万 m^2，至 2012 年集中供热面积达到了 518367.96 万 m^2，平均每年增长 27808 万 m^2，年增长率约为 14%，如图 6-2 所示。

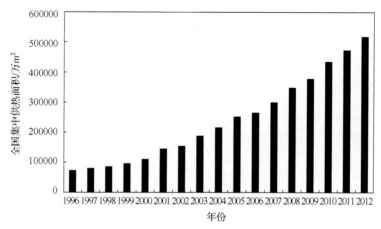

图 6-2　1996～2012 年中国集中供热面积

数据来源：2012～2013 年《中国统计年鉴》

就各省来说，虽然 1996～2012 年供热面积不时有波动，但是总体上都呈现增长的趋势，特别是辽宁省，增长速度最快，16 年间增长了近 3 倍，如图 6-3 所示。集中供热面积较大的地区有辽宁、山东、陕西、北京、天津等省份，而青海等西部省份的集中供热面积较小，且增长速度缓慢。值得注意的是，从 2001 年起各地的集中供热面积增长速率都开始变大，这主要缘于自 1999 年开始实施的住房改革政策，从该年起，国家开始停止福利性分房，大力发展住房条件较好的商品房产业，直接带动了集中供热面积的快速增长。

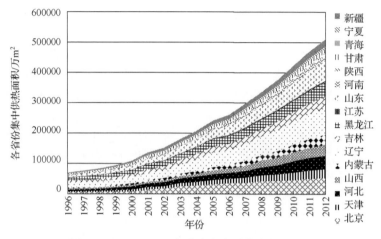

图 6-3　1996～2012 年北方各省份集中供热面积

数据来源：2012～2013 年《中国统计年鉴》

6.2.3　集中供热方式

随着科技的不断发展，集中供热的方式也有了发展和创新。根据集中供热规模的从小至大，可以划分为联片供热、区域供热、城市供热和城际供热，如表 6-2 所示。一般来说集中供热的规模越大，使用的燃煤锅炉越大，煤炭的利用效率越高，集中供热的效率也越大；反之亦然。根据集中供热的方式不同，主要有热电联产、区域锅炉房集中供热、工业余热供热等。

表 6-2　集中供热的主要方式和特点

方式	规模
联片供热	多个小型供热系统联成一片
区域供热	城市某个区域（数群建筑）
城市供热	若干个街区乃至整个城市的供热
城际供热	若干个城市联合供热

1. 热电联产

热电联产是发电锅炉产生的高温高压蒸汽，在汽轮机内膨胀做功后产生的乏汽，在电厂首站凝结释放汽化潜热后，再利用水泵返回锅炉，经换热得到的高温高压热水由首站送往用户，简单来说就是一种既产电又产热的能源利用形式。一些发达的欧洲国家通过热电联产项目和供热工业的机构改革的规划，使得热电厂的煤耗大幅降低，而中国目前大型火力电厂的平均发电效率仅为33%，消耗了总热量的20%，剩下的80%排放到大气中。如果它们用于供热，将大大提高能源利用效率。集中供热不仅极大节约了能源，而且煤炭的集中使用便于脱硫、除尘，把污染物的排放量降到最低，有利于改善环境条件。

长期以来中国政府就非常重视热电联产项目的发展，先后出台了一系列的相关政策，如《关于发展热电联产的规定》（2000 年）、《中国节能中长期专项规划》（2004年）、《中华人民共和国节约能源法》（2007 年修订版）等，都指出了集中供热和热电联产是节能的主要领域。虽然近些年中国热电联产得到了较大的发展，与发达国家的差距在一定程度上有所缩小，但在整个的集中供热中所占的比例仍旧较小，不足 50%，而且分布不平衡，电厂供热机组主要集中在东北、华北等气候比较寒冷的地区及华东等工业用热需求量比较大的地区，而贵州、云南、西藏、江西、青海等地仍然没有热电机组，因此，需要出台相应的经济、行政政策，促进热电联产项目的发展。

在取得巨大收益的同时，中国热电联产的发展也存在着很多亟待解决的问题。例如，集中供热的热能提供主要是热电厂，在冬季会对环境有所改善，但在夏季，这些热电厂仅火力发电，又加剧了环境负荷；又如，配套的热网建设滞后，无法同步实现集中供热等。

2. 区域锅炉房集中供热

区域锅炉房集中供热的能源利用率不如热电联产高，但比分散小型锅炉供热效率高、节约燃料，且具有投资少、见效快、有利于统一管理的优点。区域锅炉房供热是以区域锅炉房为热源，装置大容量、高效率的蒸汽锅炉或热水锅炉，向一定区域内的各类用户供应生产和生活用热。区域锅炉房集中供热作为热电联产集中供热的必要补充，是城市集中供热系统中必不可少的因素。

3. 工业余热供热

余热是指以正常的环境温度为基准，一些体系排出的热载体可释放的热。工业余热集中供热是指以工业设备回收的余热，利用余热回收处理技术为城市提供集中供热的方式。把本来舍弃的工业余热用来供热，不仅降低了工业企业污染的排放，还减少了其他工艺所需的热源，从而降低了一次能源消耗量，提高了经济效益，减少了污染。工业余热供热的来源主要有从各种工艺设备中所排出的高温烟气和工业设备的冷却水，前者如工业窑炉、冶金炉等，将大量的高温烟气引进余热处理锅炉，产生蒸汽后送往热网供热；后者如钢铁企业利用焦化厂初冷循环水的余热进行集中供热。这都取得了不错的效果。

2011 和 2012 年中国北方省份热电联产供热和区域锅炉房的供热总量与比例如表 6-3 所示。由于各地区产业结构的不同和发展水平的差异，集中供热发展不平衡，有的地区热电联产所占比例较大，如江苏、山东和河南，有些地区热电联产对集中供热贡献较小，如青海、北京和甘肃。

表 6-3　中国北方省份不同供热方式的比例

省份	锅炉供热量/万 GJ		比例/%		热电联产供热量/万 GJ		比例/%	
	2011 年	2012 年	2011 年	2012 年	2011 年	2012 年	2011 年	2012 年
北京	30512.00	29470.00	0.85	0.83	5516.00	6041.00	0.15	0.17
天津	7799.05	8701.00	0.67	0.73	2963.79	3299.00	0.25	0.27
河北	7397.57	8084.00	0.32	0.36	10344.07	10165.00	0.45	0.45
山西	4224.95	5249.00	0.35	0.37	7165.50	8342.00	0.59	0.59
内蒙古	7040.54	7723.00	0.40	0.39	10354.15	11302.00	0.60	0.57
辽宁	32165.18	32106.00	0.66	0.65	16290.54	16893.00	0.34	0.34
吉林	13778.90	10391.00	0.59	0.50	9411.18	10198.00	0.41	0.49
黑龙江	13708.90	13721.00	0.47	0.45	14913.41	3359.00	0.51	0.11
山东	7861.19	9598.00	0.24	0.25	24913.75	29045.00	0.75	0.75
河南	1096.68	1005.00	0.18	0.16	4978.02	5168.00	0.82	0.83
江苏	19.00	15.00	0.00	0.00	4913.95	5773.00	0.93	1.00
陕西	2789.81	3615.00	0.56	0.63	2133.29	1918.00	0.42	0.33
甘肃	4673.96	5715.00	0.76	0.73	1247.68	2159.00	0.20	0.27
青海	164.00	199.00	1.00	1.00	0.00	0.00	0.00	0.00
宁夏	2494.08	2778.00	0.62	0.56	1556.40	1847.00	0.38	0.37
新疆	12216.11	12649.00	0.74	0.70	4087.55	5225.00	0.25	0.29

数据来源：2012～2013 年《中国统计年鉴》

6.2.4　集中供热耗煤

1. 集中供热耗煤总量

集中供热的生产流程大致可以分为三个部分：热能的产生、传送和散开。热能的产生大多为燃料在锅炉内燃烧；热能的传送指热量经过管道、泵站、换热站等设备传送到用户的进户端口；散热指在用户端口的热量通过散热器等装置进行散热，即热量使用的过程。在整个供热过程中，燃料在锅炉内燃烧发热后，并不能像管道那样重复循环使用，是一个不可逆的过程，因此在供热成本中占有比例是最高的，燃料消耗的多少直接影响供热成本与供热效用的高低。尽管有的国家已广泛应用垃圾作为燃料，工业余热和地热也用来作为热源，但集中供热的热源主要还是区域锅炉房和热电站(工业区域锅炉房一般采用蒸汽锅炉，民用区域锅炉房一般采用热水锅炉)，以煤、重油或天然气为燃料，尤其是囿于中国多煤贫油少汽的能源结构特点，决定了中国北方冬季集中供热以煤炭为主要燃料。

图 6-4 反映了 1997～2011 年集中供热的耗煤情况，可以看出随着集中供热规模的扩大，集中供热耗煤量也逐年增长。1997 年集中供热耗煤 6473 万 t，2012 年增长到 17000 万 t，16 年间增加了 10257 万 t，增长了 1.5 倍，其中 2003～2007 年增长速度较快，2008～2010 年略有放缓，但至 2011 年又有大的提升。随着城镇化的推进，集中供热耗煤量还会增加。

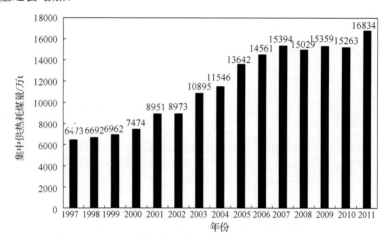

图 6-4　1997～2011 年集中供热耗煤量
数据来源：2012～2013 年《中国统计年鉴》

2. 单位建筑面积耗煤

进一步考察各地单位建筑面积耗煤以反映它们各自的供热效率。核算时，将单机 6000 kW 及以上供热机组供热标煤耗率设置为 38.00 kgce/GJ，由此可根据各地 2012 年的供热总量和供热面积核算出单位面积耗煤量，如表 6-4 所示。可以看出，由于各地供热技术和方式各不相同，各地的供热效率存在较大差异，例如，山西的单位面积耗煤量仅在 14.82kgce/m^2，而新疆的供热效率达到 31.30kgce/m^2，两者相差 16.48kgce/m^2，表明未来在供热节能上有着较大的提升空间。

表 6-4　2012 年集中供热单位面积耗煤量

省份	供热总量/万 GJ	耗煤总量/万 kgce	供热面积/万 m^2	单位面积耗煤量 /(kgce/m^2)
北京	35511	1349418	52555	25.67
天津	12001	456038	30000	15.20
河北	22687	862106	44670	19.29
山西	14062	534356	36056	14.82
内蒙古	19923	757074	32921	22.99
辽宁	49068	1864584	87108	21.40

省份	供热总量/万 GJ	耗煤总量/万 kgce	供热面积/万 m²	单位面积耗煤量 /(kgce/m²)
吉林	20609	783142	38296	20.44
黑龙江	30269	1150222	48336	23.79
山东	38777	1473526	67423	21.85
河南	6192	235296	13006	18.09
江苏	—	—	—	—
陕西	5758	218804	12308	17.77
甘肃	7874	299212	12943	23.11
青海	199	7562	304	24.87
宁夏	4945	187910	7373	25.48
新疆	17993	683734	21844	31.30

数据来源：各地供热总量和供热面积数据来自 2012~2013 年《中国统计年鉴》，"—"表示缺失

6.3　集中供热耗煤的影响因素

在节能减排、绿色低碳的大时代背景下，越来越多的学者关注了供热耗煤的影响因素，但大多局限于气候领域。中国幅员辽阔，各地气候有明显的差异，气候条件的不同会引起集中供热耗煤的不同。但是，由于中国各地经济发展、城市建设、集中供热基础设施水平的参差不齐，区域间的集中供热耗煤差别也较大。因此，集中供热耗能不仅和气候相关，也和社会经济其他因素息息相关，本节对引起中国北方省份集中供热耗煤变化的因素作定量分析，并得出其主要的影响因素。

6.3.1　影响因素的定性分析

1. 气候状况

受经济发展水平所限，中国的集中供暖的采暖标准较低，仅在日平均气温小于 5℃的气候期间提供集中供热，这是人体生理感觉舒适的下限但这远低于国外发达国家的采暖标准，例如，德国的采暖临界温度为 15℃，对采暖期室内温度的基数要求是 18℃。因此，气温状况会直接影响采暖强度，国际上对采暖强度通常用度日法来计算。度日是日平均气温减去基础温度的实际差值，计算公式为

$$\text{HDD}_i = \sum_{i=1}^{n}(T_b - T_i) \tag{6-1}$$

式中，HDD_i 是集中供热度日值；T_b 为规定的采暖基数温度；T_i 是 i 日的平均气温；n 是集中供暖持续时间，即采暖期日数。

在一个集中供热期内，每天采暖度日的和即为采暖强度，采暖度日数和采暖能耗

息息相关，采暖度日数越大，集中供暖需要供给的热量越多，采暖能耗也就越大。从公式可以看出，采暖度日数与日平均气温和采暖期日数有关系，日平均气温越低，采暖期越长，采暖度日数越高。关于采暖期日数，中国《严寒和寒冷地区居住建筑节能设计标准》(JGJ 26—2010)对中国北方地区各个市的采暖期日数有明确的最低标准的规定，各地据此并结合本地发展情况略有调整，而且现实中各地每年的采暖期较固定，通常每年不会有很大的变动，所以，对气候指标的衡量，本书选取的是北方集中供热省份采暖期内的日平均温度[113]。

2. 集中供热面积

全国城镇化的进程加快、城镇面积的扩大和城镇人口的聚集都大大促进了城镇建筑面积的增长。以陕西为例，在"十二五"期间建设了 210 万套保障性安居房，覆盖面达到全省城镇家庭的 30%，仅在西安就建设了保障性住房 1600 万 m^2，计 30 余万套。

北方省份新增的建筑面积大多配套了集中供热等基础设施，而这些新增的集中供热面积需要增设热源供应地、新设区域供暖锅炉房，或者根据产业发展需要增设热电厂，这些无疑都将增加集中供热的煤耗。因此，集中供热面积对集中供热耗煤的分析具有重要影响。

3. 管道长度

作为集中供热系统三个组成部分之一的热网，其优劣好坏、长度材质对集中供热效果、集中供热能耗有重要影响，从而对最终的集中供热耗煤施加影响[114]。主要体现在以下两个方面：正常热量流经管网的损失，即集中供热期内途径管网的热水或者蒸汽的温度总会高于管网外温度，无论管网材质的优劣、管网的敷设和保温技术的高低总会造成热量的损失，只是损失大小有差别，而且热量损失的多少与热量在管网的传输时间即管网的长度有关系[115]。随着管网运行时间的加长，容易出现老化腐蚀、超期运行、事故频发和热量浪费的情况，以北京为例，每年集中供热期大大小小的事故次数约为每 km 管网0.1 次。另外，管网运行中的滴水、漏水漏气的问题也会造成管网输送效率的降低。

4. 煤炭利用效率

煤炭利用效率是煤炭在使用过程中的有效有用的消耗和总能源消耗的比值。在利用能源生产过程中，除了能源的有效利用部分，还有相当部分的无用无效的能源消耗，即不能充分利用的部分。一般造成煤炭无效使用或者浪费的主要原因为燃烧过程中的暴露面积不大，与氧气接触面积不够，造成燃烧不充分。因此，煤炭利用效率的高低也对集中供热耗煤量有重要影响。

6.3.2　影响因素的定量分析

1. 计量模型构建

基于以上对集中供热耗煤影响因素的分析，集中供热耗煤影响的主要因素包括供

暖日期的平均温度、集中供热的面积、热网及供热管道的长度、煤炭的利用效率。设定集中供热的耗煤模型为

$$C_t = f(W_{st}, S_t, L_t, T_t) + \mu_t \tag{6-2}$$

式中，C_t 为 t 年的集中供热煤炭消耗量；W_{st} 是 t 年的采暖期的室外平均气温；S_t 是 t 年的供热面积；L_t 是 t 年的集中供热的管道长度；T_t 是煤炭的利用效率；μ_t 是随机项。

为了避免异方差和偏态分布，并使得各个因素的取值按照一定比例缩小，对各列数据进行取对数处理，但是值得注意的是，由于温度指标存在着负值，无法进行对数运算，所以把摄氏温度处理成华氏温度，公式为

$$W_t = W_{st} \times 1.8 + 23 \tag{6-3}$$

最终，集中供热耗煤的计量模型为

$$\ln C_t = \ln C + \beta_1 \ln W_t + \beta_2 \ln S_t + \beta_3 \ln L_t + \beta_4 \ln T_t + \mu_t \tag{6-4}$$

式中，C 是常数项；β_1、β_2、β_3、β_4 分别是 W_t、S_t、L_t、T_t 的估计系数。

2. 数据来源

本节相关的数据均来自于历年的《中国统计年鉴》《中国煤炭工业年鉴》和《中国能源统计年鉴》，选取的样本区间为 1997～2012 年，原始数据如表 6-5 所示，其中管网长度包括热水和蒸汽的管网，气温为采暖期内平均室外气温。

表 6-5　原始数据表

年份	集中供暖耗煤量 /万 tce	管网长度 /km	气温 /℃	集中供热面积 /万 m²	煤炭利用效率 /%
1997	6473	32500	−3.1	80754.95	28.00
1998	6692	34308	−1.7	86540	28.12
1999	6962	38239	−2.6	96774.83	28.34
2000	7474	43782	−1.9	110766.45	28.53
2001	8951.5	53109	−4.5	146329	28.85
2002	8973.7	58740	−4.1	155567	29.07
2003	10895.5	69967	−3.7	188955.59	29.34
2004	11546.6	77038	−3.2	216266.18	29.73
2005	13542	86110	−5.1	252056.2	29.97
2006	14561.4	93955	−4.3	265853.1	30.00
2007	15394.2	102986	−3.9	300591	30.23
2008	15029.2	120596	−5	348947.5	30.66
2009	15359.7	124807	−6.8	379574.1	30.90
2010	15253.1	30244	−5.5	435668	31.12
2011	16834.2	147324	−5.6	473784.4	31.65
2012	17000	160050	−7.1	518367.96	32.00

数据来源：历年《中国统计年鉴》《中国煤炭工业年鉴》和《中国能源统计年鉴》

可以看出，尽管煤炭利用效率整体趋势是越来越高，但从 1977 年以来随着集中供热工程的发展，集中供热耗煤量历年递增，15 年间从 6473 万 t 增至 17000 万 t，增长了 163%，平均每年以 700 多万 t 的速度增长。作为集中供热基础设施的管网的铺设也随之增加，增长了近 3 倍。集中供热面积也平均以每年 12% 的速度持续地增长。气温虽有波动，但是整体趋势是下降的，这可能也是集中供暖耗煤量增加的另一个重要因素。

3. 实证结果

为避免出现伪回归，使用 Stata 软件对原序列进行 ADF 平稳性检验，发现除了集中供热面积是在 1% 的条件下通过检验的，其余序列均不显著，需要对其进行一阶差分处理。处理后的序列都是一阶单整的，可以进行回归分析。单位根检验结果见表 6-6。

表 6-6　单位根检验结果

项目	原序列		一阶差分序列	
	t 统计量	P 值	t 统计量	P 值
C_t	−1.630	0.4435	−5.200	0.0000*
L_t	−1.840	0.3561	−4.822	0.0000*
W_t	0.740	0.9891	−5.856	0.0000*
S_t	−0.500	0.0025**	−3.193	0.0204**
T_t	−0.660	0.8278	−4.115	0.0009*

注：**和*分别表示 1% 和 5% 的显著水平

采用逐步回归和最小二乘法对式(6-4)进行回归，结果如表 6-7 所示。除了集中供热面积，其余变量都没有通过检验，说明它们对集中供热耗煤的影响并不显著地存在，集中供热耗煤主要受到供热面积的影响。从回归结果看，供热面积系数值为 0.5178（正值），即集中供热面积每变动一个单位，会引起集中供热耗煤 0.5178 个单位的变动量。

表 6-7　计量回归结果

项目	系数	标准误差	t 值	P 值
C_t	7.8974	6.95	−0.11	0.2800
L_t	0.1064	0.05	0.05	0.4000
W_t	0.3292	0.16	0.16	0.5900
S_t	0.5178	0.07	0.07	0.0000**
T_t	2.0650	0.27	1.69	0.2400

注：**表示 1% 的显著水平

回归结果与现实情况是相吻合的。例如，对于通常所认为的气候影响来说，中国当前北方省份冬季的供热室温是相对固定的，供热企业与用户也会具体约定室内温度平均温度和低限温度，因此，在室外气温低于一定温度开始供热后，供热锅炉单位时间内需要消耗相对固定的煤炭以保证室内温度的平稳,并且这种消耗并不会随着温度的下降而显著地变化,除非温度上升到供热温度标准而无需再燃烧供热时,才会影响煤炭的需求量。对于管道长度和煤炭利用效率两个变量,虽然存在着理论上的影响,但现实中的影响并没有达到显著的水平,暂且忽略不计。

由此,影响当前中国集中供热耗煤的主要因素是集中供热面积。自 1999 年实施商品房住宅改革以来,房地产市场得到了快速发展,年度城镇新建住宅面积从 1999 年的 5.59 亿 m² 增加到 2012 年的 10.00 亿 m²,城镇人均住房建筑面积从 2002 年的 24.5m² 增长到 2012 年的 32.9m²,如果乘以当年城镇人口数量来换算为总面积,则城镇人住房面积从 2002 年的 123.02 亿 m² 增加到 2012 年的 234.19 亿 m²,10 年间增长了 111.17 亿 m²,再加上近 10 年来北方省份增加的新建住宅绝大部分都配套集中供暖设施,因此集中供暖耗煤也相应地大幅度增加。

这表明,如果想科学预测和定量分析集中供热耗煤情况,就必须与中国城镇化建设相结合,对未来住宅面积的保有量进行科学分析,这是当前和未来一段时间影响中国集中供热耗煤变化的最直接和最有力的因素。可以设想,当未来中国城镇化建设基本完成,城镇人口数量和住宅面积相对稳定时,燃煤效率、管道效率、住宅保暖效率等变量对集中供热耗煤的影响才会显著起来。所以,下面的分析以未来住宅面积的预测分析为主,据此来构建集中供热对煤炭的需求模型。

6.4　城镇化下集中供热面积预测模型

城市建筑按照使用的功能和人群的不同分为住宅建筑和非住宅建筑,影响两者面积大小的因素不尽相同,在对集中供热总面积的预测中有必要对两者区分预测。但由于两者都是服务于城镇人群的,其面积大小与该地区的城镇人口数量密切相关,所以在对城镇人口数量进行预测的基础上来对两者及总量进行核算。

6.4.1　城镇化下集中供热人口的变迁轨迹

一般地讲,城镇化是指农村人口不断向城镇转移,第二、三产业不断向城镇聚集,从而使城镇数量增加、规模扩大的一种历史过程。中国改革开放以来,大批农村人口通过升学、退伍、经商、务工等多种方式转移到城镇工作,其中有一部分在城里购置楼房,长期生活在城市中,也有相当一部分(主要是农民工)只是在城里打工赚钱,租房居住,并没有真正融入城市生活中。中国城镇化过程中,如何实现农民工的市民化是一项重要选项。

此外,城镇化不仅是简单的城市人口比例增加和面积扩张,而且要在产业支撑、人居环境、社会保障、生活方式等方面实现由"乡"到"城"的转变,实现城镇化"质"的提升。例如,从农村生火取暖和棚户区的煤炉取暖到现代化楼房的集中供暖就是这种转变的具体体现。截止到 2012 年年底,仍有 1200 万户家庭生活在城市棚户区中,住房简陋、设备落后，也是城镇化进程中的改造对象。根据 2013 年 7 月国务院出台的《国务院关于加快棚户区改造工作的意见》，规划 2013～2017 年 5 年改造城市棚户区 800 万户。

上述过程基本上描绘了中国城镇化下集中供暖人口的变迁轨迹，整理后如图 6-5 所示，即未来集中供暖的需求群体来自：①城市中一直就享受集中供暖的居民及其自然增量；②棚户区改造后住进楼房的原城市居民；③从农村转移到城市并住进楼房的原农村居民；④从农村到城市打工并租住楼房的原农村居民。可以看出，除了第一类群体，其余群体均为新增加的对集中供暖有需求的人群，随着城镇化改造力度的加强，这部分群体的规模将越来越大，也必将对中国供暖能源的供需结构产生深远的影响。

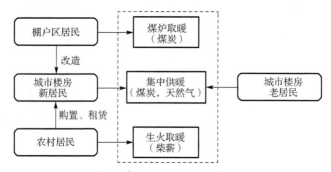

图 6-5　城镇化下集中供暖人群的变迁轨迹

6.4.2　集中供热面积预测模型的构建

1. 群体分类及其取暖需求分析

根据本节的研究目的和上述供暖人群变迁轨迹，将集中供暖需求人群划分为棚户区居民、老楼房居民、新楼房居民和流动暂住居民，不同人群的居住特征、取暖方式和住宅需求分析如下。

(1) 棚户区居民。这部分居民具有城市户籍，且一直分散地生活在城市棚户区中，冬季取暖主要依赖家庭煤球炉等传统方式，住房保温性能差，能源效率低，煤炭浪费严重。棚户区改造是中国城镇化过程中的一个重要环节，其内容就是拆除棚户建筑，将这部分居民搬迁到现代化的楼房建筑中，其取暖方式也相应地变更为集中供暖。

(2) 老楼房居民。这部分居民具有城市户籍且长期以来居住在老旧楼房中，人均居住面积小且生活设施不完善，有着改善住房条件的需求。但从冬季取暖来看，这部分居民长期以来都享受着集中供暖，改善住房条件后，这些居民仍然依赖集中供暖来取暖。

(3) 新楼房居民。为研究方便，本书将这部分居民来源定义为由农村乡镇转移至城市的人群，以区分于前面两类的城市老居民。他们不一定具有城市户籍，但都在城市购置楼房且将长期生活下去，是城镇化中人群转移的主体，也称为外来常住人口。这部分人群大多购买的是近些年竣工的新楼房，取暖方式绝大多数为集中供暖。

（4）流动暂住居民。这部分人群大多为来城打工农民，暂时居住在城市中，并用打工所得在家乡盖了房屋，没有在城市购置楼房的需求。囿于收入，他们目前大多居住在城乡结合部的棚户区，但随着城镇化进程的推进和棚户区的改造，他们也将逐步搬迁至楼房中，并采取群租等方式来降低居住成本，所以人均住宅面积较小，取暖方式也相应地变更为集中供暖。

2. 供热面积预测模型

囿于中国地少人多的国情，无限制地增加住宅建设用地是不现实的，即使在大力推行城镇化的今天，国土资源部仍然发文强调要控制 18 亿亩（1 亩 $\approx 666.7\text{m}^2$）耕地的减少。解决这一问题的出路是科学规划各城市的人均住宅面积，一方面使得城镇化工作稳步推进，群众的住房改善需求得以满足，另一方面也节约了土地资源。由此，某地的住宅面积核算公式可描述为

$$\text{BD}_{i,t} = S_{i,t}^p \times N_{i,t} \tag{6-5}$$

式中，$\text{BD}_{i,t}$ 为 t 年 i 地的住宅总面积；$S_{i,t}^p$ 为 t 年 i 地的人均规划住宅面积；$N_{i,t}$ 为 t 年 i 地的总人口数量。

当基于式（6-5）来考察不同群体的集中供暖面积时，假设人均住宅面积为政府给定的外生变量，供暖面积的变化主要取决于人口变量。不同群体转化成为集中供暖人群的速率并不相同，从而决定了各自的供暖面积预测模型。

（1）棚户区居民。这部分居民转化为集中供暖居民的速率关键受到政府对棚户区改造力度的影响，其 t 年后的供暖面积预测模型可描述为

$$\text{HD}_{i,t}^1 = S_{i,t}^p \times N_{i,0}^1 \times [1 - (1 - h_i^1)^n] \tag{6-6}$$

式中，$\text{HD}_{i,t}^1$ 为 t 年 i 地棚户区居民的集中供暖面积；$N_{i,0}^1$ 为 i 地基准年份的棚户区人口数量；h_i^1 为 i 地棚户区第 1 年的改造平均强度。

（2）老楼房居民。现实中，这部分人群无论是改善住房条件，还是因人口增加而购置房，都会再次住进楼房中并且选择集中供暖。因此，这部分居民集中供暖面积的影响主要来自人口数量的自然变化，其 t 年后供暖面积预测模型可描述为

$$\text{HD}_{i,t}^2 = S_{i,t}^p \times \left[N_{i,0}^2 \times (1 + h_i^2) + N_{i,0}^2 \times (1 + h_i^2)^2 + \cdots + N_{i,0}^2 \times (1 + h_i^2)^n \right]$$

整理后，上式可改写为

$$\text{HD}_{i,t}^2 = S_{i,t}^p \times N_{i,0}^2 \times \frac{(1 + h_i^2)[(1 + h_i^2)^n - 1]}{h_i^2} \tag{6-7}$$

式中，$\text{HD}_{i,t}^2$ 为 t 年 i 地老楼房居民的集中供暖面积；$N_{i,0}^2$ 为 i 地基准年份的老楼房人口数量；h_i^2 为 i 地老楼房群体的人口自然增长率。

（3）新楼房居民。集中供暖面积主要取决于乡村人群向城市搬移的人口数量。近

30 年来，由于国家严格的人口生育政策，城市人口自然增长率缓慢，城市人口增量主要来自于这部分迁徙人群。由此，这部分居民的 t 年集中供暖面积预测模型可描述为

$$HD_{i,t}^3 = S_{i,t}^p \times f(N_{i,t}^3) \tag{6-8}$$

式中，$HD_{i,t}^3$ 为新楼房居民集中供暖面积；$N_{i,t}^3$ 为城市人口纯增长数量；f 为函数关系式。

(4)流动暂住居民。设 $S_{i,t}^p$ 为这部分居民的人均楼房住宅面积，$N_{i,t}^4$ 为暂住人口数，h_i^4 为暂住人口中入住楼房的比率，则 t 年集中供暖面积预测模型可描述为

$$HD_{i,t}^4 = S_{i,t}^{p'} \times N_{i,t}^4 \times h_i^4 \tag{6-9}$$

由此，最终 i 地 t 年的集中供暖面积核算公式为

$$HD_{i,t} = HD_{i,t}^1 + HD_{i,t}^2 + HD_{i,t}^3 + HD_{i,t}^4 \tag{6-10}$$

6.4.3　城镇集中供热人口数量的核算

1. 棚户区人口数量核算方法

虽然棚户区人口是城市人口的一部分，包括在各类城市人口统计资料中，但具体棚户区的人口数据却不清楚。为此，通过多方收集资料，发现各地政府都拟定了未来棚户区改造方案，其中，对本辖区的棚户区户数有所涉及，并且提出未来几年的改造规划计划，这为本节估算棚户区居民数量提供了依据。根据各省制定的各类棚户区改造方案(如山西省的《关于实施城市居民棚户区改造的指导意见》(2012)、河南省的《关于加快推进棚户区改造工作的意见》等)和各地棚户区改造的媒体公开报道资料，整理了各省份的棚户区户数及改造目标，见表 6-8。

表 6-8　各省地级市城市棚户区户数及改造目标

省份	户均人口/人	2010 年棚户区现状		改造规划(2010~2017 年)		
		户数/万	人口数量/万	规划目标	受益人口/万	改造率/%
北京	2.90	23.0	66.7	2017 年全部改造完成	66.7	100
天津	2.70	20.5	55.35	2016 年完成 16 万户	43.17	78
河北	3.04	39.0	118.56	2017 年全部改造完成	118.56	100
山西	2.96	20.1	59.496	2017 年全部改造完成	59.5	100
内蒙古	2.86	62.0	177.32	2012 年已完成 42 万户，2015 年再完成 19 万户	173.77	98
辽宁	2.71	13.3	36.043	2015 年全部改造完成	36.04	100
吉林	2.68	88.5	237.18	2017 年全部改造完成	237.18	100
黑龙江	2.51	100	251	2017 年完成 83 万户	208.33	83
山东	3.04	10.2	31.008	2017 年全部改造完成	31.01	100
河南	3.28	≈50	164	2017 年完成 166 万户	136.12	83

续表

省份	户均人口/人	2010 年棚户区现状		改造规划（2010~2017 年）		
		户数/万	人口数量/万	规划目标	受益人口/万	改造率/%
江苏	3.03	6.0	18.18	2015 年全部改造完成	18.18	100
陕西	3.20	60.0	192	2017 年完成 51 万户	163.2	85
甘肃	3.22	13.3	42.826	2015 年全部改造完成	42.83	100
青海	3.18	10.4	33.072	2013 年完成 5.27 万户	16.87	51
宁夏	2.90	≈5	14.5	2013 年完成 2.96 万户	8.7	60
新疆	2.92	≈10	29.2	2017 年全部改造完成	29.2	100

数据来源：各类公开材料，"户均人口"数据来自《中华人民共和国全国分县市人口统计资料 2011》

从各省规划情况来看，棚户区改造已列入各级政府的重要工作事项，并在 2017 年前，多地政府已规划完成全部的棚户区改造任务，假以时日，相信在 2020 年，上述省份的棚户区改造将全部完成。基于上述基础数据和假设，可以核算出棚户区居民向楼房居民迁徙的速率，其公式为

$$h_n^1 = \frac{1}{n} \times \frac{\text{考察期内搬迁至楼房的棚户区人口数}}{\text{基年的棚户区人口总数}} \qquad (6\text{-}11)$$

根据公式(6-11)和各省地级市城市棚户区户数及改造目标，可以得出各地区历年的改造速率，如表 6-9 所示。

表 6-9　历年度的棚户区平均改造强度

省份	2011 年改造强度	2012 年改造强度	2013 年改造强度	2014 年改造强度	2015 年改造强度	2016 年改造强度	2017 年改造强度	2018 年改造强度	2019 年改造强度	2020 年改造强度
北京	0.143	0.143	0.143	0.143	0.143	0.143	0.142	0.000	0.000	0.000
天津	0.130	0.130	0.130	0.130	0.130	0.130	0.055	0.055	0.055	0.055
河北	0.143	0.143	0.143	0.143	0.143	0.143	0.142	0.000	0.000	0.000
山西	0.143	0.143	0.143	0.143	0.143	0.143	0.142	0.000	0.000	0.000
内蒙古	0.196	0.196	0.196	0.196	0.196	0.004	0.004	0.004	0.004	0.004
辽宁	0.200	0.200	0.200	0.200	0.200	0.000	0.000	0.000	0.000	0.000
吉林	0.143	0.143	0.143	0.143	0.143	0.143	0.142	0.000	0.000	0.000
黑龙江	0.120	0.120	0.120	0.120	0.120	0.120	0.120	0.053	0.053	0.054
山东	0.143	0.143	0.143	0.143	0.143	0.143	0.142	0.000	0.000	0.000
河南	0.120	0.120	0.120	0.120	0.120	0.120	0.120	0.053	0.053	0.054
江苏	0.200	0.200	0.200	0.200	0.200	0.000	0.000	0.000	0.000	0.000
陕西	0.121	0.121	0.121	0.121	0.121	0.121	0.121	0.051	0.051	0.051
甘肃	0.200	0.200	0.200	0.200	0.200	0.000	0.000	0.000	0.000	0.000
青海	0.170	0.170	0.170	0.070	0.070	0.070	0.070	0.070	0.070	0.070
宁夏	0.200	0.200	0.200	0.057	0.057	0.057	0.057	0.057	0.057	0.058
新疆	0.143	0.143	0.143	0.143	0.143	0.143	0.142	0.000	0.000	0.000

根据历年度的棚户区改造强度和基年的棚户区人口数，得到每年因棚户区改造增加的集中供热人数，如表 6-10 所示。

表 6-10　历年因棚户区改造增加的集中供热人数　　（单位：万人）

省份	2011年增加人数	2012年增加人数	2013年增加人数	2014年增加人数	2015年增加人数	2016年增加人数	2017年增加人数	2018年增加人数	2019年增加人数	2020年增加人数
北京	9.54	19.08	28.61	38.15	47.69	57.23	66.77	66.70	66.70	66.70
天津	7.20	14.39	21.59	28.78	35.98	43.17	46.22	49.26	52.31	55.35
河北	16.95	33.91	50.86	67.82	84.77	101.72	118.56	118.56	118.56	118.56
山西	8.51	17.02	25.52	34.03	42.54	51.05	59.50	59.50	59.50	59.50
内蒙古	34.76	69.51	104.26	139.02	173.77	174.48	175.19	175.90	176.61	177.32
辽宁	7.21	14.42	21.63	28.83	36.04	36.04	36.04	36.04	36.04	36.04
吉林	33.92	67.83	101.75	135.67	169.58	203.50	237.42	237.42	237.42	237.18
黑龙江	30.12	60.24	90.36	120.48	150.60	180.72	210.84	224.14	237.45	251.00
山东	4.43	8.87	13.30	17.74	22.17	26.60	31.04	31.04	31.04	31.01
河南	19.68	39.36	59.04	78.72	98.40	118.08	137.76	146.45	155.14	164.00
江苏	3.64	7.27	10.91	14.54	18.18	18.18	18.18	18.18	18.18	18.18
陕西	23.23	46.46	69.70	92.93	116.16	139.39	162.62	172.42	182.21	192.00
甘肃	8.57	17.13	25.70	34.26	42.83	42.83	42.83	42.83	42.83	42.83
青海	5.62	11.24	16.87	19.18	21.50	23.81	26.13	28.44	30.76	33.07
宁夏	2.90	5.80	8.70	9.53	10.35	11.18	12.01	12.83	13.66	14.50
新疆	4.18	8.35	12.53	16.70	20.88	25.05	29.23	29.20	29.20	29.20

将计算结果代入式(6-6)中，即可核算出未来 10 年这部分居民的直接供暖面积，2020 年以后，这部分居民全部将搬迁至楼房中，此后的人口增长按各地人口自然增长率进行预测。

2. 新楼房居民人口数量核算方法

截至目前，中国没有过去这些年来从农村向城市迁徙的统计数据。但如 6.4.2 节分析，自 2000 年实施房地产业市场化以来，城市人口的纯增加多来自于这部分人群，所以用这些年来《中国城市统计年鉴》中的城市人口增加值减去该地原有居民人口的自然增长值后，即得到这些年来农村向城市转移的人口数量。设 $\Delta N_{i,t}^{\text{total}}$ 为城市人口增量值，$\Delta N_{i,t}^{\text{natural}}$ 为城市人口自然增量值，则

$$N_{i,t}^3 = N_{i,t-1}^3 + (\Delta N_{i,t}^{\text{total}} - \Delta N_{i,t}^{\text{natural}}) \tag{6-12}$$

1999～2011 年，所考察省份的地级市市区人口数量如表 6-11 所示，人口自然增长率如表 6-12 所示，据公式(6-12)可计算出各地区地级市人口从农村向城市的迁徙总数如表 6-13 所示。

表 6-11　各年度各地区地级市市区人口数量　　（单位：万人）

省份	1999年人数	2000年人数	2003年人数	2004年人数	2005年人数	2006年人数	2007年人数	2008年人数	2009年人数	2010年人数	2011年人数
北京	988	1067	1079	1092	1110	1126	1142	1158	1174	1187	1207
天津	748	752	758	764	769	777	786	793	802	807	816

续表

省份	1999年人数	2000年人数	2003年人数	2004年人数	2005年人数	2006年人数	2007年人数	2008年人数	2009年人数	2010年人数	2011年人数
河北	957	1146	1166	1186	1204	1227	1249	1243	1257	1295	1303
山西	822	837	873	888	902	923	940	957	965	972	983
内蒙古	523	529	647	610	613	621	638	645	642	654	660
辽宁	1755	1761	1784	1794	1803	1819	1847	1860	1872	1879	1894
吉林	745	756	763	768	807	845	858	833	866	869	870
黑龙江	1178	1183	1185	1269	1272	1352	1360	1361	1362	1370	1363
山东	2488	2523	2561	2601	2630	2663	2686	2710	2739	2764	2809
河南	373	385	395	405	433	4475	456	463	471	534	551
江苏	162	164	167	168	179	181	182	184	186	189	193
陕西	948	1084	1116	1129	1151	1168	1193	1256	1271	1278	1289
甘肃	489	658	711	771	775	781	791	801	811	818	823
青海	95	115	99	100	103	105	107	112	114	115	121
宁夏	129	185	192	239	240	252	253	254	258	262	266
新疆	187	196	203	208	215	225	257	265	271	272	281

数据来源：各年度《中国城市统计年鉴》

表 6-12　各年度各地区地级市市区人口自然增长率　　　（单位：‰）

省份	1999年增长率	2000年增长率	2001年增长率	2002年增长率	2003年增长率	2004年增长率	2005年增长率	2006年增长率	2007年增长率	2008年增长率	2009年增长率	2010年增长率	2011年增长率
北京	-0.41	-0.53	0.39	0.55	-1.16	0.32	4.04	2.08	4.07	4.44	3.91	1.27	5.80
天津	1.00	-0.04	2.19	1.98	0.65	0.83	0.64	3.04	3.35	3.76	3.14	0.10	4.20
河北	4.82	8.16	4.98	5.34	3.36	3.36	1.48	5.70	6.36	5.56	5.75	6.15	5.20
山西	8.85	16.7	6.39	6.45	4.81	5.06	5.48	6.98	7.48	7.20	7.32	5.98	6.60
内蒙古	8.60	6.02	6.89	6.61	5.57	4.47	4.46	4.15	6.36	5.67	4.71	2.72	4.90
辽宁	0.53	1.73	0.67	1.04	-2.60	-0.29	-0.31	-0.31	0.81	0.08	-0.08	-0.63	-0.70
吉林	3.28	4.97	3.50	2.85	1.26	1.37	1.62	2.61	3.50	3.26	2.80	1.46	2.30
黑龙江	2.95	4.08	3.18	2.41	-0.84	2.11	1.61	1.57	1.87	1.66	1.19	0.42	0.60
山东	4.87	5.33	4.87	4.96	1.64	5.15	4.36	3.92	3.79	3.87	4.21	4.03	4.40
河南	5.55	7.01	5.84	5.73	5.57	5.98	6.60	8.06	8.94	7.83	7.85	7.60	6.50
江苏	4.22	2.45	4.19	3.74	3.54	1.09	2.45	3.85	-0.89	1.94	4.49	-0.42	4.10
陕西	3.85	7.46	3.95	3.80	3.75	3.69	5.11	5.83	5.84	6.07	6.76	4.58	7.20
甘肃	7.54	8.34	7.19	5.72	3.70	4.96	4.82	5.14	5.89	5.58	4.78	5.53	5.20
青海	3.34	7.37	14.1	6.21	6.57	6.82	6.77	4.02	6.37	5.61	4.40	3.13	4.70
宁夏	7.14	9.13	8.82	8.18	4.36	10.08	8.67	8.92	11.23	10.68	9.10	9.96	8.40
新疆	5.30	5.46	5.93	5.39	4.21	2.76	4.12	3.78	5.00	4.94	4.47	4.14	5.40

数据来源：各年度《中国城市统计年鉴》

表 6-13　各年度各地区地级市从农村向城市迁徙的人口总数　（单位：万人）

省份	2000年人数	2001年人数	2002年人数	2003年人数	2004年人数	2005年人数	2006年人数	2007年人数	2008年人数	2009年人数	2010年人数	2011年人数
北京	10.5	24.1	36.5	49.8	62.4	76.0	89.6	101.0	111.8	123.2	134.7	147.7
天津	3.0	7.4	9.9	15.4	20.8	25.3	30.9	37.3	41.3	47.8	52.7	58.3

省份	2000年人数	2001年人数	2002年人数	2003年人数	2004年人数	2005年人数	2006年人数	2007年人数	2008年人数	2009年人数	2010年人数	2011年人数
河北	15.2	6.4	25.3	41.4	57.4	73.6	89.6	103.7	90.7	97.5	127.5	128.8
山西	14.6	27.3	36.9	68.7	79.2	88.3	102.8	112.8	122.9	123.9	125.0	129.6
内蒙古	6.1	10.5	13.0	27.4	17.7	18.0	23.4	36.3	39.7	33.6	43.9	46.6
辽宁	17.0	25.8	30.0	57.6	68.1	77.7	94.3	120.8	133.6	145.8	153.9	170.3
吉林	40.3	44.7	53.6	59.6	63.6	101.2	137.0	147.0	149.3	149.9	151.6	150.6
黑龙江	91.2	95.5	97.6	100.6	181.9	182.9	260.8	266.2	265.0	264.4	271.8	264.0
山东	21.2	60.1	82.5	116.3	142.9	160.5	183.0	195.9	209.4	226.8	240.7	273.3
河南	31.8	54.1	95.2	126.4	155.8	167.3	209.9	226.6	241.1	260.3	293.1	348.8
江苏	7.6	8.9	10.3	12.7	13.5	24.1	25.4	26.6	28.2	29.4	32.5	35.7
陕西	14.4	77.7	109.6	137.4	146.2	162.3	172.5	190.6	205.9	212.3	213.5	215.2
甘肃	4.8	7.3	13.5	18.9	24.1	24.3	26.3	31.7	37.2	43.3	45.8	46.5
青海	2.3	2.0	21.3	4.6	4.9	7.2	8.8	10.1	14.5	16.0	16.6	22.1
宁夏	3.8	4.7	9.2	15.4	19.9	18.9	28.6	26.8	25.1	26.7	28.1	29.9
新疆	5.0	14.9	22.9	29.0	33.4	39.6	48.7	79.4	86.1	90.9	90.8	98.3

数据来源：经著者核算，对少量因地级市扩容所引发的奇异值进行了平滑处理

　　据此，给出 2000 年以来各地城市外来常住人口的增长曲线。可以看出，这类人群数量是稳步增长的。为了预测研究的需要，借助人口增长模型，可以对不同城市的人口增长曲线进行拟合，得到不同地区的外来常住人口增长预测模型。从各地区人口增长趋势看，北京、天津、河北等地的外来人口增长呈直线上涨，而山西、黑龙江和西部省份的外来人口增长则平缓得多，因此，用一个模型来统一刻画并不合理。人口增长理论中最常应用是指数增长模型和 Logistic 模型，但这些模型适用于增长曲线是凸函数的情形，从表 6-13 中的数据趋势看，陕西等省份的增长曲线是凹函数，常数记为 r，$x(t)$ 为 t 时刻的人口数且初始时刻的人口为 x_0 的模型形式描述，因此，在这里将半对数模型引进来用以分析。最终以拟合优度作为模型选择的依据。

　　指数增长模型假设人口增长率为

$$x(t) = x_0 e^{rt} \tag{6-13}$$

　　为分析方便，通常将其改写为线性形式：

$$\ln(x(t)) = \ln(x_0) + rt \tag{6-14}$$

　　Logistic 模型也称为阻滞增长模型，它充分考虑了资源、环境因素对人口增长的阻滞作用，人口增长到一定数量后，增长率会下降。假设人口的增长率是 x 的减函数，如设 $r(x) = r(1 - x/x_m)$，其中 r 为固定增长率（当 x 很小时），x_m 为人口容量（资源、环境能容纳的最大数量），于是得到如下微分方程：

$$\begin{cases} \dfrac{dx}{dt} = rx\left(1 - \dfrac{x}{x_m}\right) \\ x(0) = x_0 \end{cases} \tag{6-15}$$

解方程可得

$$x(t) = \frac{x_m}{1 + \left(\dfrac{x_m}{x_0} - 1\right)\mathrm{e}^{-rt}}$$ (6-16)

对于这个非线性方程，其拟合优度的计算方法为

$$R_{\text{new}} = 1 - \left(\frac{\sum (y - y^*)^2}{\sum y^2}\right)^{1/2}$$ (6-17)

式中，y 表示实际值；y^* 表示拟合值。

对于半对数增长模型，假设人口增长率为常数 r，$x(t)$ 为 t 时刻的人口数，其模型形式描述为

$$x(t) = c + r \ln(t)$$ (6-18)

式中，c 为常数。

基于表 6-13 中数据，分别用 EVIEWS 软件和 MATLAB 软件对各地外来人口数进行回归建模，其结果如表 6-14 所示。通过比较，吉林、黑龙江和河南采用指数增长模型，山东和陕西采用半对数增长模型，其他省份采用 Logistic 增长模型进行预测是比较合理的。

表 6-14　各地农村向城镇人口转移的模型

省份	指数增长模型				Logistic 模型			半对数增长模型			
	$\ln(x_0)$	r	F 统计量	R^2	x_m	r	R^2	c	r	F 统计量	R^2
北京	2.83**	0.20**	66.29**	0.86	142.24	0.52	0.92	−13.47	56.49**	99.74**	0.90
天津	1.54**	0.23**	89.81**	0.89	58.67	0.50	0.93	−8.65	22.71**	61.50**	0.86
河北	2.48**	0.23**	35.51**	0.78	130.61	0.43	0.88	−14.98	51.87**	65.48**	0.85
山西	3.13**	0.17**	39.42**	0.79	127.06	0.62	0.95	−2.23	53.02**	205.91*	0.94
内蒙古	2.06**	0.16**	53.45**	0.84	50.80	0.36	0.87	−0.21	15.94**	36.16**	0.78
辽宁	2.95**	0.20**	121.6**	0.92	183.92	0.40	0.95	−17.97	65.56**	64.16**	0.86
吉林	3.62**	0.13**	76.78**	0.88	—	—	—	10.33	54.76**	41.56**	0.80
黑龙江	4.39**	0.12**	50.65**	0.83	—	—	—	38.13	94.27**	42.03**	0.80
山东	3.71**	0.18**	37.98**	0.79	221.07	1.12	0.40	−322745	42467.12*	485.47*	0.98
河南	3.82**	0.18**	68.46**	0.87	272.34	0.99	0.49	−18.44	121.67**	93.67**	0.90
江苏	1.97**	0.14**	121.1**	0.92	35.54	0.42	0.91	1.00	12.14**	56.60**	0.84
陕西	3.82**	0.16**	14.34**	0.58	189.13	1.79	0.87	−247081	32515**	73**	0.88
甘肃	1.87**	0.18**	70.59**	0.87	49.57	0.43	0.91	−3.01	18.00**	87.72**	0.89
青海	0.98*	0.17**	14.37**	0.58	5192.28	0.12	0.53	1.23	5.78*	6.16*	0.38
宁夏	1.67**	0.17**	32.60**	0.76	29.05	0.53	0.91	−0.20	11.97*	104.70*	0.90
新疆	2.17**	0.23**	34.58**	0.87	102.76	0.54	0.90	−14.68	40.78**	50.60**	0.83

注：**和*分别表示 1% 和 5% 的显著性水平，"—"表示非有效解

根据各地的人口转移模型就可以预测农村向城镇转移的人口数量，也是新楼房居民集中供热人数，结果如表 6-15 所示，至 2025 年 16 个集中供热省份的农村迁移到城镇的人口数为 35329.35 万人，城镇化水平将进一步加大。

表 6-15　新楼房居民的集中供热人口数

（单位：万人）

省份	2011 年 人数	2012 年 人数	2013 年 人数	2014 年 人数	2015 年 人数	2016 年 人数	2017 年 人数	2018 年 人数	2019 年 人数	2020 年 人数	2021 年 人数	2022 年 人数	2023 年 人数	2024 年 人数	2025 年 人数
北京	136.79	138.96	140.28	141.07	141.54	141.83	142	142.1	142.15	142.19	142.21	142.22	142.23	142.24	142.24
天津	54.90	56.34	57.25	57.81	57.15	58.35	58.48	58.56	58.6	58.63	58.64	58.65	58.66	58.67	58.67
河北	122.51	125.23	127.06	128.28	129.09	129.62	129.96	130.19	130.34	130.43	130.49	130.53	130.56	130.58	130.59
山西	126.01	126.49	126.75	126.90	126.97	127.01	127.04	127.05	127.06	127.06	127.06	127.06	127.07	127.07	127.07
内蒙古	44.87	46.53	47.76	48.65	49.29	49.74	50.06	50.28	50.44	50.55	50.63	50.68	50.72	50.74	50.76
辽宁	165.69	171.39	175.40	178.16	180.05	181.33	182.19	182.77	183.15	183.58	183.70	183.77	183.82	183.86	183.88
吉林	42.52	48.42	55.15	62.80	71.52	81.45	92.76	105.64	120.30	137.00	156.02	177.68	202.35	230.44	262.43
黑龙江	90.92	102.51	115.58	130.32	146.94	165.67	186.79	210.61	237.46	267.74	301.87	340.36	383.75	432.68	487.85
山东	276.37	297.48	318.58	339.67	360.75	381.82	402.88	423.93	444.97	466.00	487.02	508.02	529.02	550.01	570.99
河南	54.60	65.37	78.26	93.69	112.17	134.29	160.77	192.48	230.44	275.89	330.30	395.44	473.43	566.80	678.58
江苏	34.30	34.71	34.99	35.18	35.30	35.38	35.44	35.47	35.50	35.51	35.52	35.53	35.53	35.53	35.54
陕西	244.01	260.17	276.33	292.48	308.62	324.75	340.88	356.99	373.1	389.20	405.30	421.38	437.46	453.53	469.59
甘肃	46.03	47.21	48.01	48.55	48.9	49.14	49.29	49.39	49.45	49.49	49.52	49.54	49.55	49.56	49.56
青海	20.02	22.69	25.72	29.15	33.03	37.42	42.39	48.02	54.38	61.58	69.72	78.92	89.31	101.04	114.28
宁夏	28.67	28.82	28.92	28.97	29.00	29.02	29.03	29.04	29.04	29.05	29.05	29.06	29.06	29.06	29.07
新疆	97.98	99.93	101.10	101.79	102.2	102.43	102.57	102.65	102.7	102.73	102.74	102.75	102.76	102.77	102.78

3. 老楼房居民人口数量核算方法

以 2010 年为基准，将该年度棚户区的人口数量和从农村向城市转移的人口总数剥离后，余下的城区人口统计数据即为一直住在楼房里并且以集中供暖为主的城市人群数量，以后增加的人口主要来源于自然增长。由此，老楼房居民基年人口数量的核算公式为

$$N_{i,0}^2 = N_{i,0}^{\text{sta}} - N_{i,0}^1 - N_{i,0}^3 \tag{6-19}$$

据此可计算出各地的老楼房居民基年人口数量如表 6-16 所示。各地年度自然增长率虽有所变动，但波动曲线有涨有跌，基本上都属于平稳序列。因此，取各地 1999~2011 年的人口自然增长率的平均值作为未来的人口自然增长率，其值见表 6-16。

表 6-16　2010 年各地区地级市老楼房居民人口基数和自然增长率

地区	北京	天津	河北	山西	内蒙古	辽宁	吉林	黑龙江
人口基数/万人	985.6	700.29	1030.09	783.504	432.78	1689.057	480.22	847.2
自然增长/‰	1.905	1.911	1.094	7.331	5.473	−0.005	2.675	1.755
地区	山东	河南	江苏	陕西	甘肃	青海	宁夏	新疆
人口基数/万人	2492.29	250.02	195.00	872.50	729.37	65.328	219.4	152
自然增长/‰	4.262	6.851	2.673	5.222	5.722	6.108	8.821	4.685

将上述数据代入公式(6-7)即可预测出各地各年度的老楼房居民人口数量，如表 6-17 所示。与农村向城镇的转移人口相比，仅靠自然增长率的老楼房人口增长数量明显较缓慢，而且有些省份(如辽宁)出现了负增长。

4. 流动暂住居民数量核算方法

采用等维灰数递补动态预测方法对流动人口数量进行预测[116]。其数学原理如下：用已知数列建立的 GM(1,1)模型预测得到第一个预测值(灰数)，将其补充在已知数列之后，同时去掉其第一个已知数据，保持数据序列的等维，然后建立 GM(1,1)模型预测下一个值，如此新陈代谢，逐个预测，依次递补，直至完成预测目的或达到一定的精度要求。基本的计算步骤如下。

(1)给定原始数据序列：

$$X^{(0)} = [X^{(0)}(1), X^{(0)}(2), X^{(0)}(3), \cdots, X^{(0)}(m)] \tag{6-20}$$

分别从序列中，选取不同长度的连续数据作为子序列，确定任意的一个子数据序列：

$$X_i^{(0)} = [X^{(0)}(1), X^{(0)}(2), X^{(0)}(3), \cdots, X^{(0)}(n)] \tag{6-21}$$

(2)对子数据序列作一次累加生成，记为

$$X_i^{(0)} = [X^{(0)}(1), X^{(0)}(2), X^{(0)}(3), \cdots, X^{(0)}(n)]$$

表 6-17　各地各年度的老楼房居民人口数量

（单位：万人）

省份	2011年人数	2012年人数	2013年人数	2014年人数	2015年人数	2016年人数	2017年人数	2018年人数	2019年人数	2020年人数	2021年人数	2022年人数	2023年人数	2024年人数	2025年人数
北京	987.48	989.36	991.24	993.13	995.02	996.92	998.82	1000.72	1002.63	1004.54	1006.45	1008.37	1010.29	1012.21	1014.14
天津	701.63	702.97	704.31	705.66	707.01	708.36	709.71	711.07	712.43	713.79	715.15	716.52	717.89	719.26	720.63
河北	1031.22	1032.35	1033.47	1034.61	1035.74	1036.87	1038.00	1039.14	1040.28	1041.41	1042.55	1043.69	1044.84	1045.98	1047.12
山西	789.02	794.81	800.63	806.50	812.42	818.37	824.37	830.41	836.50	842.63	848.81	855.03	861.30	867.62	873.98
内蒙古	435.15	437.53	439.92	442.33	444.75	447.19	449.63	452.10	454.57	457.06	459.56	462.07	464.60	467.15	469.70
辽宁	1689.05	1689.04	1689.03	1689.02	1689.01	1689.01	1689.00	1688.99	1688.98	1688.97	1688.96	1688.96	1688.95	1688.94	1688.93
吉林	481.50	482.79	484.08	485.38	486.68	487.98	489.28	490.59	491.91	493.22	494.54	495.86	497.19	498.52	499.85
黑龙江	848.69	850.18	851.67	853.16	854.66	856.16	857.66	859.17	860.68	862.19	863.70	865.22	866.73	868.25	869.78
山东	2502.91	2513.58	2524.29	2535.05	2545.86	2556.71	2567.60	2578.55	2589.54	2600.57	2611.66	2622.79	2633.96	2645.19	2656.46
河南	251.73	253.46	255.19	256.94	258.70	260.47	262.26	264.06	265.87	267.69	269.52	271.37	273.23	275.10	276.98
江苏	195.52	196.04	196.57	197.09	197.62	198.15	198.68	199.21	199.74	200.28	200.81	201.35	201.89	202.43	202.97
陕西	877.06	881.64	886.24	890.87	895.52	900.20	904.90	909.62	914.37	919.15	923.95	928.77	933.62	938.50	943.40
甘肃	733.55	737.74	741.97	746.21	750.48	754.78	759.09	763.44	767.81	772.20	776.62	781.06	785.53	790.03	794.55
青海	65.73	66.13	66.53	66.94	67.35	67.76	68.17	68.59	69.01	69.43	69.85	70.28	70.71	71.14	71.58
宁夏	221.34	223.29	225.26	227.24	229.25	231.27	233.31	235.37	237.45	239.54	241.65	243.78	245.93	248.10	250.29
新疆	152.71	153.43	154.15	154.87	155.59	156.32	157.06	157.79	158.53	159.27	160.02	160.77	161.52	162.28	163.04

$$X^{(1)}(t) = \sum_{k=1}^{i} X^{(0)}(k), \quad t = 1,2 \tag{6-22}$$

(3) 构建矩阵 B 与向量 Y

$$Y^n = (X^{(0)}(2), X^{(0)}(3), \cdots, X^{(0)}(n)) \tag{6-23}$$

(4) 用最小二乘法求解系数

$$\hat{a} = \begin{bmatrix} a \\ n \end{bmatrix} = B^{\mathrm{T}} B^{-1} B^{\mathrm{T}} Y_n \tag{6-24}$$

(5) 建立 GM(1,1) 模型

$$\hat{X}^{(1)}(k+1) = \left[X^{(0)}(1) - \frac{u}{a} \right] \mathrm{e}^{-ak} + \frac{u}{a} \tag{6-25}$$

(6) 将式(6-20)还原, 得到人口预测模型

$$\hat{X}^{(0)}(k) = \hat{X}^{(1)}(k+1) - \hat{X}^{(1)}(k) \tag{6-26}$$

基于以上算法就可以对各地 2011～2025 年的暂住人口进行核算, 各地地级市暂住人口的基础数据如表 6-18 所示。

表 6-18　各年度各地区地级市暂住人口数量　　　　（单位：万人）

省份	2004 年人数	2005 年人数	2006 年人数	2007 年人数	2008 年人数	2009 年人数	2010 年人数	2011 年人数
北京	341.50	355.00	368.20	380.90	394.30	407.10	419.00	432.4
天津	92.00	103.00	102.50	102.94	64.67	26.87	27.89	17.62
河北	93.91	93.31	115.43	94.66	89.01	103.44	80.82	87.03
山西	1226.3	38.17	48.82	66.11	62.71	68.45	71.67	78.95
内蒙古	29.99	36.98	93.89	95.60	96.06	107.34	133.25	138.27
辽宁	85.05	101.58	98.57	60.76	73.21	126.62	132.5	139.45
吉林	19.50	40.10	27.60	35.64	29.99	32.29	31.77	31.25
黑龙江	55.97	59.28	69.48	85.94	43.71	63.79	63.03	64.62
山东	144.61	135.95	162.76	156.98	121.51	123.1	145.79	171.23
河南	34.65	39.26	26.29	22.94	74.71	60.66	81.31	29.53
江苏	41.95	41.95	2.35	0.04	1.64	2.10	1.28	2.35
陕西	83.77	104.16	73.79	35.13	36.44	30.2	32.84	28.97
甘肃	35.79	35.62	26.46	39.08	40.98	42.16	46.15	45.71
青海	21.68	7.90	9.44	0.31	7.59	7.88	9.00	10.18
宁夏	8.31	5.57	12.43	14.71	17.72	23.57	25.32	29.10
新疆	26.38	28.45	47.4	30.89	73.75	66.09	60.76	36.27

数据来源: 各年度《中国城市建设统计年鉴》

对于人均居住面积指标, 主要城市对出租房屋进行了相关规范管理。例如, 据《北京市房屋租赁管理若干规定》的条例, 出租房屋的人均居住面积不得低于 5m²; 上海

出台规定租房的人均居住面积不得低于 $7m^2$。考虑到主要考量收入较低的北方城市，故以北京的 $5m^2$ 作为各地流动暂住人口的统一人均居住面积指标。

关于流动暂住人口租住楼房的比例问题，《中国发展报告 2013》所披露的信息显示，外出农民工的住宿情况有单位宿舍(32.2%)、工地工棚(10.4%)、生产经营场所(6.1%)、与他人合租住房(19.7%)、独立租赁住房(13.5%)、务工地自购房(0.6%)、乡外从业回家居住(13.8%)、其他(3.7%)。其中，有条件直接供暖的是租赁的楼房，据住房和城乡建设部在 2011 年的调查，流动人口租住楼房的比例从 1995 年的 2.2%大幅上涨到 2008 年的 7.2%。据此，假设随着国家逐步加快公共租赁房的建设和流动人口收入的逐年增加，租住楼房的流动人口会越来越多，并将 2010 年的租住楼房比例设为7.5%、2025 年的比例设为 15%，据此计算出未来 15 年内的年租住楼房平均增长率为0.5 个百分点。由此可核算出每年租住楼房的流动暂住人口比例见表 6-19。

表 6-19　2011～2025 年流动暂住人口租住楼房的比例

年份	2011	2012	2013	2014	2015	2016	2017	2018	2019	2020	2021	2022	2023	2024	2025
比例/%	8.0	8.5	9.0	9.5	10	10.5	11.0	11.5	12.0	12.5	13.0	13.5	14.0	14.5	15.0

根据流动暂住人口的总人数和其中租住楼房的比例可以得出暂住流动人口中需要提供集中供热面积的人口，如表 6-20 所示。

表 6-20　2011～2025 年各地流动人口中集中供热面积的人口数量　（单位：万人）

省份	2011 年人数	2012 年人数	2013 年人数	2014 年人数	2015 年人数	2016 年人数	2017 年人数	2018 年人数	2019 年人数	2020 年人数	2021 年人数	2022 年人数	2023 年人数	2024 年人数	2025 年人数
北京	34.59	38.06	41.63	45.4	49.37	53.56	57.97	62.61	67.5	72.65	78.05	83.74	89.72	96.01	102.61
天津	1.41	2.57	2.17	1.82	1.53	1.28	1.07	0.89	0.74	0.61	0.51	0.42	0.35	0.29	0.24
河北	6.96	7.16	7.36	7.54	7.49	7.64	7.77	7.89	7.99	8.09	8.17	8.24	8.29	8.34	8.38
山西	6.32	7.56	8.79	10.19	11.78	13.58	15.62	17.94	20.56	23.52	26.86	30.63	34.88	39.67	45.07
内蒙古	11.06	10.57	12.18	13.98	16.01	18.29	20.84	23.7	26.91	30.49	34.5	38.98	43.97	49.54	55.76
辽宁	11.16	9.48	10.73	12.1	13.61	15.26	17.08	19.08	21.27	23.67	24.62	29.18	32.33	35.78	39.54
吉林	2.5	2.61	2.72	2.83	2.93	3.02	3.12	3.21	3.29	3.37	3.45	3.52	3.6	3.66	3.73
黑龙江	5.17	5.48	5.8	6.11	6.42	6.73	7.04	7.35	7.65	7.96	8.27	8.57	8.87	9.18	9.48
山东	13.7	12.85	13.74	14.64	15.57	16.5	17.46	18.44	19.43	20.44	21.46	22.51	23.57	24.66	25.76
河南	9.45	9.99	10.53	11.06	11.59	12.11	12.62	13.13	13.64	14.14	14.63	15.12	15.6	16.08	16.56
江苏	0.19	0.17	0.18	0.19	0.21	0.22	0.23	0.25	0.26	0.28	0.29	0.31	0.33	0.34	0.36
陕西	2.32	2.15	1.99	1.84	1.7	1.56	1.43	1.3	1.19	1.08	0.99	0.9	0.81	0.74	0.67
甘肃	3.66	3.91	4.35	4.83	5.33	5.88	6.47	7.1	7.78	8.52	9.3	10.14	11.05	12.01	13.05
青海	0.81	0.94	1.08	1.23	1.41	1.6	1.82	2.06	2.33	2.63	2.97	3.34	3.75	4.21	4.72
宁夏	2.33	3.21	4.13	5.3	6.77	8.64	10.99	13.95	17.68	22.37	28.25	35.63	44.87	56.44	70.91
新疆	2.9	3.24	3.61	4	4.43	4.89	5.38	5.91	6.49	7.1	7.77	8.48	9.24	10.06	10.94

5. 城镇集中供热总人口的核算结果

将以上四部分人群的核算结果累加起来，就得到 2011～2025 年中国城镇总人口数量，如表 6-21 所示。2011 年，全国累计城镇集中供热人口数量为 1.38 亿，至 2025 年

表 6-21　2011~2025 年各地集中供热的总人口

（单位：万人）

地区	2011 年人数	2012 年人数	2013 年人数	2014 年人数	2015 年人数	2016 年人数	2017 年人数	2018 年人数	2019 年人数	2020 年人数	2021 年人数	2022 年人数	2023 年人数	2024 年人数	2025 年人数
全国	13870.85	13664.42	14540.24	14892.64	15249.51	15559.97	15875.11	16082.36	16302.6	16538.63	16758.85	17002.75	17269.92	17566.3	17949.68
北京	1168.23	1185.33	1201.69	1217.70	1233.60	1249.51	1265.54	1272.19	1279.04	1286.13	1293.61	1301.35	1309.39	1317.73	1326.39
天津	764.77	776.02	785.14	793.96	802.59	811.12	815.45	819.76	824.06	828.37	830.71	832.11	833.52	834.94	837.35
河北	1177.54	1198.56	1218.70	1238.21	1257.06	1275.83	1294.40	1295.89	1297.28	1298.61	1300.02	1301.40	1302.76	1304.10	1306.60
山西	929.85	945.87	961.70	977.62	993.70	1010.01	1026.58	1034.95	1043.67	1052.76	1062.72	1073.15	1084.12	1095.67	1111.92
内蒙古	525.54	563.90	603.93	643.83	683.71	689.61	695.66	701.94	708.50	715.40	722.96	730.98	739.53	748.66	767.36
辽宁	1871.55	1883.11	1895.85	1907.43	1918.21	1921.28	1924.05	1926.69	1929.32	1932.00	1933.14	1937.83	1941.06	1944.56	1948.35
吉林	560.44	601.66	643.70	686.68	730.71	775.95	822.58	836.85	852.91	871.01	892.06	915.76	942.46	972.59	1012.40
黑龙江	974.90	1018.41	1063.41	1110.07	1158.62	1209.28	1262.34	1301.27	1343.24	1388.88	1425.28	1466.03	1511.68	1562.88	1624.30
山东	2797.41	2535.29	2848.81	2886.01	2923.26	2960.57	2997.92	3030.90	3063.93	3097.02	3130.29	3163.62	3197.00	3230.44	3265.15
河南	335.46	368.17	403.02	440.41	480.86	524.95	573.41	616.12	665.09	721.71	779.57	848.18	929.65	1026.52	1152.21
江苏	233.64	238.20	242.65	247.01	251.31	251.93	252.53	253.11	253.68	254.24	254.85	255.46	256.07	256.68	257.73
陕西	1146.61	930.25	1218.10	1261.97	1305.85	1349.76	1393.70	1424.22	1454.77	1485.33	1507.14	1528.97	1550.84	1572.73	1603.87
甘肃	791.57	805.84	819.92	833.77	847.49	852.58	857.65	862.74	867.86	873.03	878.50	884.06	889.69	895.41	903.48
青海	80.76	88.00	95.40	99.67	104.13	108.82	113.75	118.97	124.49	130.37	134.53	139.14	144.25	149.91	158.07
宁夏	255.06	261.02	266.94	271.00	275.36	280.10	285.33	291.19	297.82	305.45	313.58	323.21	334.74	348.61	366.59
新疆	257.52	264.79	271.28	277.30	283.05	288.67	294.22	295.57	296.94	298.32	299.89	301.50	303.16	304.87	307.91

注：著者对个别奇异值进行了处理

增长为 1.79 亿，增长了 0.41 亿。分省区中，城镇人口增长速度较快的是河南、黑龙江、山东、吉林和陕西等地，年均增长速度都超过了 30%，而其余省份的年均增长速度大都在个位数上，增长速度相对比较稳健。

6.4.4　集中供热面积的预测结果

基于以上集中供热人口数量的推算结果，可以对集中供热面积进行预测，分为住宅面积和非住宅面积。

1. 住宅集中供热面积的预测结果

来自 2012 年的全国住房城乡建设工作会议的信息显示，截至 2010 年，中国城市人均住宅建筑面积约 30m^2。根据各地主要城市的建设规划，2020～2025 年，包括北京、天津、沈阳等特大及超大城市在内的人均城市住宅建筑面积的规划值均为 35m^2 左右。基于这一标准，据此计算各年度的人均规划住宅面积，其公式为

$$S_{i,t}^{p} = S_{i,0}^{p} + \frac{S_{i,目标年份}^{p} - S_{i,0}^{p}}{n} \qquad (6\text{-}27)$$

式中，n 为考察期间。计算可得每年人均住宅建筑面积增长值约为 0.34m^2，故 2011～2025 年的人均规划住宅面积如表 6-22 所示。

表 6-22　2011～2025 年人均规划住宅面积　　　　（单位：m^2）

年份	2011	2012	2013	2014	2015	2016	2017	2018	2019	2020	2021	2022	2023	2024	2025
面积	30.34	30.68	31.02	31.36	31.70	32.04	32.38	32.72	33.06	33.40	33.74	34.08	34.42	34.76	35.10

根据公式(6-5)，将人均住宅规划面积与各地集中供热人口数量相乘即得到各地集中供热总面积，如表 6-23 所示。可以看出，2011 年全国集中供热面积为 42.08 亿 m^2，到 2025 年增长到 63.00 亿 m^2，15 年间增长了 20.92 亿 m^2，年均增长率为 139%，保持了较快的增长势头。

2. 非住宅集中供热面积的预测结果

与为人提供居住和生活的住宅面积不同，非住宅建筑是为人们提供工作、生活服务、休闲娱乐等的场所，包括工业商业用房、医疗用房、办公用房、军事用房、公共福利用房和教育用房等一切除了用于居民住宅的建筑。总的来说，非住宅面积与人口的数量息息相关，人口多的城镇对办公建筑生活服务建筑的需求也多[117]，因此，人口数量是影响商业非住宅建筑面积的主要因素，则非住宅面积的模型可以用式(6-28)表示：

表 6-23　2011～2025 年各住宅集中供热的总面积

(单位: 10^6 m²)

地区	2011 年面积	2012 年面积	2013 年面积	2014 年面积	2015 年面积	2016 年面积	2017 年面积	2018 年面积	2019 年面积	2020 年面积	2021 年面积	2022 年面积	2023 年面积	2024 年面积	2025 年面积
全国	4208.41	4192.25	4510.39	4670.32	4834.08	4985.42	5140.37	5262.13	5389.64	5523.9	5654.44	5794.53	5944.32	6106.04	6300.34
北京	354.44	363.66	372.76	381.87	391.05	400.34	409.78	416.26	422.85	429.57	436.46	443.50	450.69	458.04	465.56
天津	232.03	238.08	243.55	248.98	254.42	259.88	264.04	268.22	272.43	276.68	280.28	283.58	286.90	290.23	293.91
河北	357.27	367.72	378.04	388.30	398.49	408.78	419.13	424.01	428.88	433.73	438.63	443.52	448.41	453.30	458.62
山西	282.12	290.19	298.32	306.58	315.00	323.61	332.41	338.64	345.04	351.62	358.56	365.73	373.15	380.86	390.29
内蒙古	159.45	173.00	187.34	201.91	216.74	220.95	225.26	229.67	234.23	238.94	243.93	249.12	254.55	260.23	269.35
辽宁	567.83	577.74	588.09	598.17	608.07	615.58	623.01	630.41	637.83	645.29	652.24	660.41	668.11	675.93	683.87
吉林	170.04	184.59	199.68	215.34	231.63	248.62	266.35	273.82	281.97	290.92	300.98	312.09	324.40	338.07	355.35
黑龙江	295.78	312.45	329.87	348.12	367.28	387.45	408.74	425.77	444.07	463.89	480.89	499.62	520.32	543.26	570.13
山东	848.73	777.83	883.70	905.05	926.67	948.57	970.73	991.71	1012.94	1034.40	1056.16	1078.16	1100.41	1122.90	1146.07
河南	101.78	112.96	125.02	138.11	152.43	168.19	185.67	201.59	219.88	241.05	263.03	289.06	319.99	356.82	404.42
江苏	70.89	73.08	75.27	77.46	79.66	80.72	81.77	82.82	83.87	84.92	85.99	87.06	88.14	89.22	90.46
陕西	347.88	285.40	377.86	395.75	413.96	432.46	451.28	466.00	480.95	496.10	508.51	521.07	533.80	546.68	562.96
甘肃	240.16	247.23	254.34	261.47	268.65	273.17	277.71	282.29	286.91	291.59	296.41	301.29	306.23	311.24	317.12
青海	24.50	27.00	29.59	31.26	33.01	34.87	36.83	38.93	41.16	43.54	45.39	47.42	49.65	52.11	55.48
宁夏	77.38	80.08	82.81	84.99	87.29	89.74	92.39	95.28	98.46	102.02	105.80	110.15	115.22	121.18	128.67
新疆	78.13	81.24	84.15	86.96	89.73	92.49	95.27	96.71	98.17	99.64	101.18	102.75	104.35	105.97	108.08

$$S_{nit} = f(N_{i,t}) + u_{i,t} \qquad (6\text{-}28)$$

式中，S_{nit} 是 t 年 i 地区的非住宅建筑面积；$N_{i,t}$ 是 t 年 i 地区的总人口数，包括棚户区居民、老楼房居民、新楼房居民和流动暂住居民；$u_{i,t}$ 是随机项。具体的模型可设为

$$S_{nit} = \beta_1 N_{i,t} + c \qquad (6\text{-}29)$$

式中，c 是常数项；β_1 是 $N_{i,t}$ 的系数。实证分析时的数据来源是各年度《中国城市建设统计年鉴》和《中国城市统计年鉴》中各地区各地级市市区人口数量和非住宅面积，样本的选择是 2002～2011 年。

为了避免伪回归，对各序列进行了单位根的 Levin 检验和不同根的 ADF-Fisher 和 PP-Fisher 平稳性检验，结果如表 6-24 所示。

表 6-24　单位根检验结果

序列	Levin		ADF-Fisher		PP-Fisher	
	统计值	P 值	统计值	P 值	统计值	P 值
$N_{i,t}$	−2.706	0.0034	50.75	0.019	61.61	0.0013
S_{nit}	6.24	1.000	16.74	0.99	22.18	0.90

可以看出，在 5%的显著性水平下，$N_{i,t}$ 序列均是平稳的，而 S_{nit} 序列均没有通过平稳性检验，因此需要对序列进行一阶差分再进行平稳性检验，结果如表 6-25 所示。可以看出，一阶差分后三种方法均在 1%的水平下支持序列平稳。

表 6-25　一阶差分后的单位根检验结果

序列	Levin		ADF-Fisher		PP-Fisher	
	统计值	P 值	统计值	P 值	统计值	P 值
S_{nit}	−11.68	0.000	111.57	0. 000	156.44	0.000

然后对一阶差分后的两个平稳序列作协整检验，Kao 方法检验的结果是 ADF 值为 3.28，并且在 1%的显著水平下是拒绝无协整关系假设的，而 Johansen 检验的结果也表明在 1%的显著水平下存在着协整关系，说明就长期而言，城镇人口的数量会影响非住宅的商业面积，非住宅面积的大小会受到城镇人口数量的变动而改变。

运用最小二乘法对两者进行统计回归，得到最终的回归方程为

$$S_{nit} = -71.05 + 5.35 N_{i,t}$$
$$(-2.15**), (4.66**) \qquad (6\text{-}30)$$

由此，得到了城镇人口数量与非住宅建筑面积之间的定量关系，即每增加一个单位的人口，非住宅面积相应地要增加 5.3536 个单位。根据式(6-30)和表 6-21，可进一步核算出 2011～2025 年非住宅集中供热面积，结果如表 6-26 所示。

表 6-26　2011～2025 年各地非住宅集中供热的总面积

（单位：10⁶ m²）

地区	2011 年面积	2012 年面积	2013 年面积	2014 年面积	2015 年面积	2016 年面积	2017 年面积	2018 年面积	2019 年面积	2020 年面积	2021 年面积	2022 年面积	2023 年面积	2024 年面积	2025 年面积
全国	731.2	720.17	767.04	785.93	805.02	821.64	838.53	849.63	861.4	874.04	885.81	898.89	913.2	929.08	949.59
北京	61.83	62.75	63.62	64.48	65.33	66.18	67.04	67.40	67.76	68.14	68.54	68.96	69.39	69.84	70.30
天津	40.23	40.83	41.32	41.79	42.26	42.71	42.95	43.18	43.41	43.64	43.76	43.84	43.91	43.99	44.12
河北	62.33	63.46	64.53	65.58	66.59	67.59	68.59	68.67	68.74	68.81	68.89	68.96	69.03	69.11	69.24
山西	49.07	49.93	50.77	51.63	52.49	53.36	54.25	54.70	55.16	55.65	56.18	56.74	57.33	57.95	58.82
内蒙古	27.42	29.48	31.62	33.76	35.89	36.21	36.53	36.87	37.22	37.59	37.99	38.42	38.88	39.37	40.37
辽宁	99.48	100.10	100.79	101.41	101.98	102.15	102.30	102.44	102.58	102.72	102.78	103.03	103.21	103.39	103.60
吉林	29.29	31.50	33.75	36.05	38.41	40.83	43.33	44.09	44.95	45.92	47.05	48.32	49.75	51.36	53.49
黑龙江	51.48	53.81	56.22	58.72	61.32	64.03	66.87	68.95	71.20	73.64	75.59	77.77	80.22	82.96	86.25
山东	149.05	135.02	151.80	153.79	155.79	157.79	159.79	161.55	163.32	165.09	166.87	168.66	170.44	172.23	174.09
河南	17.25	19.00	20.87	22.87	25.03	27.39	29.99	32.27	34.90	37.93	41.02	44.70	49.06	54.25	60.97
江苏	11.80	12.04	12.28	12.51	12.74	12.78	12.81	12.84	12.87	12.90	12.93	12.97	13.00	13.03	13.09
陕西	60.67	49.09	64.50	66.85	69.20	71.55	73.90	75.54	77.17	78.81	79.98	81.14	82.32	83.49	85.15
甘肃	41.67	42.43	43.18	43.93	44.66	44.93	45.20	45.48	45.75	46.03	46.32	46.62	46.92	47.23	47.66
青海	3.61	4.00	4.40	4.63	4.86	5.12	5.38	5.66	5.95	6.27	6.49	6.74	7.01	7.32	7.75
宁夏	12.94	13.26	13.58	13.80	14.03	14.28	14.56	14.88	15.23	15.64	16.08	16.59	17.21	17.95	18.92
新疆	13.08	13.47	13.81	14.13	14.44	14.74	15.04	15.11	15.19	15.26	15.34	15.43	15.52	15.61	15.77

注：著者对个别奇异值进行了处理

3. 各地集中供热面积的预测结果

结合表 6-23 和表 6-26，可进一步核算出 2011～2025 年全国各地住宅和非住宅的集中供热面积累加值，即全国及各地集中供热总面积的预测值，如表 6-27 所示。全国集中供热总面积将从 2011 年 49.39 亿 m^2 增加到 2025 年的 72.49 亿 m^2，15 年间增长了 23.10 亿 m^2；而相较 1996～2011 年，集中供热面积从 7 亿 m^2 增长到 49 亿 m^2，15 年间增长了 42 亿 m^2，2011 年以后的集中供热面积增长幅度有所放缓。其原因在于：1996～2011 年的集中供热主要是在地级市层面上实现的，并且这些年也是地级市房地产业发展最迅猛的时期，相应的集中供热面积也增长较快，但此后的地级市扩容速度将有所减缓。在 2014 年 7 月出台的《国务院关于进一步推进户籍制度改革的意见》中，对城区人口 500 万以上的特大城市将严格控制人口规模，对 300～500 万的大城市将适度控制落户规模和节奏，而对当前人口规模较小县城或城镇将放开落户政策。本书以人口规模较大的地级市为基数所核算的集中供热面积的预测结果与这种政策取向相吻合。

分地区而言，2011 年集中供热面积的前三名分别是山东、辽宁和河北，2025 年演化成为山东、辽宁和陕西，其供热面积将分别增长 322 百万 m^2、120 百万 m^2 和 239 百万 m^2；就增长速度而言，河南、山东、黑龙江、陕西和吉林 5 个省份将保持年均两位数的增长速度，如河南的年均增长速度将达到 23%，而北京、天津、河北、山西、内蒙古等省份的年均增长速度保持在 7%～8%，西部甘肃、青海、宁夏和新疆的年均增长速度仅在 2%～3%。各地增长情况如图 6-6 所示。区域间的这种增长结构差异源于：① 各地人口基数不同，河南等人口基数较大的省份在城镇化后的集中供热面积增长较快；② 经济发展水平各异，西部地区较落后的经济水平阻碍了集中供热水平的提升；③ 城市发展规模的限制，北京等大城市虽然经济发展水平高，但对人口增长的限制将使其未来集中供热面积增长较稳健。

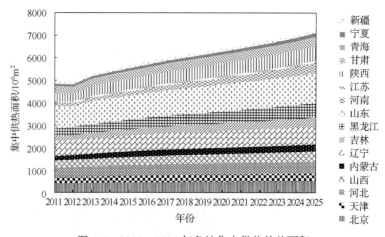

图 6-6　2011～2025 年各地集中供热的总面积

表6-27　2011～2025年各地集中供热的总面积

(单位：10^6m^2)

地区	2011年面积	2012年面积	2013年面积	2014年面积	2015年面积	2016年面积	2017年面积	2018年面积	2019年面积	2020年面积	2021年面积	2022年面积	2023年面积	2024年面积	2025年面积
全国	4939.66	4912.41	5277.44	5456.26	5639.12	5807.08	5978.87	6111.75	6251.04	6397.95	6540.25	6693.44	6857.5	7035.1	7249.92
北京	416.27	426.41	436.39	446.35	456.38	466.53	476.82	483.66	490.62	497.71	505.01	512.46	520.08	527.88	535.86
天津	272.26	278.92	284.87	290.78	296.68	302.60	306.99	311.40	315.84	320.31	324.04	327.42	330.81	334.21	338.03
河北	419.60	431.17	442.58	453.88	465.07	476.37	487.71	492.68	497.62	502.55	507.51	512.48	517.44	522.41	527.85
山西	331.19	340.12	349.09	358.21	367.49	376.97	386.66	393.33	400.20	407.27	414.74	422.47	430.48	438.80	449.10
内蒙古	186.87	202.48	218.96	235.66	252.63	257.16	261.79	266.54	271.45	276.53	281.92	287.54	293.43	299.60	309.72
辽宁	667.31	677.84	688.88	699.58	710.06	717.73	725.30	732.85	740.41	748.01	755.02	763.45	771.32	779.32	787.47
吉林	199.33	216.09	233.43	251.39	270.04	289.45	309.68	317.91	326.92	336.84	348.03	360.41	374.14	389.43	408.84
黑龙江	347.27	366.26	386.09	406.84	428.60	451.48	475.61	494.73	515.28	537.53	556.48	577.40	600.54	626.22	656.38
山东	997.79	912.85	1035.50	1058.85	1082.46	1106.35	1130.51	1153.26	1176.26	1199.50	1223.03	1246.82	1270.85	1295.14	1320.16
河南	119.03	131.96	145.88	160.98	177.46	195.59	215.66	233.87	254.77	278.98	304.05	333.76	369.05	411.06	465.40
江苏	82.69	85.12	87.55	89.98	92.41	93.50	94.58	95.66	96.74	97.82	98.92	100.03	101.14	102.25	103.55
陕西	408.56	334.49	442.36	462.60	483.16	504.01	525.18	541.54	558.12	574.91	588.48	602.22	616.11	630.17	648.11
甘肃	281.83	289.66	297.52	305.40	313.32	318.10	322.91	327.76	332.66	337.62	342.73	347.90	353.15	358.47	364.78
青海	28.12	31.00	33.99	35.88	37.87	39.98	42.21	44.58	47.11	49.81	51.88	54.16	56.66	59.42	63.23
宁夏	90.33	93.34	96.39	98.78	101.32	104.03	106.95	110.15	113.69	117.66	121.88	126.74	132.43	139.13	147.59
新疆	91.21	94.70	97.96	101.10	104.17	107.23	110.31	111.83	113.35	114.90	116.53	118.18	119.87	121.59	123.85

6.5　集中供热耗煤预测与节能潜力测算

6.5.1　单位建筑面积耗煤量和节煤潜力

根据中国《民用建筑节能设计标准》（JGJ 26—1995），单位建筑面积采暖耗煤量的计算公式为

$$q_C = \frac{24 \times Z \times q_H}{H_C \times \eta_1 \times \eta_2} \qquad (6\text{-}31)$$

式中，q_C 表示采暖期内单位供热面积所消耗的标准煤数量，单位为 kgce/m²；Z 表示年内采暖期天数；q_H 表示建筑物耗热量指标，即在集中供热时期室外平均温度的状态下，为了保持室内的固定舒适温度，单位时间内单位建筑面积消耗的、需要由采暖设备供给的热量，单位为 W/m²；H_C 表示标准煤的热值，通常取 8.14×10^3 W·h/kg；η_1 表示室外管网的传送效率，采取节能措施前取 0.85，采取节能措施后取 0.90；η_2 表示锅炉运行效率，采取节能措施前取 0.55，采取节能措施后取 0.68。

2010 年，中国又发布了《严寒和寒冷地区居住建筑节能设计标准》(JGJ 26—2010)，该标准减少了各地供暖天数和耗热量标准值，事实上提高了建筑物保暖要求，相应地降低了供暖能耗。由此，根据当前和未来的建筑耗能、管网效率和锅炉效率设置为现实、标准 I、标准 II 三种情境。现实情境反映了当前中国供热耗能的真实情况，它根据各地实际供暖煤耗和供暖面积的比值得到，具体数据由表 6-4 而来；在标准情境 I 中，管网传输效率和燃煤锅炉效率分别取节能前的 0.85 和 0.55，而单位建筑面积耗热量取国家标准 JGJ 26—2010 的标准值，重点考察的是建筑物保温质量提升后的节能效果；在标准情境 II 中，将管网传输效率和燃煤锅炉效率设置为节能后的 0.90 和 0.68，单位建筑面积耗热量也采用国家标准 JGJ 26—2010 的标准值，考察全方位实施节能措施后的供热耗煤情况。现实与标准 I 和标准 II 之间的耗煤量差值即为未来的采暖期内单位建筑面积节煤潜力。具体核算结果见表 6-28。

表 6-28　各地采暖期内单位建筑面积耗煤量和节能潜力

省份	天数 Z/d	耗热量 q_H/(W/m²)	耗煤量/(kgce/m²)			节能潜力/(kgce/m²)	
			现实	标准 I	标准 II	标准 I	标准 II
北京	114	13.50	25.67	9.70	7.41	15.97	18.26
天津	118	14.45	15.20	10.75	8.21	4.45	6.99
河北	131	14.78	19.29	12.21	9.32	7.08	9.97
山西	130	14.34	14.82	11.75	8.98	3.07	5.84
内蒙古	178	16.21	22.99	18.19	13.90	4.8	9.09
辽宁	148	16.71	21.40	15.59	11.91	5.81	9.49

续表

省份	天数 Z/d	耗热量 q_H/(W/m²)	耗煤量/(kgce/m²)			节能潜力/(kgce/m²)	
			现实	标准Ⅰ	标准Ⅱ	标准Ⅰ	标准Ⅱ
吉林	168	18.12	20.44	19.19	14.66	1.25	5.78
黑龙江	184	18.84	23.79	21.86	16.70	1.93	7.09
山东	106	11.78	21.85	7.87	6.01	13.98	15.84
河南	90	11.47	18.09	6.51	4.97	11.58	13.12
江苏	84	11.50	21.85	6.09	4.65	15.76	17.2
陕西	110	13.72	17.77	9.51	7.27	8.26	10.5
甘肃	151	12.19	23.11	11.60	8.86	11.51	14.25
青海	221	10.82	24.87	15.08	11.52	9.79	13.35
宁夏	142	14.88	25.48	13.32	10.17	12.16	15.31
新疆	143	15.82	31.30	14.26	10.89	17.04	20.41

数据来源：供暖天数和耗热量来自《严寒和寒冷地区居住建筑节能设计标准》(JGJ 26—2010)，江苏省数据参照山东省的数值给出

6.5.2 各地集中供热耗煤量的核算

结合各地集中供热总面积的预测结果和现实、标准Ⅰ、标准Ⅱ三种情境下的单位面积耗煤量，就可以得到不同情境下的集中供热耗煤如表 6-29～表 6-31 所示。

就全国而言，在现实情境下，全国集中供热耗煤量将从 2011 年的 1.04 亿 tce 上涨到 2025 年的 1.52 亿 tce，15 年间煤炭耗用量增加 0.48 亿 tce；在标准情境Ⅰ中，2011年的全国集中供热耗煤量将较现实情境显著地减少到 0.60 亿 tce，节约量达到 0.44亿 tce，这意味着如果对中国北方住房的保暖水平进行改造将会产生较显著的节能效应，节能规模几乎可以支撑未来 15 年内的取暖用煤增加额，同时，在此情境下，2025 年的取暖用煤需求为 0.90 亿 tce，甚至小于当前中国的取暖用能水平，15 年间的用煤需求仅增长 0.30 亿 tce；如果进一步按照国家标准提升管网效率和锅炉效率，标准情境Ⅱ下所产生的节能效果更加可观，2011 年的全国取暖用煤仅消费0.46 亿 tce，即使到 2025 年大力实施城镇化后，煤炭消费量也仅维持在 0.68 亿 tce，15 年间增长 0.22 亿 tce，此时，城镇化给煤炭行业及其环境问题所带来的影响将降到最低。

分省市而言，中国取暖用煤的格局在 2011～2025 年虽有所变化，但总体变化程度不大，见图 6-7 和图 6-8。2011 年，取暖用煤量的前三甲分别是山东、辽宁和北京，分别占比 20.94%、13.71%和 10.26%，这些地区都属于人口大省，经济发展水平和城镇化水平也较高，取暖用煤需求量大；到了 2025 年，前三名变为山东、辽宁和黑龙江，且前两者所占比例分别下降到 18.93%和 11.06%，而黑龙江占比达到 10.25%，北京的份额降到 9.03%。其余省份中，占比增长较快的省份还有河南(5.53%)、吉林(5.48%)两省，表明它们的城镇化进程将较快，取暖用煤的增长率也较大。

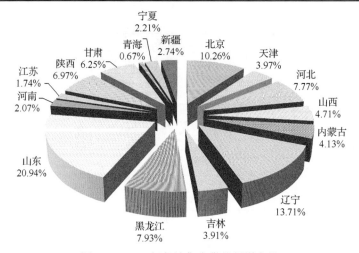

图 6-7　2011 年各地集中供热耗煤占比

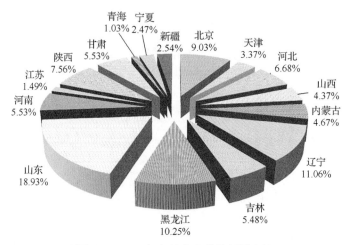

图 6-8　2025 年各地集中供热耗煤占比

造成目前集中供热耗煤比较大的主要原因有如下三点：①中国集中供热的覆盖面不够广，分散小锅炉、家庭煤炉供热普遍存在，而且关于集中供热的方式，中国的区域锅炉房供热占提供热量的 2/3，热电联产占 1/3，而欧洲国家正好相反，中国热电联产的节能效用还有待充分利用，热电联产项目还有需要有力的推进；②燃料的不同，中国的集中供热以耗煤为主，而欧洲国家的燃料以天然气为主，两种能源的能源效率存在着较大的差距；③供热基建方面和供热系统自动化程度较低，中国北方省份的墙体、门窗很少考虑到节能因素，而且老的管网和锅炉，都造成了供热系统效率的降低，另外供热系统不能自动控制、调整，可能造成温度过高、资源浪费。这些不足都是今后一段时间采暖节能工作的重点和方向。

表 6-29　2011～2025 年现实情境下各地区集中供热耗煤预测值　（单位：万 tce）

地区	2011年耗煤	2012年耗煤	2013年耗煤	2014年耗煤	2015年耗煤	2016年耗煤	2017年耗煤	2018年耗煤	2019年耗煤	2020年耗煤	2021年耗煤	2022年耗煤	2023年耗煤	2024年耗煤	2025年耗煤
全国	10412.95	10377.85	11125.69	11501.36	11885.32	12234.36	12592.1	12869.31	13159.69	13465.74	13762.23	14081.3	14422.54	14791.39	15235.95
北京	1068.57	1094.59	1120.21	1145.78	1171.53	1197.58	1224.00	1241.56	1259.42	1277.62	1296.36	1315.48	1335.05	1355.07	1375.55
天津	413.84	423.96	433.00	441.99	450.95	459.95	466.62	473.33	480.08	486.87	492.54	497.68	502.83	508.00	513.81
河北	809.41	831.73	853.74	875.53	897.12	918.92	940.79	950.38	959.91	969.42	978.99	988.57	998.14	1007.73	1018.22
山西	490.82	504.06	517.35	530.87	544.62	558.67	573.03	582.92	593.10	603.57	614.64	626.10	637.97	650.30	665.57
内蒙古	429.61	465.50	503.39	541.78	580.80	591.21	601.86	612.78	624.06	635.74	648.13	661.05	674.60	688.78	712.05
辽宁	1428.04	1450.58	1474.20	1497.10	1519.53	1535.94	1552.14	1568.30	1584.48	1600.74	1615.74	1633.78	1650.62	1667.74	1685.19
吉林	407.43	441.69	477.13	513.84	551.96	591.64	632.99	649.81	668.22	688.50	711.37	736.68	764.74	795.99	835.67
黑龙江	826.16	871.33	918.51	967.87	1019.64	1074.07	1131.48	1176.96	1225.85	1278.78	1323.87	1373.63	1428.68	1489.78	1561.53
山东	2180.17	1994.58	2262.57	2313.59	2365.18	2417.37	2470.16	2519.87	2570.13	2620.91	2672.32	2724.30	2776.81	2829.88	2884.55
河南	215.33	238.72	263.90	291.21	321.03	353.82	390.13	423.07	460.88	504.67	550.03	603.77	667.61	743.61	841.91
江苏	180.68	185.99	191.30	196.61	201.92	204.30	206.66	209.02	211.38	213.74	216.14	218.57	220.99	223.42	226.26
陕西	726.01	594.39	786.07	822.04	858.58	895.63	933.24	962.32	991.78	1021.62	1045.73	1070.14	1094.83	1119.81	1151.69
甘肃	651.31	669.40	687.57	705.78	724.08	735.13	746.25	757.45	768.78	780.24	792.05	804.00	816.13	828.42	843.01
青海	69.93	77.10	84.53	89.23	94.18	99.43	104.98	110.87	117.16	123.88	129.03	134.70	140.91	147.78	157.25
宁夏	230.16	237.83	245.60	251.69	258.16	265.07	272.51	280.66	289.68	299.80	310.55	322.93	337.43	354.50	376.06
新疆	285.49	296.41	306.61	316.44	326.05	335.63	345.27	350.03	354.79	359.64	364.74	369.90	375.19	380.58	387.65

表 6-30　2011～2025 年标准情境 I 下各地区集中供热耗煤预测值

（单位：万 tce）

地区	2011年耗煤	2012年耗煤	2013年耗煤	2014年耗煤	2015年耗煤	2016年耗煤	2017年耗煤	2018年耗煤	2019年耗煤	2020年耗煤	2021年耗煤	2022年耗煤	2023年耗煤	2024年耗煤	2025年耗煤
全国	6041.20	6096.32	6492.67	6728.67	6970.16	7186.56	7408.38	7573.27	7746.34	7929.11	8104.08	8293.01	8495.05	8713.51	8978.87
北京	403.78	413.62	423.30	432.96	442.69	452.53	462.52	469.15	475.90	482.78	489.86	497.09	504.48	512.04	519.78
天津	292.68	299.84	306.24	312.59	318.93	325.30	330.01	334.76	339.53	344.33	348.34	351.98	355.62	359.28	363.38
河北	512.33	526.46	540.39	554.19	567.85	581.65	595.49	601.56	607.59	613.61	619.67	625.74	631.79	637.86	644.50
山西	389.15	399.64	410.18	420.90	431.80	442.94	454.33	462.16	470.24	478.54	487.32	496.40	505.81	515.59	527.69
内蒙古	339.92	368.31	398.29	428.67	459.53	467.77	476.20	484.84	493.77	503.01	512.81	523.04	533.75	544.97	563.38
辽宁	1040.34	1056.75	1073.96	1090.65	1106.98	1118.94	1130.74	1142.51	1154.30	1166.15	1177.08	1190.22	1202.49	1214.96	1227.67
吉林	382.51	414.68	447.95	482.42	518.21	555.45	594.28	610.07	627.36	646.40	667.87	691.63	717.97	747.32	784.56
黑龙江	759.13	800.64	843.99	889.35	936.92	986.94	1039.68	1081.48	1126.40	1175.04	1216.47	1262.20	1312.78	1368.92	1434.85
山东	785.26	718.41	814.94	833.31	851.90	870.70	889.71	907.62	925.72	944.01	962.52	981.25	1000.16	1019.28	1038.97
河南	77.49	85.91	94.97	104.80	115.53	127.33	140.39	152.25	165.86	181.62	197.94	217.28	240.25	267.60	302.98
江苏	50.36	51.84	53.32	54.80	56.28	56.94	57.60	58.26	58.91	59.57	60.24	60.92	61.59	62.27	63.06
陕西	388.54	318.10	420.68	439.93	459.49	479.31	499.45	515.00	530.77	546.74	559.64	572.71	585.92	599.29	616.35
甘肃	326.92	336.01	345.12	354.26	363.45	369.00	374.58	380.20	385.89	391.64	397.57	403.56	409.65	415.83	423.14
青海	42.40	46.75	51.26	54.11	57.11	60.29	63.65	67.23	71.04	75.11	78.24	81.67	85.44	89.61	95.35
宁夏	120.32	124.33	128.39	131.57	134.96	138.57	142.46	146.72	151.44	156.72	162.34	168.82	176.40	185.32	196.59
新疆	130.07	135.04	139.69	144.17	148.55	152.91	157.30	159.47	161.64	163.85	166.17	168.52	170.93	173.39	176.61

表 6-31　2011～2025 年标准情境 II 下各地区集中供热耗煤预测值　（单位：万 tce）

地区	2011年耗煤	2012年耗煤	2013年耗煤	2014年耗煤	2015年耗煤	2016年耗煤	2017年耗煤	2018年耗煤	2019年耗煤	2020年耗煤	2021年耗煤	2022年耗煤	2023年耗煤	2024年耗煤	2025年耗煤
全国	4614.72	4656.80	4959.61	5139.89	5324.37	5489.68	5659.13	5785.09	5917.3	6056.91	6190.57	6334.89	6489.22	6656.09	6858.79
北京	308.46	315.97	323.36	330.75	338.18	345.70	353.32	358.39	363.55	368.80	374.21	379.73	385.38	391.16	397.07
天津	223.53	228.99	233.88	238.73	243.57	248.43	252.04	255.66	259.30	262.97	266.04	268.81	271.60	274.39	277.52
河北	391.07	401.85	412.48	423.02	433.45	443.98	454.55	459.18	463.78	468.38	473.00	477.63	482.25	486.89	491.96
山西	297.41	305.43	313.48	321.67	330.01	338.52	347.22	353.21	359.38	365.73	372.44	379.38	386.57	394.04	403.29
内蒙古	259.75	281.45	304.35	327.57	351.16	357.45	363.89	370.49	377.32	384.38	391.87	399.68	407.87	416.44	430.51
辽宁	794.77	807.31	820.46	833.20	845.68	854.82	863.83	872.82	881.83	890.88	899.23	909.27	918.64	928.17	937.88
吉林	292.22	316.79	342.21	368.54	395.88	424.33	453.99	466.06	479.26	493.81	510.21	528.36	548.49	570.90	599.36
黑龙江	579.94	611.65	644.77	679.42	715.76	753.97	794.27	826.20	860.52	897.68	929.32	964.26	1002.90	1045.79	1096.15
山东	599.67	548.62	622.34	636.37	650.56	664.92	679.44	693.11	706.93	720.90	735.04	749.34	763.78	778.38	793.42
河南	59.16	65.58	72.50	80.01	88.20	97.21	107.18	116.23	126.62	138.65	151.11	165.88	183.42	204.30	231.30
江苏	38.45	39.58	40.71	41.84	42.97	43.48	43.98	44.48	44.98	45.49	46.00	46.51	47.03	47.55	48.15
陕西	297.02	243.17	321.60	336.31	351.26	366.42	381.81	393.70	405.75	417.96	427.82	437.81	447.91	458.13	471.18
甘肃	249.70	256.64	263.60	270.58	277.60	281.84	286.10	290.40	294.74	299.13	303.66	308.24	312.89	317.60	323.20
青海	32.39	35.71	39.16	41.33	43.63	46.06	48.63	51.36	54.27	57.38	59.77	62.39	65.27	68.45	72.84
宁夏	91.87	94.93	98.03	100.46	103.04	105.80	108.77	112.02	115.62	119.66	123.95	128.89	134.68	141.50	150.10
新疆	99.33	103.13	106.68	110.10	113.44	116.77	120.13	121.78	123.44	125.13	126.90	128.70	130.54	132.41	134.87

6.5.3　各地集中供热节能潜力的评价

用 2011～2025 年现实情境的供热耗煤量分别减去标准情境Ⅰ和Ⅱ下的供热耗煤量，即得到不同情境下的节能潜力如图 6-9 和图 6-10 所示。

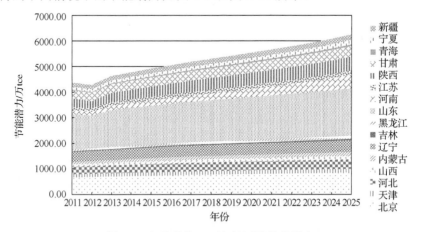

图 6-9　标准情境Ⅰ下各地区的节能潜力

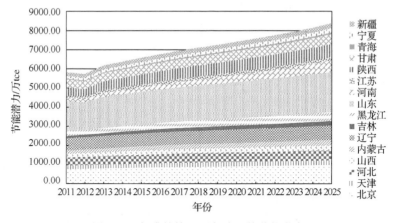

图 6-10　标准情境Ⅱ下各地区的节能潜力

就节能总量而言，情境Ⅰ下的 2011 年节能值达到 4371 万 tce，2025 年将达到 6257 万 tce，而情境Ⅱ下的相应值将分别达到 5798 万 tce 和 8377 万 tce。其政策含义是如果对北方省份房屋的保温质量按国家标准进行改善提高，2011 年就可获得可观的节能效益，如果再结合管网改造和锅炉升级，可以再多节约煤炭 1427 万 tce，并且在此后 10 年间，这种节能效益也稳步上升，政策的长期收益非常好，因此值得大力推广。

与煤炭消耗量相比较，情境Ⅰ下的 2011 煤炭消耗量为 6041 万 tce，也就是对当前房屋保温质量按国家标准改造后，其节省下来的 4371 万 tce 煤炭就足以支撑实际消耗量的 72%左右，这一比例在 2025 年为 69%；如果结合管网改造和锅炉升级，仅节省下来的煤炭就足以完全支持情境Ⅱ下采暖耗煤量。这种对比分析进一步显示了当前北方省份房屋和供暖设施进行改造升级的必要性和有效性，尤其是当这种节能效果是在中国集中供热耗煤量不断上涨的背景下取得时，其意义就更加突显。

分省区来看，未来通过节能改造效果较突出的省份既包括传统耗煤大省，如山东、北京和辽宁等地，也包括节能增长潜力较快的省份，如河南、甘肃等地，这些地区或是因为供暖面积大、耗煤数量多，或是因为现有节能措施落后、增长潜力大，可能在未来呈现出较可观的节能效果。

6.6　城镇化政策对供热耗煤的影响

6.6.1　加大棚户区改造力度

棚户区内的住房结构简单，年久失修，房屋破损严重，公共设施缺少，生活环境较恶劣，李克强总理曾多次强调，城镇化的发展不能是一边高楼林立，一边棚户区连片。2013 年《国务院关于加快棚户区改造工作的意见》指出，要以科学发展观为指导，适应城镇化发展的需要，以改善群众住房条件为出发点和落脚点，加快推进各类棚户区改造，重点推进资源枯竭型城市及独立工矿棚户区、三线企业集中地区的棚户区改造，稳步实施城中村改造。2013~2017 年改造各类棚户区 1000 万户，使居民住房条件明显改善，基础设施和公共服务设施建设水平不断提高。2014 年 3 月召开的国务院常务会议再次指出要加快棚户区的改造计划。

为此，假设相关政策要求各地 2017 年基本完成棚户区改造。此时，6.4.3 节中的北京、河北、辽宁、江苏等省份不受影响，而其余 7 个省份的改造速率将会加快，如表 6-32 所示。据此可核算出现实情境和标准情境Ⅰ下的集中供热耗煤增量如表 6-33 和表 6-34 所示。可以看出，在加快棚户区改造的政策实施下，现实情境下的 2011 年 7 个省份集中供热耗煤量增长 6.30 万 tce，而节能情境下这一增长值减少到 1.59 万 tce。可以看出，加大棚户区改造对集中供热耗煤的需求增长数量有限，并不会引发严重的煤炭供给和环境问题，可以积极实施。

表 6-32　加快棚户区改造的历年改造比率

地区	2011 年改造比率	2012 年改造比率	2013 年改造比率	2014 年改造比率	2015 年改造比率	2016 年改造比率	2017 年改造比率
天津	0.143	0.143	0.143	0.143	0.143	0.143	0.142
内蒙古	0.196	0.196	0.196	0.196	0.196	0.01	0.01
黑龙江	0.143	0.143	0.143	0.143	0.143	0.143	0.142
河南	0.143	0.143	0.143	0.143	0.143	0.143	0.142
陕西	0.143	0.143	0.143	0.143	0.143	0.143	0.142
青海	0.170	0.170	0.170	0.1275	0.1275	0.1275	0.1255
宁夏	0.200	0.200	0.200	0.100	0.100	0.100	0.100

表 6-33　现实情境下加快棚户区改造的供暖耗煤增量　　（单位：万 tce）

地区	2011年耗煤增量	2012年耗煤增量	2013年耗煤增量	2014年耗煤增量	2015年耗煤增量	2016年耗煤增量	2017年耗煤增量	2018年耗煤增量	2019年耗煤增量	2020年耗煤增量	2021年耗煤增量	2022年耗煤增量	2023年耗煤增量	2024年耗煤增量	2025年耗煤增量
全国	6.30	12.71	19.25	28.60	38.07	48.42	60.56	61.15	61.68	62.23	63.08	63.86	64.67	65.49	68.63
天津	0.26	0.53	0.80	1.08	1.35	1.64	3.52	3.56	3.59	3.62	3.72	3.76	3.80	3.84	3.94
内蒙古	0.00	0.00	0.00	0.00	0.00	0.68	1.38	1.41	1.41	1.43	1.44	1.47	1.49	1.51	1.60
黑龙江	4.26	8.61	13.04	17.55	22.13	26.81	31.55	31.86	32.13	32.42	32.75	33.10	33.45	33.78	34.69
河南	0.83	1.68	2.55	3.43	4.33	5.24	6.17	6.22	6.28	6.33	6.44	6.53	6.63	6.74	7.26
陕西	0.94	1.89	2.86	3.86	4.87	5.89	6.95	7.00	7.07	7.13	7.22	7.33	7.43	7.54	8.00
青海	0.00	0.00	0.00	1.00	2.01	3.04	4.10	4.14	4.17	4.21	4.28	4.33	4.40	4.47	4.78
宁夏	0.00	0.00	0.00	1.67	3.39	5.12	6.90	6.96	7.04	7.09	7.23	7.34	7.48	7.60	8.35

表 6-34　节能情境下加快棚户区改造的供暖节煤潜力　　（单位：万 tce）

地区	2011年节煤潜力	2012年节煤潜力	2013年节煤潜力	2014年节煤潜力	2015年节煤潜力	2016年节煤潜力	2017年节煤潜力	2018年节煤潜力	2019年节煤潜力	2020年节煤潜力	2021年节煤潜力	2022年节煤潜力	2023年节煤潜力	2024年节煤潜力	2025年节煤潜力
全国	1.59	3.21	4.86	7.23	9.62	12.24	15.31	15.46	15.59	15.73	15.95	16.14	16.34	16.55	17.35
天津	0.06	0.14	0.2	0.28	0.34	0.42	0.89	0.9	0.91	0.92	0.94	0.95	0.96	0.97	1
内蒙古	0	0	0	0	0	0.17	0.35	0.36	0.36	0.36	0.36	0.37	0.38	0.38	0.4
黑龙江	1.07	2.17	3.29	4.43	5.59	6.78	7.97	8.05	8.12	8.19	8.28	8.36	8.45	8.53	8.76
河南	0.21	0.43	0.64	0.86	1.09	1.32	1.56	1.57	1.58	1.59	1.62	1.65	1.67	1.7	1.83
陕西	0.24	0.48	0.72	0.97	1.23	1.49	1.76	1.77	1.79	1.8	1.83	1.85	1.88	1.91	2.02
青海	0	0	0	0.25	0.51	0.77	1.04	1.05	1.05	1.06	1.08	1.1	1.11	1.13	1.21
宁夏	0	0	0	0.42	0.86	1.29	1.75	1.76	1.79	1.8	1.83	1.86	1.9	1.92	2.12

6.6.2　加快新楼房人口增长速度

　　本书对新楼房居民的定义是指从农村乡镇转移至城市并在城市中购置楼房的人群，是中国城镇化中人群转移的主体。2013 年年末的中央城镇化工作会上指出，推进城镇化的主要任务是推进农业转移人口市民化，解决其落户、就业、社会保障等一系列难题，努力提高他们融入城镇所必需的素质和能力要求。2014 年，中共中央、国务院印发了《国家新型城镇化规划（2014～2020 年）》，要求到 2020 年常住人口城镇化率达到 60%左右，户籍人口城镇化率达到 45%左右。户籍人口城镇化率与常住人口城镇化率差距缩小 2 个百分点左右，努力实现 1 亿左右农业转移人口和其他常住人口在城镇落户。

　　根据表 6-15 对人口转移的预测结果，中国北方集中供热省份的 2014 年和 2020 年农村向城镇的转移人口为 4420 万人和 6933 万人，分别占城镇人口总数的 5.9%和 8.7%，年平均增长率为 7.8%左右。显然，这一人口比例和增长速度与国家规划相比还存在着较大差距，表明前面所得到的集中供热面积及耗煤数量的预测结果偏小。由此，以 2011 年的供热总人口 3316.53 万为基数，考察农村向城镇转移的年均增长率达到 20%时的耗煤情况，与原有的研究结果相比，这一政策影响下的 2012～2025 年供暖耗煤增量和节煤量分别如表 6-35 和表 6-36 所示。可以看出，这种假设下的供暖耗煤增量较明显，2012 年增长 375 万 tce，但 15 年后的 2025 年，这一数据增加到 1.85 亿 tce，即使在节能情境下，这一数据也达到 0.47 亿 tce，几乎在原有水平上增加了 1 倍，显然会给未来煤炭供给及其环境问题带来较大的影响，需要给予格外的关注，并稳健有序地推进城镇化进程。

表 6-35　现实情境下加速新楼房人口增长水平的供暖耗煤增量　（单位：万 tce）

地区	2012 年耗煤增量	2013 年耗煤增量	2014 年耗煤增量	2015 年耗煤增量	2016 年耗煤增量	2017 年耗煤增量	2018 年耗煤增量	2019 年耗煤增量	2020 年耗煤增量	2021 年耗煤增量	2022 年耗煤增量	2023 年耗煤增量	2024 年耗煤增量	2025 年耗煤增量
全国	375.8	499.5	887.9	1408.7	2085.6	2943.1	4003.0	5282.1	6791.7	8541.9	10549.4	12847.6	15493.0	18569.4
北京	17.9	42.8	75.1	115.6	165.7	227.1	301.9	392.9	503.4	637.4	799.8	996.6	1235.0	1523.6
天津	3.4	7.9	13.6	20.7	29.4	40.0	52.9	68.7	87.7	110.8	138.8	172.6	213.9	263.7
河北	9.1	20.8	35.5	53.6	75.9	103.1	136.2	176.5	225.3	284.5	356.3	443.3	548.7	676.2
山西	9.9	22.2	37.2	55.5	77.8	104.7	137.9	177.8	226.2	284.9	356.1	442.3	546.6	673.0
内蒙古	72.4	143.1	247.1	393.9	592.7	848.6	1159.4	1511.7	1879.4	2226.5	2513.8	2705.9	2776.4	2707.8
辽宁	17.9	53.1	108.4	186.6	290.6	423.6	590.1	795.8	1048.0	1355.6	1729.7	2184.0	2735.0	3402.8
吉林	18.8	44.3	78.5	123.9	182.5	258.7	356.5	481.4	639.9	840.3	1092.5	1409.0	1804.7	2298.4
黑龙江	14.8	34.7	61.2	95.8	140.9	198.7	272.7	366.6	485.4	634.7	822.0	1055.9	1347.3	1709.4
山东	88.9	27.2	43.4	64.3	91.0	124.5	166.4	218.5	282.9	362.2	459.6	578.8	724.6	902.4
河南	0.0	0.1	0.1	0.2	0.4	0.5	0.7	1.0	1.4	1.9	2.5	3.3	4.3	5.6
江苏	1.3	3.0	5.1	7.6	10.7	14.5	19.1	24.7	31.5	39.7	49.7	61.8	76.4	94.2
陕西	95.5	30.0	48.3	71.6	101.0	137.9	183.8	240.6	310.7	396.8	502.4	631.4	789.0	980.9
甘肃	3.1	7.2	12.4	18.7	26.6	36.2	47.9	62.2	79.4	100.4	125.8	156.6	193.8	239.0
青海	0.3	0.8	1.3	2.1	3.1	4.3	6.0	8.0	10.6	13.9	17.9	23.0	29.4	37.3
宁夏	2.5	5.6	9.4	14.0	19.7	26.6	35.0	45.2	57.6	72.5	90.7	112.7	139.3	171.5
新疆	19.8	56.7	111.4	184.5	277.7	393.8	536.4	710.5	922.4	1179.7	1491.8	1870.1	2328.5	2883.6

表 6-36　节能情境下加速新楼房人口增长水平的供暖节煤潜力　（单位：万 tce）

地区	2012 年节煤潜力	2013 年节煤潜力	2014 年节煤潜力	2015 年节煤潜力	2016 年节煤潜力	2017 年节煤潜力	2018 年节煤潜力	2019 年节煤潜力	2020 年节煤潜力	2021 年节煤潜力	2022 年节煤潜力	2023 年节煤潜力	2024 年节煤潜力	2025 年节煤潜力
全国	95.0	126.3	224.5	356.2	527.3	744.1	1012.1	1335.5	1717.1	2159.7	2667.2	3248.2	3917.0	4694.7
北京	4.5	10.8	19.0	29.2	41.9	57.5	76.4	99.4	127.4	161.3	202.3	252.1	312.4	385.4
天津	0.8	2.0	3.4	5.2	7.4	10.1	13.3	17.4	22.2	28.0	35.1	43.7	54.1	66.7
河北	2.3	5.3	9.0	13.6	19.2	26.1	34.5	44.8	57.1	72.1	90.3	112.3	139.1	171.4
山西	2.5	5.6	9.4	14.0	19.6	26.5	34.9	44.9	57.1	72.0	90.0	111.8	138.1	170.1
内蒙古	18.3	36.2	62.5	99.6	149.9	214.6	293.2	382.3	475.3	563.0	635.7	684.3	702.1	684.8
辽宁	4.5	13.4	27.4	47.1	73.4	107.0	149.0	201.0	264.7	342.4	436.8	551.5	690.7	859.4

地区	2012年节煤潜力	2013年节煤潜力	2014年节煤潜力	2015年节煤潜力	2016年节煤潜力	2017年节煤潜力	2018年节煤潜力	2019年节煤潜力	2020年节煤潜力	2021年节煤潜力	2022年节煤潜力	2023年节煤潜力	2024年节煤潜力	2025年节煤潜力
吉林	4.8	11.2	19.8	31.2	46.2	65.5	90.2	121.8	161.9	212.6	276.4	356.5	456.6	581.6
黑龙江	3.8	8.8	15.5	24.2	35.6	50.2	68.9	92.6	122.7	160.3	207.7	266.8	340.4	431.9
山东	22.5	6.9	11.0	16.2	23.0	31.5	42.1	55.2	71.5	91.6	116.2	146.2	183.1	228.0
河南	0.1	0.1	0.1	0.1	0.1	0.1	0.1	0.2	0.4	0.5	0.6	0.8	1.1	1.4
江苏	0.3	0.7	1.3	1.9	2.7	3.6	4.8	6.2	7.9	10.0	12.5	15.6	19.2	23.8
陕西	24.2	7.6	12.2	18.1	25.5	34.9	46.5	60.9	78.6	100.4	127.1	159.7	199.7	248.2
甘肃	0.8	1.8	3.2	4.7	6.7	9.1	12.1	15.7	20.0	25.4	31.8	39.6	48.9	60.4
青海	0.1	0.2	0.3	0.5	0.8	1.1	1.6	2.0	2.7	3.6	4.5	5.8	7.4	9.4
宁夏	0.6	1.4	2.4	3.5	5.0	6.7	8.8	11.4	14.6	18.3	23.0	28.6	35.3	43.4
新疆	5.0	14.3	28.2	46.6	70.2	99.6	135.6	179.6	233.2	298.2	377.1	472.7	588.6	728.9

第7章 煤炭运输储备优化模型

7.1 煤炭运输通道优化模型

7.1.1 区域间运输通道分析

中国煤炭资源"西多东少、北多南少"的格局,决定了"西煤东调、北煤南运"的运输体系,主要依靠铁路、公路、沿海和内河等运输。长期以来,铁路以其动力大、速度快、成本低、能耗小等优势,一直是煤炭运输的主要方式,同时,结合中国海运特点,将铁路与海运结合,形成了目前的"西煤下海、路港结合、联合转运"的煤炭长距离输送方式。

1. 铁路运输通道

中国的主要煤炭铁路通道是指"三西"煤外运通道、出关运煤通道和向华东地区调运煤炭的铁路运输通道。其中,"三西"煤炭外运通道是中国煤炭富集区山西、陕西和内蒙古西部的煤炭外运的最主要通道,包括北路、中路和南路三个主要通道。主要运煤铁路线路及运能情况见表 7-1。

表 7-1 主要运煤铁路线及 2011 年运煤量

类别	线路名称	货源地	去向	线路长度 /km	2011 年运量 /(10^6t)
北通路	大秦线	大同、平朔、准噶尔、东胜	除了少量供应沿线大电厂和出关,绝大部分在秦皇岛港下水,供应东北、华东和东南沿海电厂	653	440
	丰沙大线	大同、平朔、准噶尔、东胜	部分供应京、津和冀北地区,部分煤炭供应东北、华东等地区电厂,部分煤炭经天津港和京唐港下水运往华东和东南沿海电厂	389	60
	京原线	轩岗、西山	部分供应京、津和冀北地区,部分煤炭在天津港下水供应东北、华东等地区电厂	419	19
	集通线	东胜、乌海、石嘴山	大部分供应辽宁和吉林的电厂和钢厂,部分煤炭经锦州港和营口港下水供应华东和中南沿海电厂	417	24
	朔黄线	神木、东胜、榆林	除了少量供应沿线电厂,绝大部分在黄骅港和天津港下水	594	180
中通路	石太线	西山、离柳、汾阳、阳泉	除了部分供应河北南部电厂,大部分供应山东和江苏等电厂、煤气厂和化肥厂	243	80
	邯长线	潞安、阳泉	部分供应河北南部电厂,部分供应山东电厂	219	19

续表

类别	线路名称	货源地	去向	线路长度/km	2011年运量/(10^6t)
南通路	太焦线	潞安、晋城	部分供应河南、山东和江苏等地电厂和钢厂，部分经由日照港下水供应中南沿海电厂	434	60
	侯月线	乡宁、晋城	部分供应湖北、安徽和江苏等地电厂和钢厂，部分经由日照港下水供应华东和中南沿海电厂	252	200
	陇海线	神府、榆木、黄陵、彬长、蒲白、石嘴山	部分供应湖北和湖南电厂，部分供应江苏、安徽、江西等地电厂和钢厂	1083	50
	西康线	黄陵、彬长、蒲白、澄合	部分供应湖北电厂，煤炭进入川渝地区	261	20
	宁西线	神府、榆林、黄陵、彬长、蒲白	供应中南、华东地区电厂	1030	22
	山西中南部通道	山西	中南地区电厂	1260	尚未运营
	蒙西至华中通道	蒙西、陕西、宁夏	中南地区电厂	1837	尚未运营

资料来源：著者根据公开资料收集整理

　　除了主干网，中国内地还有一些区域存在煤炭铁路运输，主要有黑龙江煤炭向辽宁输送，新疆哈密煤炭向甘肃输送，山东煤炭向长三角输送，两淮煤炭向长三角输送，河南煤炭向华中输送，贵州煤炭向华南、川渝地区输送等。

　　2. 水路运输通道

　　煤炭水路运输是中国煤炭由北向南的主要运输方式，因其运力强、运费低而具有很强竞争力。特别在煤炭的"铁路-海运"联运体系中，山西、内蒙古和陕西的煤炭在环渤海地区的天津港、秦皇岛港、黄骅港、京唐港下水，通过海运运往上海、江苏、福建、广东等华东省份。

　　在煤炭海运下水量中，北方七港占内贸发货量的82%，尤其是秦皇岛、天津、黄骅和京唐港四港合计占全部一次下水量的94%。在南方接卸港中，浙江主要接卸来自秦皇岛港、天津港两个港口的煤炭，福建主要接卸来自秦皇岛港、天津港、黄骅港三个港口的煤炭。

　　内河煤炭运输通道主要包括长江和京杭运河，主要是将来自晋、冀、豫、皖、鲁、苏及海进江(河)的煤炭经过长江或运河的煤炭中转港或主要支流港中转后，用轮驳船运往华东和沿江(河)用户，从而形成中国水上煤炭运输"北煤南运、西煤东调"的水上运输格局。

　　目前，水路运输承运的煤炭主要来源于三个地区：一是"三西"地区煤炭经铁路、公路到北方沿海港口，中转至华东、华南沿海地区和出口国外；二是山西南部、河南、安徽、山东及贵州的煤炭由铁路、公路运至长江、大运河中转到华东地区；三是贵州有少量煤炭经长江运往广东地区。

3. 煤炭运输流向

前面在分析煤炭运输通道的同时，也基本上勾勒出了全国煤炭运输的大致流向，总结如图 7-1 所示。从运输方式看，区域间煤炭运输包括铁路、水路和铁水联运三种方式；从运输流向看，国内煤炭物流大致服从"北煤南运、西煤东调"的特点，而进口煤炭，特别是从澳大利亚和越南进口的煤炭是从南向北流动的；从贸易对象看，各主要供给地都有着相对明确的去向地，且区域间这种关联是后面考察其是否存在供需可能性的重要依据。

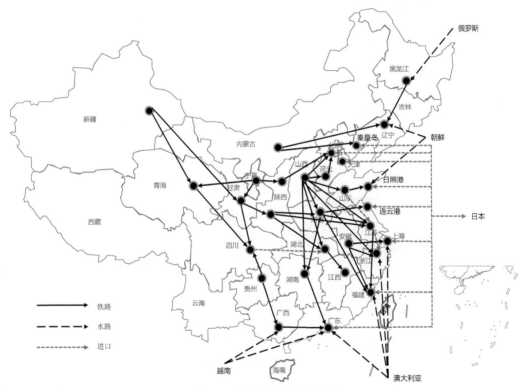

图 7-1　煤炭贸易流向和途径

4. 运输通道容量限制

从实践来看，中国煤炭运输中的主要瓶颈在于铁路运输，特别是"三西"地区的外运通道容量直接决定煤炭物流的通畅程度，为此，重点考察该地的铁路运输通道及其容量限制。根据表 7-1 的描述，"三西"地区的运输通道、容量和流向如图 7-2 所示，这 12 条煤炭运输主干线的货源地均为"三西"地区，2011 年对外输送煤炭约

11.73 亿 t，占当年全国跨省煤炭铁路运量的 67.6%，具有举足轻重的地位。但在当前情况下，这些路线的运能均已达到或超过其设计运能，造成中国煤炭运输"瓶颈"的路段也主要在这些线路上，因此，从整个煤炭供给地到消费地的铁路运输容量来看，这些路段的运输能力起到了决定性的作用，也由此将 2011 年各通道的运量作为其当前的运能数据。

一旦离开这 12 条运煤主线路进入其他铁路线路，假设煤炭运输的分散程度大大增加，因此减轻了其他铁路线路的运输压力，不再考虑通道容量问题；如果进入水路运输，其运输能力就主要依赖于船舶数量和大小的限制，通道容量的限制几乎可以忽略不计。

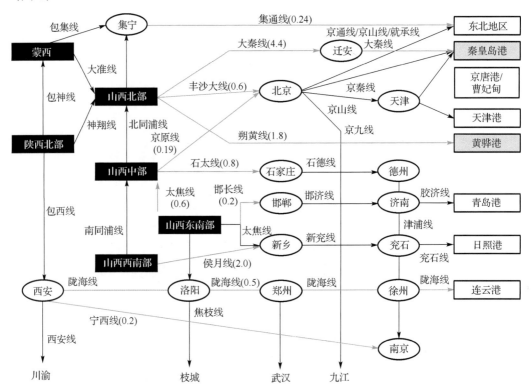

图 7-2　全国铁路运煤主干网及通道容量(单位：亿 t)

7.1.2　区域间最优运输线路

本节考察全国 51 个煤炭供给地与 29 个需求省份间的运输通道优化问题，其优化目标是单位运输成本最低，优化工具是 GIS 软件(ArcView3.2)的网络分析功能。求解过程如下：①首先建立铁路、内河和海运线路的 GIS 层面；②合并这三种运输方式的 GIS 层面，并在主要城市或港口连接有关层面；③构建供需网络拓扑关系，并保证各运输线路的连续性；④核算各运输线路的长度，并利用不同运输线路的单位里程运费来核算每吨煤炭在各运输线段的运费；⑤利用 GIS 的网络分析功能求算供需区域间的最低运输费用和最优运输路径。

核算最低运输费用时，假设全国铁路和水路的单位里程运费是统一的。由于水路运费低于铁路运费，所以整条线路的运输费用将不仅取决于运输距离的长短，还与铁水联运的组合距离密切相关。

对铁路运费而言，按照铁道部门相关规定，煤炭的发到基价为 7.9 元/t，运行基价为 0.036 元/(t·km)，电气化附加费为 0.012 元/(t·km)，铁路建设基金整车方式为 0.033 元/(t·km)，新路新价均摊运费整车方式为 0.011 元/(t·km)。考虑到铁路运输实际，电气化和新建铁路的情况在这里忽略，而铁路建设基金是必须要支付的，所以本书计算每吨煤炭铁路运输费用的公式为

$$吨煤炭铁路运费 = 7.9 + (0.036 + 0.033) × 运输里程 \qquad (7\text{-}1)$$

与运费相对稳定的铁路相比，水路运输的运费波动较大。为此，本书收集整理了主要港口间 2011 年每个月的运价，然后取平均值作为该年度的水路运输单价。详细取值见表 7-2，可以看出，表中内容基本反映了中国主要的北方输出港和南方接入港间的运价关系，总体上呈运输距离越远，单位运价越低的规律。实际运算中，没有在表 7-2 中反映出来的港口间运价参照表 7-2 取值，具体为秦皇岛到烟台为 0.080，秦皇岛到连云港为 0.070。

表 7-2　各主要港口间 2011 年煤炭运费

路线	运距/km	日期(月.日)对应的运费/(元/t)												平均值/(元/t)	单位运价/(元/(t·km))
		1.26	2.23	3.30	4.27	5.25	6.29	7.27	8.31	9.28	10.26	11.30	12.30		
秦皇岛—广州	1485	50	45	73	69	63	58	51	55	57	48	41	39	54.13	0.036
秦皇岛—上海	675	39	37	55	50	53	51	43	45	45	37	31	30	43.05	0.064
秦皇岛—宁波	695	41	39	55	49	52	50	44	46	46	38	32	33	43.80	0.063
天津—上海	671	39	38	55	51	53	51	43	44	46	37	31	30	43.24	0.064
秦皇岛—福州	982	48	46	65	61	63	60	51	55	54	46	39	37	52.20	0.053
天津—南通	707	49	48	62	57	60	58	50	51	55	48	40	37	51.29	0.072
天津—宁波	747	49	48	58	54	58	56	47	51	54	45	40	39	48.81	0.065
黄骅—上海	711	39	37	54	50	52	51	43	44	45	37	31	30	42.77	0.060

资料来源：中国煤炭资源网

据此，可以对国内 51 个供给地与 29 个需求地之间的运输线路进行优化，区域间单位运输最优成本如附表 1 所示，与此相对应的运输距离如附表 2 所示。

7.2 煤炭储备规模优化模型

7.2.1 煤炭储备的任务和策略

1. 煤炭储备现状与问题

为了应对突发事件,保障煤炭供应安全,国家和地方政府开始筹建煤炭应急储备。2011 年,国家公布了第一批包括大型煤炭、电力和港口企业在内的 10 家应急煤炭储备点,规划储备规模为 500 万 t,2012 年又将其扩展至 15 家,规划的储备规模增长至 1000 万 t,全国煤炭基地的布局已基本完成。2012 年煤炭基地位置及其规划储煤量如图 7-3 所示。

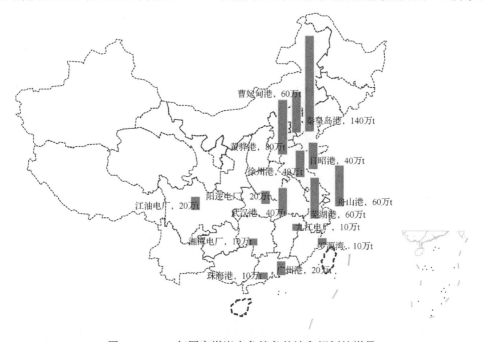

图 7-3　2012 年国家煤炭应急储备基地和规划储煤量

但接下来的难题是如何科学确立各基地的最优储备规模及其最优释放策略。与石油储备相比,煤炭储备有其特殊性,主要是它属于大宗散货,对煤场面积要求高,相应的储备成本比较高;煤炭储备大都露天存放,会导致风干、变质、自燃等产品和安全问题,降低煤炭使用品质,进一步推高储备成本。因此,煤炭储备陷入两难境地:规模过大会占用较多的资金和土地,储备成本过高;规模过小则无法应对突发情况,失去了平衡市场供需的作用。在运用策略上面临的难题在于:突发事件发生后,何时释放和释放多少库存为宜?

为数不多的国内文献对煤炭储备最优规模进行了定量研究，研究方法包括三点估计法和极值法等[118,119]；国外对矿产品储备规模的研究主要集中于石油和天然气领域，主要的方法为静态的决策树方法和动态的随机动态规划等[120-122]。它们的共同不足之处是仅从储备主体自身的成本最小化视角来研究储备规模最优问题，忽略了储备设置的特有目的，即应急情形下对需求缺口的弥补，从而割裂了储备和需求，使得所得到的最优规模失去了储备本身所具有的实践意义。

在释放策略方面，现有文献大都研究静态储备模式下的最优释放时机问题[123]，但这并不适用于煤炭储备。与石油等大宗商品不同，煤炭只能露天存放，且本身容易自燃，再加上风化会使其热值降低，这决定了煤炭无法大规模静态储备，可靠的储备模式为借鉴粮食交易储备体系，通过完善配煤体系，使供应链下移，实现动态现货储备，即可将储备基地设想为一个煤炭集散中转地，所有煤炭都必须在三个月之内流转轮换一次。在此情形下，煤炭储备中的释放问题就仅涉及在紧急情况时是否动用储备及动用多少的问题，而针对这一特定问题的研究尚未发现。

2. 煤炭储备的特定目标

在中国，煤炭作为主体能源的重要体现是火电占电力生产总量的 85%左右，而电力供给涉及国民经济生活的方方面面，不可或缺。在 2008 年南方雪灾中，电煤成为最极缺资源，全国紧急调配的煤炭也全部用于发电；在每年夏冬两季的用电高峰期，"保电煤"也屡屡成为煤炭供给的优先方向。因此，中国煤炭应急储备的最终目的就是在紧急情形下向电厂供煤，弥补电厂储煤不足的部分，降低电力缺失对国民经济和生活的影响，这也是国家公布的储备基地中包括众多电厂企业的原因。

基于这一目的，煤炭应急储备规模和动用策略就应该与电厂煤炭的库存情况相互关联，即储备规模应该与所覆盖的电厂存煤的安全库存相关联，动用策略应该与安全期内的紧急情况出现与否相关联，当企业安全库存耗尽时应适时启用国家应急储备的煤炭，如图 7-4 所示。因此，煤炭储备的最优规模和动用时机的重要参照主体应该是电厂，这是研究煤炭储备问题时将视角转向电厂储煤的重要原因。

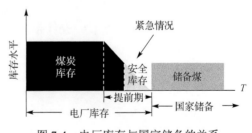

图 7-4　电厂库存与国家储备的关系

3. 电煤供需特征及库存策略

从需求侧看，发电厂停运对国民经济正常运营的影响是严重的，也是应该竭力避免的，因此电厂的生产往往比较稳定，相应的煤炭需求也是连续均匀的，其消耗数量取决于装机容量。从 2011 年全国电厂每月日均供煤量(图 7-5)来看，电厂生产用煤相对稳定，其日均耗煤均值为 380.93 万 t，标准偏差为 24.26 万 t，偏差原因主要来自季节性的周期影响，在 1 月份、7 月份、8 月份和 12 月份稍高，其他月份则略低，但总体上是平稳的。

从供给侧看，受制于铁路运力的约束，电煤的运输计划往往提前多日向铁路部门申报，铁路部门再据此组织车皮和运输。因此，电煤的采购提前期比较固定，同时，受制于煤场库容和铁路大宗物资经济运输的要求，每次组织采购运输的电煤量大都为一个专列，也较稳定。

基于以上分析，电煤库存策略的现实情境如下：①不允许缺货，即缺货费用无穷大；②煤炭需求是连续均匀的，即需求速率为常数；③订货提前期相对固定，由此推断出每次订货时的库存余量也比较稳定；④每次订货量不变，相应的订购费用也不变。从运筹学的存储论角度看，这是一个典型的不允许缺货的需求确定型库存策略，尤其适用于 EOQ 模型，也称 (Q, R) 模型。

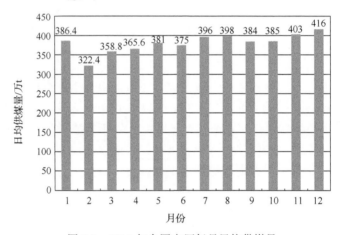

图 7-5　2011 年全国电厂每月日均供煤量

7.2.2　优化模型的理论构建

1. EOQ 经典模型

经典的 EOQ 模型假设对库存物资的需求量已知、连续均匀且考察期内的需求为常数；一次订货量无最大最小的限制；订货提前期已知且为常数；不允许缺货；补充率为无限大，全部订货一次交付；每次订货的订货成本和单位库存持有成本不变；采用固定量系统。在这些假设下，考察期内的总成本为

$$C(Q) = \frac{1}{2}Qh + s \cdot \frac{D}{Q} + cD \tag{7-2}$$

式中，$C(Q)$ 为库存总成本，是订货量 Q 的函数；$Q/2$ 表示平均库存量；h 是考察期内单位库存的持有成本；s 为每次订货的订货成本；D 为考察期内需求量；c 为单位采购成本。

为求出经济订货批量，将式 (7-2) 对 Q 求一阶导数，并令导数等于零，可得 $Q^* = \sqrt{2Ds/h}$；由此可得 D 需求量下的订货次数为 $n^* = D/EOQ = \sqrt{Dh/2s}$。将 Q^* 代入式 (7-2) 中，得到优化后的库存成本最小值为

$$C(Q^*) = \sqrt{Dsh} + cD \tag{7-3}$$

2. 期望服务水平下的煤炭储备模型

如果发电企业按照 EOQ 库存策略进行煤炭采购，缺货的风险将只发生在订货提前期内，因此，需要科学确定订货点水平及安全库存水平。

EOQ 模型认为决定安全库存水平的因素有①提前期内需求的波动；②提前期的不确定；③服务水平。令 $d_i, \bar{d}$ 分别表示每日需求量和日均需求，$l_j, \bar{l}$ 表示订货提前期及其平均值，U 表示提前期内的煤炭需求量，其均值为 $\bar{U} = \bar{d} \cdot \bar{l}$，标准差为 $\text{Var}(U) = \text{Var}(d)(\bar{l}) + \text{Var}(l)(\bar{d})$，则库存风险为一定服务水平下提前期内的需求校准差，即

$$SS = z_\alpha \sqrt{\text{Var}(U)} \tag{7-4}$$

式中，SS 为电厂煤炭的安全库存；z_α 表示安全库存系数，与之相对应的服务水平通常用年缺货次数除以年订货次数来表示，因此可以用它来描述所订购物资的保障水平。

如果用 R 表示订货点，$\bar{U} = \bar{d} \cdot \bar{l}$ 表示提前期内的煤炭需求均值，则相应的订购点为

$$R = \bar{U} + SS \tag{7-5}$$

由此可以看出，安全库存作为一种额外持有的库存，用以补偿在订货提前期内实际需求超过期望需求量所产生的需求。这种超过既可能由企业生产自身的变化导致，也可能由实际提前期超过期望提前期导致，当后一种情形发生时，其原因通常归结为所订购商品的生产端或者物流配送环节出现了意想不到的问题。企业设立安全库存是为了缓解这一问题，而国家设立煤炭应急储备的初衷也在于此，两者的目标是完全一致的。因此，参照企业安全库存来设置应急储备规模在逻辑上是科学合理的。

7.2.3 煤炭储备规模优化结果

以 2011 年为例评估不同期望服务水平下的全国煤炭储备规模。该年度全国电厂的耗煤和库存情况如表 7-3 所示。

表 7-3 2011 年全国电厂耗煤和库存情况

项目	1 月	2 月	3 月	4 月	5 月	6 月	7 月	8 月	9 月	10 月	11 月	12 月
日均耗煤/万 t	386	322	358	365.6	381	375	396	398	384	385	403	416
库存数量/万 t	5509	5386	5071	5275	6171	6536	6645	6168	6455	7488	8303	8165
可用天数/d	14	16	13	14	17	18	17	15	17	21	21	19

数据来源：中国煤炭资源网

计算可知,全国电厂日均耗煤均值为 380.80 万 t,标准偏差为 24.26 万 t;库存天数均值为 16.83 天,标准偏差为 2.62 天。考虑到库存天数是电厂长期以来综合考虑运输条件等多种因素后的经验值,故可将它作为提前期,这里将其设为 17 天,相应的标准偏差设为 3 天。提前期内的需求方差为 $\mathrm{Var}(U)=380.93\times17+3\times24.26=6548.59$(万 t),其标准差为 80.92 万 t,则不同期望服务水平下的电厂安全库存计算如表 7-4 所示。可以看出,对不能缺货的期望服务水平越高,安全库存量就越大,相应的库存成本也越高;相反,对不能缺货的期望服务水平越低,安全库存量就越小,相应的库存成本也越低。

表 7-4　不同期望服务水平下的安全库存量

期望服务水平	0.990	0.995	0.999
对应的 z_α 值	2.34	2.58	3.10
安全库存量/万 t	189.35	208.77	250.85

相比 2011 年全国电厂日均耗煤均值 380.80 万 t,当提前期即将结束时,意外事故发生导致订货不能及时到达,全国电厂安全库存量在 99.0%、99.5%和 99.9%的期望服务水平下仅够其生产 0.49 天、0.55 天和 0.65 天,即上述煤炭的安全库存量都不足以支撑全国电厂 1 天的生产。如果参照 99.5%的期望服务水平进行应急储备,加上电厂的安全库存,勉强能够支撑全国电厂生产 1 天,似乎不足以应付紧急事件发生时对煤炭的急迫需求。

但上述分析是在全国煤炭流通因意外事故出现而全部停止的情境下进行的,现实中的意外事故往往只会导致局部区域的煤炭流通出现问题,参照各地的电煤需求情况进行应急储备规模的分析就更有意义。因此,按意外事故时出现可能会影响的区域将主要煤炭需求地划分为沿海地区、华中(南)地区和川渝地区,将不同期望服务水平下的应急储备规模与各地区的日均耗煤需求缺口比较后,可得出不同应急储备规模下对各地的保障天数,如表 7-5 所示。

表 7-5　不同期望服务水平下的电厂生产保障水平

地区		日均耗煤/万 t	日均供煤/万 t	日均缺口/万 t	应急储备规模的保障天数/d					
					99.0%水平		99.5%水平		99.9%水平	
沿海地区	上海	21.06	0.00	21.06	8.99		9.91		11.91	
	江苏	69.68	4.01	65.67	2.88		3.17		3.81	
	浙江	50.47	0.00	50.47	3.75	0.86	4.13	0.95	4.97	1.14
	安徽	32.27	37.49							
	福建	26.67	6.32	20.35	9.30		10.25		12.32	
	广东	61.60	0.00	61.60	3.07		3.38		4.07	
华中地区	江西	15.06	7.70	7.36	25.75		28.36		34.08	
	湖北	20.78	4.15	16.63	11.38	7.89	12.55	8.70	15.08	10.46
	湖南	19.17	23.85							
川渝	四川	16.12	20.17							

注:日均耗煤根据 2011 年各地火电装机容量核算,日均供煤按其全年煤炭产量除以 365 天核算

　　可以看出，在 99.9%的保障水平下，250 万 t 的煤炭储备规模能够支撑上海、福建、江西和湖北等各地电厂 10 天以上的正常生产，能够起到应急情境下的保障作用，特别是能保障整个华中地区 15 天以上的煤炭需求；对江苏、浙江和广东等用电大省的保障能力达 4 天左右，但在特别紧急情况下，电力将优先供给居民生活等涉及国计民生的关键领域，工业用电将大幅减少，电厂所需电煤也将降低，250 万 t 煤炭储备对这些省份的保障天数也会超过 10 天。

　　从储备成本来看，250 万 t 规模的储备成本相较当前国家规划的 500 万 t 或 1000 万 t 要低。应该看到，类似 2008 年雨雪灾害导致的大范围煤荒不具常态性，如果专为此而长期设立大规模煤炭储备，资金占用将过大，甚至最后成为国家财政的长期包袱；局域性的小规模意外事件(如塌方、洪水等损毁路基，安全事故、设备损坏致煤矿停产等)导致的短期煤荒却经常发生，国家为此设立适当规模的煤炭储备既有预防上的必要性，也有经济上的可行性。

　　综合以上保障能力和储备成本的分析，250 万 t 的煤炭应急储备规模是科学合理的。此时的期望保障水平为 99.9%，即电厂自身的储煤策略对正常生产的保障能力已经达到很高水平，而 250 万 t 的应急储备是为电厂应对剩余的 1‰风险，并且在意外发生能够支撑各地 10 天以上的电力生产。因此，本书认为煤炭应急储备的合理规模应该在 250 万 t 左右，太高将会造成资源浪费和较高的储备成本。

第8章   煤炭市场空间均衡模型

8.1   煤炭空间流动与贸易市场

8.1.1   中国煤炭空间流动格局

中国煤炭资源主要集中于中西部地区。据全国第二次煤田预测资料，我国埋深在1000m 以内的煤炭总资源量为 2.6 万亿 t，其中，大别山—秦岭—昆仑山一线以北地区资源量约 2.45 万亿 t，占全国总资源量的 94%，而新疆、内蒙古、山西和陕西 4 个省份就占全国资源总量的 81.3%；以南的 14 个省份，煤炭地质储量仅占全国的 6%左右，其中西部的云、贵、川三省又占南方总储量的 90%。全国 4 个特大型煤田：鄂尔多斯盆地、吐鲁番—哈密盆地、准噶尔盆地和华北煤田，均位于西北部地区。我国的煤炭消费却集中在东部和南部地区，尤以环渤海经济圈、长江三角洲和珠江三角洲地区最集中，消费的煤炭占全国总消费量的 32%、23%和 10%。煤炭资源、生产和消费在空间上的错位性分布，致使煤炭资源流动成为一种广域性、大规模且具有广泛经济社会效应的空间现象。

以 2011 年为例，我国当年生产原煤 38.9 亿 t，消费煤炭 42.9 亿 t，中间的 4 亿 t 差额来自于海外进口。分地区来看，各省煤炭生产与消费间的平衡关系差异较大，根据差异额度的大小，大致可将这些省份划分为三类：供过于求地区、供求平衡地区和供不应求区域。供过于求区域包括山西、内蒙古和陕西三个省份，如山西省生产 0.89 亿 t，消费 0.33 亿 t，多出了 0.56 亿 t 供给量；内蒙古生产 0.98 亿 t，消费 0.34 亿 t，供过于求 0.64 亿 t；陕西生产 0.42 亿 t，自身消费 0.13 亿 t，对外供给能力为 0.29 亿 t。供不应求区域较多，既包括天津、上海、浙江、海南和广东等基本不生产煤炭但消费煤炭的省份，也包括河北、辽宁、吉林、江西、福建、山东、河南、湖北、湖南等自身生产煤炭，但因消耗煤炭过大，需要从外地输入煤炭的省份，这些省份包括了一些自产煤炭较大的地区，如河北、山东和河南等。供求基本平衡的地区有黑龙江、安徽、重庆、四川、贵州、云南、甘肃、宁夏和新疆等，供求平衡的原因或是资源产量与消费量较匹配，或是运输能力的限制而仅生产出与消费匹配的数量，如新疆等。各地煤炭生产与消费的平衡关系如图 8-1 所示。

各地生产与消费间的这种不平衡引发了区域间大规模的煤炭流动，2011 年各省煤炭输入与输出情况如表 8-1 所示。可以看出，虽然全国总的净调入/调出量为 1.70 亿 t，

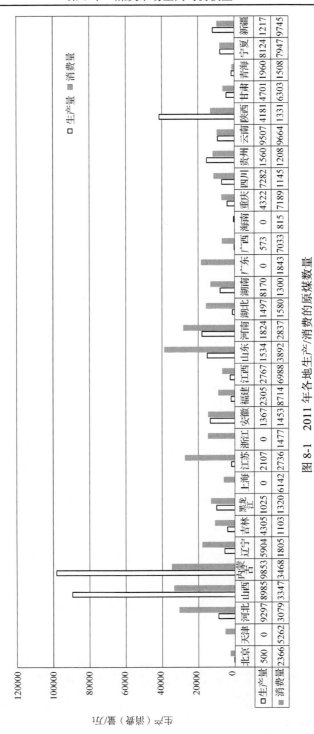

图 8-1　2011 年各地生产/消费的原煤数量

	北京	天津	河北	山西	内蒙古	辽宁	吉林	黑龙江	上海	江苏	浙江	安徽	福建	江西	山东	河南	湖北	湖南	广东	广西	海南	重庆	四川	贵州	云南	陕西	甘肃	青海	宁夏	新疆
生产量	500	0	9297	89853	99853	5904	4305	1025	0	2107	0	13671	2305	2767	1534	1824	1497	8170	0	573	0	4322	7282	1560	9507	4181	4701	1960	8124	1217
消费量	2366	5262	30791	3347	3468	1805	1103	1320	6142	2736	1477	1453	8714	6988	3892	2837	1580	1300	1843	7033	815	7189	1145	1208	9664	1331	6303	1508	7947	9745

但调入和调出的规模分别为 18.12 亿 t 和 18.00 亿 t，两者合计为 36 亿 t，相较当年 38.9 亿 t 的生产量，中国煤炭的空间流动规模是巨大的。从各省来看，除了上述 6 个不自产煤炭的省份不对外输出煤炭，所有的省份都存在着煤炭的调入/调出现象，河北、江苏两地的调入量都超过 2 亿 t，山东、浙江和广东的调入规模也超过 1 亿 t，反映出这些省份属于煤炭的绝对短缺地区；即使像山西、内蒙古和陕西这样的产煤大省也都从外省调入了规模不一的煤炭，这主要是它们对特定煤种的相对短缺所造成的。无论如何，省际大规模的空间煤炭流动构成了中国煤炭市场的基本格局。

除了国内空间流动，中国煤炭市场还存在着国际间的煤炭空间流动，主要是指煤炭的进口和出口。2011 年，中国自国外进口煤炭 1.82 亿 t，出口 0.15 亿 t，分别来自于印尼、越南、朝鲜、俄罗斯、蒙古、澳大利亚和南非等国家，这些煤炭不仅流入广东、福建和江苏这些沿海缺煤省份，甚至内蒙古等内陆富煤省份也都有一定的煤炭进口量，详情见表 8-1。这一方面的详细分析见第 3 章。

表 8-1　2011 年中国煤炭空间流动情况　　　　　　　（单位：万 t）

地区	净调出/调入	省际调出(+)	省际调入(−)	国外进口(−)	地区	净调出/调入	省际调出(+)	省际调入(−)	国外进口(−)
北京	−2636.72	487.17	2885.80	238.09	湖北	−7782.7	—	7761.29	21.41
天津	−5842.53	—	5671.94	170.59	湖南	−1716.52	1662.26	3378.78	
河北	−22761.42	2507.07	23876.17	1392.32	广东	−16158.25	—	12933.6	3224.65
山西	46582.91	55567.16	8934.42	49.83	广西	−3435.99	—	3435.99	
内蒙古	60840.26	63603.47	737.26	2025.95	海南	−607.03	—	343.67	263.36
辽宁	−10337.52	163.64	9875.41	625.75	重庆	178	593.24	415.24	
吉林	−2400.68	1192.44	3577.13	15.99	四川	−2059.82	262.67	2322.49	
黑龙江	−561.62	2671.72	3219.33	14.01	贵州	2645.39	2812.84	167.42	0.03
上海	−7064.32	—	6640.98	423.34	云南	1497.53	1617.85	120.21	0.11
江苏	−29508.5	547.07	28877.67	1177.90	西藏	−133.42		133.42	
浙江	−16155.16	—	14588.95	1566.21	陕西	−930.8	26861.35	930.8	
安徽	857.38	4017.21	3091.43	68.40	甘肃	−1523.89	1162.58	2686.47	
福建	−6024.22	346.22	4001.08	2369.36	青海	1088.43	1213.79	125.36	
江西	−2481.24	549.98	2990.9	40.32	宁夏	2682.53	3185.97	503.44	
山东	−16517.81	2698.94	17549.14	1667.61	新疆	1764.21	1980.13	215.91	0.01
河南	−2530.3	5509.12	8031.73	7.69	全国	−17036.76	181213.9	180023.4	18227.26

资料来源：《中国煤炭工业年鉴 2012》和中国煤炭资源网

8.1.2　中国煤炭贸易市场

煤炭空间流动格局的背后是区域间大规模的国内煤炭贸易，但具体的贸易形式随着时间的变迁发生了较大程度的改变，是一个从计划经济、计划与市场并存，直到完全市场化的演变过程。

在计划经济时代，煤炭企业的生产、运输和销售完全受控于政府计划，无需考虑生产数量、产品售价、销售去向和赢利水平等问题，没有丝毫自主权。改革开放后，国家逐渐将生产经营自主权下放于煤炭企业，但鉴于煤炭是国民经济的基础产业，采取了渐进式的改革方式，先是于 20 世纪 90 年代率先开放了炼焦煤的市场化，进而于 20 世纪初放开了无烟煤市场，但对动力煤的市场化推进一直较谨慎：从 1997 年对电煤实施政府指导价，到 2002 年的不再发布政府指导价的厦门订货会，到更名为“重点煤炭产运需衔接会”的 2005 年长沙订货会，再到回归行政限价的 2011 年度南宁订货会，直至 2013 年起政府彻底甩手，真正还权于市场和企业，即不再坚持重点合同定价机制，实现计划煤与市场煤的并轨。

1997 年，国家决定有条件地放开动力煤市场，即保留电煤价格的指导权，放开非发电用途的动力煤市场，形成所谓的价格双轨制，这在当时对保障国民经济平稳运行发挥了重要作用。电煤指导价削弱了煤电双方企业讨价议价的能力，引发双方的不满，于是从 2002 年起，国家宣布不再发布电煤指导价，而是通过组织一年一度的煤炭订货会来让煤电双方通过协商确定电煤价格，但政府仍会发布一个参考协调价，来促成煤电双方成交。2004 年，政府又逐步取消直接组织煤炭订货的方式，煤炭订货会改称重点煤炭产运需衔接会，原则上由国家发改委提出框架性意见，企业自主订货、行业协会汇总。国家发改委要对重点合同电煤发布参考价，价格一般低于市场煤价，主要供应对象是五大发电集团和其他国有发电企业，依靠计划配置电煤资源的体制并未从根本上消除。

动力煤贸易中长期实施的价格“双轨制”引发了众多亟待解决的难题，其根源在于政府的电煤指导价。发电是动力煤利用主体，2011 年电力行业动力煤消费量为 19.5 亿 t，占总消费量的 69%。由于电力对国计民生的极端重要性，国家长期对电煤实行政府指导价和重点合同管理，这对保障经济发展曾经发挥了积极的作用。但由于占比近 70% 的重点合同电煤与其他 30% 的市场动力煤在资源供给、运力配置和价格水平上存在着明显差异，限制了市场机制作用的发挥，造成不公平竞争，合同签订时纠纷不断，贸易价格难以达成，执行中兑现率偏低，不利于动力煤贸易的稳定进行，越来越不适应市场经济发展的总体要求。在此背景下，2012 年 3 月和 12 月出台的《煤炭工业发展“十二五”规划》和《关于深化电煤市场化改革的指导意见》明确提出“坚持市场化取向，完善价格形成机制，形成合理的电煤运行和调节体制”。2013 年 1 月，国家取消了重点合同和电煤价格双轨制，国家发改委也不再下达年度跨省区煤炭铁路运力配置意向框架，动力煤价格由贸易双方自主协商确定，由此全面揭开了动力煤市场化改革的帷幕。

为了配合煤炭市场化改革，国家发改委于 2014 年 5 月下发了《关于深入推进煤炭交易市场体系建设的指导意见》，文件指出，在规范现有煤炭交易市场的基础上，加快健全若干个区域性煤炭交易市场；结合煤炭主产地、消费地、铁路交通枢纽、主要中转港口，以及国家批准开展涉煤品种期货交易的期货交易场所等条件，逐步培育建成 2～3 个全国性煤炭交易市场。随后，各地煤炭交易市场如雨后春笋般地设立起来，规模较大的包括中国(太原)煤炭交易中心、秦皇岛海运煤炭交易市场、东北亚煤炭交易中心、内蒙古煤炭交易中心、陕西煤炭交易中心、华东煤炭交易市场和华南煤炭交易中心等。就各自特色而言，中国(太原)煤炭交易中心、内蒙古煤炭交易中心等涵盖了省内资源；秦皇岛海运煤炭交易市场则拥有港口煤炭资源和信息资源优势。为了指导各地煤炭市场交易，这些交易中心又先后构建并发布了煤炭价格指数，例如，中国煤炭工业协会编制了中国煤炭价格指数(CCPI)、秦皇岛煤炭网编制了环渤海动力煤价格指数(BSPI)、中国煤炭资源网编制了CCI动力煤和CCI冶金煤指数等，其中，环渤海动力煤价格指数一度为行业标杆。

随着近几年煤炭价格的长期低迷，煤炭企业在市场交易领域的深刻变革悄然发生，一些煤企在加紧成本节约的同时，也开始采用更具创新意义的新的营销方式实现煤炭交易的成功兑现，以短长协交易为代表的全新的交易方式有望引领煤炭等大宗商品成功走向O2O。短长协交易是将现货交易与长协贸易融合的交易模式，具体来看，是通过电子交易平台，供应方对未来1个月拟交付产品进行预售，交易商以线上申购的方式用一定比例的履约定金实现订购。这种方式不仅能够为供应商扩大煤炭销量，还可以为买方降低采购成本、规避未来价格波动风险，既可以利用资金杠杆贸易，又具有信用风险保障，还可以得到贸易融资支持。电子商务式的交易模式将会进一步激励煤炭市场化的快速进程。

煤炭交易日渐增强的市场化特征为运用经济学理论来系统科学地研究煤炭市场及其空间流动提供了可能，这是8.2节运用空间均衡模型来刻画中国煤炭市场的重要现实背景。

8.2　空间均衡模型理论

8.2.1　空间均衡模型简介

研究区域间商品流通(贸易)问题时，最常用的分析工具为Koopms-Hitchcock模型。它假设供需双方因地理因素而空间隔离，并且某商品的供给量、消费量和单位运输成本为给定的外生变量，决策问题为如何将该商品需求在各供给地区间分配而使所花费的总运输费用最低，即计算各供给地最优生产数量及地区间最优运输数量来实现运输成本最小化的问题，故称为运输-分配问题。由于该模型的目标函数和约束条件都是线性的，所以属于线性优化模型。美国NEMS就是基于这一模型实现的。

但在现实经济生活中，商品供给量和需求量是随市场价格等要素而发生变化的。为此，经济学家在运输模型的基础上引入了价格变量，将局部均衡理论和商品运输模型有机地结合起来，建立了空间均衡模型(Spatial Equilibrium Model, SEM)，使区际商品流通研究发展到一个新阶段。空间均衡理论的起源可以追溯到1776年亚当·斯密在《国富论》中提出的古典经济学，其中心思想是因为社会分工从而产生了商品贸易，而市场的自行调节机制则会自动地倾向于社会最迫切需要的商品和数量。

空间均衡模型是一般均衡模型在一定贸易空间内的表现形式。一般均衡模型研究某一地区的某种商品的供给、需求、价格弹性和供需平衡，空间均衡模型研究的则是在一定贸易空间内某种商品在不同地区之间的运费、供给、需求、价格弹性和供需平衡。它们的区别在于一般均衡模型以研究区内不同单元之间的供需均衡为研究对象，而空间均衡模型以研究区域的整体供给和需求为研究对象；前者需考虑多个单元的供需均衡和各单元之间的运输路径双重优化问题，而后者仅需考虑单个地区的供需均衡的单一优化问题。

8.2.2 空间均衡模型基本结构

单商品两地区市场空间均衡的原理如下：A 地区和 B 地区发生流通前，均衡价格分别为 p_a 和 p_b。假设 $p_a < p_b$，A 地区将会有一部分商品运到 B 地区，这样，A 地区价格将上升，需求量减少；而 B 地区价格将下跌，需求量增加，直到达成新的均衡[124]。当达到新的均衡时，地区 A、B 的均衡价格分别为 p_a^* 和 p_b^*。两地区间的运输费用 c_{ab} 为零，则 $p_a^* = p_b^*$；若两地间的运输成本 c_{ab} 不为零，则 $p_b^* - p_a^* = c_{ab}$。这样，模型目标是在供需平衡等多个约束下使得社会净收益 (net social return，NSR) 最大化，进而优化出各地供需量、价格和运输数量等关键变量。SEM 模型的构建步骤大致如下。

(1) 供需方程。

其一般表达式为

$$q_i^s = \alpha_i + \beta_i p_i, \qquad q_j^d = \gamma_j + \delta_j p_j \tag{8-1}$$

式中，$\beta > 0$；$\delta < 0$；q_i^s 和 q_j^d 分别表示供给数量和需求数量；p_i 和 p_j 分别表示未流通前供给地和需求地价格；i 和 j 分别表示供给和需求地区。

(2) 供需反函数。

式 (8-1) 的反函数形式为

$$p_i = \theta_i + \lambda_i q_i^s, \qquad p_j = \varsigma_j + \eta_j q_j^d \tag{8-2}$$

式中，$\theta, \lambda, \varsigma > 0$；$\eta < 0$。

(3) 竞价套利原则。

假设单位产品运输成本为 $c_{ij} \geqslant 0$，如果供给地价格加运费小于等于需求地价格，则供给地和需求地之间就会发生贸易，即

$$p_i + c_{ij} \leqslant p_j \tag{8-3}$$

(4) 贸易约束。

定义 $q_{ij} \geqslant 0$ 为供给地区流向需求地区的贸易量，则地区间贸易量必须满足需求地

的流入量大于等于需求量，而供给地的流出量小于等于供给量，即

$$\sum_{j=1}^{n} q_{ij} \leqslant q_i^s, \qquad \sum_{i=1}^{n} q_{ij} \geqslant q_j^d \tag{8-4}$$

（5）社会净收益最大化。

定义社会净收益等于所有的消费者剩余加上所有的生产者剩余减去运输费用后的差值。设 SS 为生产者剩余，CS 为消费者剩余，SS+CS 即为社会收益总剩余。建立目标函数为

$$\max \text{NSR} = \sum_{j=1}^{n} \int_0^{q_j^d} p_j(\phi_j)\mathrm{d}\phi_j - \sum_{i=1}^{n} \int_0^{q_i^s} p_i(\varphi_i)\mathrm{d}\varphi_i - \sum_{i=1}^{n}\sum_{j=1}^{n} c_{ij}q_{ij} \tag{8-5}$$

将需求方程和供给方程式（8-1）代入式（8-5），可得

$$\max \text{NSR} = \sum_{j=1}^{n}\left(\varsigma_j q_j^d + \frac{1}{2}\eta_j(q_j^d)^2\right) - \sum_{i=1}^{n}\left(\theta_i q_i^s + \frac{1}{2}\lambda_i(q_i^s)^2\right) - \sum_{i=1}^{n}\sum_{j=1}^{n} c_{ij}q_{ij} \tag{8-6}$$

综合式（8-1）～式（8-6）即可构建空间均衡模型。

8.2.3　模型求解的 KKT 条件

将式（8-5）目标函数和式（8-4）约束条件联合起来就构成了如式（8-7）所示的空间均衡模型，此时的约束条件为不等式约束，属于优化问题中的线性互补问题，即给定一个函数 $F: R^n \to R^n$，现寻找 $z \in R^n$ 使得：$0 \leqslant z \perp F(z) \geqslant 0$，其中，符号"$\perp$"表示两边不等式中一个成立，即所谓的判定不等式。在此情形下，$z_i F_i(z) = 0$，由此将其称为 z_i 与 F_i 互补。

$$\max \text{NSR} = \sum_{j=1}^{n} \int_0^{q_j^d} p_j(\phi_j)\mathrm{d}\phi_j - \sum_{i=1}^{n} \int_0^{q_i^s} p_i(\varphi_i)\mathrm{d}\varphi_i - \sum_{i=1}^{n}\sum_{j=1}^{n} c_{ij}q_{ij}$$

$$\text{s.t.} \sum_{j=1}^{n} q_{ij} \leqslant q_i^s \tag{8-7}$$

$$\sum_{i=1}^{n} q_{ij} \geqslant q_j^d$$

对于这类问题，需要采用 KKT 方法进行求解。对而本模型，其 KKT 条件为

$$p_j(q_j^d) - \tau_j \leqslant 0 \perp q_j^d \geqslant 0 \tag{8-8}$$

$$-p_i(q_i^s) + \xi_i \leqslant 0 \perp q_i^s \geqslant 0 \tag{8-9}$$

$$-c_{ij} + \tau_j - \xi_i \leqslant 0 \perp q_{ij} \geqslant 0 \tag{8-10}$$

$$-\sum_{j=1}^{n} q_{ij} + q_i^s \geqslant 0 \perp \xi_i \geqslant 0 \tag{8-11}$$

$$\sum_{i=1}^{n} q_{ij} - q_j^d \geq 0 \perp \tau_j \geq 0 \tag{8-12}$$

式中，τ_j 为 j 地区需求的影子价格；ξ_i 为 i 地区的影子价格。条件(8-8)表明，当 j 地区的需求量大于零时，需求影子价格与需求量满足反需求函数，当需求影子价格大于需求的保留价格时，需求量为零。条件(8-9)表明，当 i 地区的供给量大于零时，供给影子价格与供给量满足反供给函数；当供给影子价格小于供给的边际成本时，供给量为零。条件(8-10)表明，当 $q_{ij} \geq 0$，即煤炭从 i 地区将会有部分商品运往 j 地区销售时，在均衡状态下，商品运费等于两地的价格差；当单位运费大于两地价格差时，$q_{ij} = 0$，即不会有煤炭从 i 地区运往 j 地区销售。条件(8-11)表明，当供给影子价格大于零时，供给地供需达到平衡；当供给大于需求时，供给影子价格为零。条件(8-12)表明，当需求影子价格大于零时，需求地供需达到平衡；当需求小于供给时，需求影子价格为零。

此外，可以验证最优化问题的目标函数是严格拟凹的，约束条件是拟凸的，所以在 KKT 条件成立时，空间均衡模型存在唯一解。

8.3 中国煤炭市场空间均衡模型

8.3.1 基本的假设

(1)市场上流通的煤炭分为无烟煤、炼焦煤和动力煤三种，它们各自的用途迥异，不存在相互替代关系，在流通过程中也不影响对方的价格。

(2)煤炭价格主要受市场供求关系的影响，不存在政府定价和企业垄断定价。这一假设适应于 2013 年电煤价格"双轨制"取消后的煤炭市场化背景，也适应于 2013 年以后煤炭供需渐趋平衡的完全竞争市场环境。

(3)煤炭市场完全出清，即不考虑煤矿企业或用煤企业的库存及其对市场价格的影响。相对于全国供需总量，250 万 t 的煤炭应急储备数量较少，对市场价格的影响也微乎其微，在这里不予考虑。

(4)各地年度煤炭需求量是外生变量，但各地煤炭供给量是内生变量。需求量相对固定是因为作为原材料或燃料，煤炭对国民经济生产不可或缺，当 GDP 增幅和能源结构不变时，煤炭需求量也相对确定。此外，作为产业链的前端产品，其价格变化也能够沿着产业链传导至末端，在消费领域予以消化。供给量是内生变量是因为各地煤矿企业对同一市场价格下的供给反应并不相同，需求方择优选择，对供应商和采购数量并不确定，在宏观上涌现出全国煤炭在省际复杂的贸易输配格局。

(5)省际贸易量受运输能力的限制，特别是铁路运能的限制。对于公路运煤和水路运煤，这里假设没有运能的限制。

(6)没有煤炭进口关税，将进口国视作供给地，进口过程中不存在运输约束，只要符合竞价套利原则，煤炭贸易就会发生。这符合当前中国的煤炭进口贸易政策。

8.3.2　模型的构建

依据 1.3.2 节对煤炭品种、生产地和消费地的论述，中国煤炭空间均衡模型(Coal Spatial Equilibrium Model，CSEM) 应由 51 个供给地、29 个消费地，依据对煤种生产和需求的对应关系、基于运输网络所构建而成。基于煤炭需求相对固定这一假设，煤炭消费者也是价格接受者，无法在这一环节实现利润最大化或成本最小化(这一目标通常在基于煤炭所生产的产品终端实现)；而煤炭生产者却可能根据市场价格自由决定自己的生产产量以求得利润最大化，在完全竞争市场中，实现这一目标的条件是边际成本等于边际收益或价格(即人们所熟知的 P=MR=MC)。

与基本的 SEM 相比，中国 CSEM 在构建过程需要特别考虑运输容量约束。运输能力问题是中国煤炭国内贸易中存在的一个突出问题，长期制约着国内煤炭供需平衡，也对各省份间贸易量和煤炭价格产生直接影响，需要加以详察。根据空间均衡理论的分析框架，结合中国煤炭市场实际情况，CSEM 的数学表达式如下：

目标函数：$\max \text{NSR} = \sum_{j=1}^{M}\sum_{k=1}^{K}\text{DQ}_j^k \cdot P_j^k - \sum_{i=1}^{N}\sum_{k=1}^{K}\text{SQ}_i^k \cdot P_i^k - \sum_{i=1}^{N}\sum_{j=1}^{M}\sum_{k=1}^{K}\text{utc}_{ij}^k \cdot x_{ij}^k$

约束条件：$\text{SQ}_i^k = \alpha_i^k + \beta_i^k P_i^k$　　　　(供给限制)

$P_j^k - P_i^k \leqslant \text{utc}_{ij}^k$　　　　(竞价套利限制)

$-\sum_{j=1}^{M} x_{ij}^k + \text{SQ}_i^k \geqslant 0$　　　　(流出限制)

$-\sum_{i=1}^{N} x_{ij}^k + \text{DQ}_j^k \leqslant 0$　　　　(流入限制)

$\sum_{i=1}^{N}\sum_{j=1}^{M}\sum_{k=1}^{K} x_{ij}^k \cdot f(\xi) \leqslant \text{cap\_rail}_v$　　　　(运输容量限制)

$(\text{SQ}_i^k, \text{DQ}_j^k, P_i^k, P_j^k, \text{utc}_{ij}^k, x_{ij}^k, \text{cap\_rail}_v) \geqslant 0$　　　(变量符号限制)

待优化的内生变量为 $\text{SQ}_i^k, P_i^k, P_j^k$ 和 x_{ij}^k。式中，$i=1,2,\cdots,19$，表示 1.3.2 节所提及的 19 个供给区域；$j=1,2,\cdots,29$，表示 29 省份；$k=1,2,3$，分别表示无烟煤、炼焦煤和动力煤；$\text{SQ}_i^k, \text{DQ}_j^k$ 分别表示各地区各煤种的供给量和需求量；P_i^k, P_j^k 分别表示相应的供给价格和需求价格；x_{ij}^k 表示各煤种从 i 地运到 j 地的数量；utc_{ij}^k 为每吨煤炭的运输费用；cap_rail_v 表示第 v 条运输通道上的运煤容量限制；$f(\xi)$ 为控制函数，表示某个 x_{ij}^k 贸易流是否可能经过第 v 条通道[①]，可能经过即为 1，不可能经过为 0，即

---

① 为模型优化时降低计算量，著者对两地之间的贸易流是否可能经过某条通道给予了经验判断

$$f(\xi) = \begin{cases} 1 & (\text{某个 } x_{ij}^k \text{贸易流可能经过第} v \text{条通道}) \\ 0 & (\text{该贸易流不可能经过第} v \text{条通道}) \end{cases} \tag{8-13}$$

CSEM 所包含的内生变量如下：各地区不同煤种的供给量 SQ_i^k、供需价格 P_i^k, P_j^k，以及各地区之间的不同煤种贸易量 x_{ij}^k。当达到均衡时，内生的各地区不同煤种的供给价格将等于需求价格，内生的贸易量 x_{ij}^k 指标直接反映各地区之间的煤炭流通方向和规模，从而反映出各地区之间煤炭的贸易流通关系和中国各煤种的进出口情况。

CSEM 所包含的外生变量如下：各供给地的产能限制、各地区不同煤种的需求量 DQ_j^k、各地区间煤炭的单位运输费用 utc_{ij}^k、各主要运煤通道的运能容量 cap_rail$_v$，以及对某贸易流是否可能经过该通道进行赋值。如要进行政策模拟，就可以直接运用调整这些外生变量的变化情况来实现对各政策方案模拟的求解。

CSEM 的参数主要有供给限制方程中的各个系数和单位运输费用。从政策模拟方面看，各种弹性将是政策方案模拟的重要工具，也是求解 CSEM 模型重要参数的一部分。实际求解方程时，可以将估算出的弹性重新代入弹性计算公式中求出线性供给方程中的各个系数。因此，实际上对于 CSEM 来说，需要的参数主要是各种弹性。

8.4　基础数据的处理

从数据输入端看，需要的基础数据包括 51 个供给地的产能限制、51 个供给方程的常数项与斜率、29 个省份的需求方程常数项与斜率、29 个省份对不同种类煤炭的需求量、供给地与需求地间的贸易可行性矩阵及运输费用矩阵。其中，51 个供给方程的相关数据见表 2-4，供需地间的运输费用见附表 1，这里还需对其他基础数据进行核算和处理。

8.4.1　供给产能核算

2015 年，国家能源局翔实地公布了各省份各类煤矿的煤炭生产能力(见国家能源局网站：http://www.nea.gov.cn/ztzl/mtscnlgg/index.htm)，理应在这里作为供给产能上限的标准数据。但仔细分析发现，公告中的生产能力全国总计为 34 亿 t，小于 2011 年 35 亿 t 的产量，且各主要生产省份的公告生产能力也小于 2011 年产量，以此作为产能上限将导致模型无解。对 2011 年而言，煤炭需求还很旺盛，为获取最大化利润，煤炭企业一方面最大化其当年的产能进行生产，另一方面积极建设新矿井，由此可推断当年各地的产能应与产量大致相当，甚至可能小于产量(即违规超过安全生产能力进行生产)，因此，这里采用表 2-1 中的各地 2011 年实际产量作为其产能上限。

8.4.2　需求参数估算

1. 需求方程的回归估计

结合我国煤炭加工利用的现状，选取除价格和收入外的发电量、粗钢生产量和城市集中供热面积等 5 个变量来考察各省煤炭需求，以期更准确地描述各区域煤炭需求弹性，所构建的多元回归模型如下：

$$\ln D_t = c_3 + \beta_5 \ln P_t + \beta_6 \ln \text{GDP}_t + \beta_7 \ln \text{ELE}_t + \beta_8 \ln \text{STE}_t + \beta_9 \ln \text{ARE}_t + v_t \quad (8\text{-}14)$$

式中，GDP_t 表示 t 年国民生产总值；ELE_t 表示 t 年发电量；STE_t 表示 t 年粗钢生产量；ARE_t 表示 t 年城市集中供热面积；$\beta_5 \sim \beta_9$ 表示各变量的弹性系数；v_t 为扰动项。

相关数据来自历年《中国统计年鉴》《中国统计摘要》和《中国煤炭工业年鉴》，样本区间为 1995～2010 年，截面样本点涵盖了除海南、西藏外的全国其他 29 个省份(不包括香港、澳门和台湾)，共 464 组面板数据；采用煤炭产值除以产量所得到的价格作为市场交易价格，使其更符合价格弹性的经济学含义，其中 1995～2002 年的煤炭价格用煤炭工业总产值除以煤炭产量得到，2002～2010 年的煤炭价格用煤炭产值除以煤炭产量得到[1]。为消除通胀影响，对价格和国民生产总值等变量进一步实施了定基化处理[2]。对于没有产量统计的省份采取了近似价格，即天津与北京一致，上海、浙江与江苏一致，广东与福建一致，青海与甘肃一致。

采用逐步回归法来消除多重共线性并最终确定模型形式。依据本章的研究目的，具体的做法是先构建需求与价格之间的回归模型，然后以此为基础，逐步加入其他变量。确定最终模型形式的原则如下：①回归方程通过 F 检验，即方程本身显著地描述了煤炭经济现象，且拟合优度较好；②价格变量及随后加入的各变量通过 t 检验，即各变量对煤炭需求的影响显著地存在；③根据各变量的经济学含义及其回归系数符号的比较结果进一步来确定变量的取舍，但不包括价格变量。这是由于根据经济学含义，价格与需求呈负相关关系，价格弹性应为负值，但从估算结果看，各省的价格弹性系数均在不同显著水平下通过 t 检验，但系数符号并不始终为负，有一些省份的值为正，这恰是需要认真审视和仔细分析的，因此始终予以保留。经多次尝试和估算，各省份的煤炭最终需求方程与价格弹性见表 8-2。

表 8-2　各省份的煤炭需求方程与价格弹性

省份	需求方程	价格弹性	标准误差	adj. R^2	F 统计量
北京	$\ln D = 5.29 + 0.19 \ln P + 0.24 \ln \text{STE}$	0.19***	0.03	0.63	11.08***

---

① 假设 2002 年以前煤炭工业总产值主要由煤炭产值所构成，非煤产值比例较小，对核算后的煤炭市场交易价格影响不大。这样处理充分考虑了数据的可得性和真实性

② 以 1995 年为基准年进行了定基化处理，其中价格数据用工业生产者购进价格中的燃料动力类指数进行调整，GDP 数据用 GDP 指数进行调整。具体方法为 i 年的实际值=基准值×(第 1 年指数值/100)×(第 2 年指数值/100)×…×(第 i 年指数值/100)

续表

省份	需求方程	价格弹性	标准误差	adj. R^2	F 统计量
天津	$\ln D = 4.56 + 0.23\ln P + 0.39\ln\text{ELE}$	0.23**	0.93	0.95	134.11***
河北	$\ln D = 5.95 + 0.63\ln P + 0.22\ln\text{STE} - 0.14\ln\text{ARE}$	0.63***	1.62	0.98	253.01***
山西	$\ln D = 5.89 - 0.63\ln P + 1.00\ln\text{ELE}$	−0.63**	1.54	0.97	200.65***
内蒙古	$\ln D = 3.63 - 0.04\ln P + 0.81\ln\text{ELE}$	−0.04*	6.29	0.97	309.58***
辽宁	$\ln D = 4.26 + 0.18\ln P + 0.61\ln\text{ELE}$	0.18**	0.84	0.92	94.31***
吉林	$\ln D = 2.48 - 0.09\ln P + 1.12\ln\text{ELE}$	−0.09*	1.04	0.90	74.58***
黑龙江	$\ln D = 7.44 + 0.70\ln P + 0.25\ln\text{STE} - 0.35\ln\text{ARE}$	0.70***	1.11	0.97	156.59***
上海	$\ln D = 5.52 + 0.08\ln P + 0.37\ln\text{ELE}$	0.08***	0.21	0.98	457.77***
江苏	$\ln D = 4.68 + 0.57\ln P + 0.19\ln\text{STE}$	0.57**	2.23	0.93	101.57***
浙江	$\ln D = 2.04 + 1.04\ln P + 0.14\ln\text{STE}$	1.04***	1.48	0.96	176.98***
安徽	$\ln D = 4.63 + 0.22\ln P + 0.48\ln\text{ELE}$	0.22**	1.62	0.99	870.75***
福建	$\ln D = 1.30 + 0.24\ln P + 0.85\ln\text{ELE}$	0.24*	4.57	0.97	309.25***
江西	$\ln D = 4.20 - 0.05\ln P + 0.74\ln\text{ELE}$	−0.05*	1.58	0.89	61.95***
山东	$\ln D = 2.46 - 0.40\ln P + 1.30\ln\text{ELE}$	−0.40*	4.55	0.96	194.66***
河南	$\ln D = 4.42 + 0.41\ln P + 0.41\ln\text{STE}$	0.41**	3.32	0.96	240.94***
湖北	$\ln D = 5.29 + 0.20\ln P + 0.40\ln\text{ELE}$	0.20*	1.25	0.96	235.28***
湖南	$\ln D = 3.85 - 0.51\ln P + 1.20\ln\text{ELE}$	−0.51*	2.14	0.78	27.84***
广东	$\ln D = 3.37 + 0.66\ln P + 0.30\ln\text{STE}$	0.66***	2.55	0.98	405.42***
广西	$\ln D = 6.26 - 0.11\ln P + 0.41\ln\text{STE}$	−0.11*	2.04	0.93	135.96***
四川	$\ln D = 5.25 - 0.74\ln P + 1.10\ln\text{ELE}$	−0.74***	1.23	0.75	23.50***
重庆	$\ln D = 4.36 - 0.02\ln P + 0.72\ln\text{ELE}$	−0.02**	1.21	0.88	52.26***
贵州	$\ln D = 4.77 + 0.13\ln P + 0.74\ln\text{ELE}$	0.13*	1.59	0.91	76.81***
云南	$\ln D = 5.33 - 0.16\ln P + 0.67\ln\text{STE}$	−0.16*	3.09	0.94	137.30***
陕西	$\ln D = 3.77 - 0.44\ln P + 1.21\ln\text{ELE}$	−0.44***	2.97	0.89	62.96***
甘肃	$\ln D = 4.33 + 0.01\ln P + 0.61\ln\text{ELE}$	0.01**	1.17	0.96	217.85***
青海	$\ln D = 1.99 + 0.77\ln P + 0.26\ln\text{STE}$	0.77***	2.13	0.94	126.06***
宁夏	$\ln D = 4.88 - 0.62\ln P + 1.75\ln\text{GDP}$	−0.62*	5.24	0.93	117.59***
新疆	$\ln D = 5.05 - 0.61\ln P + 1.08\ln\text{ELE}$	−0.61***	2.22	0.95	173.01***

注：***、**和*分别表示 1%、5%和 10%的显著性水平；除价格外的其他变量系数值都通过 1%显著水平下的 t 检验

可以看出，①各省份价格弹性的符号有着较大差异。山西、内蒙古、陕西、宁夏、山东、湖南、新疆等煤炭主产地的价格弹性为负值，而浙江、江苏等大部分消费省份的价格弹性为正值，这说明煤炭资源富集区域的需求与价格呈反比的关系成立，而煤炭消费集中区域的需求与价格间呈正比关系，因此全国各区域价格弹性的差异主要来自于各地资源赋存条件和经济发展水平，符合供求决定价格的经济理论。②各省份价格弹性水平也有着较大差异。在价格弹性为负值的省份中，资源赋存好的，其值也相应较高，如山西、新疆等地[①]；在价格弹性为正值的省份中，浙江、广东等工业大省的弹性值也较大，这说明所得到的价格弹性值基本正确地反映了各地资源赋存和经济

① 值得关注的是资源赋存较好的内蒙古地区，其价格弹性仅为−0.04，其原因在于该地区近 10 年来煤炭消费量的平均增速为 17%，远大于同期山西（7%）和新疆（11%）等区域的煤炭消费增长水平，这种高增速降低了内蒙古地区的价格需求弹性

发展水平对煤炭价格的综合影响。③除了价格因素，绝大部分省份的煤炭需求与发电量相关，河北、江苏、浙江等钢铁大省的煤炭需求与粗钢产量显著相关，反映了各地工业结构差异对煤炭需求的影响。

2. 需求参数的确立

将估计方程中的相关数据转化为 GAMS 求解所需的需求参数还需要经历四个过程：①由于方程只是给出一般性的需求规律，具体到 2011 年，需要将当年的 GDP、ELE、STE 和 ARE 等变量的数据代入，并将计算结果与各式中常数项累加后得到新的常数项作为参数值；②由于 GAMS 的目标函数中所需要的是反需求函数，相应的需求量系数应是表 8-2 中各价格系数的倒数；③同样因为反需求函数，最终输入 GAMS 中的参数还应是经过移项处理后的数值，即上述两个步骤所得数据的相反数；④表 8-2 中的一些价格弹性还为正值，这不仅有悖于传统的经济学理论，而且在后面的仿真实验中难以得到最优解，参照同类研究的做法，一般都将需求系数设置为负值，因此本书也将这些系数的正号修改为负号，并得到了较理想的仿真结果。最终输入 GAMS 的需求参数如表 8-3 所示。

表 8-3　各省份煤炭需求参数值

省份	北京	天津	河北	山西	内蒙古	辽宁	吉林	黑龙江	上海	江苏
常数项	35.49	30.64	10.44	−21.53	−249.06	47.95	−107.25	7.67	100.33	10.92
弹性值	−5.26	−4.34	−1.58	−1.58	−25.00	−5.55	−11.11	−1.42	−12.50	−1.75

省份	浙江	安徽	福建	江西	山东	河南	湖北	湖南	广东	广西
常数项	2.92	36.92	30.96	−180.18	−32.22	18.53	41.69	−24.28	8.34	−83.34
弹性值	−0.96	−4.54	−4.16	−20.00	−2.50	−2.43	−5.00	−1.96	−1.51	−9.09

省份	四川	重庆	贵州	云南	陕西	甘肃	青海	宁夏	新疆	
常数项	−18.24	−442.03	77.86	−63.31	−27.85	840.10	4.24	−22.34	−19.81	
弹性值	−1.35	−50.00	−7.69	−6.25	−2.27	−100.00	−1.29	−1.61	−1.63	

8.4.3　需求量核算

目前国家相关部门和专业机构公布的分省区煤炭消费数据是以原煤为单位进行核算的，缺乏各地分煤种的消费数据，这给本章的优化运算带来了困难。本章的核算思路是不同种类的煤炭有着各自不同的用途，且在基准年份的技术约束下，单位产品的耗煤系数应是确定的。由于 90% 以上的煤炭消费集中于发电、冶金、建材和化工等领域，如果厘清各主要涉煤工业产品的单位煤耗与 2011 年各地工业品产量，就能够核算出基准年份的各地不同煤种需求数量。

据此，收集整理了大批的原始资料，将主要工业产品对不同煤种的需求情况进行了详尽的梳理，最终确立不同煤种在各工业中的使用情况，再用耗煤数量除以对应的工业品产品，就得到工业产品单位耗煤系数，结果如表 8-4 所示。

表 8-4　2011 年工业产品耗煤量及单位产品耗煤系数

项目	煤种	化学工业（合成氨+甲醇）	电力和热力业（火电）	非金属冶炼业（水泥）	金属冶炼业（生铁）	炼焦业（焦炭）
工业品产量 /万 t(亿 kW·h)		8168	38928	218404	66354	44323
耗煤总量 /万 t	无烟煤	10937	21581	4569	13200	
	烟煤					131534
	次烟煤	8581	146750	29281	3640	
	褐煤		42561			
耗煤系数 /（万 t/万 t）或 (g/(kW·h))	无烟煤	1.338864909	55.438245	0.020919947	0.198932996	
	烟煤					2.96762403
	次烟煤	1.050452572	376.9780107	0.134068057	0.054857281	
	褐煤		109.3326141			

资料来源：著者根据相关资料整理

表 8-4 中，所有煤种的耗煤总量为 41.26 亿 t，无烟煤、烟煤、次烟煤和褐煤的消耗量分别为 5.03 亿 t、13.15 亿 t、18.82 亿 t 和 4.26 亿 t，这都与当年的统计数据相一致。在得到的单位耗煤系数中，除了电力工业，其他工业都缺乏明确的单位耗煤统计资料，无法有效地进行比较分析。对发电而言，从总量上看，当年用于电力和热力业的煤炭总量为 21 亿 t，而中国电力联合会（简称中电联）公布的全国 6000kW 及以上电厂的发电消耗原煤为 18.23 亿 t，供热消耗原煤 1.83 亿 t，两者计 20.06 亿 t，如果再加上低于 6000kW 电厂的用煤量（无烟煤主要用于 20～30kW 的小火电厂，这类电厂目前占全国火电装机容量的 20%左右），则总数将趋近于本章的核算结果；从耗煤系数上看，中电联公布的 6000kW 及以上电厂的火电机组平均供电标准煤耗为 329g/(kW·h)，而表 8-4 中的数据偏高，合计达到了 540g/(kW·h)，这主要是由于：①热力产量与发电量难以在同一单位进行汇总，故工业品产量中仅列出了发电量而没有热力产量，在耗煤总量没有扣除供热耗煤的情况下，无疑推高了电力生产的单位耗煤系数；②中电联公布的数据不包含 6000kW 以下的中小电厂，而这些电厂的单位耗煤则会高得多。虽然存在发电单位耗煤较真实值虚高的情况，但本书仍以此为准，因为这较准确地解决了在热力产量难以衡量的情况下，如何核算进入电力和热力业的煤炭消耗问题。

据此核算出 2011 年各地各工业部门所消耗的不同种类煤炭数量及其总量如表 8-5 所示[①]。

——————————
① 这里假设全国各地不同工业品的单位耗煤系数是相同的

表 8-5　2011 年基准情境下各地不同各类煤炭消费数量

地区	化学工业			火电工业				非金属冶业			金属冶炼业			炼焦业		合计			
	产量/万t	无烟煤/万t	次烟煤/万t	发电量/(亿kW·h)	无烟煤/万t	次烟煤/万t	褐煤/万t	产量/万t	无烟煤/万t	次烟煤/万t	产量/万t	无烟煤/万t	次烟煤/万t	产量/万t	烟煤/万t	无烟煤/万t	烟煤/万t	次烟煤/万t	褐煤/万t
全国	7334.69	9820.16	7704.74	39003.00	21622.58	147032.73	42643.00	208500.00	4361.81	27953.19	62969.30	12526.67	3454.32	42126.42	125015.38	48331.22	125015.38	186144.99	42643.00
北京	0.00	0.00	0.00	258.00	143.03	972.60	282.08	911.50	19.07	122.20	0.00	0.00	0.00		0.00	162.10	0.00	1094.81	282.08
天津	0.00	0.00	0.00	612.00	339.28	2307.11	669.12	765.50	16.01	102.63	2097.00	417.16	115.04	234.32	695.37	772.46	695.37	2524.77	669.12
河北	382.84	512.57	402.16	2151.00	1192.48	8108.80	2351.74	13972.40	292.30	1873.25	15442.40	3072.00	847.13	6240.95	18520.79	5069.35	18520.79	11231.33	2351.74
山西	615.91	824.62	646.98	2296.00	1272.86	8655.42	2510.28	3935.60	82.33	527.64	3768.60	749.70	206.74	8889.86	26881.76	2929.51	26881.76	10036.77	2510.28
内蒙古	499.44	668.68	524.64	2889.00	1601.61	10890.89	3158.62	6396.50	133.81	857.57	1431.10	284.69	78.51	1916.89	5688.61	2688.80	5688.61	12351.61	3158.62
辽宁	99.80	133.62	104.84	1316.00	729.57	4961.03	1438.82	5690.10	119.04	762.86	5417.90	1077.80	297.21	2026.97	6015.28	2060.02	6015.28	6125.94	1438.82
吉林	59.56	79.74	62.56	592.00	328.19	2231.71	647.25	4221.30	88.31	565.94	941.40	187.28	51.64	473.81	1406.09	683.52	1406.09	2911.86	647.25
黑龙江	128.27	171.74	134.74	775.00	429.65	2921.58	847.33	4213.90	88.15	564.95	588.90	117.15	32.31	997.74	2960.92	806.69	2960.92	3653.58	847.33
上海	62.08	83.12	65.21	1022.00	566.58	3852.72	1117.38	805.60	16.85	108.01	1947.50	387.42	106.83	640.62	1901.12	1053.97	1901.12	4132.77	1117.38
江苏	385.27	515.82	404.71	3731.00	2068.40	14065.05	4079.20	14899.70	311.70	1997.57	5303.50	1055.04	290.94	1937.25	5749.03	3950.97	5749.03	16758.27	4079.20
浙江	64.73	86.66	68.00	2343.00	1298.92	8832.59	2561.66	12122.30	253.60	1625.21	1002.20	199.37	54.98	285.35	846.81	1838.55	846.81	10580.78	2561.66
安徽	328.57	439.91	345.15	1624.00	900.32	6122.12	1775.56	9204.70	192.56	1234.06	1829.80	364.01	100.38	868.92	2578.63	1896.80	2578.63	7801.70	1775.56
福建	123.94	165.94	130.19	1272.00	705.17	4795.16	1390.71	6570.90	137.46	880.95	441.20	87.77	24.20	150.48	446.57	1096.35	446.57	5830.50	1390.71
江西	19.66	26.32	20.65	665.00	368.66	2506.90	727.06	6782.20	141.88	909.28	1917.10	381.37	105.17	838.69	2488.92	918.24	2488.92	3542.00	727.06
山东	1061.85	1421.67	1115.42	3129.00	1734.66	11795.64	3421.02	15035.60	314.54	2015.79	5608.50	1115.72	307.67	3974.24	11794.05	4586.60	11794.05	15234.53	3421.02
河南	686.80	919.53	721.45	2498.00	1384.85	9416.91	2731.13	13666.00	285.89	1832.17	2151.00	427.90	118.00	2370.88	7035.88	3018.18	7035.88	12088.53	2731.13
湖北	433.69	580.65	455.57	933.00	517.24	3517.20	1020.07	9342.90	195.45	1252.58	2520.70	501.45	138.28	993.64	2948.75	1794.79	2948.75	5363.64	1020.07
湖南	167.78	224.63	176.24	899.00	498.39	3389.03	982.90	9238.60	193.27	1238.60	1876.40	373.28	102.93	622.01	1845.89	1289.57	1845.89	4906.81	982.90
广东	9.70	12.99	10.19	3046.00	1688.65	11482.75	3330.27	12607.00	263.74	1690.20	861.60	171.40	47.27	176.13	522.69	2136.77	522.69	13230.40	3330.27
广西	120.77	161.69	126.86	637.00	353.14	2401.35	696.45	8604.10	180.00	1153.53	955.60	190.10	52.42	411.14	1220.11	884.93	1220.11	3734.17	696.45
海南	226.48	303.23	237.91	158.00	87.59	595.63	172.75	1508.50	31.56	202.24	0.00	0.00	0.00	0.00	0.00	422.38	0.00	1035.77	172.75

续表

地区	化学工业			火电工业				非金属冶炼业			金属冶炼业			炼焦业		合计			
	产量/万t	无烟煤/万t	次烟煤/万t	发电量/(亿kW·h)	无烟煤/万t	次烟煤/万t	褐煤/万t	产量/万t	无烟煤/万t	次烟煤/万t	产量/万t	无烟煤/万t	次烟煤/万t	产量/万t	烟煤/万t	无烟煤/万t	烟煤/万t	次烟煤/万t	褐煤/万t
四川	383.08	512.89	402.41	596.00	330.41	2246.79	651.62	14501.10	303.36	1944.13	1715.00	341.17	94.08	1158.51	3438.02	1487.84	3438.02	4687.41	651.62
重庆	219.63	294.05	230.71	387.00	214.55	1458.90	423.12	4935.20	103.24	661.65	559.40	111.28	30.69	386.23	1146.19	723.13	1146.19	2381.96	423.12
贵州	162.17	217.12	170.35	1022.00	566.58	3852.72	1117.38	5000.20	104.60	670.37	482.40	95.97	26.46	614.49	1823.58	984.27	1823.58	4719.90	1117.38
云南	259.28	347.14	272.36	536.00	297.15	2020.60	586.02	6457.40	135.09	865.73	1344.20	267.41	73.74	1546.06	4588.12	1046.78	4588.12	3232.43	586.02
陕西	280.29	375.27	294.43	1084.00	600.95	4086.44	1185.17	6430.60	134.53	862.14	732.00	145.62	40.16	2242.98	6656.32	1256.37	6656.32	5283.17	1185.17
甘肃	73.75	98.74	77.47	714.00	395.83	2691.62	780.63	2746.80	57.46	368.26	769.30	153.04	42.20	263.24	781.20	705.07	781.20	3179.55	780.63
青海	60.74	81.32	63.80	122.00	67.63	459.91	133.39	1043.00	21.82	139.83	114.60	22.80	6.29	167.46	496.96	193.57	496.96	669.84	133.39
宁夏	199.98	267.75	210.07	967.00	536.09	3645.38	1057.25	1455.50	30.45	195.14	91.90	18.28	5.04	437.54	1298.45	852.56	1298.45	4055.62	1057.25
新疆	218.58	292.65	229.61	725.00	401.93	2733.09	792.66	2993.60	62.63	401.35	1058.10	210.49	58.04	1229.99	3650.15	967.69	3650.15	3422.09	792.66

8.4.4　贸易可行性判断矩阵

判断任意的供需两地是否存在着贸易可行性的好处如下：一是在模拟运算时能够减少两地间贸易组合数量，从而加快模型的收敛速度；二是得到的结果会尽可能地与实际情况相吻合。用"×"表示两地间存在着可能的贸易物流关系，空格表示不可能，其判断的依据如下：①某供给地的煤种是否与供需方相一致；②是否符合如图 7-1 所示的煤炭物流方向；③两地间是否存在着运输通道。判断时需要综合考虑以上三个要素，例如，现实中山西的煤炭基本上不会向西部省份供应，但考虑西部省份缺少无烟煤，这里也对两者之间贸易的可行性赋值"×"，以此类推。最终的判断矩阵结果见附表 3～附表 5。

8.5　优化结果分析

8.5.1　优化方案设计

这里进行优化分析的主要目的是验证理论模型的合理性和科学性，为第 9 章建立 CCMS 仿真平台打下理论基础。基于这一目的，本节设计了两种优化方案。方案一：各省份煤炭企业需要优先保证本省煤炭需求，有富裕供给能力的省份向缺煤省份输煤，并在此情境下实现社会福利最大化。方案二：各省份都是一个类似于经济人的决策主体，各自按照最优原则在全国范围内进行着煤炭交易，并经此在完全竞争市场中实现社会福利的最大化。通过两者的优化结果与实际值进行比较以确立基准方案。

可以通过两种方法来科学地遴选基准方案：①基于优化价格与实际价格的比较；②基于优化的贸易流与实际的贸易流的比较。价格比较时，选择比较易得的供给端车板价作为实际的供给价格[①]，并用西尔不相等系数（Theil's Inequality Coefficient）来衡量两者之间的差异程度。令 AP_i 为 i 供给地真实价格，OP_i 为 i 供给地优化价格，则西尔不相等系数可表示为

$$U = \frac{\sqrt{\sum (OP_i - AP_i)^2}}{\sqrt{\sum OP_i^2} + \sqrt{\sum AP_i^2}} \tag{8-15}$$

可以看出，该系数值应为 0～1，当优化值与实际值相等时，系数值等于 0；当优化值与实际值相差越来越大，系数值逐渐趋向于 1。因此，系数值越低，模拟的拟合程度越好。

从贸易流方面进行比较时，省际煤炭流动的实际数据是缺失的，但各省份原煤调

---

① 车板价就是在火车已装载煤炭出发之前除运费以外的一切费用，包括坑口价、税费（又名出境费）、汽车运费、火车站台上的若干税费、铁路计划费等

入数据是可得的，因此可将优化所得的各省份三个煤种的输入数据累加后与实际原煤调入量进行对比分析。运用一个线性假设检验来验证模型的有效性，以 AF_j 表示 j 地实际调入量，OF_j 表示 j 地优化调入量，构建两者之间的线性随机方程：

$$AF_j = \beta_0 + \beta_1 \cdot OF_j + \varepsilon_j \qquad (8\text{-}16)$$

式中，若实际值与优化值之间较一致，则 $\beta_0 = 0$ 和 $\beta_1 = 1$ 不能在期望的显著性水平下被拒绝。由此，运用最小二乘法（OLS）对式（8-16）进行回归后，对 $\beta_0 = 0$ 和 $\beta_1 = 1$ 进行怀特参数约束检验（Wald Coefficient Restrictions Test），以此对两者的统计显著性进行分析。

当然必须指出，由于空间均衡模型本身是一个优化模型而非仿真模型，据此得到的优化结果必然与实际值之间存在着差异，不能够简单地以优化结果与实际值之间的拟合优度来评价模型的科学性和确立基准方案。参照陈永福所提倡的应该更加关注于各种政策方案的模拟分析，预测出各种可能出现的危机，从而为未来决策起预警作用[125]。本书认为一个可以接受的优化结果还必须：①符合基本的经济原理或经济规律；②与煤炭产业的发展现状保持一致；③敏感度分析需与煤炭产业发展趋势相吻合。

选择如表 2-4 所示的 51 个供给地作为供给端点，将除西藏和海南外的其他 29 个省份作为需求端点，其中的运输距离以供给端的中心城市至需求端的省会城市进行核算。在煤种方面，由于分析工业、电力和供暖用煤时只区分出了无烟煤、烟煤和动力煤，没有将动力煤进一步划分为次烟煤和褐煤，供给与需求没有形成一一对应关系，主要原因是各地动力煤消费时的配煤煤种和比例各不相同，也没有找到相关的历史数据对其进行支持，故笼统地将其归结为动力煤。优化模拟时，暂时不区别次烟煤和褐煤，将两者都视作动力煤，待以后条件成熟时再加以区分研究。

几乎所有的空间均衡模型都应用数学规划方法来寻求一组价格和数量的均衡解，它特别适用于一个完全竞争的市场环境（最大化生产者和消费者剩余）[126]。依据上面阐述的研究方法和数据，运用 GAMS 软件包进行编程并基于 PATH 求解器进行优化，该软件特别为建模线性、非线性和混合整数最优化问题而设计，对于大型的、复杂的问题特别有帮助，并能够允许使用者通过制定简单的设置来把精力放在建模问题上，而将特定机器和系统软件执行的费时的细节交由系统自身来处理。由于该软件的适用性、有效性和精确性，已经成为国内外大型能源系统模型首选的优化和模拟工具。

8.5.2 两种方案优化结果的比较分析

1. 价格优化结果的比较

总体来看，两种方案下价格的优化结果较一致和可靠：①两者的西尔不相等系数很相近，它们都表现为无烟煤在 0.08、炼焦煤在 0.11、动力煤在 0.09 左右摆动（表 8-6），意味着两者的优化结果对实际值的拟合效果都令人满意；②两种优化结果之间的差异程度也很小，在图 8-2～图 8-4 中可直观地观测出两种方案对无烟煤、炼焦煤和动力煤的价格优化结果很接近，说明是否优先满足省内需求对煤炭交易价格的影响并不十分显著；③虽然各地优化结果间的标准差都较实际值的标准差大，价格在省际的波动性不如现实中大，但基本的波动趋势是一致的，如新疆、内蒙古等地实际价格和优化价格都相比其他地区的相应价格有所偏小。

表 8-6　两种方案下价格的西尔不相等系数

方案	无烟煤	炼焦煤	动力煤
一	0.0832	0.1137	0.1087
二	0.0843	0.1111	0.0974

对无烟煤来说，各省份实际值的平均值为 1046 元/t，而经方案一和方案二优化后的平均值分别为 1175 元/t 和 1180 元/t，较实际的平均值大约高出 130 元/t。但优化后价格间的差异性显著小于实际值间，如两湖和川渝地区的无烟煤价格低于 800 元/t，而河南省的价格则高于 1200 元/t，各省份实际价格的标准差达 154.49 元/t，而优化价格的标准差分别为 34.11 元/t 和 40.13 元/t，表明优化以后的供给价格趋同于全国平均水平。

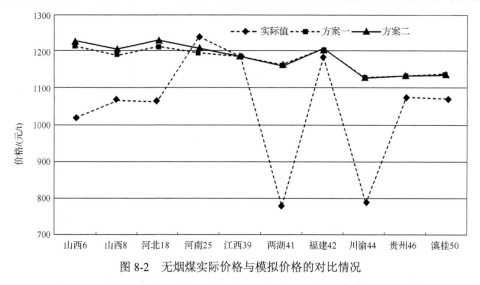

图 8-2　无烟煤实际价格与模拟价格的对比情况

炼焦煤价格的优化结论与无烟煤相近。各省份实际值的平均值为 1322 元/t，而经方案一和方案二优化后的平均值分别为 1520 元/t 和 1524 元/t，较实际的平均值大约高出 200 元/t。但优化后各省价格间的差异性也显著小于实际值间，各地实际价格的标准差为 267.00 元/t，而优化价格的标准差分别为 40.36 元/t 和 37.04 元/t，较实际价格标准降低得非常明显，表明优化以后的炼焦煤供给价格也趋同于全国平均价格。

动力煤的拟合效果似乎最优。各省份动力煤实际价格的平均值为 612 元/t，而方案一和方案二的平均优化价格分别为 695 元/t 和 702 元/t，较实际平均价格大约高出

90 元/t，真实平均价格与优化平均价格的差异在三类煤种中最小。就标准差而言，各省份实际价格的标准差为 138.21 元/t，在三类煤种中最小，而优化以后的价格标准差分别为 80.91 元/t 和 66.72 元/t，相较无烟煤和炼焦煤都明显增大，这"一小一大"凸显出模型对价格较低的动力煤更好的拟合程度。

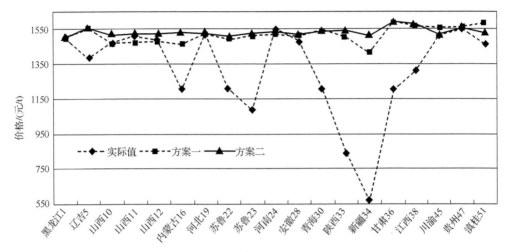

图 8-3　炼焦煤实际价格与模拟价格的对比情况

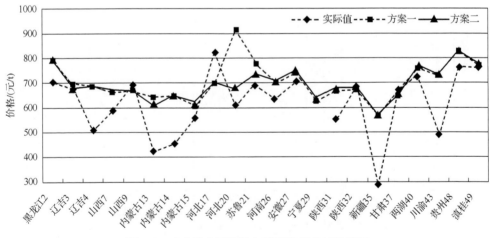

图 8-4　动力煤实际价格与模拟价格的对比情况

2. 贸易流优化结果的比较

两种方案下无烟煤、炼焦煤和动力煤的贸易流优化结果分别见表 8-7～表 8-9。总体看来，各个煤种不同方案下的优化结果差异较大，这种差异一方面表现在供需节点的对应关系有变化，另一方面表现在供需数量的对应关系不一致。

表8-7 两种方案下无烟煤空间流动情况对比 （单位：万t）

方案一

地区	京	津	冀	晋	内蒙古	辽	吉	黑	沪	苏	浙	皖	闽	赣	鲁	豫	鄂	湘	粤	桂	川	渝	黔	云	陕	甘	青	宁	新
山西6	162	563	3802																										
山西8		209		2929	2688	2060	683	806		814					443										1046	1256	705	193	852
河北18			1267																										
河南25															4143	3018													
江西39												459		918															
两湖41									1054	742	1474	1437					1794	1289	611										
福建42											364		1096																
川渝42										2394											422	1487							
贵州46																							723						
滇桂50																			1525	884			0.9	984					

方案二

地区	京	津	冀	晋	内蒙古	辽	吉	黑	沪	苏	浙	皖	闽	赣	鲁	豫	鄂	湘	粤	桂	川	渝	黔	云	陕	甘	青	宁	新
山西6		214	5069			251																							
山西8		557		2929	2688	1778										3018									1046	1256	705	193	852
河北18	162					30	683	806																					
河南25															4586														
江西39												409		918															
两湖41									1053	2971	1255	1487						1289	961										
福建42											583		1096																
川渝42										979							1794				422	1487							
贵州46																													
滇桂50																			1175	884			723	984					

表 8-8 两种方案下炼焦煤空间流动情况对比 (单位: 万t)

方案一

地区	京	津	冀	晋	内蒙古	辽	吉	黑	沪	苏	浙	皖	闽	赣	鲁	豫	鄂	湘	粤	桂	川	渝	黔	云	陕	甘	青	宁	新
黑龙江 1							1406	2960																					
辽吉 5						2756																							
山西 10																									4602	660		1221	569
山西 11	0.02	695	9855	26381		868										411												77	
山西 12			2626		1612																								
内蒙古 16					4076																								
河北 19			6038																										
苏鲁 22						2390				2210						11794													
苏鲁 23																													
河南 24																6624													
安徽 28									1901	3539	846	2578	446	1172			2948	1845	118										
青海 30																											496		1756
陕西 33																									2054				1324
新疆 34																													
甘肃 36																										120			
江西 38														1316															
川渝 45																					3236	1146							
贵州 47																							1823	1850					
滇桂 51																				1220				2737					

方案二

地区	京	津	冀	晋	内蒙古	辽	吉	黑	沪	苏	浙	皖	闽	赣	鲁	豫	鄂	湘	粤	桂	川	渝	黔	云	陕	甘	青	宁	新
黑龙江 1							1406	2960																					
辽吉 5						3307																							
山西 10			4033																						4726				
山西 11			13598	20381	4528																								

续表

方案二

地区	京	津	冀	晋	内蒙古	辽	吉	黑	沪	苏	浙	皖	闽	赣	鲁	豫	鄂	湘	粤	桂	川	渝	黔	云	陕	甘	青	宁	新
山西12				6000																									
内蒙古16					1160																							1298	2432
河北19	0.02	695				2708																							
苏鲁22			888												11794	4264													
苏鲁23																2129			522										
河南24																641	2374												
安徽28									1901	5749	846	2578	446	2488			574	1326											
青海30																										781	496		1073
陕西33																						535			1929				
新疆34																													
甘肃36																													144
江西38																		519		1059									
川渝45																					3438	610							
贵州47																							1823						
滇桂51																				160				4588					

表 8-9 两种方案下动力煤空间流动情况对比 (单位：万 t)

方案一

地区	京	津	冀	晋	内蒙古	辽	吉	黑	沪	苏	浙	皖	闽	赣	鲁	豫	鄂	湘	粤	桂	川	渝	黔	云	陕	甘	青	宁	新
黑龙江 2								1763																					
辽吉 3																													
辽吉 4						7190																							
山西 7				12547																									
山西 9									3908								3646		4484	1846									
内蒙古 13					15510			2079											12076										
内蒙古 14							3559	657																					
内蒙古 15	1376	3193	11592			374				20837	13142				18039	5197	2737	3258			2024	2805	4359	278					
河北 17																													
河北 20			1990																										
苏鲁 21															615														
河南 26																2761													
安徽 27												270																	
宁夏 29																								3539			59	5112	
陕西 31													9306	7221		4658													
陕西 32														4269		2202									6468				
新疆 35																													4214
甘肃 37																										3960	743		
两湖 40																		2631											
川渝 43																					3315								
贵州 48																							1478						
滇桂 49																				2583									

方案二

地区	京	津	冀	晋	内蒙古	辽	吉	黑	沪	苏	浙	皖	闽	赣	鲁	豫	鄂	湘	粤	桂	川	渝	黔	云	陕	甘	青	宁	新
黑龙江 2																													

续表

方案二

地区	京	津	冀	晋	内蒙古	辽	吉	黑	沪	苏	浙	皖	闽	赣	鲁	豫	鄂	湘	粤	桂	川	渝	黔	云	陕	甘	青	宁	新
辽吉3							733																						
辽吉4									5250		1002								1512										
山西7										2507							6273			1196									
山西9											12139																		
内蒙古13						7564	2826	4500				5940		1478					5799										
内蒙古14																					194	1634		3818					
内蒙古15	1376	3193	13583	12547	15510					18329					18655				9248										
河北17														164															
河北20														1308															
苏鲁21																													
河南26												3313																	
安徽27												324		1318															
宁夏29																					4620							5112	
陕西31																	110	5889											
陕西32													3243			14819						1171			6468				
新疆35																					272		5837				803		4214
甘肃37																					252					3960			
两湖40													3978							3157									
川渝43																													
贵州48																													
滇桂49																				76									

就供需节点的对应关系来看，同一煤种同一需求地和相同需求数量的煤炭需求在不同方案下的供给节点并不相同。例如，无烟煤中，北京 162 万 t 的需求在方案一下来自于山西 6 的供应节点，但在方案二下这种需求来自于河北 18 的供应节点；天津无烟煤 772 万 t 的需求在方案一下来自于山西 6 和山西 8 两个供应节点，但在方案二下更改为山西 6 和河北 18。炼焦煤中，天津 695 万 t 的需求在方案一下由山西 11 供给节点满足，但在方案二下的供给节点更改为河北 19；方案一下河北 18519 万 t 的需求是由山西 11、山西 12 和河北 19 三个供给节点来供给的，但在方案二下的供给节点更改为山西 10、山西 11 和苏鲁 22。动力煤中，河北 13583 万 t 的需求在方案一中是由内蒙古 15 和河北 20 来满足的，但在方案二下，这种需求完全依靠内蒙古 15 进行保障；黑龙江 4500 万 t 的需求供应在方案一下来自于黑龙江 2、内蒙古 13 和内蒙古 14，但在方案二下只来自于内蒙古 13。由此可见，两种方案下的全国煤炭贸易对象的差异是很大的。

两种方案下供需对象的不同导致供需数量的对应关系也差异很大。无烟煤中，方案一中江苏的需求主要来自于川渝 42，供应数量为 2394 万 t，剩余的部分分别由山西 8 和两湖 41 各供给 814 万 t 和 742 万 t；而在方案二中，主要的供给地变更为两湖 41，为 2971 万 t，其余的 979 万 t 缺口仅由川渝 42 来补充。炼焦煤中，内蒙古所需的 5688 万 t 在方案一中分别由山西 12 节点供给 1612 万 t 和内蒙古 16 节点供给 4076 万 t，但在方案二中的供给情况改由山西 11 节点供给 4528 万 t 和内蒙古 16 节点供给 1160 万 t，内蒙古自供量在方案二下显著减少。动力煤中，方案一中的黑龙江需求分由黑龙江 2 节点供给 1763 万 t、内蒙古 13 节点供给 2079 万 t 和内蒙古 14 节点供给 657 万 t，但在方案二中，这种需求的满足仅来自于内蒙古 13 节点的 4500 万 t 供给量。这种同一需求地在不同方案下不同供给节点和供给数量的差异在表 8-6～表 8-8 中还有许多，在此不再一一列出。

两种方案下供需对象和供需数量之间对应关系的差异呈现出两种不同的全国煤炭空间流动格局，图 8-5～图 8-7 更直观地刻画了不同煤种的两种差异化空间流动情况。可以看出，除了西北地区和少数内陆省份在两种方案下的供给来源较一致，其他地区的供给来源在方案一和方案二下都或多或少地存在着差异。

为进一步论证两种优化结果与现实情况的拟合程度，定量地评价两种方案下的煤炭空间流动差异性，运用 8.5.1 节提出的方法对各地煤炭调入量进行统计分析。各省实际调入量为表 8-1 中省际调入量加上国外进口量，优化后两种方案的调入量为表 8-7～表 8-9 中三种煤炭自省外调入量的总和[①]，最终的省际调入结果如表 8-10 所示。2011 年全国煤炭空间流动实际值为 19.82 亿 t，方案一的空间流动优化值为 22.93 亿 t，方案二的空间流动优化值为 29.11 亿 t，两者与实际值均有一定的差异；分省份来看，江苏、上海、浙江、福建、广东等缺煤省份的调入实际值与优化值较接近，而山西、内蒙古、河南、西北五省等富煤省份的调入实际值与优化值存在着程度不一的偏差。

---

① 因为是比较省外调入量，需要将省内自给部分予以扣除；此外，由于本书核算各省需求时是按照单位产品耗煤系数进行的，得到的煤炭需求量为包括进口在内的各地煤炭需求总量，优化后的各节点供给量已经包括进口部分，故在此核算优化后的各地调入量时不再核算国外进口量

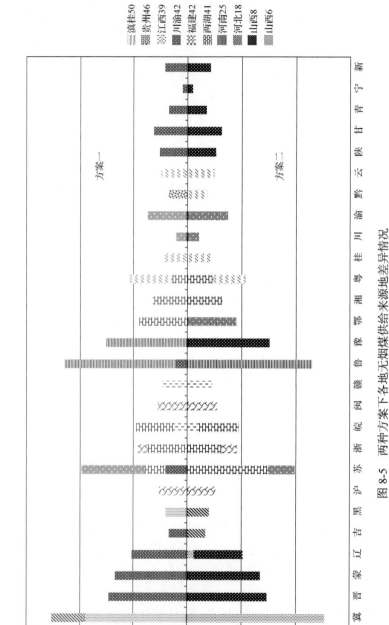

图 8-5　两种方案下各地无烟煤供给来源地差异情况

图中横轴以上部分为方案一的情况，横轴以下部分为方案二的情况。纵轴中的负轴为方案一的供给量对比图仅作为值，方案二的供给量仍为正值

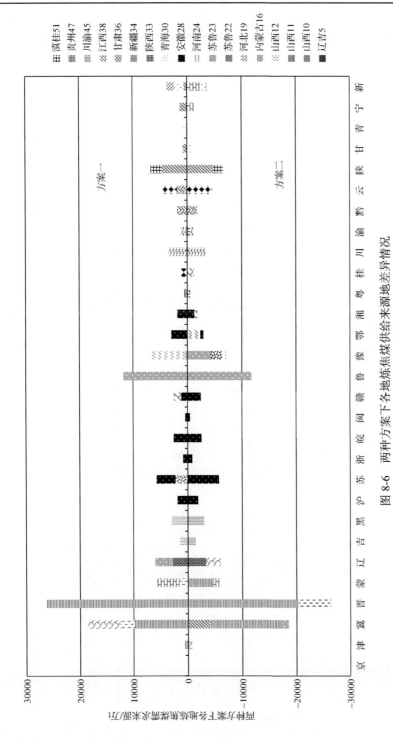

图 8-6　两种方案下各地炼焦煤供给来源地差异情况

图中横轴以上部分为方案一的情况, 横轴以下部分为方案二的情况。纵轴中的负值部分为方案二的供给量仍为正值

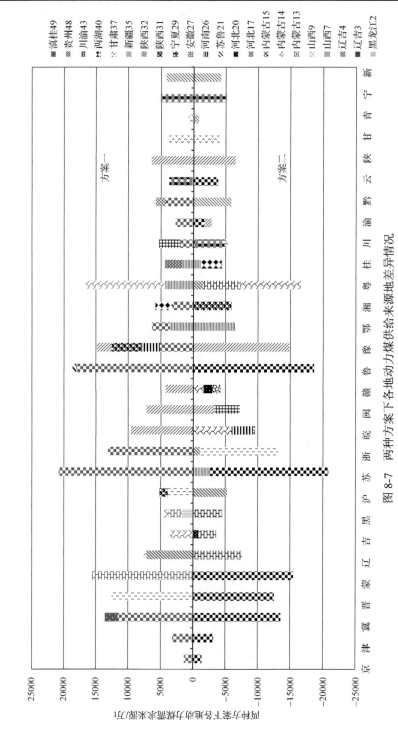

图 8-7　两种方案下各地动力煤供给来源地差异情况

图中横轴以上部分为方案一的情况，横轴以下部分为方案二的情况。纵轴中的负值仅为作图对比的需要设立，方案二的供给量仍为正值

表 8-10　2011 年各地煤炭调入实际值与优化值　　　　（单位：万 t）

地区	实际调入量	方案一调入量	方案二调入量	地区	实际调入量	方案一调入量	方案二调入量
北京	3123.89	1539.01	1539.01	湖北	7782.7	9332.56	11127.26
天津	5842.53	4664.71	4661.71	湖南	3378.78	5103.89	7735.60
河北	25268.49	27877.35	37173.22	广东	16158.25	19220.13	19220.13
山西	8984.25	0.00	12547.05	广西	3435.99	1847.00	5414.02
内蒙古	2763.21	4300.80	7216.96	海南	607.03	—	—
辽宁	10501.16	5693.02	12332.86	重庆	415.24	2805.07	5339.03
吉林	3593.12	5648.72	4915.62	四川	2322.49	2226.00	3340.44
黑龙江	3233.34	3543.68	5307.59	贵州	167.45	4360.95	6560.40
上海	7064.32	8205.23	8205.23	云南	120.32	5669.45	3818.45
江苏	30055.57	28327.43	30537.46	西藏	133.42	—	—
浙江	16155.16	15827.81	15827.81	陕西	930.8	5648.78	5773.67
安徽	3159.83	11203.86	11150.06	甘肃	2686.47	1917.36	2037.56
福建	6370.44	7667.81	7667.78	青海	125.36	1508.29	1508.29
江西	3031.22	5441.06	6757.97	宁夏	503.44	1492.02	1492.02
山东	19216.75	22626.6	23242.14	新疆	215.92	3178.56	4502.71
河南	8039.42	12469.01	24231.95	全国	198250.66	229343.20	291184.10

资料来源：著者根据优化结果核算。"—"表示优化系统中没有包括该省份

　　根据式 (8-16) 分别对实际值与方案一、方案二的优化值进行回归，并在 $\beta_0 = 0$ 和 $\beta_1 = 1$ 的原假设下进行怀特参数约束的 F 检验，相关结果如表 8-11 所示。可以看出，方案一和方案二的回归方程 F 统计量显著，拟合优度均为 0.81，实际值与优化值的拟合程度均较好，且 β_1 值均显著的为 0.89 和 0.77，较倾向于 1。但怀特检验发现，方案一的优化结果可以认为与实际值之间统计一致，但方案二的检验结果不能得到类似的结论。

表 8-11　两种方案下实际值与优化值的统计检验结果

方案 指标	一					二				
	拟合优度	F 统计量	参数值		怀特参数约束 F 检验 $(\beta_0 = 0, \beta_1 = 1)$	拟合优度	F 统计量	参数值		怀特参数约束 F 检验 $(\beta_0 = 0, \beta_1 = 1)$
			β_0	β_1				β_0	β_1	
结果	0.81	122.50***	−281.68 (−0.31)	0.89*** (11.06)	2.39	0.81	126.01***	−1010.07 (−1.09)	0.77*** (11.22)	19.08***
结论	接受原假设，即实际值与优化值统计一致					拒绝原假设，即实际值与优化值统计不一致				

注：***表示在 0.01 的水平下显著；括号中的数值为参数的 t 检验值

8.5.3　基准方案确立与结果讨论

1. 基准方案的确立

8.5.2 节的分析得到了一个较有趣的结论：虽然两种方案下的价格优化结果相近，

但背后支持这种结果的空间贸易格局却相差较大。随之而来的问题是确立哪种方案是基准方案比较科学。由优化结果可知，方案二下各煤种社会福利的总额为−34324 亿元，而方案一下的社会福利总额为−18333 亿元[①]，方案一更有利于社会福利的增加。同时，由于以下更重要的因素，本节将方案一作为基准方案。

(1) 两种方案下各煤种价格的西尔不相等系数都大致相当，因此决定基准方案的主要决定因素是哪种方案的贸易流更科学合理。

(2) 从全国省际调入总量看，方案一 22.93 亿 t 的优化结果与实际的 19.82 亿 t 之间较接近，而方案二的 29.11 亿 t 与实际值之间相差太大。方案一的优化值与实际值之间近 3 亿 t 的差距来自于：①现实中各种煤在使用用途上存在着少量替代，当这种替代发生在省内时，就减少了省际的煤炭调入量；②采用的省际实际调入量来自于国家统计局数据，它是以 2011 年全国 34 亿 t 的消费量为基础的，但在 2015 年，国家统计局承认低估了以前年度的煤炭消费量，如将 2012 年煤炭消费量调高了 5.9 亿 t，这也意味着 2011 年各省实际的煤炭调入量肯定高于 19.82 亿 t。综合以上分析，方案一下全国 22.93 亿 t 的优化结果是与真实值相吻合的。

(3) 从两种方案下怀特参数约束检验结果看，方案一的各省调入优化值更倾向与实际值相一致。

(4) 作为一个服务于实践决策的仿真平台，其基准方案必须能够反映出现实情况，在此基础上进行的各种情境分析才具备说服力。因此，从构建仿真平台的真实目的而言，方案一作为基准方案最合理。

2. 基准方案结果的讨论

1) 供需价格的优化结果

图 8-8～图 8-10 分别给出了无烟煤、炼焦煤和动力煤三种煤炭的供给端实际值、供给端优化值和消费端优化值，可以看出，虽然各地优化价格的走势与供给端实际价格相一致，但最终的优化结果都趋近于供给端的最高实际价格，各地优化价格之间的差异程度远小于各地实际价格之间。这表明在完全竞争的市场环境中，当运输障碍、贸易壁垒等因素消除时，全国的煤炭价格终将趋于一致，价格差异主要基于运输距离而产生，供需不平衡所引发的价格差异通过煤炭空间自由流动予以补偿。

科学解释优化价格偏向于较高的供给价格这一结果的前提是深刻理解优化价格的本质含义。在完全竞争的空间均衡模型中，优化价格是由所谓的边际供给者(即成本最高的供给者)的生产运输成本加上各种约束产生的影子价格而形成的，各地价格通过模型的调整机制而计算出来用以满足实际需求，或者说，价格结果反映了满足给定消费水平下所必须达到的价格水平。按照运筹学对偶问题对影子价格的界定，它是根据

[①] 社会福利净值为负显示出煤炭物流成本超过了生产者剩余和消费者剩余之和。方案二下的煤炭省际流动量更大，故其社会福利值更小

资源在生产中作出的贡献而给出的估价，反映了在最优经济结构中，在资源得到最优配置前提下，资源的边际使用价值，这种价值并不是资源的市场价格。

在本书模型中，供给端实际价格是以车板价计算的，与生产运输成本基本一致，这意味着优化价格与实际价格之间的差额是各种煤炭的影子价格；此外，本书模型中主要的资源约束基于生产能力，因此影子价格又反映了各地产能约束下的煤炭边际开采价值。当优化价格与实际价格较吻合时，影子价格较小，当地的煤炭资源相对不紧缺，边际开采价值已经不大；但当优化价格大于实际价格时，影子价格相对较大，该地资源相对紧缺，还有着较大的开发利用潜力。

在图 8-8～图 8-10 中，无烟煤的福建、江西、河南、广西和云贵等地，炼焦煤的河北、山西、黑龙江、安徽、河南、四川、贵州等地，动力煤的山西、辽宁、安徽、甘肃和宁夏等地的优化价格与实际价格较一致，即影子价格已经较小，煤炭资源的边际

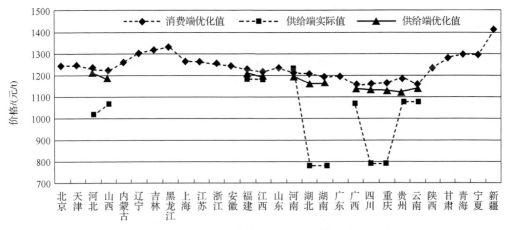

图 8-8　无烟煤的实际价格与优化价格比较

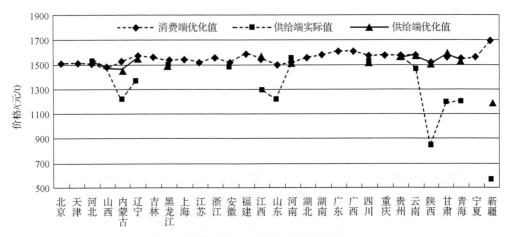

图 8-9　炼焦煤的实际价格与优化价格比较

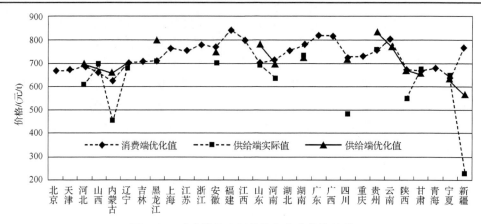

图 8-10　动力煤的实际价格与优化价格比较

开采价值和开采潜力已经不大；而无烟煤的河北、山西、两湖和川渝等地，炼焦煤的内蒙古、辽宁、江西、山东、陕西、甘肃、青海和新疆等地，动力煤的内蒙古、河北、山东、四川、陕西和新疆等地的优化价格与实际价格相差较大，即影子价格较大，煤炭资源的边际开采价值和开采潜力还很大，下一步的开发重点应向这些区域转移，这一点在西北地区更显著。基于这种分析，就实现了以价格来指导供给的经济学目的。

此外，虽然多数地区的优化价格高于实际价格，但仍有少数地区的优化价格低于实际价格，如无烟煤中的河南、炼焦煤中的河北和河南、动力煤中的山西和甘肃等地，其原因在于当影子价格为负数时，该地的煤炭生产已经完全没有边际价值可言，在完全竞争市场环境下将必然由其他地区的更具竞争力的煤炭产品所弥补。

将各地三种煤炭的消费端优化值放在一起就形成了如图 8-11 所示的各地煤炭基准价格，它将是第 9 章利用仿真平台进行情境分析时，考察其他要素变动对各地煤炭价格影响的灵敏度分析的基础。

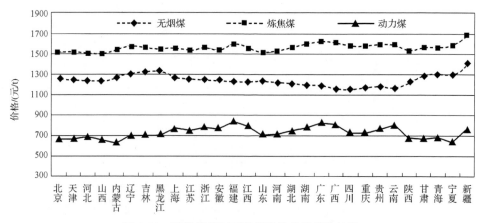

图 8-11　基准情境下三种煤炭的价格优化结果

2) 空间流动的优化结果

总体看来,各种煤炭空间流动的优化结果与现实情况较吻合:山西、陕西和内蒙古西部等"三西"地区是主要的煤炭输出地,其流向主要是京津冀、长三角、珠三角、华中地区等。但对不同种类的煤炭而言,由于供给地资源量、需求地需求量和运输线路的影响,其空间流动的结果也存在着较大的差异。从流动规模上看,全国省际煤炭流动共计 229343 万 t,其中,无烟煤流动 30495 万 t,占比 13%;炼焦煤流动 44029 万 t,占比 19%;动力煤流动 154818 万 t,占比 68%,是全国煤炭空间流动的主要煤种。

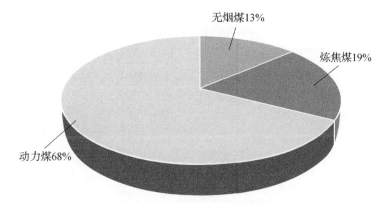

图 8-12　全国煤炭空间流动的煤种格局

对无烟煤来说,主要的供给输出地有山西、河南、两湖、川渝和滇桂,其中,山西的煤主要流向京津冀、东北三省和西北五省,是全国最大的无烟煤输出地;河南的煤流向山东这个无烟煤消费大省;两湖和川渝的无烟煤沿着长江流向长三角地区;滇桂的煤主要满足珠三角地区对无烟煤的需求。这种优化结果除了山西的煤向西北五省流向,其他均较合理,而由山西向西北五省输出无烟煤,从给出的 10 个供给地看也是最合理的选择。流量方面,山西向河北输送了 3802 万 t,向内蒙古和辽宁分别输送了2688 万 t 和 2060 万 t,向陕甘两地也各运输了 1000 多万 t 的无烟煤;河南向山东输送了 4143 万 t,川渝向江苏输送了 2394 万 t,两湖地区向浙江和安徽的输送规模也各超过 1000 万 t,滇桂向广东的运输量为 1525 万 t。

对于炼焦煤,东北三省的需求基本可由黑龙江来满足,无需从关内调入;山西的炼焦煤主要满足京津冀和西北省份的需求,很少流向东南沿海地区;长三角、珠三角和华中地区的炼焦煤需求主要由安徽一省来保障,其输出流向包括江苏、上海、浙江、江西、福建、湖南、湖北和广东等众多省份;云贵川等西南地区的炼焦煤需求也主要由该地区自给自足。这样一来,主要的炼焦煤输出源头就是山西和安徽两地,分别重点满足北方和南方的用煤需求。省际流量方面,山西向河北的流量高达 12481 万 t、向陕西输送了 4602 万 t,安徽向江苏运输了 3539 万 t、向湖北输送了 2948 万 t,千万吨规模的输送流向还包括黑龙江向吉林、山西向内蒙古、安徽向上海、安徽向山东、安徽向湖南、江西向湖北、贵州向云南和宁夏向新疆等。

对于动力煤，内蒙古地区是全国最大的供给输出地，其煤流向地区包括京津冀、东北三省、长三角、长三角、华中地区和西南地区，内蒙古为 2011 年全国大部分省份的动力煤需求提供了保障；山西的动力煤除了满足自己，主要流向华中和华南地区；陕西的动力煤主要沿河南、安徽、上海、福建和江西一线流动。这种结果描绘了"三西"地区动力煤的空间流动格局，即内蒙古呈辐射状、山西呈南北直线型、陕西呈东西直线型。动力煤的省际流量在三个煤种中规模最大，内蒙古向江苏的流量高达 20837 万 t，向山东、浙江、广东和河北也分别输出了 18039 万 t、13142 万 t、12076 万 t 和 11593 万 t，其他向北京、天津、华中和西南诸省的流动规模也都在千万吨级水平以上；山西动力煤向华东方向的上海输送了 3908 万 t，向西南诸省的输送规模近 1 亿 t；陕西向东部的安徽输送了 9306 万 t，向河南输送了 6860 万 t，向福建输送了 7221 亿 t，另外向上海、江西的输送规模也超过了万吨级。

表 8-7～表 8-9 中的方案一结果形成了各地煤炭供给去向和需求来源的基准空间流动格局，它将是第 9 章利用仿真平台进行情境分析时，考察其他要素变动对我国煤炭空间流动格局影响的灵敏度分析的基础。

第9章 仿真平台构建与应用示例

9.1 仿真平台设计与开发

9.1.1 中国煤炭市场系统仿真平台设计

1. 总体设计

1）系统目标

（1）实现中国煤炭市场系统的计算机优化功能。用户在选择输入某年度基本清单数据后，系统将自动计算各地价格、输入和输出、空间流动等市场表现，并以图形化的方式加以显示，可以快速、简便地对优化结果进行查询、检索、统计、分析和输出。

（2）系统应具有对煤炭产业及相关产业数据的共享管理功能。建立基础数据信息数据库，采用数据库管理方式进行系统基础信息数据的全面管理，使系统的数据信息资源尽量涵盖系统优化相关的领域，并通过计算机数据库技术实现煤炭产业及相关产业信息资源的共享和交换，全面、完整地管理基础数据。

（3）系统应具有辅助决策的功能。要充分发挥中国煤炭市场系统的建模优势，模拟仿真模型中任一要素发生改变时对煤炭市场的影响，这种要素可以是供给增减、需求增减、通道能力改变、清洁能源替代等，通过观测某一要素改变下的煤炭市场仿真表现，来科学评估政府政策或企业决策的正确性和有效性。

（4）系统应具有拓展性和智能化。随着对中国煤炭市场系统认知的不断深入和提高，逐步将替代能源、经济发展和环境规制等要素融入，这就要求该仿真平台在加强拓展性的同时要提高智能化水平，快速响应多因素融入时的市场表现，向社会提供更加及时快捷的决策支持服务。

（5）空间分析与模型分析高度集成。由于中国煤炭市场系统最终由空间均衡模型来实现整合，其结果也体现了煤炭的空间价格和流动特征，所以可以借助地理信息系统来对计算结果进行更好的呈现，为企业、政府等非研究机构提供更方便直观的决策支持。

2）系统设计的基本原则

中国煤炭市场系统仿真平台的设计开发，应遵循以下基本原则。

（1）软件的易用性和实用性。由于中国煤炭市场系统由若干多个模型所组成，且每个模型中又涉及众多要素，基本涵盖了煤炭市场及相关下游产业的所有信息，因此，各类信息的查询、分析和优化必须易于操作，特别是企业和政府用户可以根据工作经验，按照软件的界面设计与引导，稍加培训就可以熟练使用。

（2）采用模块化设计思想。中国煤炭市场系统涉及生产、进口、工业、电力、取暖、运输和供需空间整合等多个方面，这些模块既相互独立，又最终经由空间均衡模块予以整合，且在后续的研究中，经济、环境和其他能源等模块也将陆续引入，因此采用模块化设计来满足未来不断调整的需要，避免系统重新开发。

（3）系统的开放性。软件的开放性越强，系统的兼容性就越强，交互能力也越强。中国煤炭市场系统仿真平台首先要在清单数据上实现清单数据与优化模型的连接；其次，模型要具有开放性，要能使用户根据自己的判断选择完全竞争、古诺垄断等不同模型形式来优化；最后，优化结果要能够导入和导出，并能用 Excel 等第三方软件进行方便快捷的分析。

（4）易升级。本书对中国煤炭市场系统的研究才刚刚开了一个头，研究范式尚待改进，有些模型还有待进一步的清单数据来完善，特别是本书的仿真平台只是以 51 个供给地和 29 个需求地为节点构建的，未来还需要以地级市为单位，构建几百量级的供需节点，平台能够提供的功能和信息更加丰富。因此，软件系统必须能够随时更新换代，满足未来对系统的改进和更新。

3）系统的结构

在进行中国煤炭市场系统仿真平台开发前，先要明确平台的结构，由中国煤炭市场系统的理论框架来进行具体构建，结合最终整合计算的流程进行细化。按照模块化设计的要求，既要保证各模块的设计是独立进行的，又要高度重视各模块之间的联系，对模块之间的数据接口进行先期规划。模块的划分应按层次进行，先把整个系统看作一个模块，按功能分解成若干个第一层模块，这些模块互相配合，共同完成整个系统的功能，再按功能分解第一层的各个模块。在划分过程中，每个子系统应尽可能独立，实现某一独特的功能，子系统之间的联系及相互影响应尽可能地降低，减少模块间的调用和数据交换。系统的总体结构见图 9-1。

4）用户界面设计

在进行系统开发时，采用 Windows 作为操作系统，开发语言采用 Java 等，系统界面的设计应集菜单、控制面板、统计面板、结果显示等可视区域于一体，增强用户界面的可操作性，尽量采用图形操作方式，比较直观易用。数据分析、计算应简化操作，由软件系统后台实现具体的计算过程，数据的显示、打印、浏览应所见即所得，各种输入界面、输出界面和常用视窗软件完全一致，便于用户理解和掌握。此外，用户还可以对这些可视区域进行设置和调整，使其适应自己的需要。对数据分析计算时，应将数据表与图形分析相结合，数据应能保存和调入，原始数据在输入后应快速计算影响结果，并对结果数据进行图形显示，绘图过程由计算机自动完成。

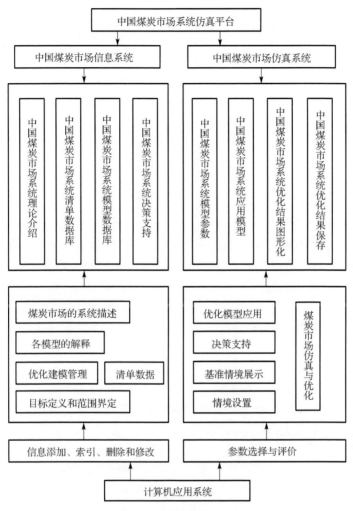

图 9-1　中国煤炭市场系统仿真平台结构

2. 系统功能

依据中国煤炭市场系统仿真平台的结构，参照中国煤炭市场建模系统的组成，以多区域空间均衡模型为核心，把煤炭生产、煤炭进口、工业消费、电力消费、取暖消费、运输储备等模块融为一体，在掌握煤炭市场基本规律的基础上指导煤炭产业的社会经济活动。系统的主要功能如下。

1) 数据的输入输出功能

在翔实构建理论模型的基础上，明确各个模型求解核算过程中所需的各种数据，编制各模块数据清单，并将统计数据输入软件系统。因此，进行系统开发时，必须设计数据输入功能模块，接收原始的清单数据，也可以从 Excel 等数据表中导入这些数据。由于数据分析涉及多个产业的大量数据，每个要素必须能够量化和计算，所以输入软件系统要进行一些标准化处理。数据的输出主要指系统应具备将分析处理结果数据加以保存、显示、打印等功能，并能够对输出的数据进行数据库管理。

应该看到，构建一个如此庞大的煤炭及相关产业数据库系统是一项艰苦和困难的工作，这不仅表现在许多数据无处可找，还表现在不同来源数据的差异性，由此决定了中国煤炭市场系统数据库的建设和完善是一项长期的任务，留待系统正式设计完毕使用后，在后续工作过程如蚂蚁搬家一般地慢慢予以补充。除了二手统计数据，该数据系统中还将包括通过本书的研究工作所得到各地不同煤种的煤炭产业资料，这也将是该数据库系统最有价值的地方。

2) 数据库管理功能

数据库管理系统是存储、分析、统计、优化、查询、更新属性数据等的核心工具，也是整个系统的重要组成部分，需具备数据内容操作、数据的逻辑运算、数据库结构操作、数据的检索、数据报表输出等功能。用户可以随意地提取数据库中的任何数据，参与数据处理、分析、优化，充分利用数据库中的数据进行分析。同时，可以将经过分析、优化、决策、模型运算后的结果返回数据库，以备其他模型调用或输出，最大限度地发挥数据库管理系统的功能。数据库管理系统包括数据结构操作、数据输入、数据库操作、数据查询统计及报表输出等功能模块。

中国煤炭市场系统由若干相互关联的模型簇所组成，且这些模型之间在一定程度上相对独立，因此可对其进行模块化分解，按照模块进行数据库建设，便于数据的组织和检索。这些数据将成为影响数据清单的基础，通过数据库管理的方式，能够对复杂的中国煤炭市场系统进行统一的数据管理。

3) 模型库管理系统

模型是中国煤炭市场系统优化的方法基础，主要包括国内煤炭供给方程模块、煤炭进(出)口核算模块、工业用煤核算模块、电力输配优化模块、取暖用煤核算模块、煤炭运输优化模块和煤炭市场空间均衡模块等，这些模型必须建立数据库进行统一管理，利于模型的不断扩充、查询和应用。在软件系统中，应具有模型的选择功能和自建功能，解决模型与系统的衔接、模型与数据库的动态衔接方式等问题，编制模型的算法代码，通过模型字典库对模型库的结构进行规划和管理。

4) 煤炭市场优化模块

要使中国煤炭市场系统成为"煤炭政策设计的仿真实验室"，就需要在基准情境下系统的模拟结果与现实世界之间较吻合，在此基础上的情境分析结果才是科学可靠的。煤炭市场优化模块的模拟是以供给、需求、运输等都是真实数据下的基准情境为背景，对每一年度进行优化分析，优化结果将成为后期仿真实验的参考系。本书将利用相关数据和模型给出基准情境下的优化结果供使用，用户也可以根据需求自行调整数据来设置基准情境并进行优化。当然，基准情境下的优化结果同样对分析当期的煤炭市场有着重要的作用。

5) 煤炭市场决策支持模块

中国煤炭市场面临着许多亟待解决的理论和现实问题,需要对每一项改革或政策的效果进行事先评判,才能保证所出台政策和决策的科学性与正确性。作为"煤炭政策设计的仿真实验室",决策支持是系统必须提供的核心功能之一。本书的解决方法是让用户煤炭市场优化模块分析结果的基础上,通过自设情境和自选模型,模拟当系统中一个或若干要素发生改变时煤炭市场的表现,决策者通过各地不同煤种的价格、贸易和物流的模拟结果来判断政策运行结果是否与设计的初衷相一致,从而作出肯定政策、修改政策或取消政策等决策。这是本书构建中国煤炭市场系统最重要的目的,因此,决策支持模块是软件系统设计的核心。

3. 数据库设计

1) 数据字典

数据字典是各类数据描述的集合,它的设计应符合煤炭行业数据标准规范,便于数据库的开发者实施数据库建设、维护和更新,降低数据库的冗余度,增强数据库系统的完整性。数据字典包括数据元素、数据结构、数据流、数据存储和处理过程五个部分,其中,数据元素是数据的最小组成单位,若干个数据元素可以组成一个数据结构,数据字典通过对数据元素和数据结构的定义来描述数据流、数据存储和处理的逻辑内容。

(1) 数据元素,是最小的数据组成单位,其描述通常包括数据元素名、别名、数据类型、长度、取值范围和取值含义。

(2) 数据结构,反映数据之间的组合关系,对数据结构的描述通常包括数据结构名、说明和结构。

(3) 数据流,是数据结构在系统内传输的路径,对它的描述通常包括数据流名、说明、数据流来源、数据流运算和数据流。

(4) 数据存储,是数据结构停留或保存的地方,对数据存储的描述通常包括数据存储名、说明、编号、流入的数据流、流出的数据流、组成、数据量和存取方式。

(5) 处理过程,包括处理过程名、编号、说明、输入、输出和处理。

2) 数据库设计与建设

为全面系统地反映煤炭与关联产业的数据信息,所构建的数据库包括以下 5 个方面。

(1) 煤炭产业数据库,主要有各省的煤炭资源量、品种、分布区域、开采形式、产能等基础信息;各省各年度不同煤种的生产数量、生产成本、消费数量、市场价格、省际输入、省际输出等统计数据,部分数据需以原煤形式体现,价格数据以平均价格计。

(2) 关联产业数据库,主要包括各年度各地的电力、建材、化工、冶金等行业的产品结构、产品产量等,涵盖火力发电、水泥、陶瓷、生铁、氧化铝、合成氨等具体产业,还包括与这些产业密切相关的数据资料,如电网分布、输送能力、装机容量、居民建筑面积、供暖天数、当地气温等众多数据。

(3)经济与环境数据库，主要包括各地各年度的经济发展规模、产业结构状况、环境指数、二氧化碳排放配额、绿电开发潜力、绿电开发规模、绿电结构等。

(4)模拟参数数据库，主要指相关模型核算和运行过程需要用到的数据，它通常并不能够在各类统计资料中收集到，但可以通过人工的核算或加工得到。这些参数包括煤炭入洗率、排矸率、单位产品耗煤量、单位消耗的碳排量、城镇化率、节点间可行性贸易矩阵等。改变这些参数值是仿真情境设置的重要选项之一。

(5)政策文件数据库，这是一个收集、整理和储藏煤炭产业文件的数据库，其主要的作用是为优化结果的分析提供依据。

4. 应用数学模型分析

总体而言，中国煤炭市场系统的模型类型包括计量模型、核算模型和优化模型。

(1)计量模型。它是确立模拟参数的重要工具，主要用于测算煤炭供给价格弹性、进口价格弹性、需求价格弹性等。从后期的优化实践来看，这些参数对模型的运算结果非常敏感，任一微小的改变都可能导致优化结果的较大改变，因此，科学构建计量经济模型来获取这些参数一直是大型能源经济系统模型的重要内容。具体计算运用EVIEW 应用软件，并将运算结果输入 Excel 中备用。

(2)核算模型。主要用于分析各地各种煤炭的消费数量，其存在的重要价值是解决了这一数据无处可得的问题，从而为空间均衡的需求端提供支撑。运用之处主要是依据技术参数来测算各种工业用煤的数量、依据建筑面积来测算各地取暖用煤的数量，后期的改进之处是可以构建煤炭的投入产出表，使得分析结果更加合理。

(3)优化模型。致力于解决煤炭和电力的空间优化问题，其中，煤炭空间均衡模型以社会福利最大化为目标函数，而电力空间均衡模型以生产成本最小化为目标函数。电力模块是优化模型而非核算模型的重要原因是可以通过优化电力生产来快速满足异地电力需求。具体计算运用 GAMS 应用软件，在应用前，应先将模型转化成 GAMS 的标准应用格式。

9.1.2 系统开发的关键技术和程序设计

1. Java 跨平台开发语言

Java 是一种跨平台的开发语言，是由 Sun Microsystems 公司于 1995 年 5 月推出的 Java 面向对象程序设计语言(以下简称 Java 语言)和 Java 平台(即 Java SE, Java EE, Java ME)的总称。Java 技术具有卓越的通用性、高效性、平台移植性和安全性，广泛应用于个人计算机、数据中心、游戏控制台、科学超级计算机、移动电话和互联网，同时拥有全球最大的开发者专业社群。支持 Java Applet 的浏览器则更好地体现了 Java 技术的魅力：跨平台、动态的 Web、Internet 计算。在全球云计算和移动互联网的产业环境下，Java 更具备了显著优势和广阔前景。因此，Java 成为实现仿真系统最理想的开发语言。

在本书的仿真系统中，后台的数据处理使用 Java 语言进行开发，前台展示使用 HTML 语言、JavaScript 语言、CSS 语言及使用部分 Java 语言进行开发。后台的数据处理主要包括数据的输入、数据的运算和数据的输出，数据的输入有两种方式：一是上传 Excel 数据文件，从 Excel 文件中取数据进行运算，适用于大量修改数据；二是从数据库中取数据进行运算，适用于修改较少数据。

通过 Excel 文件进行数据输入的部分代码如下。

```
String path=this.getServletContext().getRealPath("/upload");
String input=path+File.separator+getFileName(path);
File inputFile = new File(input);
XSSFWorkbook xwb = new XSSFWorkbook(new FileInputStream(inputFile));
XSSFSheet supplybsheet = xwb.getSheetAt(5);
    supplybData = new double[supplybsheet.getLastRowNum()];
    for(int i=1;i<(supplybsheet.getLastRowNum()+1);i++){
        XSSFRow row = supplybsheet.getRow(i);
        XSSFCell cell = row.getCell(1);
        supplybData[i-1] = cell.getNumericCellValue();
}
xwb.close();
```

数据的输出有三种方式，一是 Excel 文件输出；二是图表输出；三是存储到数据库，其中，通过 Excel 文件输出数据的部分代码如下。

```
String output=this.getServletContext().getRealPath("/download") +
            File.separator + final.xlsx";
    File fileWrite = new File(output);
    fileWrite.createNewFile();
    FileOutputStream fos = new FileOutputStream(fileWrite);
XSSFWorkbook outwb = new XSSFWorkbook();
XSSFSheet psheet= outwb.createSheet("plant");
    XSSFRow prow1 = psheet.createRow(0);
    prow1.createCell(0).setCellValue("plant");
    prow1.createCell(1).setCellValue("supply");
    prow1.createCell(2).setCellValue("capacity");
    prow1.createCell(3).setCellValue("prices");
    for(int ic=0;ic<iData.length;ic++){
        XSSFRow prow2 = psheet.createRow(ic+1);
        prow2.createCell(0).setCellValue(iData[ic]);
        prow2.createCell(1).setCellValue(outplant[ic][0]);
        prow2.createCell(2).setCellValue(outplant[ic][1]);
```

```
        prow2.createCell(3).setCellValue(outplant[ic][2]/10000);
    }
    outwb.write(fos);
fos.close();
```

2. GAMS 程序开发技术

　　GAMS 最早由美国的世界银行(World Bank)的 Meeraus 和 Brooke 所发展。GAMS 事实上并不代表任何最佳化数值算法，而只是一个高级语言的使用者接口，利用 GAMS 可以很容易建立、修改、运行最佳化模型输入文件，而输入档经过编译后，成为较低阶的最佳化数值算法程序所能接受的格式，再加以执行并写出输出档。

　　这里所关注是运输优化问题。运输模型通常描述为某个商品的需求必须被供给者以最小运输成本所满足的线性规划问题，但如果在该问题的基础增加一个约束并用 KKT 条件求解，目标函数中就增加了一个对偶变量或影子价格，称为混合互补问题(Mixed Complementary Program，MCP)，求解难度较高。对 MCP 问题，GAMS 使用由美国威斯康星大学的 Dirkse、Ferris 和 Munson 等所发展的 PATH 算法，该算法基于牛顿理论，能够结合众多有效变量，解决大型和复杂模型的互补性和平衡建模问题。在解决运输问题方面的优势是无需提前明确运输路径，算法自己将解决这一问题，一个经典的运用 PATH/MCP 算法来求解运输问题的 GAMS 程序如下。

```
Sets i canning plants,
    j markets;
parameter
    s(i) capacity of plant i in cases,
    d(j) demand at market j in cases,
    c(i,j) transport cost in thousands of dollars per case;
$include transmcp.dat
positive variables
    x(i,j) shipment quantities in cases
    p_demand(j) price at market j
    p_supply(i) price at plant i;
equations
    supply(i) observe supply limit at plant i
    demand(j) satisfy demand at market j
    rational(i,j);
supply(i) .. s(i) =g= sum(j, x(i,j)) ;
demand(j) .. sum(i, x(i,j)) =g= d(j) ;
rational(i,j) .. p_supply(i) + c(i,j) =g= p_demand(j) ;
model transport / rational.x, demand.p_demand, supply.p_supply /;
solve transport using mcp;
```

在本书的仿真系统中，煤炭空间均衡模型同样属于混合互补问题，借助于 GAMS 中的 PATH/MCP 求解器，关键模型部分的 GAMS 程序如下。

```
ireation(i,j).. exp(da(j))*sum(i,x(i,j))**demb(j)=l= t(i,j)+
    c(j)+ps(i) ;
sb(i).. sum(j,x(i,j))=l=s(i);
s.up(i)=sl(i);
model Perfectcompetition /ireation.x,sb.ps/;
option mcp = path;
solve Perfectcompetition using mcp;
```

3. 模型与 Java 的集成

GAMS 支持的应用程序编程接口（Application Programming Interface，API）包括.NET API、Java API 和 Python API，对于中国煤炭市场系统仿真平台来说，采用 Java API 在 Java 语言平台上进行集成，并对模型进行求解。GAMS Java API 提供一个 jar 文件，此文件提供了与 GAMS 进行连接的类、接口及类的方法和属性。进行仿真系统开发时需要将此 jar 文件导入开发环境中，使用其中的类的方法和属性。但在此之前需要将 GAMS 提供的动态链接库文件（Dynamic Link Library，DLL）配置到 Java 的运行环境中，以保证系统的正常运行。系统集成开发以 Java 语言为平台，通过 Excel 文件上传或者数据库实现数据的输入功能，并可以通过文本框进行少量输入数据修改，然后调用 GAMS Java API 进行数据的优化分析，计算结果由 Java 程序输出，并通过 Excel 文件或者网页图表加以展示。

核心程序代码如下。

```
File workingDirectory = new File(System.getProperty("user.dir"),
                                 "UServlet");
workingDirectory.mkdir();
GAMSWorkspaceInfo wsInfo  = new GAMSWorkspaceInfo();
wsInfo.setWorkingDirectory(workingDirectory.getAbsolutePath());
GAMSWorkspace ws = new GAMSWorkspace(wsInfo);
...
GAMSDatabase db = ws.addDatabase();
GAMSSet i = db.addSet("i", 1,"Plant");
GAMSSet j = db.addSet("j", 1,"Market");
GAMSParameter supaParam =db.addParameter("supa", 1);
GAMSParameter supbParam =db.addParameter("supb",1);
GAMSParameter slParam = db.addParameter("sl",1);
GAMSParameter dParam = db.addParameter("d",1);
GAMSParameter pcParam =db.addParameter("pc",2);
GAMSParameter utcParam = db.addParameter("utc",2);
...
GAMSOptions opt = ws.addOptions();
```

```
GAMSJob t = ws.addJobFromString(model);
opt.defines("gdxincname", db.getName());
opt.setAllModelTypes("minos");
t.run(opt,db);
```

9.2　基于情境分析的应用示例

仿真平台的构建为系统、全面、深入和及时地分析煤炭市场的发展态势、回答长久和当期的现实问题提供了一个科学与便捷的渠道。这一仿真平台可以服务于企业市场经营决策,也可以服务于政府产业政策设计,又可以服务于学者利用该平台展开研究工作。这里仅对列举的若干情境展开示例分析,以说明该仿真平台的有效性和应用范围的广泛性。

9.2.1　情境设计与分析方法

1. 仿真情境的设计方案

围绕着企业、政府和学界一直和当前所关心的重大问题展开若干情境设计,包括如下 9 个事例。

(1)大型煤矿建设的决策支持。设计一大型煤炭生产企业欲投资开发一个 500 万 t 的无烟煤矿区,地点有河北和江西两个选择,从投资效益角度如何进行选择?仿真时,分别将“江西 39”和“河北 18”的无烟煤产能设置为“500”万 t,观测价格仿真结果并判断投资收益。

(2)购煤配煤优化的决策支持。设计江苏某煤炭消费企业需要来自“山西 8”的无烟煤固定需求为 1000 万 t,其余需求需要其他无烟煤供给地进行提供,如何选择和优化?仿真时,对最终优化的变量进行上下限限制,使“山西 8”到江苏的最低流量限制为 1000 万 t,最高流量限制也为 1000 万 t,这样就固定了山西 8 到江苏的 1000 万 t 流量。

(3)煤矿产能退出的决策支持。国家正在大力实施煤炭产能退出,政府应该对哪些地区实施产能退出,退出的具体产能规模是多少?本书以动力煤为例进行核算。仿真思路是产能未利用完的部分应作为过剩产能退出。

(4)资源有序开发的决策支持。按照煤炭开发逐步由东向西推进的原则,评估如果全部关停河北省炼焦煤生产对全国炼焦煤市场的影响。仿真设计时,河北省原有生产的炼焦煤完全自己使用,假如河北省不生产炼焦煤,则相当于河北省的煤炭需求增加量为河北省的炼焦煤产能。

(5)输煤通道建设的决策支持。基准情境中所有供需节点间没有运输能力限制,现设计山西至华中和华南地区的运输受京广线货运能力的限制,假设年煤炭最大运输量为 2000 万 t,考察此运能限制对全国动力煤运输的影响,以此评估正在建设的从“三西”地区向华中地区运煤专线的经济意义。

仿真设计时,山西至华中和华南地区的年最大运输量为 2000 万 t,结合图 8-12 中煤炭空间流动的各煤种比例，设京广线年运输动力煤数量为 1360 万 t，即山西至北京、河北、河南、湖北、湖南及广东六个省份运量限制为 1360 万 t。

(6) 进出口关税对煤炭市场的影响。假设无烟煤从福建入关，此时可将进口描述为福建向全国供给无烟煤，并将福建供给弹性由原来的 0.023 改为 0.123。在此假设下，就可以模拟当进口关税设置为 3%时对全国无烟煤市场的影响。

(7) 碳排放配额对煤炭市场的影响。二氧化碳减排配额本质上是约束了各消费企业，尤其是燃煤电厂的耗煤数量(在技术不变的条件下)，从而使得各地火力发电量也受到程度不同的影响。据此可将这一约束放入电力优化模块中核算出此时各地最优的火力发电量，然后进一步推算出耗煤数量，最后基于空间均衡模型求出这种约束对全国动力煤市场的影响。具体碳排放限值对各地火电耗煤的需求数据见本书表 5-23。

(8) 输电线路扩容对煤炭市场的影响。国家正在建设智能电网，大力提倡能源互联网。本书基于电力优化模块，考察我国主要的特高压电网建设完成后对各地火力发电量的影响，并据此调整各地动力煤需求量，然后在仿真平台上模拟其对全国动力煤市场的影响。具体输电线路扩容对各地火电耗煤的需求数据见本书表 5-25。

(9) 可再生能源对煤炭市场的影响。考察通辽等地区的规模风电入网后，替换京津冀同等数量的火电消费量；考察西南等地区的规模水电入网后，向东输送至华东地区替换同等规模的火电消费量。因此，可再生能源对煤炭市场的影响主要是对动力煤需求的替代，在此情况下运用空间均衡模型来模拟部分地区动力煤需求减少下的价格和空间流动。具体发展绿电对各地火电耗煤的需求数据见本书表 5-26。

上述 9 种仿真情境的设置情况如表 9-1 所示。

表 9-1　仿真情境的设计方案

序号	事例	服务对象	功能描述
1	大型煤矿建设的决策支持	企业	为生产企业选择投资地点、控制投资规模和分析投资效益提供决策支持
2	购煤配煤优化的决策支持	企业	为耗煤企业优化煤源、科学配煤和降低成本提供决策支持
3	煤矿产能退出的决策支持	政府	为政府优化产业结构和设计产业政策提供决策支持
4	资源有序开发的决策支持	政府	为政府科学设计资源开发政策提供决策支持
5	输煤通道建设的决策支持	政府	为政府规划输煤通道建设提供决策支持
6	进出口关税对煤炭市场的影响	政府、学者	为学者提供平台研究进出口关税对国内煤炭市场的影响，结果为政府政策制定提供参考
7	碳排放配额对煤炭市场的影响	政府、学者	为学者提供平台研究二氧化碳减排等环境约束对煤炭市场的影响，结果为政府政策制定提供参考
8	输电线路扩容对煤炭市场的影响	政府、学者	为学者提供平台研究电网建设对煤炭市场的影响，结果为政府政策制定提供参考
9	可再生能源对煤炭市场的影响	政府、学者	为学者提供平台研究可再生能源开发强度和进度对煤炭市场的影响，结果为政府政策制定提供参考

2. 仿真结果的分析方法①

本书通过将仿真结果与基准情境的对比来分析各情境的影响, 主要有以下 3 个方面。

(1)对价格而言, 以图 8-11 中各煤种价格为基准, 将具体情境的仿真结果与它对照并形成各地价格变化图, 以直观地反映该情境对全国煤炭市场的影响。

(2)对流向而言, 以表 8-7~表 8-9 中各煤种流向为基准, 将优化结果与基准情况进行对照, 以图 8-5~图 8-7 为样式来描绘有变化的空间流动。

(3)对流量而言, 以表 8-7~表 8-9 中各煤种流量为基准, 考察各地的煤炭调出和调入量, 并将变化情况描绘成图以直观显示。

9.2.2 情境一: 大型煤矿建设的决策支持

在仿真平台上选择"企业用户"菜单下的"投资决策"子菜单, 在跳转后的页面中将煤种选择为"无烟煤"、投资地点先后选择"江西 39"和"河北 18", 预期产能填写为"500"万 t, 单击【开始仿真】后, 系统自动在后台运行, 最终结果如图 9-2 和表 9-2 所示。

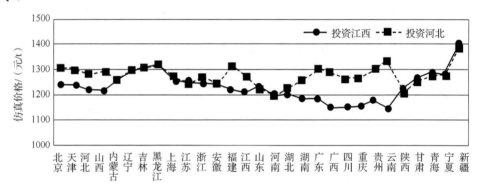

图 9-2 情境一的价格仿真结果

仿真结果与基准情境的供给端价格对比结果如图 9-3 所示。同等规模在两个地点的投资效果完全不同, 投资江西将引发全国各地无烟煤都下降 7 元/t 左右, 但投资河北将引发全国无烟煤供给市场大调整, 它不仅引发河北当地价格大幅下调近 50 元/t, 还对江西、福建等南方省份的供给价格形成更大冲击。

虽然供应端价格都不同程度地下降, 但这并不意味着消费端价格也随之下降。仿真结果与基准情境的消费端价格对比结果如图 9-4 所示。可以看出, 投资江西将整体拉低各地煤炭市场 7 元/t, 但投资河北将会拉高京津冀、闽赣、华中和西南诸省的无烟煤售价, 同时拉低东北和西北的无烟煤售价。

---

① 截至本书印刷时, 仿真平台正处于紧张的后期开发阶段, 对仿真结果的呈现尚不能由平台的自动化图表功能来实现

表 9-2　情景一下无烟煤空间流动仿真结果　　　　　　　　　　　　　（单位：万 t）

投资江西

地区	京	津	冀	晋	内蒙古	辽	吉	黑	沪	苏	浙	皖	闽	赣	鲁	豫	鄂	湘	粤	桂	川	渝	黔	云	陕	甘	青	宁	新
山西6	162	772	1556																										
山西8			2246	2929	2688	2060	683	806		214					943										1046	1256	705	193	852
河北18			1267																										
河南25												1059				3643	3018												
江西39										1342	1474	837		918															
两湖41									1053	2393	364		1096				1794	1289	611										
福建42																													
川渝42																					442	1487							
贵州46																			1525				723						
滇桂50																				884				984					

投资河北

地区	京	津	冀	晋	内蒙古	辽	吉	黑	沪	苏	浙	皖	闽	赣	鲁	豫	鄂	湘	粤	桂	川	渝	黔	云	陕	甘	青	宁	新
山西6	162																												
山西8				2929	2229	2060	683	806																	1046	1256	705	193	852
河北18			1267							2492	1838	1896			4586				1997										
河南25									114	1458							3018												
江西39					459				939					918															
两湖41													1096				1794	1289	139										
福建42	162	23	749	3302																									
川渝42																					422	1487							
贵州46																							723						
滇桂50																				884				984					

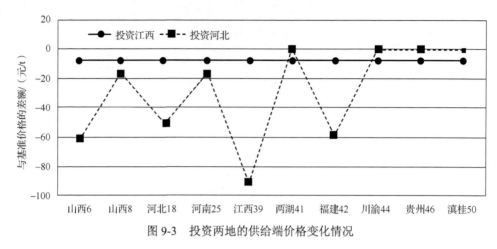

图 9-3 投资两地的供给端价格变化情况

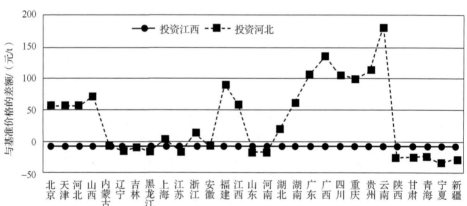

图 9-4 投资两地的消费端价格变化情况

　　这种不对称变化的背后是投资两地对全国无烟煤贸易格局的影响。图 9-5 中，投资江西的增加产能只替代了苏皖两地对山西无烟煤的需求，其他区域变化并不大；但在图 9-6 中，投资河北所引发的贸易格局发生了较大变化，表现在山西无烟煤更多流向东南沿海，而空缺出来的份额被河南无烟煤所填补。因此，虽然按照本书的假设，投资河北所生产的 500 万 t 无烟煤需要优先满足自身需要，但却引发了省际无烟煤贸易格局的变化，进而引发各地无烟煤价格的波动。

　　从投资收益的角度看，投资江西对供给端和消费端的价格影响都是降低了 7 元/t，投资河北使得该地的供给端价格下降了 50 元/t，同时使得消费端价格上涨了近 50 元/t，在这一降一涨中就存在着巨大的投资套利空间，因此，作为一个获取利润最大化的企业，建议其投资河北。

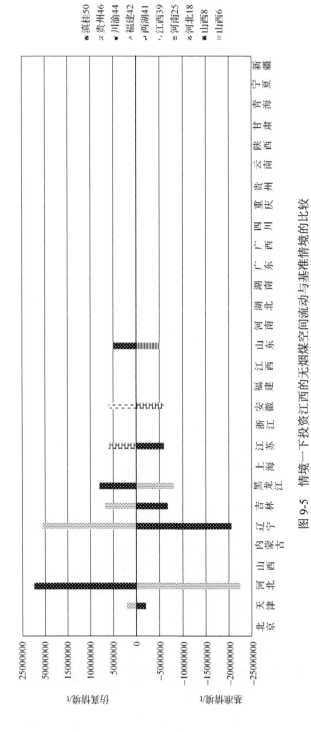

图 9-5　情境一下投资江西的无烟煤空间流动与基准情境的比较

纵轴中的负值仅为作图对比的需要设立，实际仍为正值

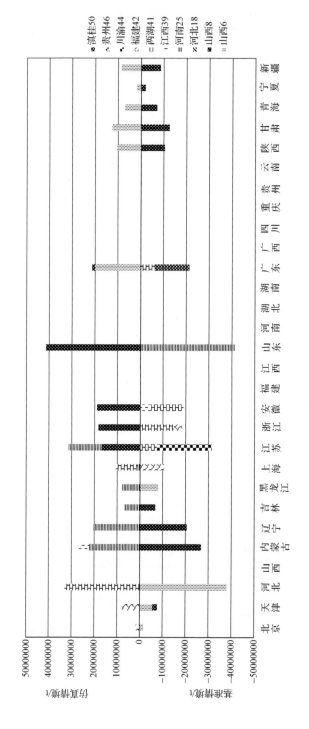

图 9-6 情境一下投资河北的无烟煤空间流动与基准情境的比较

纵轴中的负值仅为作图对比的需要设立，实际仍为正值

9.2.3　情境二：购煤配煤优化的决策支持

在仿真平台上选择"企业用户"菜单下的"配煤优化"子菜单，在跳转后的页面中将煤种选择为"无烟煤"，需求地点选择"江苏"，在需求数量中填入"3950"万t，指定来源地选择为"山西 8"，指定数量填写为"1000"万 t。单击【开始仿真】后运行程序，结果如图 9-7 和表 9-3 所示。

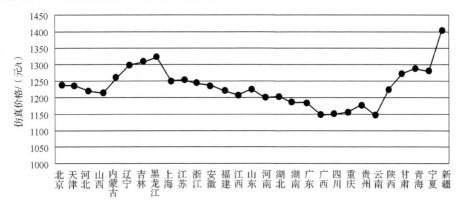

图 9-7　情境二的价格仿真结果

价格的情境二仿真结果与基准情境的对比情况如图 9-8 所示。在此情境下，部分省区的消费端价格下滑 20 元/t，这些省区包括江苏、上海、浙江、安徽、福建、江西、两湖地区、两广地区及西南诸省；东北三省、京津冀、西北五省的价格没有受到影响，山东、河南两个无烟煤消耗大省的价格也与基准价格保持一致。可见，当江苏一地输入更多价格相对较低的山西煤(部分替代基准方案中的川渝无烟煤)时，引发了当地及周边和关联地区的价格变动。

从如图 9-9 所示的贸易格局变化来看，此时江苏省自"山西 8"所购无烟煤数量

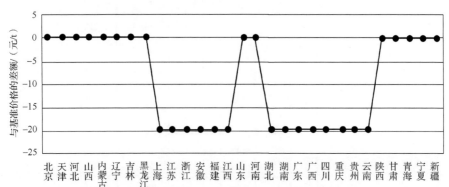

图 9-8　江苏省定向从"山西 8"购煤 1000 万 t 的价格变化

表9-3　情境二下无烟煤空间流动仿真结果

（单位：万t）

地区	京	津	冀	晋	内蒙古	辽	吉	黑	沪	苏	浙	皖	闽	赣	鲁	豫	鄂	湘	粤	桂	川	渝	黔	云	陕	甘	青	宁	新
山西6	162	772	1034			1875	683																						
山西8			2767	2929	2688			806		1000					443										1046	1256	705	193	852
河北18			1267																										
河南25												459			4143	3018													
江西39														918															
两湖41										742	1474	1437					1794	1289	611										
福建42									1053		364		1096																
川渝42						185															422	1487							
贵州46																			1525	884			723						
滇桂50																								984					

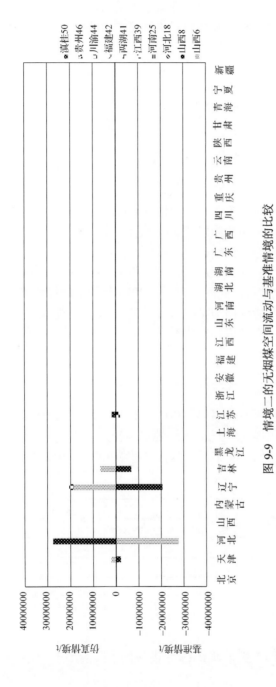

图 9-9　情境二的无烟煤空间流动与基准情境的比较

纵轴中的负值仅为作图对比的需要设立，实际仍为正值

比基准情境只多出 185 万 t,且对应地减少了基准情境中从川渝等地的输入量。但这一调整间接地引发了辽宁和吉林两地将原有自"山西 8"无烟煤输入调整自"山西 6"输入,进而使得河北将其无烟煤输入来源自"山西 6"调整为"山西 8"。可见,仿真系统很好地将任一微小影响而引发的对煤炭市场的大影响刻画了出来。

从配煤角度看,仿真结果回答了除了"山西 8"定向购入 1000 万 t 无烟煤,余下分别自两湖购入 742 万 t,自川渝地区购入 2208 万 t,且这种配煤组合能够部分降低市场价格,减少运营成本,因此在实践中是可行的。

9.2.4　情境三:煤矿产能退出的决策支持

在仿真平台上选择"企业用户"菜单下的"产能优化"子菜单,在跳转后的 Excel 页面中输入各地现有产能。单击【开始仿真】后运行程序,即可得到各地优化后的供给量,与产能相比的剩余额即为应退出的产能。

以本书对 2011 年基准情境的优化结果为例,全国动力煤只有陕西和新疆地区还有剩余产能,剩余数量分别为 322 万 t 和 6070 万 t。这意味着 2011 年全国煤炭供给就存在着产能利用不完全问题。但此后的 2011~2014 年的全国煤炭消费量实际上并没有下降,反而有所上升,而能源局 2015 年公布的各地煤炭产能甚至还小于 2011 年各地煤炭产量,在供给减少、需求增加的背景下如何去产能?情境三的仿真结果为有关部门科学决策提供了一个新的视角。

9.2.5　情境四:资源有序开发的决策支持

在仿真平台上选择"政府用户"菜单下的"资源开发"子菜单,在跳转后的页面中将煤种选择为"炼焦煤",开发/关停地点选择"河北 19",在开发/关停规模中填入"0"万 t。单击【开始仿真】后运行程序,结果如图 9-10 和表 9-4 所示。

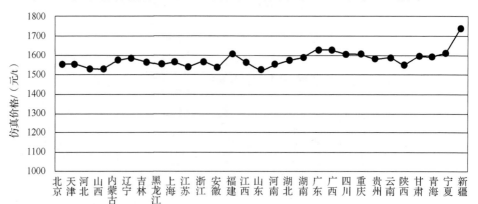

图 9-10　情境四的价格仿真结果

表 9-4　情境四下炼焦煤空间流动仿真结果

（单位：万 t）

地区	京	津	冀	晋	内蒙古	辽	吉	黑	沪	苏	浙	皖	闽	赣	鲁	豫	鄂	湘	粤	桂	川	渝	黔	云	陕	甘	青	宁	新
黑龙江 1						2924	1406	2960																					
辽吉 5						2756																							
山西 10			1275																		201				4602	660		1298	569
山西 11		695	11212	26381																									
山西 12			4388		1612																								
内蒙古 16					4076																								
河北 19			6038																										
苏鲁 22			1645			334									11794	411			404										
苏鲁 23										2210																			
河南 24																6624													
安徽 28									1901	3538	846	2578	446	1172			2948	1845	118										
青海 30																											496		1756
陕西 33																									2054				
新疆 34																													1324
甘肃 36																										120			
江西 38																													
川渝 45																					3236	1146		1823					
贵州 47																								1850					
滇桂 51																				1220				2737					

　　与基准方案的价格对比如图 9-11 所示。此时，由于河北的限产，全国炼焦煤总体价格的攀升，但各地上涨幅度并不相同：受影响较大的是邻近的京津冀地区，由于需要增加外调量，该地区的煤价上涨了 40 元/t；其次是西北和川渝地区，由于来源地山西的煤价上涨，其消费价格也上涨 35 元/t；再次是华东、华南和华中广大地区，市场价格上涨约 12 元/t；受影响最小的是东北地区，价格上涨仅约 5 元/t，表明在炼焦煤市场上，东北还是一个相对封闭的市场，受关内省份影响较小。

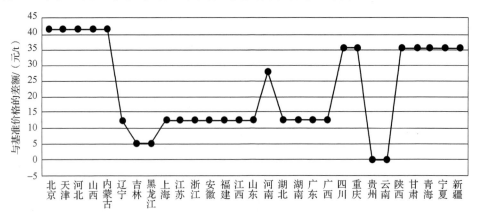

图 9-11　关停"河北 19"炼焦煤对各地市场价格变化的影响

　　从如图 9-12 所示的贸易格局变化看，关停河北 19 炼焦煤后对河北和辽宁两地的炼焦煤供应影响最大。河北省原来的炼焦煤可以自给自足，无需自外调入，但关停以后，需要由"山西 10""山西 11""山西 12"和"苏鲁 22"等地来填补，而由此造成的辽宁地区的炼焦煤缺口转由黑龙江提供。另外，这种关停还对河南炼焦煤供给有小幅影响，原有的由山西供给的煤炭转由山东来供应。

　　根据这些仿真结果，政府部门可以结合其他目标和条件来判断全面关停河北省炼焦煤生产是否合适，从而在资源有序开发上做出科学决策。

9.2.6　情境五：输煤通道建设的决策支持

　　在仿真平台上选择"政府用户"菜单下的"输煤通道"子菜单，在跳转后的页面中将煤种选择为"动力煤"，单击【运输通道】，在弹开的 Excel 页面中将内蒙古、山西、陕西三个供给地与湖北、湖南、江西、广东四个需求地之间的运输容量由"inf"改为"0"，并单击【保存】。单击【开始仿真】后运行程序，结果如图 9-13 和表 9-5 所示。

　　仿真结果与基准方案在价格方面的对照情况如图 9-14 所示。与省际互通的基准情境相比，取消山西、内蒙古至华中地区的运输容量后，全国多地煤价约有 20 元/t 的下降，但安徽、福建、江西、两湖和两广地区的煤价还保持在基准水平上。

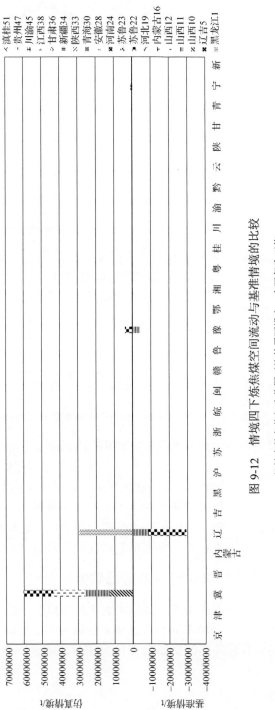

图 9-12　情境四下炼焦煤空间流动与基准情境的比较

纵轴中的负值仅为作图对比的需要设立，实际仍为正值

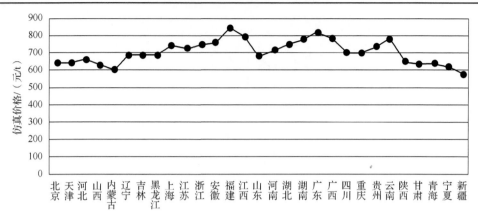

图 9-13　情境五的价格仿真结果

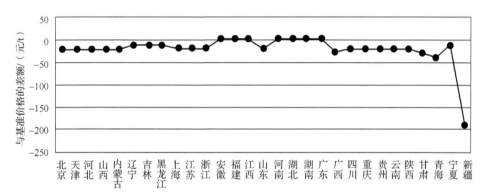

图 9-14　山西、内蒙古至华中地区输煤通道的影响

　　究其原因是其背后煤炭贸易的改变,如图 9-15 所示。与基准情境相比,取消山西、内蒙古地区与华中地区的输煤能力后,全国多地的输煤来源地发生了变化,总体上华中、华南的煤源由山西、内蒙古地区改变为陕西,而华东等的煤源由陕西改变为山西、内蒙古。从全国来看,这种调整在运输成本节约上更合理。

　　基于这种分析结果,对于由山西、内蒙古向华中地区建设输煤专线的决策需要更慎重,即使已经决策且正在建设,未来也需对其煤源开展更科学的论证。

9.2.7　情境六:进出口关税对煤炭市场的影响

　　在仿真平台上选择"政府用户"菜单下的"进出口"子菜单,在跳转后的页面中将煤种选择为"无烟煤",进口来源国选择为"越南",进口关税填写为"3%"。单击【开始仿真】后运行程序,结果如图 9-16 和表 9-6 所示。

表 9-5　情境五下动力煤空间流动仿真结果

（单位：万 t）

地区	京	津	冀	晋	内蒙古	辽	吉	黑	沪	苏	浙	皖	闽	赣	鲁	豫	鄂	湘	粤	桂	川	渝	黔	云	陕	甘	青	宁	新
黑龙江 2								1763																					
辽吉 3						7190																							
辽吉 4									1341	6789																			
山西 7				12547																1847									
山西 9									3908																				
内蒙古 13					15510		2079																						
内蒙古 14	1376	3193	11593										4855	7221															
内蒙古 15						374	3559	657		14048	13142	4451		4269	18039						2024	2805	3687	3818					
河北 17																													
河北 20			1990																										
苏鲁 21															615														
河南 26																2761													
安徽 27												270																	
宁夏 29																	1044		2554									5112	
陕西 31																		3257	2742						6468				
陕西 32																12057			11263										
新疆 35																	4595						671				803		4214
甘肃 37																	744									3960			
两湖 40																		2631											
川渝 43																					3315								
贵州 48																							1478						
滇桂 49																				2583									

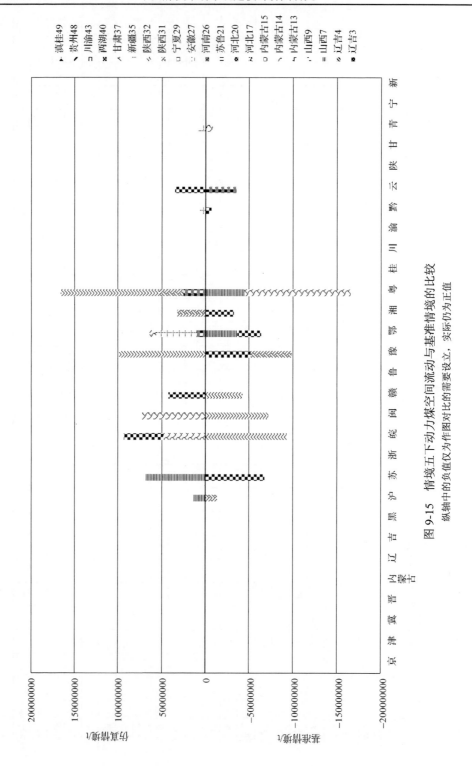

图 9-15　情境五下动力煤空间流动与基准情境的比较

纵轴中的负值仅为作图对比的需要设立，实际仍为正值

表 9-6　情境六下无烟煤空间流动仿真结果

（单位：万 t）

地区	京	津	冀	晋	内蒙古	辽	吉	黑	沪	苏	浙	皖	闽	赣	鲁	豫	鄂	湘	粤	桂	川	渝	黔	云	陕	甘	宁	新
山西 6	162	772	3802					120																				
山西 8				2929	2688	2060	683	686		1000					464										1046	1256	705	852
河北 18			1267																									
河南 25										1233					4121	3018												
江西 39												459		918														
两湖 41									1053		1838	760					1794	1289	611									
福建 42													1096															
川渝 42										1717		676									422	1487						
贵州 46																							723					
滇桂 50																			1525	884				984				

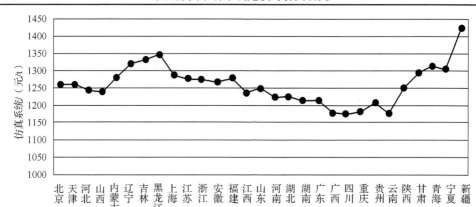

图 9-16　情境六的价格仿真结果

与基准方案的价格比较如图 9-17 所示。自福建口岸进口附加了 3% 关税的无烟煤后，整体推高全国无烟煤价格上涨 17 元/t 左右，其中，福建地区影响最大，其次为上海，两湖和两广地区的煤价也受到较大冲击，相较而言，北方的东北三省、京津冀和西北五省受到的影响较小。

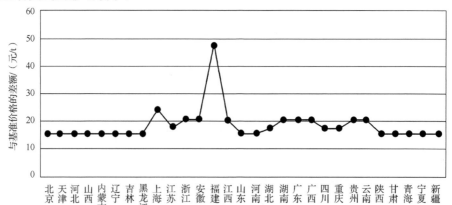

图 9-17　福建关口进口关税提升 3% 对全国无烟煤的价格影响

与基准情境相比，福建关口的无烟煤提高关税明显对东部沿海地区的贸易格局产生了较大的影响（图 9-18）。浙江和上海的无烟煤原自福建调入，提高关税后，两者的无烟煤源都变更为两湖地区，并进一步引发安徽无烟煤源从两湖地区更改为川渝地区，江苏煤源从两湖和川渝更改为山西和河南。

由此将福建口岸提高无烟煤进口关税 3% 时对全国无烟煤价格和贸易格局的影响仿真出来，供有关决策部门参照。

9.2.8　情境七：碳排放配额对煤炭市场的影响

在仿真平台上选择"科研用户"菜单下的"碳排放"子菜单，在跳转后的页面

图 9-18　情境六下无烟煤空间流动与基准情境的比较

纵轴中的负值仅为作图对比的需要设立，实际仍为正值

中或是选择填入某一个省份的碳排放限额,或是打开 Excel 标准文件设置全部省份的碳排放限额。这里采取后一种方式,填制并保存后单击【开始仿真】运行程序,结果如图 9-19 和表 9-7 所示。

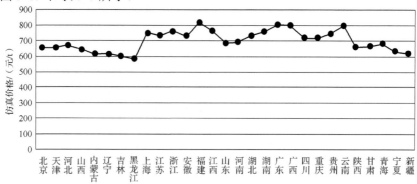

图 9-19　情境七的价格仿真结果

仿真价格与基准价格的对比图如图 9-20 所示。可以看出,各地实行碳排放配额政策后,全国动力煤价格将普遍下降,这主要是由火力发电量因碳排放限制将下降,进而引发动力煤需求量下降所引发的,这种因供需变化而导致的价格变化符合经济学层面的认知规律。但各地煤价下降幅度并不相同,总体上是东北三省和新疆的下降幅度最大,如新疆煤价下降近 160 元/t,黑龙江的煤价也下降了 120 元/t,表明全国实现碳配额后对边远省份的煤炭市场冲击强度更大。

从贸易流变化的仿真结果(图 9-21)来看,各地实行碳减排配额制度后对煤炭空间流动格局影响较大,几乎涉及全国每个省份,但变化的规律却不相同。江苏、山东两地的煤炭输入绝对减少,显示了碳排放对两地的强约束;河北、宁夏和甘肃等地的煤炭输入量绝对增加,且河北省的增加量还比较大,显示这一情境约束下河北的火电利用强度加大;其他如浙江、河南、广东等耗煤大省的用煤需求都得到不同程度的削减,且煤源地也发生相应的变化。

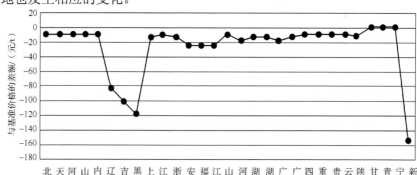

图 9-20　碳排放限额对全国动力煤的价格影响

表 9-7 情境七下动力煤空间流动仿真结果

（单位：万 t）

地区	京	津	冀	晋	内蒙古	辽	吉	黑	沪	苏	浙	皖	闽	赣	鲁	豫	鄂	湘	粤	桂	川	渝	黔	云	陕	甘	青	宁	新
黑龙江 2								1763																					
辽吉 3																													
辽吉 4						7190																							
山西 7				12547																									
山西 9											4596																		
内蒙古 13					15510																								
内蒙古 14	601	2027							50			13916	123																
内蒙古 15	1169	2334				2224	3104	1323		4311			9581	4456	6287						1565		3257	8115		2062	1475	5932	
河北 17																													
河北 20			1990																										
苏鲁 21															615														
河南 26																2761													
安徽 27												270																	
宁夏 29									833																			5112	
陕西 31																		3379		1787									
陕西 32																5035	598		4280	158		2905	4629		6468				
新疆 35																											1445		4214
甘肃 37																										3960			
两湖 40																		2631											
川渝 43																					3315								
贵州 48																							1478						
滇桂 49																				2583									

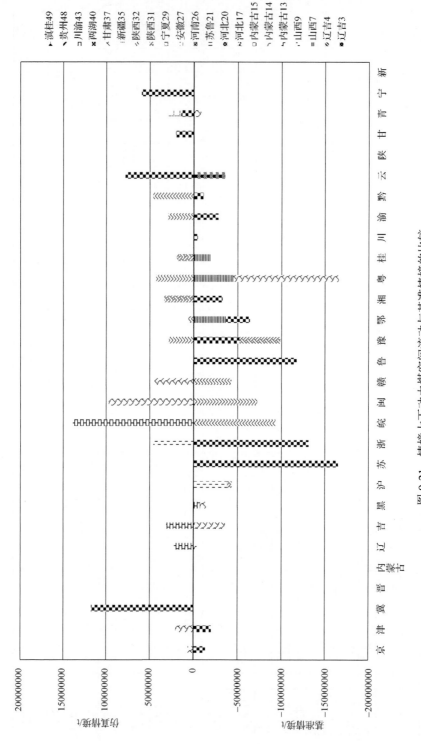

图 9-21 情境七下动力煤空间流动与基准情境的比较

纵轴中的负值仅为作图对比的需要设立，实际仍为正值

根据这一结果，就可以对当前碳排放约束下的煤炭市场表现进行评估，并将评估结果与预期结果进行对比，如果不一致，也可以再返回去重新分配各省配额并进行仿真，直至市场表现与预期一致。

9.2.9　情境八：输电线路扩容对煤炭市场的影响

在仿真平台上选择"科研用户"菜单下的"电网规划"子菜单，在跳转后的页面中打开 Excel 标准文件重新设置省际的输电线路容量，保存后单击【开始仿真】运行程序，结果如图 9-22 和表 9-8 所示。

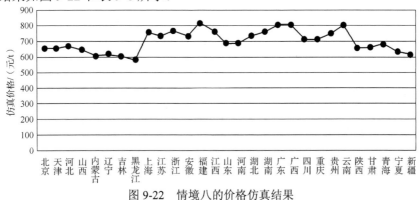

图 9-22　情境八的价格仿真结果

如图 9-23 所示的输电线路扩容对动力煤价格的影响趋势与如图 9-20 所示的碳排放影响近乎一致，但在绝对数量上有所差异。这一情境仍然对新疆和东北三省的影响较大，对其他省份的影响也较基准价格有所下降，表明建设的 6 条特高压电网在提高"西电东送"的同时，也间接地降低了煤炭价格。

与价格的趋同相比，情境七和情境八在煤炭空间流动上的差异比较大。图 9-24 中，所有与 6 条特高压线路相连接省份的动力煤输入量均有不同程度的减少，如江苏减少到不需要再自外地调入动力煤(即用电需求通过外省调入电力实现，而非煤炭)，河北、东北和西南的外省动力煤调入量则有所增加。事实上，这种变化就反映了全国输煤输电格局的变化。

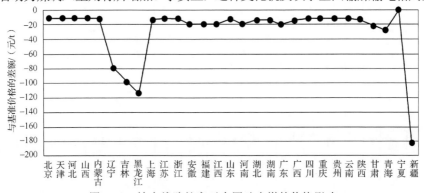

图 9-23　输电线路扩容对全国动力煤的价格影响

表 9-8 情境八下动力煤空间流动仿真结果

(单位：万 t)

地区	京	津	冀	晋	内蒙古	辽	吉	黑	沪	苏	浙	皖	闽	赣	鲁	豫	鄂	湘	粤	桂	川	渝	黔	云	陕	甘	青	宁	新
黑龙江 2								1763																					
辽吉 3						7190																							
辽吉 4																													
山西 7				12547																									
山西 9											4872																		
内蒙古 13					15510	8695	3104	1323				8431																	
内蒙古 14													3373	9705	4282														
内蒙古 15	1587	3196	1971							8495	5794				10443														
河北 17																					1565	859	27	8115				126	
河北 20			1990																										
苏鲁 21															615														
河南 26																2761													
安徽 27												270																	
宁夏 29									3618																			5112	
陕西 31																		2631											
陕西 32															174	5035	598	56	7099	1945		2045			6468				
新疆 35																							4010						4214
甘肃 37																							3849			3960	990		
两湖 40																		2631											
川渝 43																					3315								
贵州 48																							1478						
滇桂 49																				2583									

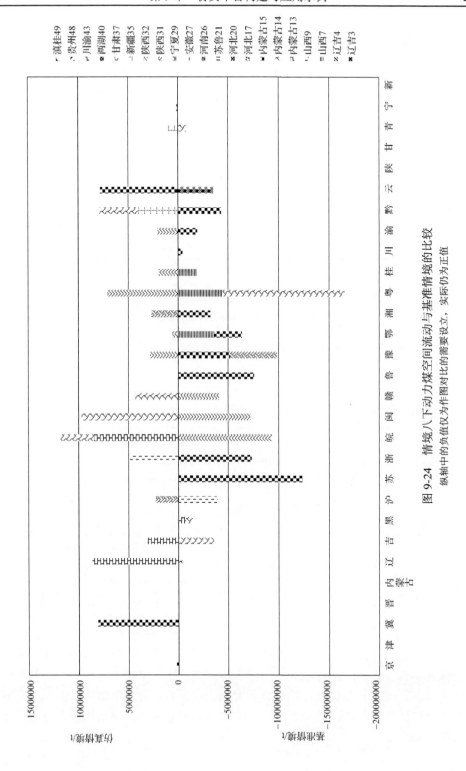

图 9-24　情境八下动力煤空间流动与基准情境的比较

纵轴中的负值仅为作图对比的需要设立，实际仿为正值

9.2.10　情境九：可再生能源对煤炭市场的影响

在仿真平台上选择"科研用户"菜单下的"绿电"子菜单，在跳转后的页面中打开 Excel 标准文件，将各地煤炭需求量设置为表 5-26 中的数据，单击【开始仿真】运行程序，结果如图 9-25 和表 9-9 所示。

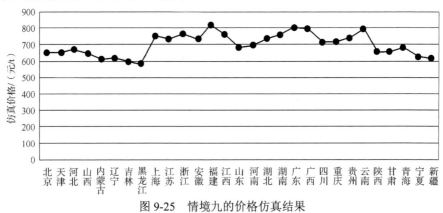

图 9-25　情境九的价格仿真结果

仿真价格与基准价格间的差异情况如图 9-26 所示。京津冀等华北地区因内蒙古风电的引入、江浙一带因长江三峡等水电的引入、西南地区因本地水电的引入，其煤炭价格都较基准情境有所降低；安徽、福建、江西、河南、广东等地的煤炭价格与基准价格保持一致；两湖地区的煤价甚至还略有上涨。

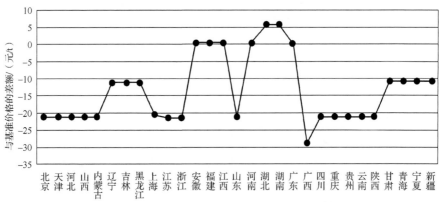

图 9-26　开发"绿电"对全国动力煤的价格影响

从如图 9-27 所示的贸易流变化结果看，总体趋势是华北、华东、华中和华南等地的煤炭输入量有所减少，只有湖南和福建两地的煤炭输入量有小幅增加；东北地区、西南地区和西北地区的煤炭输入量均显著增加。这表明煤炭主产地因"绿电"开发而形成的多余产量开始向边远省份流动，如黑龙江从内蒙古、云贵从内蒙古等地开始输入动力煤。

表9-9　情境九下动力煤空间流动仿真结果　　　　　　　　　　　　　　　　　（单位：万t）

地区	京	津	冀	晋	内蒙古	辽	吉	黑	沪	苏	浙	皖	闽	赣	鲁	豫	鄂	湘	粤	桂	川	渝	黔	云	陕	甘	青	宁	新
黑龙江2								1763																					
辽吉3																													
辽吉4						7190																							
山西7				12547					2310																				
山西9									10308																				
内蒙古13					15510			20691																					
内蒙古14						3588	1738	2914					8424																
内蒙古15	1587	3556	4111							8450	21187	8752	1423	2110	1035	11266					2547	2305	371	10709		1259	1207		
河北17																													
河北20			1990																										
苏鲁21															615														
河南26																2761													
安徽27												270																	
宁夏29																		5406										5112	
陕西31																		6000							6468				
陕西32												5110				691	3798	507	8165										
新疆35																													4214
甘肃37																		2631								3960			
两湖40																					3315								
川渝43																													
贵州48																							1478						
滇桂49																				2583									

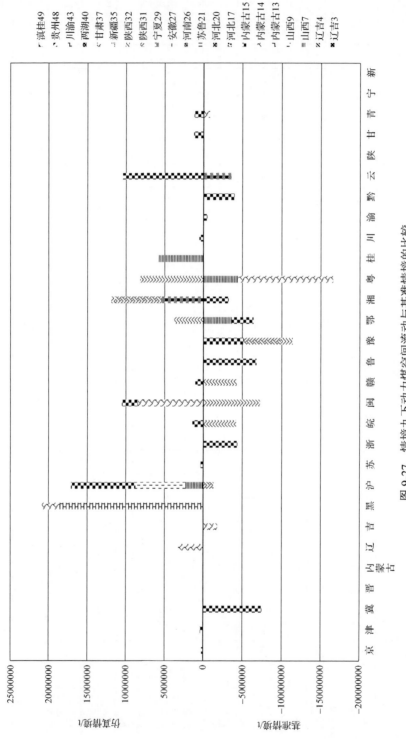

图 9-27 情境九下动力煤空间流动与基准情境的比较

纵轴中的负值仅为作图对比的需要设立，实际仍为正值

第 10 章　研究结论与展望

10.1　主要结论与贡献

本节主要从 CCMS 模型的整体角度作总结。

(1) 在理论上，首次完整地构建出 CCMS 模型，填补了中国能源系统研究领域的空白。

参照国外能源系统结构和中国煤炭市场实际，将 CCMS 划分为供给方程、进(出)口核算、工业用煤需求核算、电力输配优化、取暖用煤核算、运输优化、煤炭市场均衡等七大子模块，并根据研究问题的不同将各子模块设计为不同形式的模型，如供给方程和进(出)口子模块属于计量模型，工业用煤核算和取暖用煤核算子模块为核算模型，电力输配优化、运输优化和煤炭市场均衡子模块为优化模型；需求模块中，取暖用煤核算子模块本身具备预测功能，工业用煤核算和电力输配优化子模块可以借助与 GDP 之间的关系来实现预测，预测结果与供给方程、市场均衡子模块耦合后即可对未来的煤炭市场运营情况进行预测。因此，CCMS 模型兼具优化和预测的功能。

目前，国内还未发现系统地就一般能源或特定能源展开系统建模的研究，但国外已经就国家能源系统或世界范围内的特定能源系统展开了大量研究，并为公共政策设计和企业经营决策提供了科学支撑，客观上要求中国在这方面的研究跟上来，从这个意义上讲，CCMS 作了初步的尝试。

(2) 在实践上，CCMS 模型科学揭示了煤炭市场中众多因素及其相互间的耦合关系，成为煤炭政策设计的仿真实验室。

作为一个系统性的模型，其中嵌入了众多的影响变量，这些变量都是煤炭经济研究中经常需要考察的，如产能、生产效率、燃烧效率、CO_2 减排、电网容量、运输能力等，通常对它们影响水平的研究都是在某个子模块中进行的，只能反映局部影响，无法反映它们对煤炭经济全局的影响。现通过 CCMS 将它们整合为一体，它们的影响就能通过不同子模块之间的数据流动传导到煤炭市场中来，最终通过敏感度或情境分析，就可以给出不同影响因素和影响强度下的煤炭市场运营格局。

这种"牵一发而动全身"的能力使 CCMS 特别适合充当煤炭政策设计的仿真实验室。例如，在电力输配优化子模块中设置了东部地区的 CO_2 排放限额，经该模型优化后的各地用煤需求又会进一步影响空间均衡模块中的煤炭贸易流和价格，从而展示出 CO_2 排放政策对全国煤炭市场格局的影响；在工业用煤核算子模块中适当提高煤炭利用效率，使得各工序用煤量有所减少，最终也会通过各地煤炭需求的变化传导出全国煤炭市场格局的变化，国家可以据此提出具体的洁净煤产业政策。成为煤炭政策仿真实验室也是 CCMS 设计的初衷和目标，是 CCMS 的实践价值所在。

10.2　研究不足与展望

由于 CCMS 涉及煤炭产业的方方面面,无论是在理论设计上还是在数据收集上都需要大量的时间和精力。受此局限,当前 CCMS 还存在着许多不足和待完善之处,也是著者后期努力的方向。

(1)CCMS 构建的理论基础还有待进一步完善。

这方面的表现如下:工业用煤核算模块中,如何将全国总体的节煤效果分解至省际层面,本书是用各地工业品产量占全国的比例来分配的,但实践中各地的节能效果并不是与产量呈简单的线性关系;电力输配优化模块中,所构建的目标函数是以成本最小化为目标的,这样只考虑了生产者的利益,忽略了社会成本和消费者利益;在运输优化模块中,由于实践中煤炭运输涉及铁路、公路和海运等多种运输方式,煤炭运输问题特别复杂,本书只是主观地判别省际运输方式并依此核算运费,科学性有待进一步提高;煤炭市场均衡模块中,目前只是构建了完全竞争市场环境下的煤炭市场模型,缺乏对垄断竞争情形下的对比分析,事实上,如神华等大型煤炭集团的存在使得煤炭市场结构将日益向这一情形靠拢。这些不足都待以后逐一改进完善。

(2)CCMS 结构还有待优化,以反映煤炭市场的最新发展趋势。

当前的 CCMS 结构较完整地刻画了煤炭供给、需求、运输和贸易等关键传统领域,但还没有完全反映煤炭产业发展的最新趋势,特别是没有反映洁净煤战略对煤炭市场运营格局的影响。当前,洁净煤战略方向主要有两个,一是提高煤炭的燃烧利用效率,这可在现有的工业、电力和取暖子模块中通过提高燃烧利用效率参数来完善;二是加大煤炭由燃料变原料的比例,即加大煤化工的实施力度,而这在现有的 CCMS 模型中并不能够有效地反映,需要构建一个新的洁净煤子模块,并提出科学的理论模型和核算方法。

(3)CCMS 预测和优化结果的准确性还有待进一步改进。

虽然本书已经竭尽所能地通过各种渠道收集数据,但仍然存在不少不尽如人意之处。例如,在工业用煤研究中,虽经对各产品的生产工序进行了细致分析,但最终得出的各地不同煤种的用煤数量与实际值还有一定的差距,这自然也影响了煤炭市场运营格局的最终分析结果。可行的改进方案是重新审视现有的研究方法有无不合理之处并加以改进,特别是可以尝试构建煤炭实物型投入产出表来完善现有方法;或是深入现场收集一手数据,使得数据质量和相关参数的准确度有所提升。相信这样做会对 CCMS 的最终结果有益。

(4)CCMS 供需节点的层次和数量还有待扩展。

本书的供给节点共有 51 个生产基地,需求节点有 29 个省份,仿真结果能够满足学者、政府、学生等用户在省级层面的需求,但对企业的实践指导意义还不够。为此,未来将把研究层面从省级扩展到地级市,构建有 294 个供给节点和 328 个需求节点的供需网络，在此网络下的企业决策将更具实践指导意义。目前，此项工作正在有序开展。

(5)基于 CCMS 来构建中国能源建模系统将是一件非常有意义的工作。

CCMS 着力构建了煤炭市场系统模型，涉及产供销运等诸多环节，还涉及火电、绿电等与煤炭紧密相关的能源产业，但基本没有提及石油、天然气等能源。实际上，同为国家能源系统中的重要一员，石油、天然气等也面临着与煤炭产业类似的机遇和挑战，发展规律存在相似性，国家和社会也一样对认知这些规律有着强烈的期盼。因此，基于 CCMS 平台，有效地将石油、天然气等相关能源纳入，才能全面地综合考察经济、能源和环境问题，这必将推进我国能源政策设计的科学化进程，而实现这一点还有赖于能源学术界同仁的齐心协力。

主要参考文献

[1] He Y X, Zhang S L, Yang L Y, et al. Economic analysis of coal price-electricity price adjustment in China based on the CGE model[J]. Energy Policy, 2010, 38(11): 6629-6637.

[2] Baylor M, Beauséjour L. Taxation and Economic Efficiency: Results from a Canadian CGE Mode l [M]. Department of Finance, 2004.

[3] 魏巍贤. 基于 CGE 模型的中国能源环境政策分析[J]. 统计研究, 2009, 26(7): 3-12.

[4] Li Z D. An econometric study on China's economy, energy and environment to the year 2030[J]. Energy Policy, 2003, 31(11): 1137-1150.

[5] Capros P, Georgakopoulos P, Zografakis S, et al. Double Dividend Analysis: First Results of a General Equilibrium Model (GEM-E3) Linking the EU-12 Countries[M]. Berlin: Springer Netherlands, 1996.

[6] Taylor J B. Staggered wage setting in a macro model[J]. The American Economic Review, 1979, 69(2): 108-113.

[7] 陈文颖, 高鹏飞, 何建坤. 用 MARKAL-MACRO 模型研究碳减排对中国能源系统的影响[J]. 清华大学学报: 自然科学版, 2004, 44(3): 342-346.

[8] Seebregts A, Kram T, Schaeffer G J, et al. Endogenous learning and technology clustering: analysis with MARKAL model of the Western European energy system[J]. International Journal of Global Energy Issues, 2000, 14(1): 289-319.

[9] Jarusutthirak C, Amy G, Croué J P. Fouling characteristics of wastewater effluent organic matter (EfOM) isolates on NF and UF membranes[J]. Desalination, 2002, 145(1): 247-255.

[10] 程尚模, 刘立平. MEDEE 能源模型[J]. 能源工程, 1986, (5): 7-10.

[11] Hoyson M, Jamieson B, Strain P S. Individualized group instruction of normally developing and autistic-like children: the LEAP curriculum model[J]. Journal of Early Intervention, 1984, 8(2): 157-172.

[12] Forgas J P. Mood and judgment: the affect infusion model (AIM)[J]. Psychological Bulletin, 1995, 117(1): 39.

[13] Koomey J G, Richey R C, Laitner J A, et al. Technology and greenhouse gas emissions: An integrated analysis using the LBNL-NEMS model[J]. Advances in the Economics of Environmental Resource, 2001, (3): 175-219.

[14] EIA. The National Energy Modeling System: An Overview 2009. www.eia.doe.gov/oiaf/aeo/ overview/.

[15] 李瑞. 中国煤中硫的分布[J]. 洁净煤技术, 1998, 4(1): 44-47.

[16] Mansur A, Whalley J. Numerical Specification of Applied General Equilibrium Models: Estimation, Calibration and Data[M]. Cambridge: Cambridge University Press, 1984.

[17] Gregory A W, Smith G W. Calibration as testing: inference in simulated macroeconomic models[J].

Journal of Business and Economic Statistics, 1991, 9(3): 297-303.

[18] 李荣林, 鲁晓东. 中日韩自由贸易区的贸易流量和福利效应分析: 一个局部均衡的校准方法[J]. 数量经济技术经济研究, 2006, 23(11): 69-77.

[19] Canova F. Statistical inference in calibrated models[J]. Journal of Applied Econometrics, 1994, 9:(S1) 123-144.

[20] Bernstein M A, Griffin J. Regional differences in the price-elasticity of demand for energy[R]. Denver: National Renewable Energy Laboratory, 2006.

[21] Wilcoxen P J. The effects of environmental regulation and energy prices on U.S. economic performance[D]. Cambridge and Boston: Harvard University, 1988.

[22] Cuddington J T, Zellou A M. A simple mineral market model: can it produce super cycles in price?[J].Resource Policy, 2013, 38(1): 75-87.

[23] 林伯强, 魏巍贤, 李丕东. 中国长期煤炭需求: 影响与政策选择[J]. 经济研究, 2007, (2): 48-57.

[24] 孙翠芝, 叶大武. 中国原煤及商品煤硫分分布概况[J]. 煤质技术, 2012, 3: 5-9.

[25] 许光建, 张琦. 中国煤炭进口现状与影响机理研究[J]. 中国物价, 2013, (9): 52-55.

[26] Gladstone B W. UK steam coal imports prospects and constraints[J]. Energy Policy, 1991, 19(2): 172-183.

[27] Lai J W, Chen C Y. A cost minimization model for coal import strategy [J]. Energy Policy, 1996, 24(12): 1111-1117.

[28] Lin B Q, Liu J H. Estimating coal production peak and trends of coal imports in China [J]. Energy Policy, 2010, 38(1): 512-519.

[29] Lin B Q, Liu J H, Yang Y C. Impact of carbon intensity and energy security constraints on China's coal import [J]. Energy Policy, 2012, 48(9): 137-147.

[30] 王可, 李国平, 李治, 等. 基于协整和脉冲响应的中国煤炭贸易量变化对其价格影响研究[J]. 当代经济科学, 2011, 33(3): 81-86.

[31] 冯雨, 李学刚, 丁文芬. 煤炭进口对沿海地区煤炭市场的影响[J]. 中国煤炭, 2011, 37(7): 5-8.

[32] Muhammad A, Amponsah W A, Dennis J H. The impact of Preferential trade arrangements on EU imports from developing countries: The case of fresh cut flowers[J]. Applied Economic Perspectives and Policy, 2010, 32(2): 254-275.

[33] Muhammad A. Allowing for Group Effects When Estimating Import Demand for Source and Product Differentiated Goods[C]//American Agricultural Economics Association Annual Meeting, Orlando, 2008.

[34] Eales J, Wessells C R. Generalized models of Japanese demand for fish[J]. American Journal of Agricultural Economics, 1997, 79(4): 1153-1163.

[35] Khaled M, Lattimore R. The changing demand for apparel in New Zealand and import protection [J]. Journal of Asian Economics, 2006, (17):494-508.

[36] 罗利平, 蒋勇, 胡友. 日本花卉进口需求弹性分析及我国的策略选择[J]. 现代日本经济, 2013,

189(3): 88-95.

[37] 罗利平, 蒋勇. 基于 Rotterdam 模型的德国花卉进口需求弹性分析[J]. 世界农业, 2014, 417 (1): 83-89.

[38] 邢丽荣, 徐翔. 美国市场罗非鱼进口需求分析[J]. 国际经贸探索, 2013, 29(11): 4-14.

[39] 贺蕾, 霍学喜. 进口需求函数选择及弹性分析——以美国苹果汁进口需求为例[J]. 统计与信息论坛, 2011, 26(7): 38-44.

[40] Barten A P. Consumer demand function under conditions of almost additive preferences [J]. Econometrica, 1964, 32(1):1-38.

[41] Theil H. The information approach to demand analysis [J]. Econometrica, 1965, 33(1):395-396.

[42] Brown M, Lee J Y, Seale J L. Demand relationships among juice beverages: A differential demand system approach [J]. Agricultural and Applied Economics, 1994, 26 (2): 417-429.

[43] 韩亚芬, 孙根年. 中国 "十一五" 各省区节能潜力测算[J]. 统计研究, 2008, 25(1): 43-46.

[44] Yu Q B, Lu Z W, Cai J J. Calculating method for influence of material flow on energy consumption in steel manufacturing process [J]. Journal of Iron and Steel Research, 2007, 14(2): 46-51.

[45] 田敬龙. 中国十大钢铁企业能耗分析及节能工作建议[J]. 冶金能源, 2007, 26(6): 3-7.

[46] 张琨. 本溪钢铁(集团)有限责任公司能源审计[D]. 沈阳: 东北大学, 2008.

[47] 金玉. 氧化铝能耗及能源经济效益指标浅析.[J] 有色冶金节能, 2003, 20(5): 14-16.

[48] 周鸿锦. 2006 年水泥工业能耗述评[J]. 中国水泥, 2007, (10): 26-29.

[49] 曾令可, 邓伟强, 刘艳春, 等. 陶瓷工业能耗的现状及节能技术措施[J]. 陶瓷学报, 2006, 27(1): 109-115.

[50] 方海鑫. 从能源审计看广东省建筑陶瓷企业的能耗现状[J]. 广东建材, 2011, 27(3): 17-19.

[51] 於子方. 合成氨行业节能技术综述[J]. 氮肥技术, 2010, 31(3): 1-5.

[52] 曹仑. 我国氮肥产业的能耗状况和节能策略研究[D]. 武汉: 华中农业大学, 2007.

[53] 杨文彪. 关于炼焦工序能耗计算的几点说明[J], 中国焦化业, 2007, (3): 126-139.

[54] 蒋翠蓉, 姜英. 制定煤炭行业工序能耗指标的必要性探讨[J]. 煤质技术, 2010, (1): 4-7.

[55] Todd D, Zhang L. Ports and coal transfer: hug of China's energy supply policy[J]. Energy Policy, 1994, 22:609-621.

[56] Cheng S K, Xu Z R, Shen L. Spatial-temporal process and driving force of interprovincial coal flowing in China[J]. Journal of Geographical Science, 2008, 63(6):603-612.

[57] 赵媛, 于鹏. 我国煤炭资源空间流动的基本格局与流输通道[J]. 经济地理, 2007, (2): 196-200.

[58] Todd D, Jin F J. Interregional coal flows in China and the problem of transport bottlenecks-upholding the rail option[J]. Applied Geography, 1997, 17(3):215-230.

[59] 刘金平, 杨贺, 何高文, 等. 中国煤炭运输通道优化布局研究[J]. 中国煤炭, 2013, 39(10): 15-20.

[60] Satar N M, Peoples J. An empirical test of modal choice and allocative efficiency: evidence from US

coal transportation[J]. Transportation Research Part E, 2010, 46(6):1043-1056.

[61] Batterham R L, Mikosza T G, Ockwell A P. Coal transportation in New South Wales-a programming analysis of road and rail option[J]. Logistics and Transportation Review, 1992, 28(3):353-371.

[62] Bielli M, Calicchio G, Cini M, et al. A model of coal transportation management in a rail network[J]. System Modeling and Optimization, 1984, 59:135-142.

[63] 王楠, 黄忠, 闫斌, 等. 2009年电煤供需状况分析[J]. 中国电力, 2010, 43(4):1-3.

[64] 顾宇桂, 黄忠, 田峰, 等. 2011年电煤供需形势回顾及2012年展望[J]. 能源技术经济, 2011, 24(3):35-38.

[65] 顾宇桂, 朱发根, 单葆国, 等. 近期电煤供需偏紧的原因纷析[J]. 能源技术经济, 2010, 22(3): 5-9.

[66] 陈锋, 方志耕, 张楠, 等. 电煤价格放开后中国火电企业最优存煤数量模型研究[J]. 物流科技, 2009, 32(8): 26-28.

[67] 顾宇桂, 罗智, 单葆国. 2013年中国电力供需形势展望[J]. 中国电力, 2013, 46(1): 7-10.

[68] 宋瑞礼, 徐策. 当前电力供需紧张原因及对策[J]. 宏观经济管理, 2012, (12): 29-30.

[69] Wu Y, Yu Z C, Ngan H W, et al. Sustaining China's electricity market development[J]. Energy Policy, 2014, 73(c): 30-37.

[70] Ngan H W. Electricity regulation and electricity market reforms in China[J]. Energy Policy, 2010, 38(5):2142-2148.

[71] Kuby M, Gao S. Planning China's coal and electricity delivery system[J]. Interfaces, 1995, 25(1): 41-68.

[72] Wang B. An imbalanced development of coal and electricity industries in China[J]. Energy Policy, 2007, 35(10):4959-4968.

[73] Zhao X L, Lyon T P, Wang F, et al. Why do electricity utilities cooperate with coal suppliers? A theoretical and empirical analysis from China[J]. Energy Policy, 2012, 46(3):520-529.

[74] Steiner F. Regulation, Industry Structure and Performance in the Electricity Supply Industry[M]. Paris: OECD, 2000.

[75] Patrick W. Regulation, Market Structure and Performance in Telecommunications[M]. Paris: OECD, 2002.

[76] Joskow P L. A framework for resolving the regulatory problem[J]. Regulations, Institutions and Commitment, 2003, 20: 1-36.

[77] Zhang P K. Electricity sector reform in developing countries:An econometric assessment of the effects of privatization, competition and regulation[J]. Journal of Regulatory Economics, 2008, 2: 159-178.

[78] Pombo C, Taborda R. Performance and efficiency in Colombia's power distribution system: effects of the 1994 reform[J]. Energy Economics, 2006, 28(3): 339-369.

[79] 徐金发, 朱晓燕. 中国电力管制价格模型研究[J]. 价格理论与实践, 2002, (5): 27-28.

[80] 曾鸣, 孙昕, 张启平. 电力市场交易与电价理论及其应用[M]. 北京: 中国电力出版社, 2003.

[81] 常欣. 新阶段中国垄断性行业改革的三线推进战略[J]. 中国工业经济, 2004, (2): 34-41.

[82] 毛文晋. 中国电力行业垄断的经济学分析及市场化改革[J]. 特区经济, 2010, (3): 118-120.

[83] 刘树杰. 进一步推进电力市场化改革若干问题研究[J]. 价格理论与实践, 2011, (10): 4-5.

[84] 杨德庄, 文迅, 朱刚. 输煤输电问题[J]. 优选与管理科学, 1987, (2): 37-44.

[85] 陈小毅, 周德群. 关于我国煤电产业布局重构的战略思考[J]. 科技管理研究, 2010, 30(10): 201-203.

[86] 王建, 吕世森, 杨健. 基于全寿命周期的输煤输电经济性建模及分析[C]//2013 年中国电机工程学会年会论文集. 北京: 中国电机工程学会, 2013.

[87] 神瑞宝, 张粒子, 张洪, 等. 输煤输电经济性比较研究[J]. 中国电力, 2013, 46(10): 133-139.

[88] 张世翔, 府聪. 输煤与输电的经济性比较研究[J]. 价格理论与实践, 2014, (2): 115-117.

[89] 何艳秋. 中国能源二氧化碳排放控制目标和地区分配的统计研究[D]. 成都: 西南财经大学, 2013.

[90] 陈一筠. 城市化与社会学[M]. 北京: 光明日报出版社, 1986.

[91] 仲小敏. 世纪之交中国城市化道路问题的讨论[J]. 科学经济社会, 2000, (1):38-42.

[92] 孔凡文. 中国城镇化发展速度与质量问题研究[D]. 北京: 中国农业科学院, 2006.

[93] Bobker M F. Infrastructure conundrums: investment and urban sustainability[J]. Technology in Society, 2006, 28(S1-2): 125-135.

[94] Tweed C, Jones P. The Role of models in arguments about urban sustainability[J]. Environmental Impact Assessment Review, 2000, 20(3): 277-287.

[95] 黄文, 管昌生. 城市集中供热研究现状及发展趋势[J]. 建材世界, 2004, 75(5): 78-80.

[96] 李先瑞, 郎四维. 我国建筑供热采暖的现状及问题分析[J]. 区域供热, 2001, 1(1): 5-8.

[97] 徐中堂. 六十年发展中的城市集中供热[J]. 区域供热, 2010, 2(2): 32-35.

[98] 王义军. 集中供热及其相关调节[J]. 科技创新与应用, 2013, (7): 240.

[99] 李孟阳. 集中供热方式的综合效益分析[J]. 内蒙古煤炭经济, 2013, (7):1-2.

[100] 朱彩霞, 王红霞, 马富琴. 几种常用城市供热方式的技术经济分析[J]. 河南科技大学学报:自然科学版, 2005, 26(4):72-73.

[101] 孟哲, 刘应宗, 金宇澄. 我国集中供热的现状与对策[J].华东交通大学学报, 2004, 21(3): 66-69.

[102] 王德林, 冯廷龙, 韩吉兵, 等. 我国供热现状及热计量方法分析[C]//山东土木建筑学会热能动力专业委员会第 13 届学术交流会论文集. 济南: 山东科学技术协会, 2010: 191-194.

[103] 赵毅. 城市集中供热定价博弈模型研究[D]. 哈尔滨: 哈尔滨工业大学, 2010.

[104] 李喜仓, 白美兰, 杨晶, 等. 气候变暖对呼和浩特地区采暖期能源消耗的影响[J]. 气候变化研究进展, 2010, 6(1):29-34.

[105] 刘彩红, 苏文将. 气候变暖对青海高原采暖能耗的影响及预估[J]. 南京信息工程大学学报: 自然科学版, 2013, (6): 494-500.

[106] 陈莉, 方修睦, 方修琦, 等. 过去 20 年气候变暖对我国冬季采暖气候条件与能源需求的影响[J]. 自然资源学报, 2006, 21(4): 590-597.

[107] 陈莉, 方修琦, 李帅. 中国与欧美寒冷地带采暖耗能的比较[J]. 自然资源学报, 2011,

26(7):1258-1268.

[108]陈莉, 方修琦, 李帅. 吉林省城市住宅采暖气候耗能距平序列的建立方法[J]. 气候变化研究进展, 2008, 4(1):32-36.

[109]张威. 寒冷地区农村住宅采暖能耗研究[D]. 天津: 天津大学, 2012.

[110]董海广, 许淑惠. 华北地区典型农宅采暖能耗模拟及节能分析[J]. 北京建筑工程学院学报, 2010, 26(3): 42-46.

[111]彭琛, 燕达, 周欣. 建筑气密性对供暖能耗的影响[J]. 暖通空调, 2010, 40(9):107-111.

[112]常静, 李永安. 居住建筑窗墙面积比对供暖能耗的影响研究[J]. 暖通空调, 2009, 38(5):109-112.

[113]李瑞萍, 李鸽. 太原冬季采暖期气温变化特征与节能效应分析[J]. 气象科技, 2009, 36(6): 776-778.

[114]董志国. 集中供热管网的监控系统[J]. 煤气与热力, 2005, 25(10):19-21.

[115]周亚萍. 浅谈集中供热管网的设计[J]. 山西建筑, 2007, 33(16):198-199.

[116]黄健元, 刘洋. 流动人口预测模型构建及其应用[J].统计与决策, 2008, (23): 18-20.

[117]白莉, 艾莉莉. 长春市燃煤供热锅炉运行及煤耗现状调查[J]. 吉林建筑工程学院学报, 2010, 27(1): 57-60.

[118]李金克. 中国煤炭战略储备适度规模的确定[J]. 中国煤炭, 2011, 37(8): 5-7.

[119]牟敦果. 中国应急煤炭储备规模极值分析[J]. 中国经济问题, 2012, (3): 71-78.

[120] Samouilidis J E, Berahas S A. A methodological approach to strategic petroleum reserves[J]. Omega, 1982, 10(5): 565-574.

[121] Teisberg J T. A dynamic programming model of the U.S. strategic petroleum reserves[J]. The Bell Journal of Economics, 1981, 12(2):526-546.

[122] Wu G, Gan Y, Liu L C, et al. An empirical analysis of the dynamic programming model of stockpile acquisition strategies for china[J]. Energy Policy, 2008, 36(4):1470-1478.

[123] Wu G, Wei Y M, Nielsen C, et al. A dynamic programming model of china's strategic petroleum reserve: general strategy and the effect of emergencies[J]. Energy Economics, 2012, 34(4): 1234-1243.

[124]辛贤, 尹坚. 贸易自由化背景下中国肉产品区域生产、消费和流通[J]. 中国农村经济, 2004, (4): 10-16.

[125]陈永福. 中国省别食物供求模型的开发与预测[J]. 中国农业经济评论, 2004, 2(3): 355-406.

[126] Chales D K, David S A, Robert L B. Modeling international steam coal trade[D]. New Mexico: Los Alamos National Laboratory, 1983.

附表 1　区域间单位煤炭运输最优成本

（单位：元/t）

地区	京	津	冀	晋	内蒙古	辽	吉	黑	沪	苏	浙	皖	闽	赣	鲁	豫	鄂	湘	粤	桂	川	渝	黔	云	陕	甘	青	宁	新
黑龙江1	134.79	134.79	153.90	175.09	160.05	86.15	65.10	48.40	152.73	214.83	167.08	217.45	296.87	249.19	169.08	182.33	219.32	244.29	208.62	282.11	261.96	279.14	311.09	355.18	217.87	264.51	282.31	227.32	396.44
黑龙江2	129.69	129.69	148.80	169.98	154.94	81.04	60.00	43.30	147.63	209.73	161.98	212.35	291.77	244.09	163.98	177.23	214.21	239.19	203.52	277.00	256.85	274.03	305.98	350.07	212.76	259.41	277.21	222.21	391.33
辽吉3	77.59	77.59	96.70	117.89	102.84	28.95	7.90	24.60	95.53	157.63	109.88	160.25	239.67	191.99	111.88	125.13	162.12	187.09	151.42	224.91	204.76	221.94	253.89	297.98	160.67	207.31	225.11	170.12	339.24
辽吉4	63.45	63.45	82.56	103.74	111.95	14.80	35.85	52.54	79.18	100.77	93.53	146.11	225.53	177.85	97.74	110.99	147.97	172.95	135.07	210.76	190.61	207.79	239.74	283.83	146.52	193.17	210.97	155.97	325.09
辽吉5	62.69	62.69	81.80	102.98	111.19	14.04	35.09	51.78	68.34	89.94	82.70	145.35	224.77	177.09	96.98	110.23	147.21	172.19	124.23	210.00	189.85	207.03	238.98	283.07	145.76	192.41	210.21	155.22	324.33
山西6	34.74	34.74	15.63	16.80	60.96	94.08	104.43	121.13	103.74	82.14	142.11	169.84	249.26	201.58	36.40	44.06	81.04	106.02	154.80	143.83	115.26	115.75	147.69	191.79	60.62	107.26	125.06	106.78	239.19
山西7	57.03	57.03	37.92	26.39	70.55	116.37	126.72	143.42	114.71	93.12	127.82	168.53	247.95	200.27	59.37	53.03	90.01	114.99	163.77	152.80	92.98	92.77	124.72	168.81	37.64	84.28	102.09	93.25	216.21
山西8	58.41	58.41	39.30	33.71	77.87	117.75	128.10	144.80	94.63	73.04	98.36	69.93	149.35	101.67	48.13	21.91	58.89	83.87	132.65	121.68	104.64	103.26	135.21	179.30	46.54	93.18	110.99	102.15	225.11
山西9	34.26	34.26	53.37	32.40	27.57	83.46	114.71	120.65	99.53	121.13	113.88	120.58	200.00	152.32	68.55	81.80	118.78	143.76	192.54	181.57	135.96	135.76	167.70	211.80	80.63	106.36	124.17	74.07	214.00
山西10	48.13	48.13	29.01	17.49	61.65	107.47	117.82	134.52	123.61	102.02	136.72	94.77	174.19	126.51	50.47	61.93	98.91	123.89	172.67	161.70	101.88	101.67	133.62	177.71	46.54	93.18	110.99	102.15	225.11
山西11	41.09	41.09	21.98	10.45	54.61	100.43	110.78	127.48	110.78	89.18	135.48	93.53	172.95	125.27	43.44	50.40	87.39	112.37	161.15	150.18	108.92	108.71	140.66	184.75	53.58	100.22	118.02	101.12	232.15
山西12	41.09	41.09	21.98	10.45	54.61	100.43	110.78	127.48	110.78	89.18	135.48	93.53	172.95	125.27	43.44	50.40	87.39	112.37	161.15	150.18	108.92	108.71	140.66	184.75	53.58	100.22	118.02	101.12	232.15
内蒙古13	134.72	134.72	153.84	175.02	156.60	96.01	81.39	64.07	236.36	214.76	249.33	217.38	296.80	249.12	169.02	182.26	219.25	244.23	218.49	282.04	261.89	279.07	311.02	355.11	217.80	264.44	282.24	227.25	396.37
内蒙古14	41.43	41.43	60.55	81.73	119.96	51.03	54.34	54.34	143.07	121.47	156.04	124.10	203.52	155.84	75.73	88.98	125.96	150.94	173.50	188.75	168.60	185.78	217.73	261.82	124.51	171.15	188.96	133.96	303.08
内蒙古15	65.31	65.31	84.42	55.37	19.29	114.51	121.13	151.70	166.95	145.35	179.92	184.26	263.68	216.00	99.60	112.85	149.83	174.81	223.59	212.62	125.13	123.75	155.70	207.93	70.21	75.31	93.12	43.02	182.95
内蒙古16	90.22	90.22	109.33	80.28	44.19	139.41	146.04	176.61	191.85	170.26	204.83	159.36	238.77	191.10	124.51	137.76	174.74	199.72	248.50	237.53	110.71	128.86	160.80	193.51	73.73	50.40	68.21	18.11	158.04
河北17	38.40	38.40	19.29	35.91	80.07	97.74	108.09	124.79	97.67	80.42	110.02	68.07	147.49	99.81	26.46	24.94	61.93	86.91	135.69	124.72	104.57	121.75	153.70	197.79	60.48	107.12	124.92	116.09	239.05
河北18	34.81	34.81	16.94	32.33	76.49	94.15	104.50	121.20	101.26	84.01	113.61	71.66	151.08	103.40	30.05	28.53	65.52	90.49	139.28	128.31	108.16	125.34	157.29	201.38	64.07	110.71	128.51	119.68	242.64
河北19	26.53	26.53	44.61	62.27	83.18	49.65	70.69	76.14	65.72	86.28	80.07	98.91	178.33	130.65	40.54	74.07	111.06	136.03	121.61	173.85	153.70	170.88	202.83	246.92	109.61	151.35	169.15	130.38	283.28
河北20	21.98	21.98	41.09	44.68	39.85	82.35	91.67	108.36	123.61	102.02	140.66	98.70	178.12	130.44	56.27	69.52	106.50	131.48	180.26	169.29	149.14	166.32	198.27	242.36	105.05	118.65	136.45	86.35	226.29
苏鲁21	79.18	79.18	64.83	81.45	152.66	43.72	64.76	79.66	44.54	89.80	57.51	92.29	171.71	124.03	44.06	79.66	116.64	141.62	100.43	179.43	161.49	178.68	210.62	254.71	115.20	161.84	179.64	170.81	293.77
苏鲁22	64.89	64.89	36.26	52.89	124.10	85.64	92.55	113.06	82.83	61.24	95.81	63.72	143.14	95.46	15.49	51.09	88.08	113.06	129.00	150.87	132.93	150.11	182.06	226.15	86.63	133.27	151.08	142.24	265.20

续表

地区	京	津	冀	晋	内蒙古	辽	吉	黑	沪	苏	浙	皖	闽	赣	鲁	豫	鄂	湘	粤	桂	川	渝	黔	云	陕	甘	青	宁	新
东鲁23	50.61	50.61	50.54	67.17	138.38	72.28	93.33	112.71	53.37	31.77	66.34	34.26	113.68	66.00	29.77	31.29	68.28	93.25	105.95	131.07	111.06	128.24	160.18	204.27	66.96	113.61	131.41	122.58	245.54
河南24	68.97	68.97	51.37	53.85	112.16	129.82	132.50	156.87	79.38	57.79	80.07	51.65	131.07	83.39	58.55	22.94	40.61	65.58	114.37	103.40	70.48	149.70	181.64	225.73	44.19	90.84	108.64	99.81	222.77
河南25	52.75	52.75	35.16	37.85	82.01	113.61	132.80	140.66	90.49	68.90	94.22	65.79	145.21	97.53	42.33	17.77	54.75	79.73	128.51	117.54	88.70	105.88	137.83	181.92	44.61	91.25	109.05	100.22	223.18
河南26	42.54	42.54	24.94	41.57	85.73	103.40	124.03	130.44	90.70	69.10	95.74	67.31	146.73	99.05	32.12	19.29	56.27	81.25	130.03	119.06	98.91	116.09	148.04	192.13	54.82	101.46	119.27	110.43	233.39
安徽27	104.09	104.09	93.32	109.95	154.11	126.73	134.18	190.47	53.65	32.05	49.85	21.42	100.84	53.16	69.66	65.10	47.37	82.56	118.58	113.19	115.75	107.54	139.48	183.57	93.32	139.97	157.77	148.94	271.89
安徽28	75.59	75.59	64.83	81.45	125.61	102.96	109.47	161.98	47.92	26.32	58.89	16.94	96.36	48.68	47.09	40.95	56.41	78.07	114.09	108.71	111.26	103.05	135.00	179.09	72.97	119.61	137.41	128.58	251.54
宁夏29	96.36	96.36	115.47	86.42	50.34	145.14	176.81	182.75	172.12	176.40	189.23	153.21	232.63	184.95	130.65	103.26	140.24	165.22	214.00	203.03	104.57	122.72	154.66	187.37	67.59	44.26	62.07	11.97	151.90
青海30	150.52	150.52	169.64	140.59	104.50	199.31	230.98	236.91	176.88	146.25	193.99	157.98	237.39	189.72	96.36	108.02	145.00	169.98	218.76	207.79	106.57	127.48	159.42	189.37	72.35	25.70	7.90	57.99	151.83
陕西31	68.83	68.83	49.71	38.19	82.35	128.17	138.52	155.22	99.19	101.05	130.51	103.74	183.16	135.48	71.17	45.78	82.77	107.74	156.53	145.56	81.18	81.39	113.33	163.98	25.84	69.72	87.53	78.69	201.65
陕西32	86.77	86.77	72.00	52.82	81.59	140.09	151.61	193.79	103.40	90.84	129.55	93.53	172.95	125.27	85.80	43.57	86.08	111.06	154.32	148.87	66.00	63.03	94.98	148.80	7.90	54.54	72.35	63.51	186.47
陕西33	81.52	81.52	62.41	50.89	89.25	146.99	162.45	167.91	114.23	101.67	143.21	104.36	183.78	136.10	83.87	42.47	84.97	109.95	153.21	147.76	73.66	73.86	105.81	156.46	18.73	62.20	80.01	71.17	194.13
新疆34	229.11	229.11	259.47	230.43	194.34	289.01	296.18	326.75	291.01	260.37	308.12	272.10	351.52	303.84	274.65	222.15	259.13	284.11	332.89	321.92	220.70	241.60	241.60	303.50	186.47	139.83	151.83	147.83	7.90
新疆35	200.82	200.82	219.94	190.89	154.80	249.47	256.65	287.21	251.47	220.83	268.58	232.56	311.98	264.30	235.12	182.61	219.59	244.57	293.35	282.38	181.16	202.07	202.07	263.96	146.94	100.29	112.30	108.30	47.44
甘肃36	146.18	146.18	211.31	136.24	100.15	194.82	202.00	278.59	196.82	166.19	213.93	177.92	257.34	209.66	226.49	127.96	164.94	189.92	238.71	227.73	126.51	147.42	147.42	209.31	92.29	45.64	57.65	53.65	102.09
甘肃37	128.44	128.44	180.95	116.78	80.70	175.36	182.54	248.23	165.08	134.45	182.19	146.18	225.60	177.92	196.13	96.22	133.20	158.18	206.97	195.99	94.77	115.68	115.68	177.57	60.55	13.90	31.71	34.19	141.83
江西38	128.03	128.03	117.27	118.92	163.08	139.44	160.48	214.42	78.42	73.73	65.45	59.79	70.35	28.05	119.47	79.11	42.12	17.15	58.75	47.78	83.73	107.95	76.00	120.09	109.05	155.70	173.50	164.67	287.63
江西39	128.03	128.03	117.27	118.92	163.08	139.44	160.48	214.42	78.42	73.73	65.45	59.79	70.35	28.05	119.47	79.11	42.12	17.15	58.75	47.78	83.73	107.95	76.00	120.09	109.05	155.70	173.50	164.67	287.63
两湖40	119.68	119.68	100.57	95.94	140.10	162.35	183.39	190.39	103.67	101.74	90.70	81.73	98.36	56.06	107.74	79.25	47.37	21.56	70.35	52.96	60.82	100.02	68.00	112.16	76.14	122.79	140.59	131.76	254.71
两湖41	140.38	140.38	121.27	132.65	176.81	164.49	185.53	167.49	103.47	98.77	90.49	84.84	95.39	53.10	128.44	92.84	55.86	30.88	33.71	43.02	97.46	129.13	89.73	133.83	122.79	169.43	187.23	178.40	301.36
福建42	151.63	151.63	140.86	157.84	202.00	88.08	120.81	136.63	50.89	77.45	41.64	76.28	18.94	42.88	123.20	130.38	93.39	68.41	52.41	99.05	135.00	159.22	127.27	171.36	160.32	206.97	224.77	260.99	338.89
川渝43	121.47	121.47	102.36	90.63	142.93	192.09	213.14	187.02	108.64	87.04	104.85	74.42	125.48	83.18	109.54	73.93	36.95	61.93	102.57	104.64	33.71	25.50	57.44	101.53	45.44	92.08	109.88	101.05	224.01
川渝44	167.43	167.43	148.32	136.59	160.32	197.47	218.52	232.98	154.59	133.00	150.80	122.37	171.43	129.13	155.49	119.89	82.90	107.88	158.04	104.57	30.81	36.26	68.21	60.13	91.39	111.68	129.48	123.41	243.60
川渝45	204.34	204.34	185.23	167.98	193.58	170.98	192.02	216.07	191.51	169.91	203.38	159.29	208.28	165.98	192.41	156.80	119.82	143.76	185.37	119.75	64.96	99.74	77.73	33.64	123.06	145.83	163.63	157.56	277.76
贵州46	188.20	188.20	169.08	157.08	201.24	173.53	161.11	217.11	186.54	159.01	150.73	145.07	155.63	113.33	176.26	140.66	103.67	91.11	132.72	79.25	56.13	57.03	25.08	34.81	112.16	129.20	147.00	167.77	261.13
贵州47	188.20	188.20	169.08	157.08	201.24	173.53	161.11	217.11	186.54	159.01	150.73	145.07	155.63	113.33	176.26	140.66	103.67	91.11	132.72	79.25	56.13	57.03	25.08	34.81	112.16	129.20	147.00	167.77	261.13
贵州48	171.02	171.02	151.90	139.90	184.06	190.71	163.59	186.26	155.56	141.83	133.55	127.89	138.45	96.15	159.08	123.48	86.49	73.93	115.54	62.07	73.31	39.85	7.90	51.99	94.98	144.80	162.60	150.59	276.72
滇桂49	193.99	193.99	173.50	178.68	222.84	97.91	118.95	141.62	110.92	132.51	114.85	137.07	84.01	105.33	180.68	145.07	108.09	83.11	56.75	45.30	128.37	107.12	97.32	73.45	184.40	231.05	248.85	240.02	362.97
滇桂50	168.74	168.74	148.25	153.42	197.58	100.53	121.57	144.24	113.54	135.14	117.47	111.81	86.63	80.07	155.42	119.82	82.83	57.86	59.37	20.04	115.33	81.87	49.92	81.87	137.00	183.64	201.45	192.61	315.57
滇桂51	215.11	215.11	195.99	193.72	237.88	146.62	166.29	190.33	159.63	180.68	163.56	170.05	182.54	140.24	203.17	167.57	130.58	118.02	159.63	94.01	90.70	83.94	51.99	7.90	139.07	171.57	189.37	183.30	303.50

附表 2　单位运输成本最小下的区域间煤炭运输距离

（单位：km）

地区	京	津	冀	晋	内蒙古	辽	吉	黑	沪	苏	浙	皖	闽	赣	鲁	豫	鄂	湘	粤	桂	川	渝	黔	云	陕	甘	青	宁	新
黑龙江1	1839	1839	2116	2423	2205	1134	829	587	2099	2999	2307	3037	4188	3497	2336	2528	3064	3426	2909	3974	3682	3931	4394	5033	3043	3719	3977	3180	5631
黑龙江2	1765	1765	2042	2349	2131	1060	755	513	2025	2925	2233	2963	4114	3423	2262	2454	2990	3352	2835	3900	3608	3857	4320	4959	2969	3645	3903	3106	5557
辽吉3	1010	1010	1287	1594	1376	305	0	242	1270	2170	1478	2208	3359	2668	1507	1699	2235	2597	2080	3145	2853	3102	3565	4204	2214	2890	3148	2351	4802
辽吉4	805	805	1082	1389	1508	100	405	647	1033	1346	1241	2003	3154	2463	1302	1494	2030	2392	1843	2940	2648	2897	3360	3999	2009	2685	2943	2146	4597
辽吉5	794	794	1071	1378	1497	89	394	636	876	1189	1084	1992	3143	2452	1291	1483	2019	2381	1686	2929	2637	2886	3349	3988	1998	2674	2932	2135	4586
山西6	389	389	112	129	769	1249	1399	1641	1389	1076	1945	2347	3498	2807	413	524	1060	1422	2129	1970	1556	1563	2026	2665	764	1440	1698	1433	3352
山西7	712	712	435	268	908	1572	1722	1964	1548	1235	1738	2328	3479	2788	746	654	1190	1552	2259	2100	1233	1230	1693	2332	431	1107	1365	1237	3019
山西8	732	732	455	374	1014	1592	1742	1984	1257	944	1311	899	2050	1359	583	203	739	1101	1808	1649	1402	1382	1845	2484	560	1236	1494	1366	3148
山西9	382	382	659	355	285	1095	1548	1634	1328	1641	1536	1633	2784	2093	879	1071	1607	1969	2676	2517	1856	1853	2316	2955	1054	1427	1685	959	2987
山西10	583	583	306	139	779	1443	1593	1835	1677	1364	1867	1259	2410	1719	617	783	1319	1681	2388	2229	1362	1359	1822	2461	560	1236	1494	1366	3148
山西11	481	481	204	37	677	1341	1491	1733	1491	1178	1849	1241	2392	1701	515	616	1152	1514	2221	2062	1464	1461	1924	2563	662	1338	1596	1351	3250
山西12	481	481	204	37	677	1341	1491	1733	1491	1178	1849	1241	2392	1701	515	616	1152	1514	2221	2062	1464	1461	1924	2563	662	1338	1596	1351	3250
内蒙古13	1838	1838	2115	2422	2155	1277	1065	814	3311	2998	3499	3036	4187	3496	2335	2527	3063	3425	3052	3973	3681	3930	4393	5032	3042	3718	3976	3179	5630
内蒙古14	486	486	763	1070	1624	625	673	673	1959	1646	2147	1684	2835	2144	983	1175	1711	2073	2400	2621	2329	2578	3041	3680	1690	2366	2624	1827	4278
内蒙古15	832	832	1109	688	165	1545	1641	2084	2305	1992	2493	2556	3707	3016	1329	1521	2057	2419	3126	2967	1699	1679	2142	2899	903	977	1235	509	2537
内蒙古16	1193	1193	1470	1049	526	1906	2002	2445	2666	2353	2854	2195	3346	2655	1690	1882	2418	2780	3487	3328	1490	1753	2216	2690	954	616	874	148	2176
河北17	442	442	165	406	1046	1302	1452	1694	1301	1051	1480	872	2023	1332	269	247	783	1145	1852	1693	1401	1650	2113	2752	762	1438	1696	1568	3350
河北18	390	390	131	354	994	1250	1400	1642	1353	1103	1532	924	2075	1384	321	299	835	1197	1904	1745	1453	1702	2165	2804	814	1490	1748	1620	3402
河北19	270	270	532	788	1091	605	910	989	838	1136	1046	1319	2470	1779	473	959	1495	1857	1648	2405	2113	2362	2825	3464	1474	2079	2337	1775	3991
河北20	204	204	481	533	463	1079	1214	1456	1677	1364	1924	1316	2467	1776	701	893	1429	1791	2498	2339	2047	2296	2759	3398	1408	1605	1863	1137	3165
苏鲁21	1033	1033	825	1066	2098	488	793	1040	531	1187	719	1223	2374	1683	524	1040	1576	1938	1341	2486	2226	2475	2938	3577	1555	2231	2489	2361	4143
苏鲁22	826	826	411	652	1684	902	1207	1354	1086	773	1274	809	1960	1269	110	626	1162	1524	1755	2072	1812	2061	2524	3163	1141	1817	2075	1947	3729
苏鲁23	619	619	618	859	1891	1118	1221	1519	659	346	847	382	1533	842	317	339	875	1237	1421	1785	1495	1744	2207	2846	856	1532	1790	1662	3444
河南24	885	885	630	666	1511	1767	1800	2159	1036	723	1046	634	1785	1094	734	218	474	836	1543	1384	907	2055	2518	3157	526	1202	1460	1332	3114
河南25	650	650	395	434	1074	1532	1779	1924	1197	884	1251	839	1990	1299	499	143	679	1041	1748	1589	1171	1420	1883	2522	532	1208	1466	1338	3120
河南26	502	502	247	488	1128	1384	1652	1776	1200	887	1273	861	2012	1321	351	165	701	1063	1770	1611	1319	1568	2031	2670	680	1356	1614	1486	3268

续表

地区	京	津	晋	内蒙古	辽	吉	黑	沪	苏	浙	皖	闽	赣	鲁	豫	鄂	湘	粤	桂	川	渝	黔	云	陕	甘	青	宁	新
安徽 27	1394	1394	1479	2119	1696	1799	2646	663	350	608	196	1347	656	895	829	572	1082	1604	1526	1563	1444	1907	2546	1238	1914	2172	2044	3826
安徽 28	981	981	1066	1706	1369	1472	2233	580	267	739	131	1282	591	568	479	703	1017	1539	1461	1498	1379	1842	2481	943	1619	1877	1749	3531
宁夏 29	1282	1282	1138	615	1989	2448	2534	2380	2442	2628	2106	3257	2566	1779	1382	1918	2280	2987	2828	1401	1664	2127	2601	865	527	785	59	2087
青海 30	2067	2067	1923	1400	2774	3233	3319	2449	2005	2697	2175	3326	2635	1282	1451	1987	2349	3056	2897	1430	1733	2196	2630	934	258	0	726	2086
陕西 31	883	883	439	1079	1743	1893	2135	1323	1350	1777	1389	2540	1849	917	549	1085	1447	2154	1995	1062	1065	1528	2262	260	896	1154	1026	2808
陕西 32	1143	1143	651	1068	1907	2077	2694	1384	1202	1763	1241	2392	1701	1129	517	1133	1495	2122	2043	842	799	1262	2042	0	676	934	806	2588
陕西 33	1067	1067	623	1179	1052	2234	2319	1541	1359	1961	1398	2549	1858	1101	501	1117	1479	2106	2027	953	956	1419	2153	157	787	1045	917	2699
新疆 34	3206	3206	3225	2702	4074	4178	4621	4103	3659	4351	3829	4980	4289	3866	3105	3641	4003	4710	4551	3084	3387	3387	4284	2588	1912	2086	2028	0
新疆 35	2796	2796	2652	2129	3501	3605	4048	3530	3086	3778	3256	4407	3716	3293	2532	3068	3430	4137	3978	2511	2814	2814	3711	2015	1339	1513	1455	573
甘肃 36	2004	2004	1860	1337	2709	2813	3923	2738	2294	2986	2464	3615	2924	3168	1740	2276	2638	3345	3186	1719	2022	2022	2919	1223	547	721	663	1365
甘肃 37	1747	1747	1578	1055	2427	2531	3483	2278	1834	2526	2004	3155	2464	2728	1280	1816	2178	2885	2726	1259	1562	1562	2459	763	87	345	381	1941
江西 38	1741	1741	1609	2249	1951	2256	2993	1022	954	834	752	905	292	1617	1032	496	134	737	578	1099	1450	987	1626	1466	2142	2400	2272	4054
江西 39	1741	1741	1609	2249	1951	2256	2993	1022	954	834	752	905	292	1617	1032	496	134	737	578	1099	1450	987	1626	1466	2142	2400	2272	4054
两湖 40	1620	1620	1276	1916	2283	2588	3301	1388	1360	1200	1070	1311	698	1447	1034	572	198	905	653	767	1335	872	1511	989	1665	1923	1795	3577
两湖 41	1920	1920	1808	2448	2314	2619	2696	1385	1317	1197	1115	1268	655	1747	1231	695	333	374	509	1298	1757	1186	1825	1665	2341	2599	2471	4253
福建 42	2083	2083	2173	2813	1376	1681	1979	623	1008	489	991	160	507	1671	1775	1239	877	645	1321	1842	2193	1730	2369	2209	2885	3143	3668	4797
川渝 43	1646	1646	1199	1957	3658	3963	2596	1460	1147	1405	993	1704	1091	1473	957	421	783	1372	1402	374	255	718	1357	544	1220	1478	1350	3132
川渝 44	2312	2312	1865	2209	3736	4041	3262	2126	1813	2071	1659	2370	1757	2139	1623	1087	1449	2176	1401	332	411	874	757	1210	1504	1762	1674	3416
川渝 45	2847	2847	2320	2691	3352	3657	3975	2661	2348	2833	2194	2904	2291	2674	2158	1622	1969	2572	1621	827	1331	1012	373	1669	1999	2257	2169	3911
贵州 46	2613	2613	2162	2802	3389	3209	3992	2589	2190	2070	1988	2141	1528	2440	1924	1388	1206	1809	1034	699	712	249	390	1511	1758	2016	2317	3670
贵州 47	2613	2613	2162	2802	3389	3209	3992	2589	2190	2070	1988	2141	1528	2440	1924	1388	1206	1809	1034	699	712	249	390	1511	1758	2016	2317	3670
贵州 48	2364	2364	1913	2553	3638	3245	3543	2140	1941	1821	1739	1892	1279	2191	1675	1139	957	1560	785	948	463	0	639	1262	1984	2242	2068	3896
滇桂 49	2697	2697	2475	3115	2293	2598	2896	1493	1806	1550	1872	1103	1412	2504	1988	1452	1090	708	542	1746	1438	1296	950	2558	3234	3492	3364	5146
滇桂 50	2331	2331	2109	2749	2331	2636	2934	1531	1844	1588	1506	1141	1046	2138	1622	1086	724	746	176	1557	1072	609	1072	1871	2547	2805	2677	4459
滇桂 51	3003	3003	2693	3333	2999	3284	3602	2199	2504	2256	2350	2531	1918	2830	2314	1778	1596	2199	1248	1200	1102	639	0	1901	2372	2630	2542	4284

附表 3　无烟煤区域间煤炭贸易物流关系判断矩阵

地区	京	津	冀	晋	内蒙古	辽	吉	黑	沪	苏	浙	皖	闽	赣	鲁	豫	鄂	湘	粤	桂	川	渝	黔	云	陕	甘	青	宁	新
山西6	×	×	×		×	×	×	×	×	×	×	×	×	×	×	×	×	×	×	×					×	×	×	×	×
山西8	×	×	×		×	×	×	×	×	×	×	×	×	×	×	×	×	×	×	×					×	×	×	×	×
河北18	×	×		×	×	×	×	×	×	×	×	×	×	×	×	×	×	×	×	×					×	×	×	×	×
河南25	×	×	×	×	×	×	×	×	×	×	×	×	×	×	×		×	×	×	×					×	×	×	×	×
江西39									×	×	×	×	×		×	×	×	×	×	×	×	×	×	×					
两湖41									×	×	×	×	×	×	×	×			×	×	×	×	×	×					
福建42									×	×	×	×		×	×	×	×	×	×	×	×	×	×	×					
川渝44									×	×	×	×	×	×	×	×	×	×	×	×			×	×					
贵州46									×	×	×	×	×	×	×	×	×	×	×	×	×	×		×					
滇桂50									×	×	×	×	×	×	×	×	×	×	×		×	×	×						

注："×" 表示可能存在着贸易关系

附表 4　烟（焦）煤区域间煤炭贸易物流关系判断矩阵

地区	京	津	冀	晋	内蒙古	辽	吉	黑	沪	苏	浙	皖	闽	赣	鲁	豫	鄂	湘	粤	桂	川	渝	黔	云	陕	甘	青	宁	新
黑龙江 1	×	×	×	×		×	×	×	×	×	×	×	×	×	×	×	×	×	×	×									
辽吉 5	×	×	×	×		×	×	×	×	×	×	×	×	×	×	×	×	×	×	×									
山西 10	×	×	×		×	×	×	×	×	×	×	×	×	×	×	×	×	×	×	×									
山西 11	×	×	×		×	×	×	×	×	×	×	×	×	×	×	×	×	×	×	×									
山西 12	×	×	×		×	×	×	×	×	×	×	×	×	×	×	×	×	×	×	×									
内蒙古 16	×	×	×	×	×	×	×	×	×	×	×	×	×	×	×	×	×	×	×										
河北 19	×	×	×	×					×	×	×	×	×	×	×	×	×	×	×										
苏鲁 22	×	×		×	×				×	×	×	×	×	×	×	×	×	×	×										
苏鲁 23	×	×		×	×				×	×	×	×	×	×	×	×	×	×	×										
河南 24	×	×		×	×				×	×	×	×	×	×	×	×	×	×	×										
安徽 28									×	×	×	×	×	×	×	×	×	×	×	×									
青海 30																	×	×			×				×	×	×	×	×
陕西 33	×	×	×	×					×	×	×	×	×	×	×	×	×	×	×	×	×		×	×	×	×	×	×	×
新疆 34	×	×	×	×					×	×	×	×	×	×	×	×		×			×				×	×	×	×	×
甘肃 36	×	×	×	×					×	×	×	×	×	×	×	×	×	×			×				×	×	×	×	×
江西 38									×	×	×	×	×	×	×	×	×	×	×	×	×		×	×					
川渝 45									×	×	×	×	×	×	×	×	×	×	×	×	×		×	×					
贵州 47										×	×	×	×	×	×	×	×	×	×	×	×		×	×					
滇桂 51										×	×	×	×	×	×	×	×	×	×	×	×		×	×					

注：“×”表示可能存在着贸易关系

附表 5　动力煤区域间煤炭贸易物流关系判断矩阵

地区	京	津	冀	晋	内蒙古	辽	吉	黑	沪	苏	浙	皖	闽	赣	鲁	豫	鄂	湘	粤	桂	川	渝	黔	云	陕	甘	青	宁	新
黑龙江2	×	×	×			×	×	×	×	×	×	×	×	×	×	×	×	×	×	×									
辽吉3	×	×	×			×	×	×	×	×	×	×	×	×	×	×	×	×	×	×									
辽吉4	×	×	×			×	×	×	×	×	×	×	×	×	×	×	×	×	×	×									
山西7	×	×	×	×					×	×	×	×	×	×	×	×	×	×	×	×									
山西9	×	×	×	×	×				×	×	×	×	×	×	×	×	×	×	×	×									
内蒙古13	×	×	×		×	×	×	×	×	×	×	×	×	×	×	×	×	×	×										
内蒙古14	×	×	×		×	×	×	×	×	×	×	×	×	×	×	×	×	×	×										
内蒙古15	×	×	×	×	×	×	×	×	×	×	×	×	×	×	×	×	×	×	×										
河北17	×	×	×						×	×	×	×	×	×	×	×	×	×	×										
河北20	×	×	×						×	×	×	×	×	×	×	×	×	×	×										
苏鲁21	×	×	×						×	×	×	×	×	×	×	×	×	×	×										
河南26	×	×	×						×	×	×	×	×	×	×	×	×	×	×										
安徽27	×	×							×	×	×	×	×	×	×	×	×	×	×	×									
宁夏29	×	×		×	×				×	×	×	×	×	×	×	×	×	×	×	×	×	×			×	×	×	×	×
陕西31	×	×		×	×				×	×	×	×	×	×	×	×	×	×	×	×	×	×	×	×	×	×	×	×	×
陕西32	×	×		×	×					×	×	×	×	×	×	×	×	×	×		×	×	×	×	×	×	×	×	×
新疆35	×	×		×	×					×	×	×	×	×	×	×	×	×	×		×	×			×	×	×	×	×
甘肃37	×	×		×	×					×	×	×	×	×	×	×	×	×	×		×	×			×	×	×	×	×
两湖40										×	×	×	×	×	×	×	×	×	×	×	×	×	×	×					
川渝43											×	×	×	×	×	×	×	×	×	×	×	×	×	×					
贵州48											×	×	×	×	×	×	×	×	×	×		×	×	×					
滇桂49											×	×	×	×	×	×	×	×	×	×		×	×	×					

注："×"表示可能存在着贸易关系

致　　谢

自五年前有志于构建中国煤炭市场系统模型以来，我始终被一种夹杂着激动、兴奋和责任的情绪所感染着，这种情绪驱动着我克服重重困难完成了这项工作。激动源于该选题对于中国矿业大学这所以煤炭为特色的高校而言意义重大，它将在理论完善的基础上最终建设成为煤炭市场运营的仿真平台系统，预测产业发展趋势和政策实施效果，提高我校在煤炭行业的话语权；兴奋来自于这是一个值得令人付出心血的挑战，模型整体的构思、各子模块的确立和建模、模块间的关联等，无不与煤炭经济实践紧密相关，也亟待在理论上给予回答，这种以现实问题为导向的研究是我一直所重视和喜欢的；责任来自于身为煤炭经济研究的一位学者，有义务献身于此并从理论上系统地揭示煤炭市场的运营规律，指导煤炭企业更好地决策，帮助行业更好地发展，故无论是在理论模型的构建还是在海量数据的收集上都精益求精，唯恐学业不精而贻误他人。如今，书稿即将付梓，诚惶诚恐之余，最想感激这些年来一直鼓励帮助我的师长、同行和家人。

感谢我的恩师——博士生导师李一军教授，您的言传身教奠定了我一生做人和做事的准则。还清晰地记得十年前在您办公室初次相见的情形，对一位冒失前来、学业不彰、年龄偏大的穷潦青年，您热情、谦和而又亲切地与我交流，并给予了我报考您的博士生的机会，也给予了我改变自身命运的机会。那一年，我三十周岁。人言三十而立，而此时的我拖家带口而又一文不名，学业和家庭的压力几乎压得我喘不过气来，风雨飘摇之际，是您在思想上赋予我信心，是您在学业上把我领进了科学殿堂，是您在生活上给我以莫大的帮助，这些支撑着我顺利完成了学业。毕业参加工作以来，您也一直关注着我、鼓励着我，伴我一路前行。有师如斯，敢不努力工作，尽我所能，以不负老师之期望；敢不正直善良，诚心待人，以不负老师之教诲；敢不虚怀若谷，谦逊包容，以不负老师之模范。唯此，不辱师名也。

感谢对中国煤炭市场系统(CCMS)成功构建具有重大贡献的中国矿业大学管理学院院长聂锐教授和美国科罗拉多矿业学院的 Carol A. Dahl 教授。作为煤炭经济研究的权威学者，聂锐教授引领我进入这一领域并将多年积累的知识、经验和体会毫无保留地传授与我，带领着我深入煤炭企业一线体验生活、融入行业和加深认知，教导着我以解决煤炭行业现实问题为导向展开科学研究，这些无不对我在煤炭经济领域的研究发挥着重大而长远的影响。2011 年，聂锐教授鼓励我针对煤炭经济整体展开系统的研究，但面对这一庞大而复杂的系统，我一时也较犹豫和迷惑，恰在此时，我有幸经南京航空航天大学周鹏教授的引荐认识了 Dahl 教授并在科罗拉多矿业学院作为国家公派访问学者学习一年，她较全面地为我讲解了国外的能源系统模型，特别是国家能源建模系统(NEMS)，这给予了我莫大的信心和勇气来挑战这一课题。在后期研究中，她始终关心着课题进展并及时帮助解决研究中的难题。可以说，没有他们，CCMS 的最终构建完成是不可能的。

当然，还要深深地感谢以我的研究生为主体的科研团队。在这个团队中，有以理论构建见长的王鑫、杨晴、张习习，有以计量、统计分析见长的王静、杨安全、韩梦、陆小倩、乔小宁，有以运筹优化见长的刘客、贺超男、李中原、秦恩光，还有以计算机编程见长的侯小超和郭峰，这群年轻人各尽所能地参与建设了 CCMS，特别是刘客在模型构建、GAMS 编程和团队建设等方面都有贡献，他们以其聪明、热情、年轻和专注为 CCMS 注入了特有的活力。此外，还要特别感谢我的挚友和同事孟现飞博士，他在百忙之中仍抽出时间指导 CCMS 的软件开发工作，大大加快了 CCMS 迈向实践性和可操作性的步伐。

最后，要感谢我的母亲、岳父母和女儿，感谢他们给我的所有的欢乐、幸福和力量。特别是我的母亲，自立和坚强，年近八十还忙里忙外地帮我支撑着这个家，成为我一生的骄傲和支柱。也要感谢我的爱人李春宏女士，善良到至柔者至刚，感染着我走向理解和宽容，和我同甘共苦，也是这本书得以最终完成的最坚强后盾。